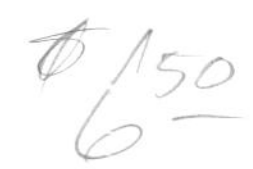

Tai-Jung Um
Skulpturen und Zeichnungen
Sculptures and Drawings

von / by Annette Tietenberg

Tai-Jung Um

Skulpturen und Zeichnungen
Sculptures and Drawings

von / by Annette Tietenberg

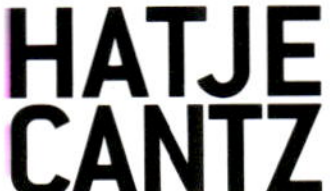

Sofern nicht anders bezeichnet, befinden sich die abgebildeten Werke im Besitz des Künstlers.
All featured work is property of the artist, unless stated otherwise.
Fotograf / Photographer: Yong Kuk Chun, Seoul
Seite / Pages: 100, 119, 198, 202, 214 Archiv des Künstlers / Archive of the artist

Inhalt
Contents

Annette Tietenberg
Ein Strudel im Fluss des Werdens

„Die Beziehung zwischen dem Werk und seiner materiellen Substanz ist ebenso verwickelt wie die zwischen Körper und Geist."

Arthur C. Danto[1]

„Es gilt, alle möglichen Richtungen zu berücksichtigen, obwohl man in der geraden Linie vorwärts geht. Gleichheit von Gerade und Fläche, von Fläche und Volumen. Das heißt, dass die Berücksichtigung des Raumes der Ausbeziehungsweise Erschöpfung einen neuen Sinn und einen neuen Gegenstand liefert: die Potenzialitäten eines beliebigen Raums ausschöpfen. Der Raum verfügt über Potenzialitäten, sofern er die Verwirklichung von Ereignissen ermöglicht; er geht also der Verwirklichung voraus, und die Potenzialität gehört selbst zum Möglichen."

Gilles Deleuze[2]

Die Kunst des Bildhauers, meinte Constantin Brancusi einmal, bestehe darin, das Leben des Materials, mit dem er umgeht, freizusetzen, niemals darin, dem Material etwas aufzuzwingen. Diese Haltung zur Kunst und zum Leben vertritt auch Tai-Jung Um, und so verwundert es kaum, dass der koreanische Bildhauer in Constantin Brancusi seit langem einen Geistesverwandten vermutet. Schon während seines Studiums, das Tai-Jung Um im Jahr 1958 an der Kunstakademie der Nationaluniversität von Seoul aufnimmt, liest er alles ihm Verfügbare über das Werk des rumänischen Bildhauers. Er befasst sich intensiv mit Brancusis Vorstellungen von einer universalen Sprache des Plastischen, von der vibrierenden Lebendigkeit der Materie und vom Gleichklang zwischen Mensch und Kosmos. Da ihn das Betrachten von Fotografien bald nicht mehr befriedigt, scheut Tai-Jung Um weder Kosten noch Mühen, um sich in den Museen der Welt, vor allem aber in Paris, mit eigenen Augen davon zu überzeugen, dass es Brancusi gelungen ist, in seinen Skulpturen ein perfektes Gleichgewicht zwischen den in der Materie wirksamen Kräften herzustellen. Er reist sogar nach Tîrgu Jiu, einer kleinen Stadt am Fuße der Karpaten, die sich in der Nähe von Brancusis Geburtsort Hobita befindet, um festzustellen, was von dem Skulpturenensemble „Tafel des Schweigens", „Pforte des Kusses" und „Unendliche Säule", das Brancusi im Jahr 1938 verwirklichen konnte, heute noch übrig geblieben ist.

Seither trägt Tai-Jung Um immer einen rumänischen Geldschein bei sich, der ihn täglich daran erinnert, dass er vor Ort gewesen ist und gesehen hat, welches Wunder der über sechzigjährige Brancusi in Tîrgu Jiu vollbracht hat. Auf der rumänischen Lei-Note ist die „Unendliche Säule" abgebildet, und schon die bloß zeichenhafte Anwesenheit dieser legendären Skulptur verwandelt den schnöden Papierfetzen, der erfunden wurde, um schnell und problemlos finanzielle Transaktionen gleich welcher Art abzuwickeln, in den Augen eines Künstlers wie Tai-Jung Um in eine Reliquie, die davon zeugt, dass zwischen Himmel und Erde geheime Kräfte walten. Angetrieben von dem Wunsch, Konstruktionen hervorzubringen, die gleichermaßen mit dem Logos wie mit dem Mythos im Bunde stehen, befasst sich Tai-Jung Um seit mehr als vierzig Jahren mit allen Aspekten der Bildhauerei. Er hat in Aluminium, Stahl und Eisen, in Kupfer, Messing, Bronze und Stein gearbeitet. Er hat Skulpturen hervorgebracht, die danach verlangen, unter freiem Himmel aufgestellt zu werden und mit der Landschaft, in der sie entstanden sind, eine sichtbare Verbindung einzugehen. Er hat monumentale Werke realisiert, die sich im städtischen Raum gegenüber den Bürotürmen von Seoul behaupten und Menschen in ihrem alltäglichen Umfeld Orientierungspunkte bieten. Und er hat eine Vielzahl von Arbeiten geschaffen, die des neutralen Ausstellungsraums, des White Cube bedürfen, damit nichts Störendes von der Absolutheit und Einfachheit ihrer Erscheinung ablenkt.

Eine nicht unbedeutende Anzahl dieser Skulpturen bewahrt Tai-Jung Um in seinen Atelier- und Lagerräumen auf, die aufgrund seiner ungeheuren Produktivität immer wieder um weitere Anbauten ergänzt werden müssen. Tai-Jung Um ist in der privilegierten Situation, zwar in Seoul zu leben, wo er über die Möglichkeit verfügt, jederzeit am kulturellen Geschehen teilzuhaben, aber an seinem Wohnsitz im Außenbezirk Seocho Dong auch jene Ruhe und Abgeschiedenheit zu finden, die er braucht, um seine Skulpturen in Angriff zu nehmen. Beschirmt von hohen Kiefern stehen dort, der einstigen Arbeitssituation von Georg Kolbe in Berlin nicht unähnlich, ein Wohnhaus und mehrere Ateliertrakte aus Backstein. Über den Garten verteilt haben Außenskulpturen aus verschiedenen Werkphasen einen Platz gefunden, und drei weiße koreanische Hirtenhunde warten nur darauf, Tai-Jung Um auf einem Spaziergang durch die nahe gelegenen Wälder zu begleiten. Nach einem Fußmarsch von etwa zwanzig Minuten erreicht man einen buddhistischen Tempel, und es scheint, als habe das laute, hektische Großstadtleben diesen Ort absichtlich verschont, damit hier eine Kunst entstehen kann, die das Strenge und Bestimmte mit dem Latenten und Mehrdeutigen zu vereinen weiß.

Es ist Brancusis außergewöhnliche Fähigkeit, ganz und gar in der Gegenwart zuhause zu sein, ohne deshalb mit den Mythen der Vergangenheit brechen zu müssen, die Tai-Jung Um seit jeher so sehr fasziniert. Wie Brancusi, so scheut auch Um nicht davor zurück, sich auf jene Zeichen zu besinnen, die vom Ursprung der Welt, von ewigen Zyklus des Werdens und Vergehens, von den Ehrfurcht einflößenden Naturgewalten erzählen. Mehrfach hat er etwa das Motiv der Spirale, das Sinnbild einer Aktivität, die aus dem Zentrum heraus ins Offene strebt und immer größere Kreise zieht, in Stein und Bronze übersetzt. In ihrer Selbstbezüglichkeit, dem Kreisen um den eigenen Mittelpunkt, stellt die Spirale ein Höchstmaß an hermetischer Geschlossenheit dar. Zugleich veranschaulicht ihre lineare Struktur das Ausgreifen einer Bewegung, die nicht auf einen bestimmten Punkt gerichtet ist, sondern eine Eigendynamik entfaltet und auf das Unendliche verweist. „In der ‚Spiral Jetty' herrscht das Irrationale. Sie führt den Betrachter in eine Welt, die sich nicht numerisch und rational beschreiben lässt.

Ambiguität wird nicht ausgeräumt, sondern zugelassen", schreibt Robert Smithson in seinem Kommentar zu seiner kühnen spiralförmigen Konstruktion aus Steinaufschüttungen im Great Salt Lake in Utah. Und er fährt fort: „Die schwindelig machende Spirale ruft nach der Sicherheit der Geometrie. Man möchte sich in den kühlen Raum der Vernunft zurückziehen."[3]

Die Idee, das Irrationale mit dem kühlen Raum der Vernunft zu versöhnen, verfolgt Tai-Jung Um schon zu Beginn seiner künstlerischen Laufbahn. Stets hat er sich darum bemüht, aus geometrischen Grundmustern wie dem Rechteck oder dem Dreieck eine Struktur zu schaffen, die weit mehr in sich birgt als auf den ersten Blick zu erfassen ist. So lässt die stählerne Bodenarbeit „⧈ Project" aus dem Jahr 1972 erkennen, dass sich Tai-Jung Um intensiv mit Tatlins konstruktivistischen Raumverspannungen befasst hat. Was zunächst wie die buchstäblich leicht durchschaubare, selbstbezügliche Vervielfachung verschieden großer Rechtecke wirkt, erweist sich bei näherem Hinsehen als labyrinthisches Konstrukt, aus dessen Mitte ein Element sich fast gewaltsam emporhebt: Es setzt im wahrsten Sinne des Wortes zum Dimensionssprung an. So geht die Skulptur nicht nur eine temporäre Verbindung mit dem Ausstellungsraum ein, indem sie Teile des Bodens, auf dem sie platziert ist, rahmt und umfängt. Sie bekennt sich auch programmatisch zu ihrer Existenzform als dreidimensionales Gebilde: Im gewichtigen Ruhen ist sie ebenso in ihrem Element wie in der übermütigen, aufwärts strebenden Bewegung.

In dieser Werkphase entdeckt Tai-Jung Um ein für ihn relevantes Prinzip, das es ihm erlaubt, den Raum zu vervielfachen: die Faltung. Konstruktionen wie das „W Project" lassen sich eindeutig auf die Beschäftigung mit Brancusis „Unendlicher Säule" zurückführen, die in ihrer aufwärts strebenden Endlosigkeit zwischen dem Oben und dem Unten, zwischen Himmel und Erde vermittelt. Doch wo Brancusis Version einer Säule aus der Addition gleichförmiger, kristallin anmutender Elemente hervorgeht, da erzeugt Tai-Jung Um den Eindruck von organischem Wachstum, indem er den Stahl biegt und faltet. Hier kündigt sich bereits an, was den Bildhauer über Jahrzehnte nicht mehr loslassen wird: eine Vielfältigkeit, die aus den Faltungen der Materie resultiert und nicht aus der Addition mehrerer identisch großer Elemente. Diese Raumkonstruktionen, die Prozesse wie Spannen und Entspannen, Zusammenziehen und Ausdehnen, Komprimieren und Explodieren in feste Formen übersetzen, sollten Tai-Jung Um auch weiterhin beschäftigen. Allerdings irritierte den Bildhauer in den siebziger Jahren die Anmutung industrieller Fertigung, das Maschinenhafte, wie Tai-Jung Um sagt. Auf der Suche nach einer Produktionsform, die das Individuelle seines Schaffens deutlicher zutage treten lässt, knüpft Tai-Jung Um daher noch einmal an Erfahrungen an, die er bereits kurz nach Abschluss seines Studiums gemacht hatte.

Damals, Ende der fünfziger und Anfang der sechziger Jahre, so erinnert er sich, war die Situation für die bildenden Künste in Korea mehr als schwierig. Der Korea-Krieg lag noch nicht lange zurück, die Nation war geteilt, Abertausende Menschen hatten im Wettkampf zweier politischer Systeme sinnlos ihr Leben gelassen, und vielen Koreanern wurde schmerzhaft bewusst, dass sie im Zuge der 35 Jahre andauernden japanischen Besatzungszeit einen erheblichen Teil ihrer kulturellen Identität eingebüßt hatten. Zu jener Zeit waren es vor allem Künstler, die im Nachbarland Japan studiert hatten, die dafür sorgten, dass man auch in Korea zur Kenntnis nehmen konnte, um welche Möglichkeiten die Welt der Kunst mittlerweile bereichert worden war. Über den Umweg Japan erfuhren junge koreanische Künstler von Kunstrichtungen wie Informel und Tachismus, und so begann auch Tai-Jung Um damit, nach geeigneten Lösungen zu suchen, um psychischen Energien auf dem Feld der Bildhauerei angemessen Ausdruck verleihen zu können.

Unter dem Eindruck von Tachismus, Informel, aber auch im Zuge einer Rückbesinnung auf die Bildsprache der Vortizisten, entstanden Arbeiten wie Tai-Jung Ums aus Stahl gefertigtes Erstlingswerk „A Scream", das sich mit seinem Volumen gegenüber dem es umgebenden Raum öffnet und ein fragiles Gleichgewicht aus Kräften herstellt, die in die Vertikale sowie in die Horizontale streben. Dieser Skulptur, die aus zwei annähernd symmetrischen Elementen besteht, die einander formal entsprechen, sich aber dennoch unvereinbar gegenüberstehen, wohnt ein gewisses aggressives Potenzial inne, das sie von Tai-Jung Ums späteren Arbeiten unterscheidet. Der Titel, der im koreanischen „Chòlhyu" lautet, was mit Schrei oder Aufschrei zu übersetzen ist, unterstreicht die emotive Kraft der Konstruktion. So liegt die Vermutung nahe, in dieser Skulptur habe erstmals die Erfahrung des Künstlers, in einem geteilten Land, in einem permanenten Kriegszustand leben zu müssen, sichtbar Widerhall gefunden.

Erst dreiundzwanzig Jahre später, im Zusammenhang mit einem internationalen Bildhauersymposium, das 1990 im kroatischen Lavin stattfand, sollte Tai-Jung Um noch einmal den Entschluss fassen, in der Sprache der Kunst auf die politische Situation Koreas zu reagieren. Fern der Heimat fand er im Medium Stein zu einer Formensprache, die es ihm erlaubte, seiner Hoffnung auf eine Überwindung der Teilung des Landes Ausdruck zu verleihen. Fast entschuldigend kommentiert er sein Werk mit den Worten: „Ich gab meiner Arbeit den Titel ‚Gates of Peace'. Denn in mir wurde der Wunsch übermächtig, wenn auch nur in kleinem Maßstab zur Lösung eines Konflikts beizutragen, der seit Jahrzehnten unser Land paralysiert."

Bis auf diese zwei Ausnahmen war Tai-Jung Um stets darum bemüht, der Kunst nicht das Joch aufzuerlegen, etwas Außerkünstlerisches symbolisieren zu müssen. Seine Skulpturen sind weder Ausdruck der Befindlichkeit des Künstlers noch Manifestationen tagespolitischer Ereignisse. Denn Um verortet die Kunst vor einem völlig anderen geistesgeschichtlichen und zeitlichen Horizont. Wie Brancusi, so strebt auch Tai-Jung Um eine Kunst an, die mit den Gesetzen der Natur und des Kosmos in Einklang steht.

Und wie Brancusi, so geht auch Tai-Jung Um davon aus, dass der Betrachter keiner spezifischen Vorbildung bedarf, nicht unbedingt in die Tiefen der ostasiatischen Philosophie eingetaucht sein muss, wenn er seine Skulpturen verstehen will. Vielmehr ist Tai-Jung Um davon überzeugt, dass diejenigen, die sich eine lebendige Harmonie bewahrt haben, ohne Anstrengung mit seinen Werken „mitschwingen" werden. Wo diese Harmonie aber gestört ist, da müsse die Kunst, so sein hoher Anspruch, über das Potenzial verfügen, das innere Gleichgewicht der Kräfte wiederherzustellen.

Besorgt darüber, dass die Metaphorik des Maschinenhaften seiner Intention zuwider laufen könne, entwickelt Tai-Jung Um Mitte der siebziger Jahre Methoden und Techniken, die es ihm ermöglichen, einen Kontrast zwischen der glatten, glänzenden Oberfläche des polierten Metalls und dem scheinbar unstrukturierten Innenleben der Körper zu erzielen. Arbeitete er zuvor mit Stahl, einem Werkstoff, der die architektonischen Qualitäten skulpturaler Konstruktionen hervorhebt, dem in der Geschichte der Bildhauerei jedoch keine spezifische Bedeutung zugeschrieben wurde, so besinnt er sich nun auf ein Material, das in der Kunst des 20. Jahrhunderts unterrepräsentiert ist: Kupfer. Die Vorliebe für ein derart anachronistisches Material, dem der koreanische Kunstkritiker Kwang-Su Oh eine gewisse idiosynkratische Wirkung bescheinigte,[4] liegt sicher nicht zuletzt in den spezifischen Eigenschaften, im Glanz und in der Farbe des Kupfers begründet. Jenseits dessen aber dürfte die Tatsache, dass dieser Werkstoff das erste Metall war, das durch einen metallurgischen Prozess gewonnen wurde, in der Antike sehr geschätzt wurde und in der Alchemie eine wichtige Rolle spielte, bei der Entscheidung eine nicht unerhebliche Rolle gespielt haben. Denn auch im Zusammenhang mit seiner Materialwahl interessiert sich Tai-Jung Um für die Geste des Wiederholens, für die Wiederkehr des Vergessenen, für die Revitalisierung des Abgelegten.

Als Indiz für das subversive Potenzial, das Tai-Jung Um der Wiederentdeckung des scheinbar Überholten zubilligt, erweist sich ein Werktitel, unter den der Künstler Mitte der neunziger Jahre eine ganze Werkgruppe subsumiert: „Bronze – Object – Age". Nach eigener Aussage habe, so Um, die Beschäftigung mit der Bronzezeit seine Kunst um eine Dimension bereichert, die sich eindeutig dem Blick auf eine Kultur der Vergangenheit verdanke. Was aber kann der Bildhauer mit dieser Bemerkung gemeint haben? Hat die Tatsache, dass es einst keine Unterscheidung zwischen einer freien Kunst und einer Gebrauchskunst gab, seine Einstellung gegenüber der angewandten Kunst verändert? Oder interessierte ihn die Formensprache von Ausgrabungsstücken aus der Bronzezeit? Wohl kaum. Und warum, so lautet die vielleicht dringlichste Frage, sind ausgerechnet die Skulpturen, die unter dem Namen „Bronze – Object – Age" zusammengefasst werden, aus Kupfer? Es kann, so lautet die Antwort, einem Bildhauer wie Tai-Jung Um dabei doch wohl nur um die Frage nach der Identität von Materiellem und Immateriellem gegangen sein. In einer Epoche sozialisiert, in der mehr von „Entmaterialisierung des Kunst-Objekts"[5] die Rede war als von der Materialgerechtigkeit, hält Tai-Jung Um an der Überzeugung fest, dass das eigentliche Terrain des Bildhauers nach wie vor die künstlerische Transformation des konkret fassbaren Materials sei.

Das komplexe Verhältnis zwischen Materialwahl und künstlerischem Gehalt wurde Anfang der siebziger Jahre erstmals von dem Ikonologen Günter Bandmann systematisch untersucht. Der Kunsthistoriker stellte die sich wandelnden Vorstellungen einer Materialästhetik in einen größeren historischen Zusammenhang. Nach Bandmann bemühten sich Künstler von der Antike bis zum 19. Jahrhundert stets darum, das Material entsprechend einer Idee zu verwandeln, zu transzendieren. Wurden die Materialeigenschaften betont, so allein deshalb, weil die Künstler deren metaphorische Qualitäten hervorheben wollten: die Dauerhaftigkeit des Erzes, den Glanz des Goldes, die Festigkeit des Steins.

Dieses „idealistische System", das dem Material die Funktion eines Mediums zuweist, wurde im Verlauf des 19. Jahrhunderts von einem „materialistischen System" abgelöst. Das Material sollte von nun an um seiner selbst willen geschätzt werden und nicht mehr darstellen, als das, was es ist. Alles andere galt als unehrlich und wurde als Täuschungsmanöver kritisch beäugt. In der Folge dieser Umwertung ist der Begriff Materialgerechtigkeit seit dem Jahr 1900 in der Kunsttheorie nachweisbar. Von nun an wurden die Charakteristika der Naturerscheinung höher geschätzt als die Spuren der künstlerischen Bearbeitung. Die Aufgabe des Bildhauers bestand vor allem darin, das Material selbst zum Sprechen zu bringen. Von ihm wurde erwartet, dass er dazu in der Lage sei, die scheinbar natürliche Oberflächenbeschaffenheit von Stein, Bronze oder Holz zur Anschauung zu bringen, ja zu betonen. Spuren der eigenen Sensibilität durfte der Künstler nurmehr zu dem Zweck hinterlassen, die Oberflächen zusätzlich zu beleben und durch Kontrasteffekte deren ästhetische Wirkung zu bereichern. In den sechziger Jahren verlor die Maxime der Materialgerechtigkeit allmählich ihre Gültigkeit.

Angesichts der Wandelbarkeit von Kunststoffen taugte das Bekenntnis zum ehrlichen Umgang mit dem Material nicht mehr als ethische Kategorie. „Man könnte", so Bandmanns Resümee, „den Nachweis der allmählichen Schwächung des Gedankens anhand von bestimmten Phänomenen in der praktizierenden Kunst unserer Tage bringen, wie sie etwa seit 1968 auf der documenta zu sehen war: Das von der Natur gegebene Material – Holz, Stein und auch Metall – wird weitgehend durch Kunststoffe ersetzt, die im Hinblick auf die Oberflächenstruktur neutral sind, so wie auch in der Malerei die nuancierte und durchgearbeitete Farbe im Sinne der materialistischen Ästhetik durch eine homogen wirkende, im Hinblick auf die Natur irreal und immateriell wirkende, möglicherweise mechanisch aufgetragene Farbe ersetzt wird. Die Wahl des Materials und seine Mitwirkung im Kunstwerk ist nicht mehr von Tradition und Bedeutung wie in der idealistischen Ästhetik, aber auch nicht mehr von seiner existenziellen natürlichen Beschaffenheit wie in der materialistischen Ästhetik abhängig. Es scheint, dass die Natur nicht mehr ausschließlich Quelle und Autorität ist." [6]

Das Material, das der Bildhauer verwendet, ist also immer auch Bedeutungsträger. Obendrein weist die Art, wie es bearbeitet wird, darauf hin, welche Vorstellungen von Geist und Materie in einer Gesellschaft vorherrschen. Tai-Jung Um bedient sich bewusst traditioneller Bildhauermaterialien wie Kupfer, Messing und Bronze, allerdings auf eine Weise, die sowohl dem idealistischen wie dem materialistischen System widerspricht. So wie jene Künstlerinnen und Künstler, die seit den sechziger Jahren industrielle Werkstoffe wie Fiberglas und Latex in den künstlerischen Prozess integrierten, führt auch Tai-Jung Um die schier unbegrenzte Formbarkeit und Wandelbarkeit verschiedener Materialien vor Augen.

Allerdings vertritt er den Standpunkt, dass es dazu nicht unbedingt eines neutralen Werkstoffs und eines grundsätzlichen Materialwechsels bedarf. Auch den klassischen Bildhauermaterialien wohne, so seine Überlegung, bereits ein unerschöpfliches Potenzial von Transformationsmöglichkeiten inne. So lässt sich der Eindruck von Bronze, die seit der Antike Symbol für Dauerhaftigkeit und Würde war und der im Mittelalter magische und apotropäische Eigenschaften zugesprochen wurden, auch durchaus in Kupfer heraufbeschwören. Und allein der Werkstoff Messing, eine Legierung aus Kupfer und Zink, kann je nach Zusammensetzung eine Vielzahl von Erscheinungsformen annehmen: Er wird dehnbarer oder spröder, rötlicher oder gelber, heller oder dunkler, je nachdem, welche Wirkung der Künstler erzielen will. Jenseits des idealistischen wie des materialistischen Systems agierend, führt Tai-Jung Um vor Augen, dass es letztlich die Entscheidung des Künstlers ist, auf die es ankommt. Er allein verleiht dem Material Form und Bedeutung. Aber, so Tai-Jung Ums Mahnung, er sollte nicht nur auf die Gegenwart vertrauen. Denn das hieße die Macht der Tradition unterschätzen. Statt dem Drang nach ständiger Innovation nachzugeben und ausschließlich dem Hier und Jetzt zu huldigen, reichert Tai-Jung Um seine Skulpturen über die Verwendung althergebrachter Materialien bewusst um narrative, magische und mythische Dimensionen an.

Unter dem Eindruck des Werks von David Smith, vor allem aber von Anthony Caro, auf dessen Spuren Tai-Jung Um 1980 an der Saint Martin's School of Art in London wandelte, entwickelte Tai-Jung Um eine spezielle Technik, die es ihm erlaubt, Kupfer und Messing dauerhaft miteinander zu verschweißen. Seither generiert er aus Kupferplatten und Messingelementen Skulpturen, die sich mit ihren sichtbaren Nahtstellen offensiv zum Prinzip Montage bekennen, wobei die Herkunft der Materialien aus anderen Verwendungszusammenhängen keine Rolle mehr spielt. In die Tradition der geschweißten Skulptur aus Stahl, die David Smith und Anthony Caro begründeten, will sich Tai-Jung Um nicht einreihen, und so wendet er deren Methode auf Kupfer und Messing an, mit dem Ergebnis, dass die zusammengefügten Elemente, die in der Wahrnehmung eine feste Einheit bilden, sich zwar zu ihrer massiven Schwere bekennen, zugleich aber durch die homogen schimmernde Oberfläche an Leichtigkeit gewinnen. Während Platten und Hohlkörper, schräg geneigt platziert und in ein labiles Gleichgewicht gebracht, sich gegenseitig stützen und so das architektonische Prinzip der tragenden Pfosten und aufliegenden Balken zur Anschauung bringen, entfaltet der harmonisierende Kupferton an der Oberfläche eine beinahe malerische Wirkung. Die Skulpturen sehen aus, als seien sie von einer kostbaren Farbhaut überzogen, wobei Tai-Jung Um diesen Effekt noch steigert, indem er, wie bei „Asceticism" aus dem Jahr 1991, die Metallelemente mit schwarzem Stein kombiniert. Während der Stein das Licht vollständig absorbiert, lassen Sonnenstrahlen, aber auch eine künstliche Beleuchtung, das Messing funkeln und glitzern. So umschmeichelt der warme Rot-Ton die metallische Kälte des Materials. Es ist diese magische Wirkung des Kupfers, die Tai-Jung Um so schätzt und die ihn dazu veranlasste, mehr als zwei Jahrzehnte an diesem Werkstoff festzuhalten.

Erst im Jahr 2000 kehrt Tai-Jung Um in gewisser Weise wieder zu seinem Ausgangspunkt zurück. Nachdem er über Jahrzehnte das assoziative und allusive Spektrum des Kupfers angezapft hat, besinnt er sich wieder auf die Qualitäten des Stahls. In Kombination mit gebürstetem Aluminium, das den Eindruck von Neutralität und Perfektion transportiert, nutzt er Stahlträger, um die geometrischen Grundformen von Rechteck und Dreieck durchzudeklinieren. Den Elementen aus Stahl weist er dabei konstruktive Funktionen zu: Sie tragen, stützen, umschließen und vereinen die Aluminiumsegmente. Zugleich verkörpern sie unübersehbar das tektonische Prinzip, auf dem die Skulpturen beruhen. Als Streben und Verstrebungen greifen sie in den Raum aus oder umreißen geometrische Beziehungen. Präzise zeichnen sie Konturen nach und übersetzen das Gleichgewicht aus ruhenden und aufstrebenden Kräften in ein Liniensystem, das die Proportionen von Flächen und Volumina sichtbar macht. Wo den Stahlträgern die Aufgabe zukommt, die Körperhaftigkeit der Skulpturen zu unterstreichen, da bekennen sich die Aluminiumelemente im Kontrast zu ihrer Flächigkeit.

Die monolithischen Blöcke dieser Werkphase scheinen die idealen Entsprechungen jenes „kühlen Raums der Vernunft" zu sein, von dem einst Robert Smithson sprach. Der kalten geometrischen Exaktheit der Formen korrespondiert das grau schimmernde Aluminium. Die Quader sind Volumen ohne Inhalt – sonst nichts. Sie scheinen nichts anders sein zu wollen als sie selbst. Vom Spiel mit vielfältigen Bedeutungen befreit, tragen sie auch nicht mehr – wie noch die Skulpturen aus anderen Werkphasen – sprechende Titel, die auf die Natur oder kosmische Energien verweisen. Und im Gegensatz zu den skulpturalen Konstruktionen aus Kupferplatten, die in den achtziger und neunziger Jahren entstanden sind, stehen sie nicht mit den Zeichensystemen einer fernen Vergangenheit in Verbindung. Der Erfahrung von Zeitlichkeit ziehen sie das Beharren auf reiner Gegenwart vor. Sie sind einfach da. Stabil und beständig trotzen sie den allmählichen Veränderungen, und da sie aus Industriewerkstoffen gefertigt sind, erweisen sie sich den Spuren der Zeit, der Materialermüdung und der Alterung gegenüber als unempfindlich.

All diese Beobachtungen legen den Schluss nahe, im Werk von Tai-Jung Um habe ein vollständiger Bruch stattgefunden. Doch weit gefehlt. Trotz der unübersehbaren Differenzen, die sich in der Auswahl und im Umgang mit dem Material feststellen lassen, überwiegen die Gemeinsamkeiten. Ja, in gewisser Weise steht dem Betrachter in der extremen Vereinfachung und souveränen Abgeklärtheit dieser Skulpturen sogar Tai-Jung Ums bildhauerisches Prinzip umso deutlicher vor Augen. Denn was seine Skulpturen seit jeher auszeichnet, ist die Ablehnung jeglichen Illusionismus. Stets greifen Tai-Jung Ums Skulpturen konkret in die räumliche Situation ein, die sie vorfinden. Ganz buchstäblich stellen sie ein spannungsreiches Verhältnis zwischen Körper und Raum, Masse und Gewicht, dynamischen und ruhenden Elementen her. Ihre Präsenz unterstreichen sie dadurch, dass sie keines Sockels bedürfen, der sie von der Welt des Trivialen separiert und ihnen einen eigenen Raumbezirk zusichert. Stattdessen nehmen sie konkret Stellung zur Welt, sie stehen in einem Verhältnis zum Boden, zur Decke und zu den Wandflächen, und sie agieren auf einer gemeinsamen Basis mit dem Betrachter.

All diese Eigenschaften hebt Tai-Jung Um dadurch hervor, dass er seinen jüngsten Arbeiten eine Gestalt verleiht, die der Betrachter auf einen Blick erfassen kann, obschon ihre Form aus mehreren Elementen zusammengesetzt ist. Eben dies verbindet seine Aluminiumkonstruktionen mit den reinen „Sehobjekten" der Minimal Art. Hinzu kommt, dass Tai-Jung Um, wie die Protagonisten der Minimal Art, Körper schafft, die eine Leere in sich tragen. Es handelt sich dabei nicht nur um eine vermutete, eine spürbare Leere, wie dies bei einem Quader der Fall wäre, der an allen sechs Seiten geschlossen ist. Vielmehr erlaubt Tai-Jung Um dem Betrachter, in die Leerräume hineinzusehen. Seine hochrechteckige Konstruktion aus dem Jahr 2004 ist nicht zufällig gerade so hoch, dass ein Mensch von durchschnittlicher Körpergröße hineinschauen kann, und den Quader aus dem Jahr 2004 ergänzt er absichtsvoll um eine Variante, deren Oberseite demonstrativ geöffnet ist. Diese Skulpturen haben offenbar nichts zu verbergen, nicht einmal die Tatsache, dass ihre Form eine Leere umspielt.

Auch wenn sie keine Repräsentationen von etwas Abwesendem sind, so sind sie doch weitaus mehr als bloß leblose Objekte. Denn ausgerechnet diese statischen Hohlkörper, die den Gesetzen der Geometrie gehorchen, versetzen den Betrachter – und damit seine Wahrnehmung – im Idealfall in Bewegung. Im Raum platziert, fordern sie den Betrachter dazu auf, sich ihnen langsam und aufmerksam zu nähern, sie zu umrunden, sie aus verschiedenen Perspektiven zu erfassen. Sie wollen mal aus der Ferne, mal aus der Nähe betrachtet und mit allen Sinnen erfahren werden. Nur im Vollzug einer solchen Bewegung kann der Betrachter allmählich wahrnehmen, wie sich die Gestalt des festen Körpers, die er wiederzuerkennen glaubt und als Quadrat, Rechteck oder Dreieck identifiziert, verändert, je nachdem, welchen Standpunkt er einnimmt. Im Akt der Wahrnehmung offenbart sich also, in welchem Maße die Gestalt eines nach allseits bekannten Regeln konstruierten Körpers von der Perspektive des wahrnehmenden Betrachters abhängt. Nimmt der Mensch eine andere Position im Raum ein, so verändert sich auch die Form der Skulptur. Insofern könnte man sagen: Im Akt der Wahrnehmung konstruiert ein Körper die Gestalt eines anderen Körpers.

Schon der amerikanische Kunstkritiker Michael Fried hat auf die Paradoxie hingewiesen, dass ausgerechnet eine Skulptur, die nichts anderes repräsentieren will als sich selbst, vom Betrachter nur in Relation zum eigenen Körper wahrgenommen werden kann.[7] Der Betrachter empfinde eine solche Arbeit als „Ersatz-Person", schreibt Fried, als eine Art Statue. Dies liege in der Symmetrie solcher Skulpturen begründet, aber auch in ihrer Eigenschaft, ein Innen zu haben. Es ist nicht zuletzt dieses geheimnisvolle Innenleben, das Michael Fried zu der Bemerkung veranlasste, den Objekten der Minimal Art wohne ein latenter Anthropomorphismus inne. Ein solcher latenter Anthropomorphismus ist auch bei Tai-Jung Ums Skulpturen festzustellen. Denn in ihrer Größe, ihrer Proportion und ihrer Gestalt nehmen sie Bezug auf den menschlichen Körper. Und auch sie verfügen über ein geheimnisvolles Innenleben, das sich zuweilen dem Betrachter gegenüber öffnet.

Hat man diese Relationen einmal erkannt, so kommt man nicht umhin, sie ebenfalls in Arbeiten aus anderen Werkphasen zu vermuten. Denn auch hier schafft Tai-Jung Um, ohne sich konventionalisierter Repräsentationssysteme zu bedienen, Äquivalente für Aktivitäten des menschlichen Körpers: Er übersetzt einfache Tätigkeiten wie das Aufstehen, das Liegen, das Hinfallen in skulpturale Formen. Oder er entwirft Körper, die in Aufruhr begriffen sind, in denen Spaltungen am Werk sind, die sich verschlossen oder offen zeigen. Dass es dazu eben keiner figurativen Darstellung, sondern allein einer ausgewogenen Konstruktion aus in verschiedene Richtungen strebenden Kräften bedarf, hat Tai-Jung Um im Laufe der Jahre immer wieder bravourös vorgeführt.

Gerade weil es sich um geometrische Grundformen handelt, die in sich zu ruhen scheinen, und nicht um Abbilder, die etwas nachzuahmen versuchen, was nicht anwesend ist, fordern uns Tai-Jung Ums Konstruktionen so nachhaltig dazu auf, unsere eigene Position ihnen gegenüber zu bestimmen. Die Quader aus Aluminium, die er seit dem Jahr 2000 auf der Grundlage von Zeichnungen in Spezialwerkstätten anfertigen lässt, sind nicht leer und hohl in dem Sinne, dass sie jegliche Bedeutung vermissen lassen. Wie ein offenes Behältnis sind sie vielmehr bereit, all das aufzunehmen, was der Betrachter hineinlegen möchte. Über diese Fähigkeit verfügen sie, weil sie Räume aufspannen, in denen Leere auf ganz und gar unterschiedliche Weise vernehmbar wird. So lässt sich die gestreckte, rechtwinklige und auf die Kanten ihrer Längsseiten gestellte Form, die einen Leerraum überwölbt, auch als eine Art von Zelt interpretieren, das Geborgenheit und Zuflucht verspricht, und die Konstruktion aus Rechtecken, die einen Zwischenraum, eine Lücke überbrückt, ähnelt einem Tor, das dazu animiert, den Schritt heraus aus der Geborgenheit ins

Ungewisse zu wagen. Da sich Tai-Jung Um aber allein formaler Analogien, nicht jedoch eines tradierten Repräsentationssystems bedient, muss jede ikonographische Analyse scheitern, die um jeden Preis Symbolhaftes herausfiltern will. Gleichwohl artikulieren seine Aluminiumskulpturen unterschiedliche Erscheinungsweisen von Leere: Diese sind mal offene Passage, mal allseits geborgener Bereich und mal beschirmte Überdeckung.

Viele seiner Quader ließen sich auch als Kästen beschreiben, die nach außen hin geometrische Klarheit verkörpern, in ihrem Inneren jedoch eine tiefe, unergründliche Leere bergen. So verwundert es kaum, dass Tai-Jung Um in seinen kleinformatigen Skulpturen immer wieder die Form des Kästchen interpretiert hat. Wie die Schachteln unserer Kindheit scheinen diese Kästchen in ihrer unheimlichen Vertrautheit dafür gemacht, unseren Wünschen und Hoffnungen Raum zu geben und etwas Kostbares aufzubewahren, das droht, unwiederbringlich verloren zu gehen. Im Gegensatz zu den großformatigen Arbeiten, die Leerräume in ihrer Potenzialität sichtbar machen, sind diese Kästchen hermetisch verschlossen. In ihnen könnte also etwas aufbewahrt sein, das unseren Sinnen buchstäblich entzogen ist.

Dort, wo das Offensichtliche mit einer unergründlichen, dunklen Leere eine untrennbare Verbindung eingeht, spricht der Kunsthistoriker Georges Didi-Huberman von einem Umschlagen der Evidenz in Latenz. „Nun", schreibt er, „verliert der Kubus auch seine – seiner geometrischen Idealität entsprechende – zeitliche Stabilität, weil man spürt, dass sie einer Kunst der Erinnerung weichen muss, deren Inhalt für uns (wie übrigens auch für den Künstler) immer Lücken haben und niemals erzählt, zusammengefasst werden wird".[8] Einer Kunst der Erinnerung, die sich ihrer Unvollständigkeit bewusst ist und die ihre plastisch verdichtete Energie der Scheu vor dem Vollkommenen und dem Übervollen verdankt, ist auch Tai-Jung Um auf der Spur. Seine Skulpturen sind Ausdruck einer Sehnsucht nach einem Ursprung, dem das Wissen um seinen Verlust bereits eingeschrieben ist.

1 Arthur C. Danto, Die Verklärung des Gewöhnlichen. Eine Philosophie der Kunst, Frankfurt am Main 1984, S. 162.
2 Gilles Deleuze, Erschöpft, in: Samuel Beckett, Quadrat. Stücke für das Fernsehen, Frankfurt am Main 1996, S. 49-101, hier S. 70/71.
3 Robert Smithson, Spiral Jetty, 1972, in deutscher Übersetzung in: Robert Smithson, Gesammelte Schriften, hrsg. v. Eva Schmidt/Kai Vöckler, Köln/Wien 2000, S.176-184, hier S. 180/181.
4 Kwang-Su Oh, The Structure of Mutual Relations, in: Um Tai Jung. Sculptures (Recent Works). Bronze – Object – Age, hrsg. v. Gallery Hyundai, Seoul 1997, S. 10-11, hier S. 10.
5 Vgl. Lucy Lippard, Six Years: The Dematerialization of the Art Object from 1966 to 1972, New York 1973.
6 Günter Bandmann, Der Wandel der Materialbewertung in der Kunsttheorie des 19. Jahrhunderts, in: Beiträge zur Theorie der Künste im 19. Jahrhundert, hrsg. v. Helmut Koopmann/Adolf Schmoll gen. Eisenwerth, Frankfurt am Main 1971, S. 129-157, hier S. 157.
7 Vgl. Michael Fried, Kunst und Objekthaftigkeit, in: Minimal Art. Eine kritische Retrospektive, hrsg. v. Gregor Stemmrich, Dresden/Basel 1995, S. 334-374.
8 Georges Didi-Huberman, Was wir sehen, blickt uns an. Zur Metapsychologie des Bildes, München 1999, S. 105.

Annette Tietenberg
A Maelstrom in the Flow of Existence

"The relationship between the work and its material substance is as complex as that between body and soul."

Arthur C. Danto[1]

"The thing is to bear in mind every possible direction, even though one moves forward in a straight line. Equality of straight line and surface, surface and volumes. In other words, taking into account or exhausting space results in a new sense and a new motif: exhausting the potential of random space. Space offers potential insofar as it allows the realization of events; in other words, it precedes realization, and potentiality itself is part of what is feasible."

Gilles Deleuze[2]

According to Constantin Brancusi the art of the sculptor lies in releasing the life of the material he is dealing with and never forcing something onto the material. Since this is also Tai-Jung Um's attitude both to art and life it is hardly surprising the Korean sculptor has long since seen a kindred spirit in Constantin Brancusi. As early as 1958 when he commenced his studies at the College of Fine Arts of Seoul National University Tai-Jung Um reads everything he can lay his hands on about the work of the Rumanian sculptor. He addresses himself intensively to Brancusi's ideas concerning a universal language of the sculptural, the vibrating liveliness of the material and the harmony between man and cosmos. Merely looking at photographs is no longer enough for him. Tai-Jung Um travels to museums over the world, especially to Paris, sparing neither expense nor pains to see Brancusi's achievement with his own eyes, namely the perfect balance between the opposing forces at work in the material. He even travels to Tîrgu Jiu, the small town at the foot of the Carpathians, not far from Hobita, where Brancusi was born, to see for himself what remains of the sculptural ensemble "Table of Silence", "Gate of the Kiss" and "Endless Column" that Brancusi created in 1938.

Since then Tai-Jung Um has always carried a Rumanian banknote with him as a daily reminder that he was on the spot and saw the amazing miracle the over sixty year old Brancusi performed in Tîrgu Jiu. The Rumanian Lei bears a depiction of the "Endless Column", and for an artist such as Tai-Jung Um the mere presence of this legendary sculpture transforms the scrap of paper (invented for conducting swift, easy financial transactions of whatever kind) into a relic, which demonstrates that mysterious powers are at work between heaven and earth.

For over forty years now, Tai-Jung Um has devoted himself to all aspects of sculpture driven by the desire to create structures that are equally allied with reason and myth. He has worked in aluminium, steel and iron, in copper, brass, bronze and stone. Moreover, he has created sculptures that demand to be installed in the open air and to enter into a visible union with the landscape in which they evolved. The sculptor has realised monumental works that assert themselves in urban environment against the office high-rises of Seoul and offer people orientation in their daily environment. And he has created a large number of works that require the neutral exhibition space of the White Cube so that nothing can distract from the absoluteness and simplicity of their appearance.

Tai-Jung Um keeps a not inconsiderable number of these sculptures in his studio and storage rooms, which have had to be enlarged repeatedly owing to his immense productivity. Tai-Jung Um is in the privileged position of living in Seoul, where he can participate in the city's cultural life at any time, yet being able to withdraw to his home in the suburb of Seocho Dong to find the peace and isolation he needs to work on his sculptures. Protected by high pine trees, in an environment not unlike the situation under which Georg Kolbe once worked in Berlin, stand a house and several brick studio tracts. Dotted around the garden, outdoor sculptures from various work phases have found a home here, and three white Korean shepherd dogs hover waiting for the chance to accompany Tai-Jung Um through the nearby woods. A walk of about twenty minutes brings you to a Buddhist temple, and it is as if the loud, hectic life of the city had deliberately spared this place to allow the evolution of an art that deftly unites the severe and specific with the latent and ambiguous.

An aspect about Brancusi that has always fascinated Tai-Jung Um is his extraordinary ability to be totally at home in the present yet without needing to break with the myths of the past. Like Brancusi, Tai-Jung Um is not afraid to reflect on those symbols that tell of the origins of the world, the eternal cycle of birth and death, and the respect commanded by the elements. On several occasions he has translated into stone and bronze the motif of the spiral, the symbol for an activity that strives from a centre out into the open drawing ever larger circles. In its self-centredness, its circling around its own centre the spiral represents a high degree of hermetic unity. At the same time its linear structure illustrates the extension of a movement that is not aimed at a certain point but evolves a dynamic of its own and refers to infinity. "In the Spiral Jetty the absurd takes over and leads one into a world that cannot be expressed by number or rationality. Ambiguities are admitted rather than rejected," wrote Robert Smithson by way of commenting on his bold spiral-shaped earthwork in Great Salt Lake in Utah. And Smithson continues: "The dizzying spiral yearns for the assurance of geometry. One wants to retreat into the cool room of reason."[3]

Already at the start of his artistic career Um pursues the idea of reconciling the irrational with the cool region of reason. He has always sought to employ basic geometric elements such as the rectangle or triangle in order to create a structure that conceals much more than is immediately apparent. For instance the steel floor installation

"回 Project" from the year 1972 reveals that Tai-Jung Um dealt intensively with Tatlin's constructivist spatial tensions. Though what the observer initially sees is the literally transparent self-referential duplication of various sized rectangles, closer inspection discloses a labyrinth-like structure from whose centre one element soars up almost violently: In the truest sense of the word it is poised to make a dimensional leap. Not only does the installation enter into a temporary relationship with the exhibition room by framing and enclosing those sections of the floor on which it stands. It also professes programmatically to its existential form as a three-dimensional structure: It is equally in its element in this weighty inertia as it is in the high-spirited, upward soaring movement.

During this work phase Tai-Jung Um discovers a principle that will prove indispensable – that allows him to duplicate space: folding. Installations such as "W Project" are clearly influenced by his occupation with Brancusi's "Endless Column", which mediates in its upwards soaring endlessness between above and below, between heaven and earth. But while Brancusi's version of a column is produced from the addition of identical, crystalline-looking elements, Tai-Jung Um creates an impression of organic growth by bending and folding the steel. It is an early indication of something that will fascinate the sculptor for decades: a diversity resulting from the folding of the material and not from the addition of several identically sized elements. Spatial structures that translate into solid figures, processes such as tension and relaxation, contraction and expansion, compression and explosion would continue to occupy Tai-Jung Um. But in the seventies the sculptor was irritated by the look of industrial production, the machine-like look as Tai-Jung Um called it. Consequently, in his search for a form of production that more clearly reveals the individual nature of his work Tai-Jung Um draws on experiences he made shortly after completion of his studies.

Back then at the end of the fifties and beginning of the sixties he recalls, the situation for fine art in Korea was difficult to say the least. The Korean War was not long over, the nation was divided, many thousands of people had lost their lives in a senseless battle between two political systems, and many Koreans became painfully aware that during the 35 years of Japanese occupation they had lost a major part of their cultural identity. At that time it was above all artists who had studied in neighbouring Japan, who ensured people in Korea were made aware of the ways in which the world of art had been enriched. As such it was via Japan that young Korean artists found out about art styles such as the Informal and Tachism. And at this time Tai-Jung Um also began to look for an adequate means of expressing emotional energies through sculpture.

It was under the influence of Tachism, the Informal, but also citing the visual imagery of the Vorticists that Tai-Jung Um produced his first masterpiece: a work of steel entitled "A Scream". The installation opens itself up to the surrounding space and creates a fragile balance of forces that extend out into the vertical and horizontal. This sculpture, which consists of two almost symmetrical elements with a formal correspondence but that nonetheless remain irreconcilable, is charged with a certain aggressive potential that distin-guishes it from Tai-Jung Um's later works. The Korean title "Chòlhyu", which translates as scream or outcry, under-scores the installation's emotional power. It would seem likely that this sculpture visibly reflects for the first time the artist's experience of living in a divided country, in a permanent state of war.

Twenty three years would pass before Um once again took the decision to use his art to respond to the political situation in Korea. The occasion was an international sculpture symposium held 1990 in Lavin, Croatia. Far away from his home country the artist found in the medium of stone a formal language that allowed him to express his hopes for an end to the division of his country. Almost apologetically he says of his work: "I gave my work the title 'Gates of Peace' because I had the overwhelming desire to make some contribution even on a small scale to a solution of the conflict that has paralyzed our nation for decades."

Apart from these two exceptions Tai-Jung Um was always anxious not to place art under the constraint of having to symbolise something other than art. His sculptures are neither an expression of the artist's mood nor are they manifestations of day-to-day political events. After all, Tai-Jung Um locates art in a totally different philosophical and temporal context. Like Brancusi, Tai-Jung Um also strives for an art that is in harmony with the laws of nature and the cosmos. And like Brancusi, Tai-Jung Um also assumes the observer does not need any specific educational background, in other words must not necessarily have dived into the depths of East Asian philosophy in order to understand his sculptures. Rather, Tai-Jung Um is convinced that those people who have maintained a lively harmony will resonate with his works without having to make any particular effort. However, he is exacting in his expectation that where this harmony is damaged, art must have the potential to restore the inner balance of forces.

Concerned the imagery of the machine-like could sabotage his intention, in the mid-seventies Tai-Jung Um developed methods and techniques that enabled him to achieve a contrast between the smooth, shining surface of the polished metal and the seemingly unstructured interior of the figure. Though he had previously worked with steel – a material that emphasises the architectural qualities of sculptural structures, yet was not ascribed a specific significance in the history of sculpture – he now turns to a material that is underrepresented in 20th century art: copper. His preference for such an anachronistic material, which Korean art critic Kwang-Su Oh claims to have a certain idiosyncratic impact,[4] is occasioned not least of all by copper's specific properties, namely its shine and colour. However, another aspect that is likely to have influenced his decision is the fact that this material – the first metal to be won via a metallurgic process – was highly esteemed in the ancient world and played an important role in alchemy. After all, the gesture of repetition, the recurrence of the forgotten and the revitalisation of the abandoned are factors that also determine Tai-Jung Um's choice of material.

In the nineties the artist uses the title "Bronze – Object – Age" for an entire work group. His appellation is an indication of the subversive potential Tai-Jung Um ascribes the rediscovery of what is seemingly outmoded. By his own admission Tai-Jung Um explains that his occupation with the Bronze Age enriched his art by adding a dimension that was clearly the result of his looking back at a past culture. But what can the sculptor have meant by this remark? Did the fact that there was no distinction between free and functional art alter his attitude towards applied art? Or was he interested in the formal language of archaeological finds from the Bronze Age? Hardly. And to cite what is perhaps the most pressing question: Why are the sculptures summarized under the name "Bronze – Object – Age" made of copper of all things? One possible answer is that a sculptor like Tai-Jung Um was only concerned about the identity of the material and immaterial. Socialised in an epoch in which there was a greater emphasis on the "dematerialisation of the art object"[5] in other words, truth to materials, Tai-Jung Um remains firmly convinced that the sculptor's true terrain is still the artistic transformation of tangible materials.

The complex relationship between choice of material and artistic content was first systematically investigated at the start of the seventies by iconologist Günter Bandmann. The art historian placed the changing perceptions of material aesthetics in a wider historical context. According to Günter Bandmann, from ancient times through until the 19th century artists have sought to alter or transcend a material in line with an idea. If the material properties were underlined then only because the artist wished to draw attention to their metaphorical qualities: the durability of ore, the shine of gold, the firmness of stone.

This "idealistic system", under which materials had a representative function, was replaced in the course of the 19th century by a "materialistic system". From now onwards the material was to be appreciated solely for its own sake and should not represent anything extraneous. Anything else was deemed dishonest and was eyed suspiciously as a diversionary tactic. Following this change in values from the year 1900 the term "truth to materials" appears in art theory. From this time onwards greater importance was given to the characteristics of natural appearance than the visible signs of artistic treatment. The sculptor's main task was above all to render the material articulate. People expected him to be capable of revealing, you could say emphasising the seemingly natural surface qualities of stone, bronze or wood. From now on the artist was only allowed to disclose signs of his own sensibility for the purpose of lending the surfaces additional vigour and enriching their aesthetic impact through the use of contrasts. In the sixties the maxim of "truth to materials" gradually became invalid. Given plastics' variability, vouching for the non-manipulation of material could no longer be deemed an ethical category. "You could," summarised Bandmann, "find proof of the gradual weakening of this thought in certain phenomena in contemporary art as was manifested from say 1968 onwards at the documenta: materials provided by nature – wood, stone and also metal – were largely replaced by plastics, which are neutral as regards surface structure, and in a parallel development the tendency in painting to subtly grade and work out colours in the interests of materialistic aesthetics gave way to homogenous looking and unreal, immaterial or unnatural looking colours – possibly produced by the mechanical application of paint. The choice of material and its contribution to the work of art was no longer determined by tradition and meaning as in idealistic aesthetics nor was it determined by its existential natural quality as in materialistic aesthetics. It would seem as if nature were no longer the sole source and authority."[6]

In other words, it can be argued that irrespective of its other functions the material the sculptor employs always conveys a certain meaning. Furthermore, the manner in which the material is treated also says something about the prevailing ideas on intellect and material in a society. Tai-Jung Um deliberately avails himself of traditional sculptor's materials such as copper, brass and bronze, but in a manner that is at variance both with the idealistic and the materialistic system. In the same way that since the sixties artists integrated industrial materials such as fibreglass and latex into the artistic process, Tai-Jung Um also makes us aware of the virtually unlimited malleability and variability of the materials he employs. However, he believes there are other ways of achieving this than employing a neutral material or altering the material. As he sees it the sculptor's classic materials also offer an inexhaustible potential of transformational means. For instance, the impact of bronze, which from ancient times has been a symbol of durability and dignity and in the Middle Ages was ascribed magical and apotropaic qualities, can also be evoked in copper. And brass which is an alloy of copper and zinc, can also assume a great many appearances depending on its composition: it becomes more malleable or brittle, redder or more yellow, lighter or darker, depending on the effect the artist wishes to achieve. Working in a context beyond both the idealistic and materialistic systems, Tai-Jung Um shows us that it is ultimately the decision of the artist that counts. He alone lends the material shape and meaning. Yet Tai-Jung Um also warns us that the artist should not trust in the present alone as this would imply he underestimated the power of tradition. Rather than giving in to the pressure for constant innovation and only paying homage to the Here and Now, Tai-Jung Um employs traditional materials to deliberately lend his sculptures narrative, magical and mythical dimensions.

Under the influence of the work of David Smith, but above all of Anthony Caro, whose tracks he followed in 1980 at the Saint Martin's School of Art in London, Tai-Jung Um developed a special technique that allows him to permanently weld copper and brass together. Since this time he has produced sculptures of copper plates and brass elements that with their visible seams deliberately celebrate the principle of assembly, though the fact that the materials come from other fields of application no longer plays a role. However, since Tai-Jung Um does not wish to be part of the tradition of the welded steel sculptures established by David Smith and Anthony Caro, he applies their method to copper and brass with the result that the combined elements which are perceived as a single unit do not belie their massive weight yet simultaneously gain a certain lightness owing to the homogenous shimmering surface. While plates and hollow volumes, placed at angles in an unsteady balance, support each other and in doing so illustrate the architectural principle of the supporting posts and the beams that lie on them, the harmonising copper tone on the surface unfolds an almost painterly effect. The sculptures look as if a coloured skin had been drawn over them, and indeed Tai-Jung Um heightens this effect as in "Asceticism" from the year 1991, which combines metal elements with black stone. While the stone completely absorbs the light, the sun's rays but also the artificial lighting make the brass sparkle and glitter. As a result the material's metallic coldness is lent a warm reddish tone. It is this magical effect of copper Tai-Jung Um so esteems and which has led him to remain true to the material for more than two decades.

It is not until 2000 that Tai-Jung Um can be said to return to his starting point. Having drawn on the associative and allusive spectrum of copper for decades he recalls the qualities of steel once more. In combination with polished aluminium, which conveys the impression of neutrality and perfection, he uses steel girders to decline the basic geometric forms of rectangle and triangle. The steel elements are accorded structural functions: they bear weight, support, enclose and bring together the aluminium segments. Simultaneously, they patently embody the tectonic principle on which the sculptures rest. As struts and braces they extend out into space or delineate geometrical relations. With great precision they trace the contours and translate the balance of inert and upward soaring forces into a system of lines that reveals the proportions of surfaces and volumes. While the steel girders are accorded the task of underlining the sculptures' three-dimensional quality, the aluminium elements emphasise their two-dimensional nature by way of contrast.

The monolithic blocks of this work phase appear to be the ideal correspondences to that "cool room of reason" of which Robert Smithson once spoke. The grey shimmering aluminium corresponds with the cold geometrical precision of the shapes. The blocks are volumes without content – and nothing more. They appear not to want to be anything but themselves. Liberated from the game with diverse meanings unlike the sculptures from other work phases they no longer have graphic titles that refer to nature or cosmic energies. And in contrast to the sculptural structures of copper plates that evolved in the eighties and nineties they are not connected with the sign systems of the distant past. They favour persistence in the present to the experience of temporality. They are simply there. Sturdy and enduring they resist gradual changes, and as they are made of industrial materials they prove to be immune to the signs of time, to material fatigue and aging. All these observations would seem to suggest a break in the work of Tai-Jung Um. But that is far from being the case. Despite the all-too-obvious differences that can be seen in the choice of and handling of material, the similarities predominate. Indeed, to some extent, in their extreme simplicity and masterly clarity these sculptures present Tai-Jung Um's sculptural principle all the more graphically to the observer.

After all, a characteristic of his work that runs through all his sculptures is the rejection of all illusionism. Tai-Jung Um's sculptures always make a specific intervention in the spatial they find themselves in. Quite literally they represent a highly tense relationship between figure and space, mass and weight, dynamic and inert elements. The fact that they need no pedestal to separate them from the world of the trivial and secure them their very own personal space serves to underscore their presence. Instead, they adopt a specific attitude to the world; they stand in a relationship to the floor, ceiling and walls, and they respond on a joint basis with the observer.

In his more recent works Tai-Jung Um further heightens all of these aspects by creating installations the observer can take in at a single glance even though they comprise several elements. It is precisely this quality that creates an affinity between his aluminium structures and the pure "visual objects" of Minimal Art. Another similarity: like the protagonists of Minimal Art Tai-Jung Um creates figures that carry an empty space. It is not an imagined empty space as would be the case for a block that is closed on all six sides. Rather, Tai-Jung Um allows the observer to look into the empty spaces. It is not by chance that his standing rectangular structure from the year 2004 is just high enough for a person of average height to look inside, and he deliberately complements the block from the year 2004 by a version whose upper side is demonstratively open. Evidently, these sculptures have nothing to hide, not even the fact that their shape plays around an empty space.

Even though they are not representations of something absent they are nonetheless much more than lifeless objects. The reason: precisely these static, hollow figures that follow the laws of geometry ideally set the observer – and by dint his perception – in motion. Located in space they call on the observer to approach them slowly and attentively, to walk around them, to take them in from different perspectives. They ask to be looked at from close up, from a distance and to be experienced with all the senses. Only by performing such a movement can the observer gradually perceive how the shape of the solid volume which one believes to have recognised and identified as a square, rectangle or triangle, alters depending on the position from which he observes it. In other words, the act of perception reveals the extent to which the shape of a figure created according to accepted, familiar rules, depends on the perspective of the observing observer. If the viewer adopts a different viewing position the shape of the sculpture alters accordingly. As such, you can argue that the act of perception involves one figure designing or determining the shape of another.

American art critic Michael Fried has referred to the paradox that precisely those sculptures which do not seek to represent anything else but themselves can only be perceived by the observer in relation to his/her own body.[7] The observer experiences such a work as a "substitute person", writes Fried, a kind of statue. This not only resulted from the symmetry of such sculptures but also the fact that they have an interior. It is not least of all this mysterious interior which prompted Michael Fried to remark that Minimal Art objects have a latent anthropomorphism. This latent anthropomorphism is also evident in Tai-Jung Um's sculptures as they refer to the human body in terms of size, proportions and shape. And they also have a mysterious inner life that they occasionally disclose to the observer.

Once you have recognised these relations you inevitably suppose them to be present in works from other work phases. After all, here too Tai-Jung Um creates equivalents for human activities without availing himself of conventional representation systems: He translates simple activities such as standing up, lying down or falling down into sculptural forms. Or he depicts figures in turmoil, in which fissures function, that are either covert or overtly visible. In the course of the years Tai-Jung Um has repeatedly demonstrated magnificently that this does not require a figurative portrayal, but that it suffices to have a balanced structure comprising forces striving in opposite directions.

Precisely because we are dealing with geometric shapes that seem to rest in themselves, and not with depictions that attempt to imitate something that is not present, Um's installations urge us so strongly to define our own position towards them. The blocks of aluminium, which he has had made since 2000 in special workshops, are not empty and hollow in the sense that they are devoid of all meaning. Rather, like an open container they are poised to take in everything the observer would like to charge them with. They dispose of this ability because they create spaces in which emptiness is open to a variety of totally different readings. For instance, the elongated, rectangular shape standing on its long sides, and which forms a vault over an empty space, can also be interpreted as a kind of tent promising shelter and refuge, and the installation of rectangles that forms a roof over an interstice resembles a gate that dares us to venture out into the unknown from a place of security. However, since Um employs formal analogies alone but not a traditional representation system, every iconographic analysis that seeks to find something symbolical at all costs is doomed to failure. Nonetheless, his aluminium sculptures articulate divergent manifestations of emptiness: Sometimes they are open passages, other times areas sheltered from all sides and then again protective roofing.

Many of his blocks could also be described as boxes that seen from the outside embody geometric clarity, yet whose interiors conceal a deep, unfathomable emptiness. As such it is hardly surprising that in his small-sized sculptures Tai-Jung Um repeatedly takes up the form of the box. Eerily familiar like the small boxes that accompanied our childhoods they seem ideally suited to accommodating our hopes and wishes and storing something valuable that is in danger of being lost irrevocably. Unlike the large-sized works that render empty spaces visible and their potentiality, these boxes are hermetically sealed. As such, something might be stored in them that literally eludes our senses.

At the point where the visible enters into an inseparable alliance with unfathomable, dark emptiness, art historian Georges Didi-Huberman talks of a shifting of the obvious into latency. "Now," Didi-Huberman writes, "the cube also loses its temporal stability – in accordance with its ideal geometric state – because you sense that it has to give way to a kind of memory, whose content for us (and incidentally also for the artist) is incomplete and will never be related in its entirety."[8]

Tai-Jung Um is also in pursuit of a kind of memory that is aware of its incompleteness and which owes its sculpturally condensed energy to a shunning away from the perfect and the overfull. His sculptures express a longing for an origin, an origin that is aware of its innate loss.

1 Arthur C. Danto, The Transfiguration of the Commonplace: A Philosophy of Art, Harvard University Press, 1981.
2 Gilles Deleuze, Erschöpft, in: Samuel Beckett, Quadrat. Stücke für das Fernsehen, Frankfurt/Main 1996, p. 49-101, here p. 70/71.
3 Robert Smithson, Spiral Jetty, 1972, in: Robert Smithson, The Collected Writings, ed. by Jack Flam, University of California Press, Berkeley/Los Angeles/London, 1996, p. 146/147.
4 Kwang-Su Oh, The Structure of Mutual Relations, in: Um Tai Jung. Sculptures (Recent Works). Bronze – Object – Age, ed. by Gallery Hyundai, Seoul, 1997, p. 10-11, here p. 10.
5 See Lucy Lippard, Six Years: The Dematerialization of the Art Object from 1966 to 1972, New York, 1973.
6 Günter Bandmann, Der Wandel der Materialbewertung in der Kunsttheorie des 19. Jahrhunderts, in: Beiträge zur Theorie der Künste im 19. Jahrhundert, edited by Helmut Koopmann/Adolf Schmoll gen. Eisenwerth, Frankfurt/Main, 1971, p. 129-157, here p. 157.
7 See Michael Fried, Art And Objecthood (1967), in: Minimal Art. A Critical Anthology, ed. by Gregory Battcock, University of California Press, Berkeley/Los Angeles/London 1995, p. 116-147.
8 Georges Didi-Huberman, Was wir sehen, blickt uns an. Zur Metapsychologie des Bildes, Munich, 1999, p. 105.

Alumin
und Sta

Alumin
and Ste

m

l

m

l

Ein Raum der Leere

Mit dem Jahr 2000 bricht auch für Tai-Jung Um eine neue Ära an. Das Kupfer- und Bronze-Zeitalter, mit dessen Materialsemantik sich der Bildhauer über Jahrzehnte intensiv befasst hat, lässt er hinter sich. Stattdessen wendet er sich einem Werkstoff zu, der keine Geschichte kennt und dem keine tradierten Bedeutungen zugeschrieben werden können: dem Aluminium. Die Skulpturen, die aus dem silbrig schimmernden Leichtmetall bestehen, lässt Tai-Jung Um auf der Grundlage seiner Entwürfe und Konstruktionszeichnungen in professionellen Metallverarbeitungsunternehmen fertigen. Er legt also nurmehr im Entwurfsstadium selbst Hand an, überantwortet die Ausführung jedoch Spezialisten. Damit verabschiedet er sich von einer Kunst, die sich aufgrund ihrer engen materiellen wie metaphorischen Bindung an das Künstlersubjekt als Gegenbild einer arbeitsteiligen industrialisierten Gesellschaft versteht.

Wie Donald Judd, so schätzt auch Tai-Jung Um die Neutralität und Perfektion einer glatten spiegelnden Oberfläche aus gebürstetem Aluminium. Im Unterschied aber zu den Protagonisten der Minimal Art, die sich darum bemühten, Fugen und Nähte unsichtbar zu machen, legt Tai-Jung Um großen Wert darauf, Verbindungsstellen aufzuzeigen, ja sie sogar durch einen Materialwechsel regelrecht zu betonen. So weist er Elementen aus Stahl konstruktive Funktionen zu: Diese tragen, stützen, umschließen und vereinen die einzelnen Aluminiumsegmente. Zugleich verkörpern sie unübersehbar das tektonische Prinzip, auf dem die Skulpturen beruhen. Als Streben und Verstrebungen greifen sie in den Raum aus oder sie umreißen geometrische Beziehungen. Präzise zeichnen sie Konturen nach und sie übersetzen das Gleichgewicht aus ruhenden und aufstrebenden Kräften in ein Liniensystem, das die Proportionen von Flächen- und Rauminhalten sichtbar macht. Wo den Stahlträgern die Aufgabe zukommt, die Körperhaftigkeit der Skulpturen zu unterstreichen, da bekennen sich die Aluminiumelemente im Kontrast zu ihrer Flächigkeit.

So wiederholen etwa die Stahlstreben bei der Konstruktion „Untitled“ aus dem Jahr 2004 das Motiv des Rechtecks, auf dessen Addition die gesamte Skulptur beruht: Zum einen rahmen sie jene hochrechteckige zentrale Lücke, die sich zwischen den Aluminiumelementen auftut. Zum anderen verdoppeln sie die Form des Rechtecks, indem sie es in die Horizontale kippen. Dadurch erweitert der Stahlrahmen die Standfläche der Skulptur und schafft ein Gegengewicht – im physikalischen wie im optischen Sinne.

Einen Raum der Leere birgt auch die stelenförmige Konstruktion „Untitled“, gleichfalls aus dem Jahr 2004. Die Skulptur ist mit 135 Zentimetern gerade so groß, dass ein Mensch von durchschnittlicher Körpergröße hineinsehen und das Verhältnis von umschlossenem Raum und umschließender Form wahrnehmen kann. Und auch „Untitled“ aus dem Jahr 2004, eine Konstruktion, die die Gestalt des Dreiecks reflektiert, spannt sich über einem Raum der Leere. Hier wird der Boden im Ausstellungsraum gleichsam zum dritten Schenkel des Dreiecks und vervollständigt die geometrische Figur.

Ihre Prägnanz verdanken diese Skulpturen nicht etwa der Kraft des Illusionären, sondern den buchstäblichen Eigenschaften der tragenden Konstruktion und der Einfachheit der Form. „Einfachheit der Form ist nicht gleichzusetzen mit Einfachheit der Erfahrung“, konstatierte Robert Morris in seinen „Anmerkungen über die Skulptur“ im Jahr 1966. Und er fährt fort: „Einheitliche Formen verringern nicht die Beziehungen. Sie ordnen sie. Fungiert das vorherrschende, hieratische Wesen der einheitlichen Form als Konstante, werden dadurch nicht all jene spezifizierenden Beziehungen des Maßstabs, der Proportionen usw. abgeschafft. Sie werden vielmehr enger und unlösbarer miteinander verknüpft.“

Eben diese untrennbare Verknüpfung der Einzelteile, die dazu beiträgt, dass in der Ganzheit der Form die Beziehungen zwischen Maßstab, Proportion und Materialität nur umso deutlicher in Erscheinung treten, strebt auch Tai-Jung Um an. Allerdings stellt er nicht den Würfel, der in den sechziger Jahren von Bildhauern wie Tony Smith, Donald Judd oder Carl Andre durchdekliniert wurde, sondern Rechteck und Dreieck ins Zentrum seiner Überlegungen. Den Eindruck, es handle sich nicht um Einzelteile, die nach kompositorischen Prinzipien geordnet sind, sondern um Formen, die auf dem Prinzip der Einheit beruhen, verstärkt Tai-Jung Um, indem er die Polyeder mithilfe der Stahlträger optisch wie tektonisch verklammert.

So lässt sich die Gestalt der Skulptur, anders als bei den Werken, die in den achtziger und neunziger Jahren entstanden sind, auf einen Blick erfassen. Dies unterstreicht ihre monumentale Wirkung und ruft beim Betrachter eine bestimmte Haltung hervor. Wie schon Robert Morris feststellte, verlangen kleinere Objekte nach Annäherung und intimer Schau, während Objekte von einer gewissen Größe eher aus der Distanz betrachtet und als Resonanzraum des menschlichen Körpers akzeptiert werden. Auch Tai-Jung Ums Skulpturen sind darauf angelegt, in Relation zur Körpergröße des Menschen wahrgenommen zu werden. Kein Sockel trennt sie von der Welt, in der sich der Betrachter zuhause fühlt. Ganz selbstverständlich halten sie sich im selben Raum auf wie der Mensch und als stummes Gegenüber konfrontieren sie ihn mit ihrer statuarischen Gegenwart. All dies wurde in den sechziger Jahren bereits von Künstlern erprobt, die sich im Umkreis der Minimal Art verorteten. Doch während diese jegliches Generieren von Bedeutung zu vermeiden suchten, da sie fürchteten, mit allem Sinnhaften und Narrativen ginge zwangsläufig eine Minderung von Erfahrung einher, scheut Tai-Jung Um nicht davor zurück, seine Skulpturen mit einem gewissen erzählerischen Potenzial auszustatten. Denn auch geometrische Konstruktionen können, sofern sie auf den menschlichen Körper Bezug nehmen, Assoziationen wecken, die der Wahrnehmung von Kunst nicht entgegen stehen, sondern sie bereichern. So lässt sich die rechtwinklige, auf die Kanten ihrer Längsseiten gestellte Form durchaus auch als eine Art von Zelt interpretieren, das Geborgenheit und Zuflucht verspricht, während Tai-Jung Ums Konstruktion aus Rechtecken einem Tor ähnelt, das dazu animiert, den Schritt heraus aus der Geborgenheit ins Ungewisse zu wagen.

Space of Emptiness

The year 2000 also marked the start of a new era for Tai-Jung Um. The sculptor moved away from the copper and bronze-age period, whose material semantics he had addressed intensively for decades. Instead he now devoted himself to a new material that has no history and which cannot be ascribed traditional meanings, namely aluminium. Tai-Jung Um delivers his designs and construction drawings to professional metal working companies and has them produce the sculptures of this silvery shimmering light metal. In other words, though he is involved in the design stage he engages specialists for the actual production. In doing so he takes his leave of an art that thanks to its close material and metaphorical connection to the subject is deemed to be the direct opposite of an industrialised society based on the division of labor.

Like Donald Judd, Um also appreciates the neutrality and perfection of brushed aluminium's reflective surface. But unlike protagonists of Minimal Art, who endeavored to conceal the joins and seams, it is characteristic of Tai-Jung Um's art that he emphasizes such points of contact, one could even say draws attention to and stresses them by using different materials. Essentially, he ascribes design functions to steel elements: The latter bear, support, enclose and unite the individual aluminium segments. Simultaneously they manifestly embody the tectonic principle underlying sculptures. As struts and braces they extend into space or describe geometric relations. With great precision they trace contours and translate the balance between resting and soaring upward forces into a line system that reveals the proportions of surfaces and spatial contents. In those instances where steel supports are assigned the task of emphasizing the sculptures' three-dimensionality, the aluminium elements by contrast underline their two-dimensionality.

For instance in the 2004 work "Untitled" the steel struts repeat the motif of the rectangle, on whose addition the entire sculpture is based: On the one hand they frame the standing rectangular central gap that opens up between the aluminium elements. On the other hand, they double the shape of the rectangle by tipping it into the horizontal. As a result, the steel frame increases the size of the sculpture's base and creates a counterweight – both in the physical and visual sense. The stele-shaped work "Untitled" – also produced in 2004 – likewise encompasses an empty space. Standing 135 centimeters high the sculpture is just tall enough for a person of average size to look inside and perceive the relationship between enclosed space and enclosing shape. And yet another "Untitled" dating from 2004, a structure based on the design of the triangle, spans an empty space. Here the floor of the exhibition space transforms itself into the third side of the triangle and completes the geometrical figure.

These sculptures do not owe their impact to the powers of illusion but to the literal properties of the bearing structure and simplicity of design. In 1966 Robert Morris wrote in his "Notes on Sculpture": "Simplicity of shape does not necessarily equate with simplicity of experience. Unitary forms do not reduce relationships. They order them. If the predominant, hieratic nature of the unitary form functions as a constant, all those particularizing relations of scale, proportion, etc., are not thereby canceled. Rather they are bound more cohesively and indivisibly together."

It is precisely this inseparable connection between the individual elements which contributes to an even starker manifestation of the relations between scale, proportions and materiality in the overall design, that Tai-Jung Um also strives for. However, he does not focus his attention on the cube, which was explored in the sixties by sculptors such as Tony Smith, Donald Judd and Carl Andre but concentrates on the rectangle and triangle. Tai-Jung Um reinforces the impression that he is dealing not with individual elements arranged according to principles of composition, but shapes based on the principle of unity, by using steel supports to bracket the polyhedron, both visually and tectonically.

Consequently, unlike the works produced in the eighties and nineties, the design of these sculptures can be taken in at a glance. This in turn underscores their monumental impact and evokes a certain attitude in the observer. As Robert Morris ascertained, smaller objects need proximity and to be examined close up, while objects of a certain size can be looked at from a distance and are more likely to be accepted as sound boxes of the human body. Tai-Jung Um's sculptures are also conceived to be perceived in relation to the size of the human body. There is no base to separate them from the surroundings in which the viewer feels at home. With a great measure of confidence they occupy the same space as the viewer, and as silent counterparts they confront him with their statuary presence. All of this was already tried out in the sixties by artists associated with Minimal Art. But while the latter were keen to avoid any suggestion of significance out of a fear that anything meaningful and, or, narrative would inevitably involve a weakening of how the art was experienced, Tai-Jung Um does not shy away from infusing his sculptures with a certain narrative potential. After all, to the extent that geometrical structures are related to the human body they can also arouse associations, which do not detract from our perception of art, but rather enrich it. As such the elongated, right-angled shape placed on its edge can most certainly be interpreted as a kind of tent offering some kind of shelter and refuge while Tai-Jung Um's work composed of rectangles resembles a gate that invites us to venture out into the uncertain, leaving security behind us.

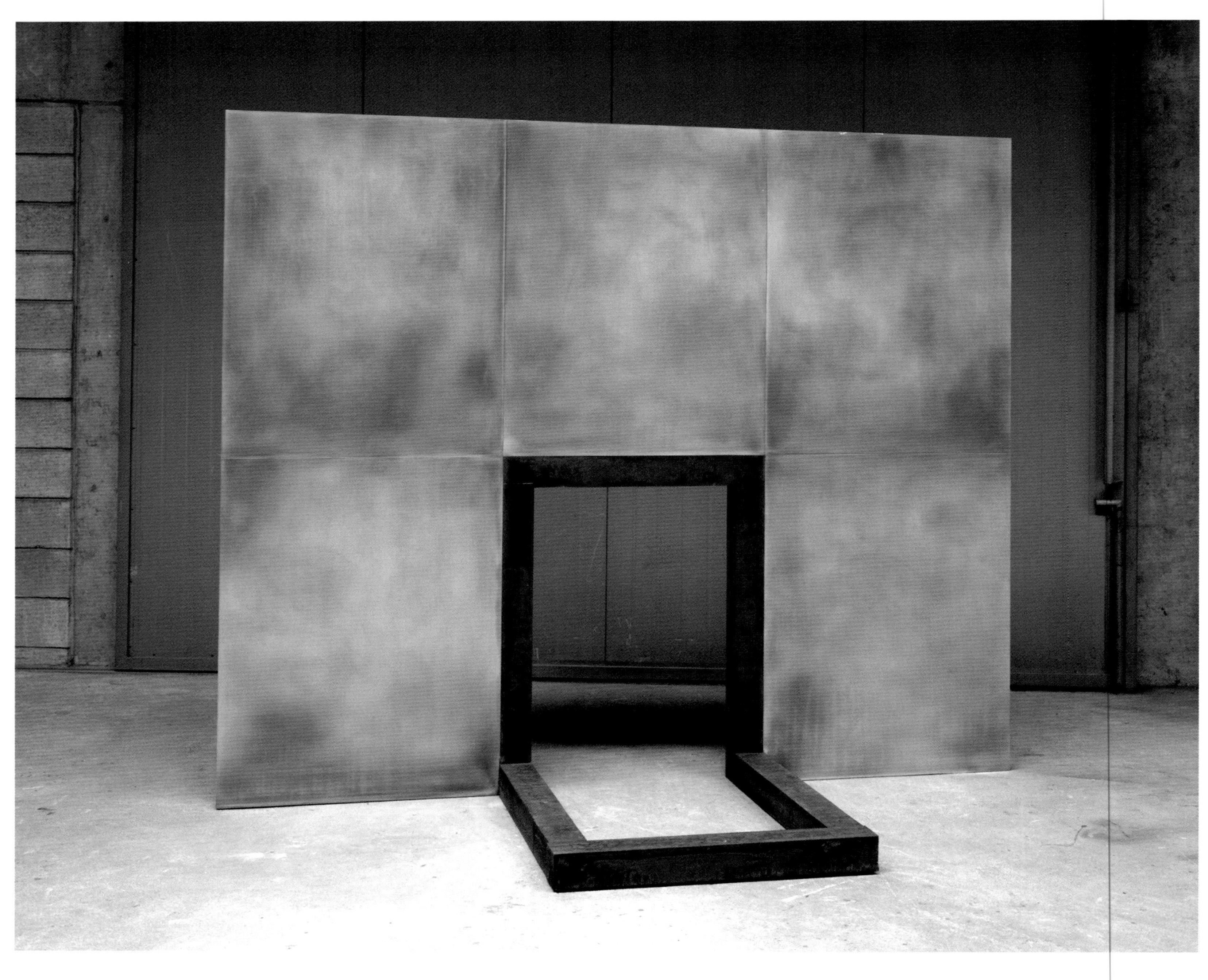

Untitled, *2004*
Aluminium, Stahl
Aluminium, Steel
200 x 246 x 100 cm

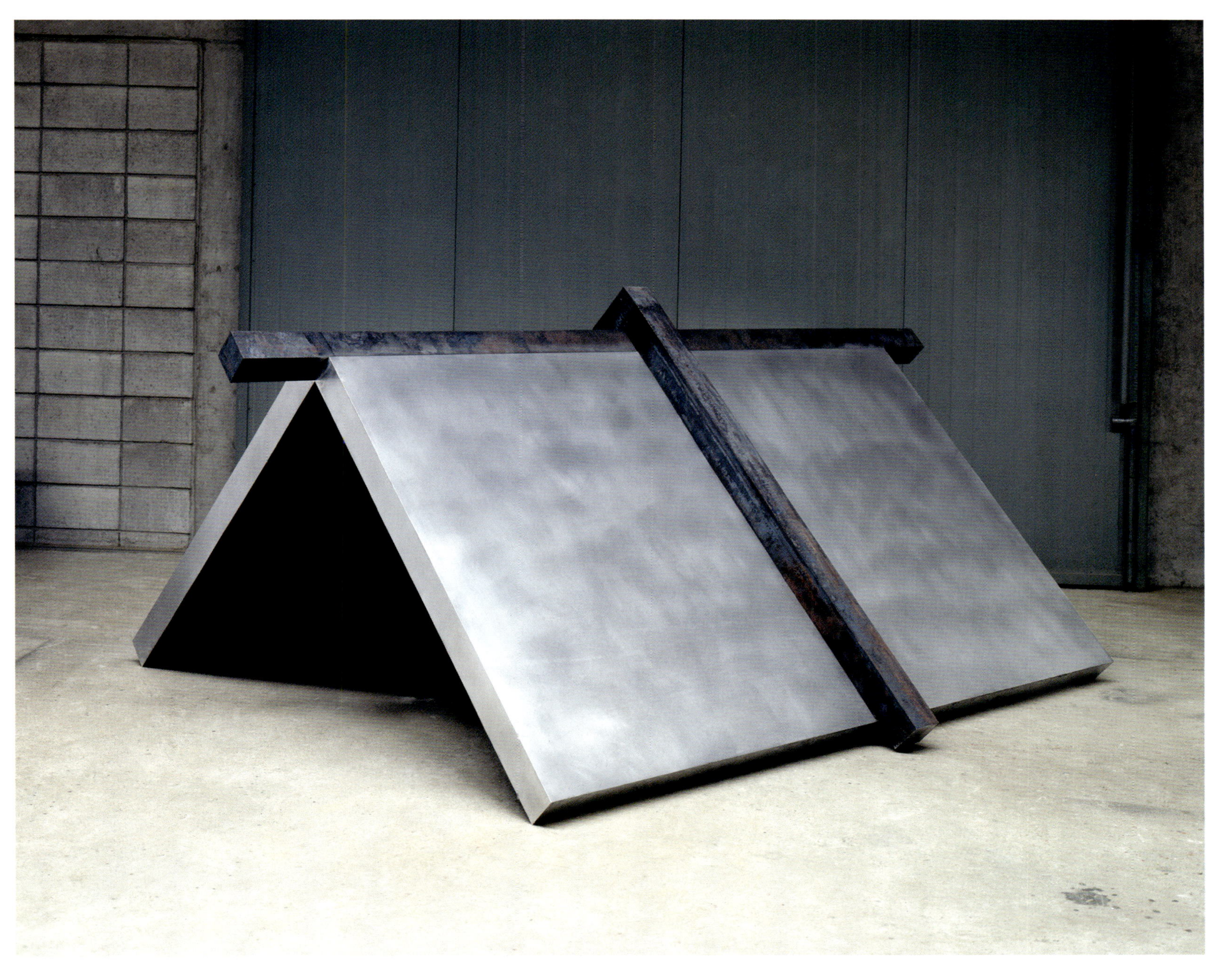

Untitled, *2004*
Aluminium, Stahl
Aluminium, Steel
130 x 300 x 250 cm

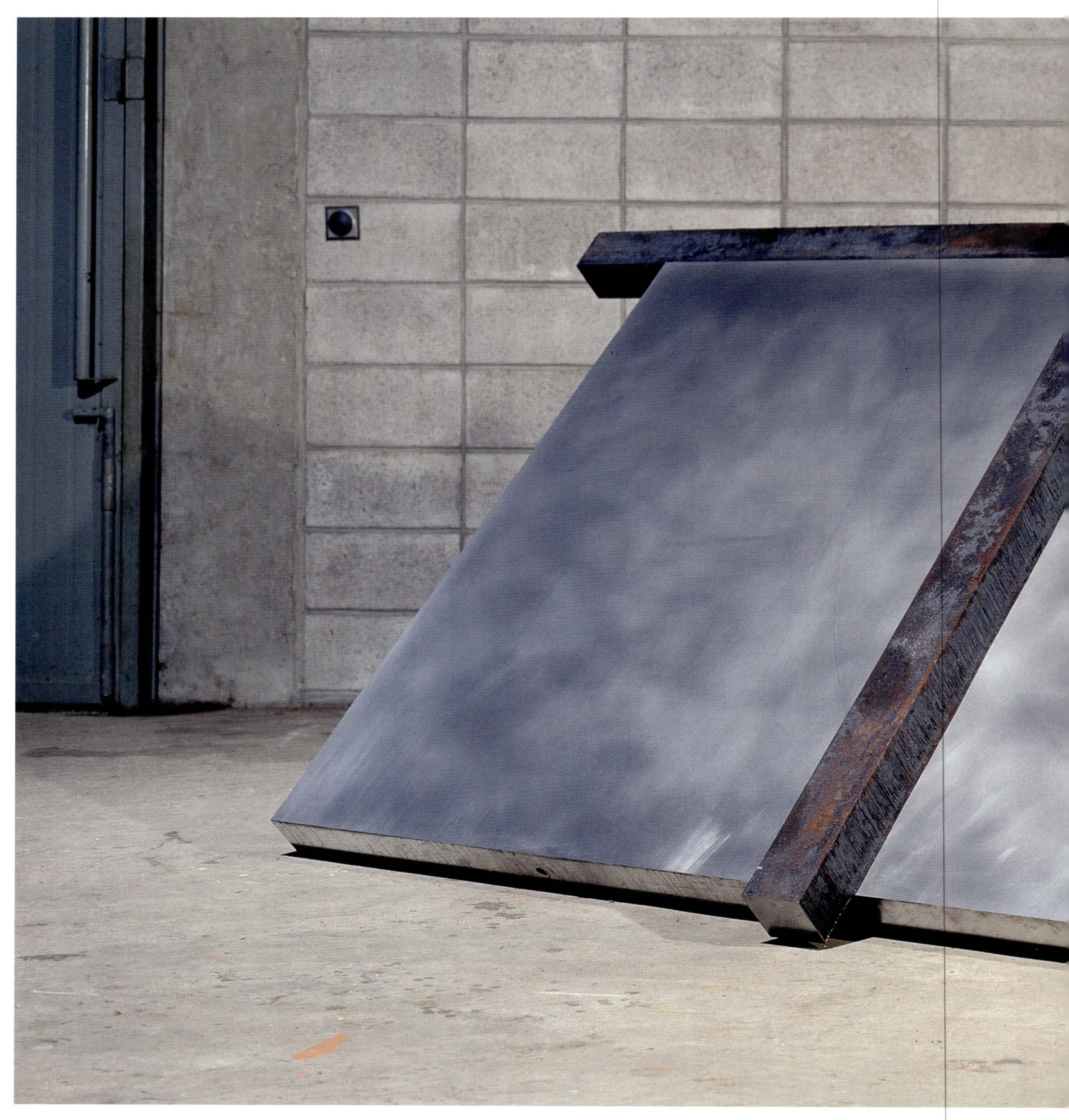

Untitled, *2004*
Aluminium, Stahl
Aluminium, Steel
130 x 300 x 250 cm

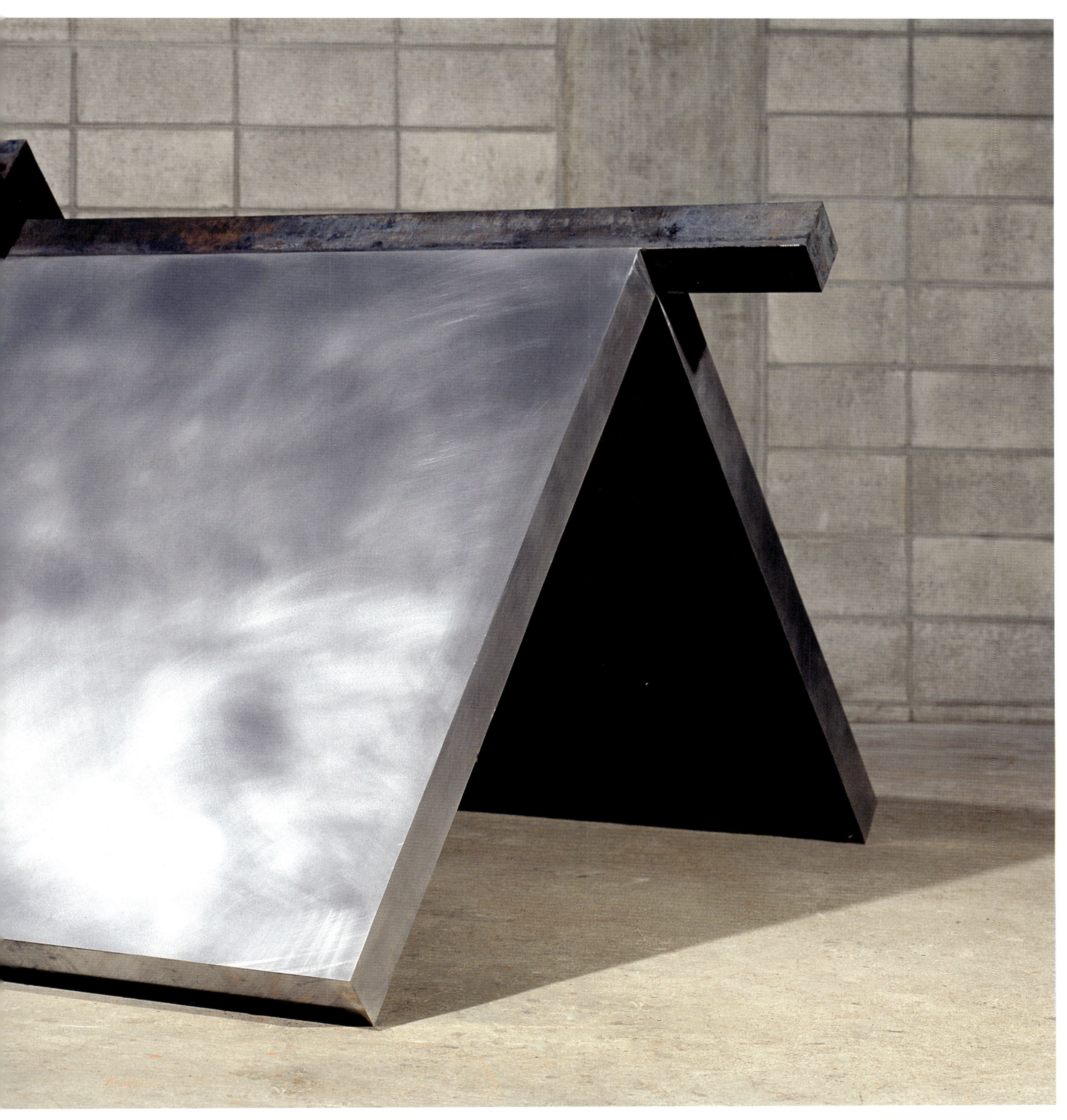

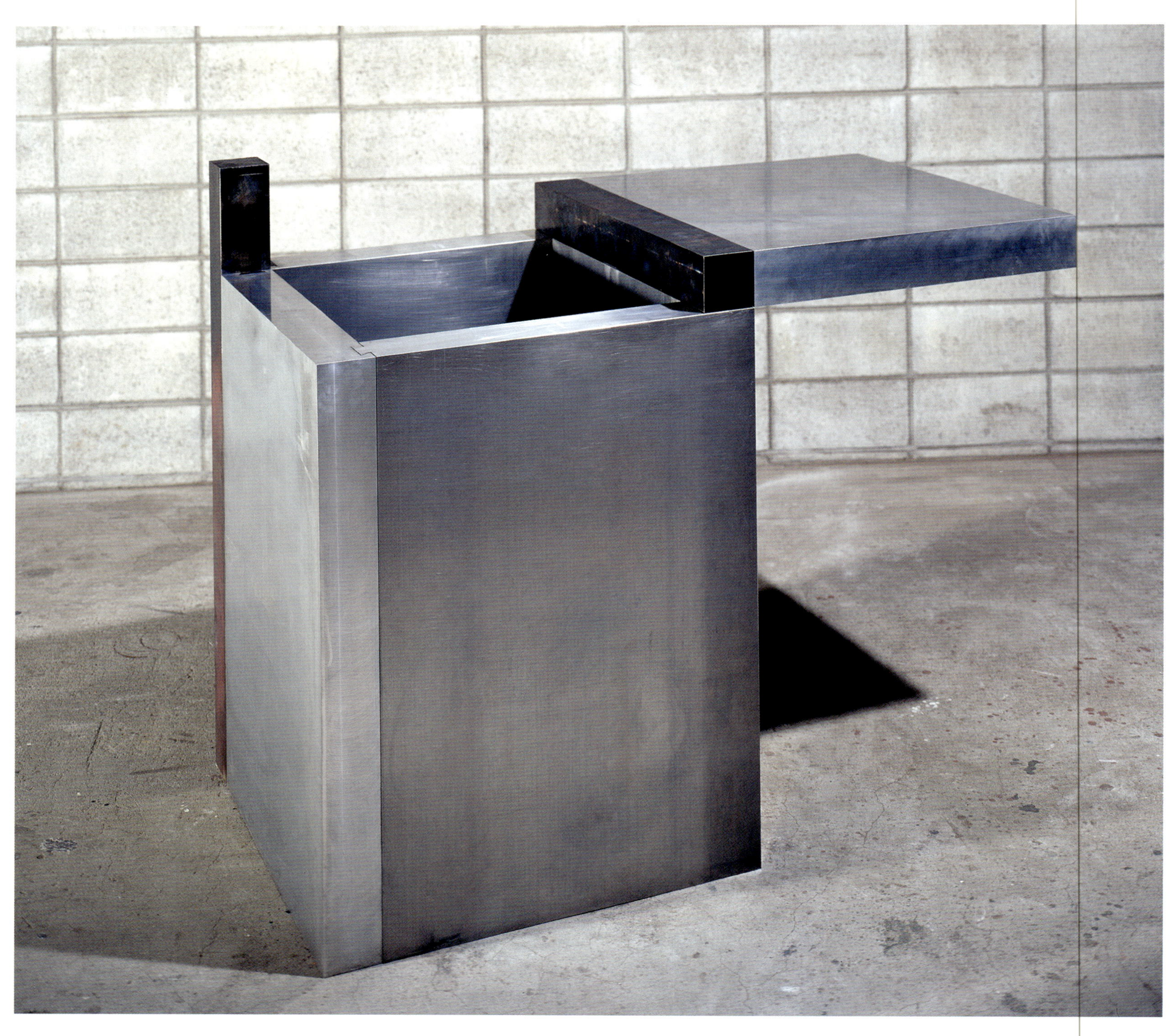

Untitled, *2002*
Aluminium, Stahl
Aluminium, Steel
120 x 180 x 100 cm

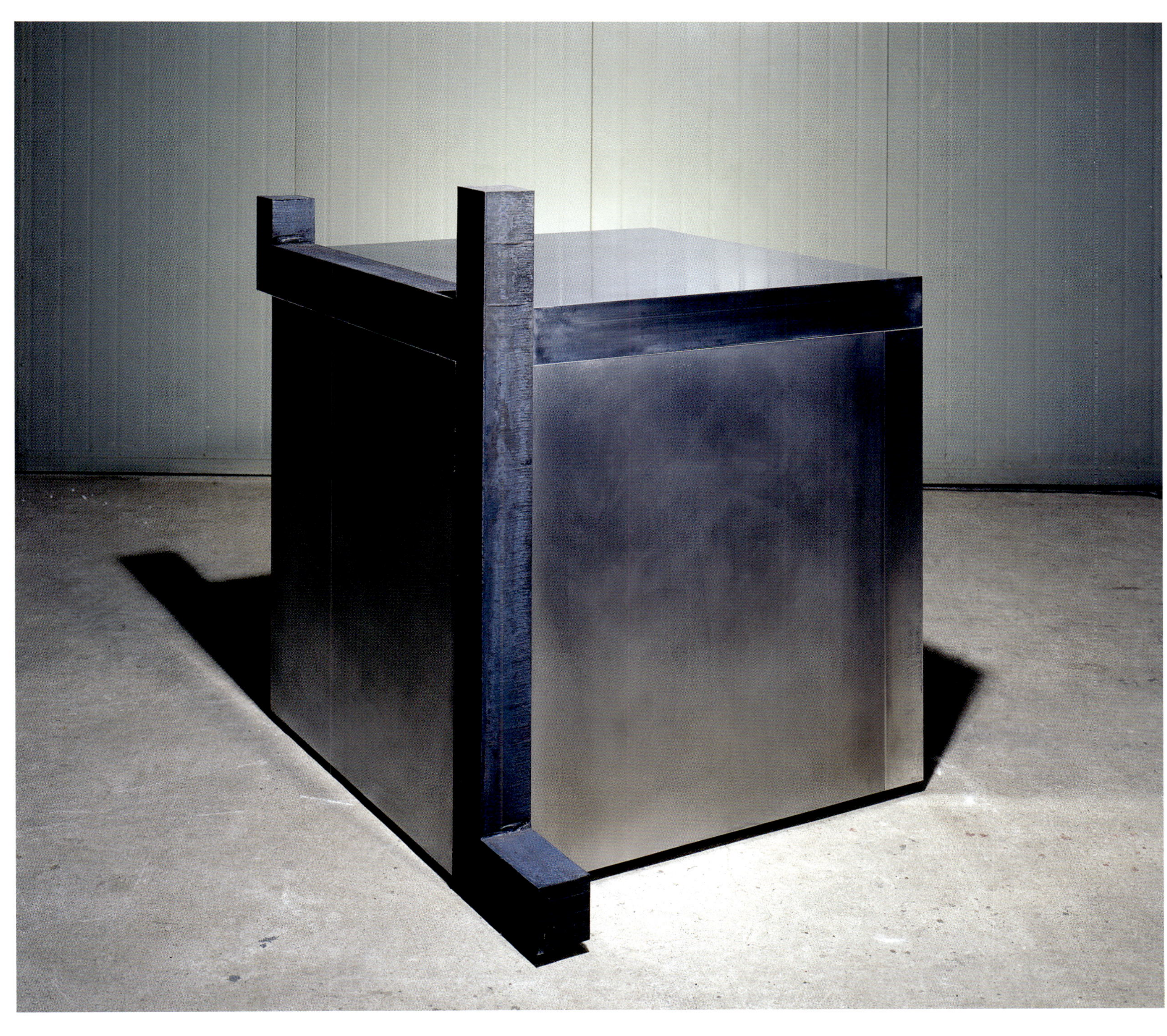

Untitled, *2004*
Aluminium, Stahl
Aluminium, Steel
120 x 130 x 100 cm

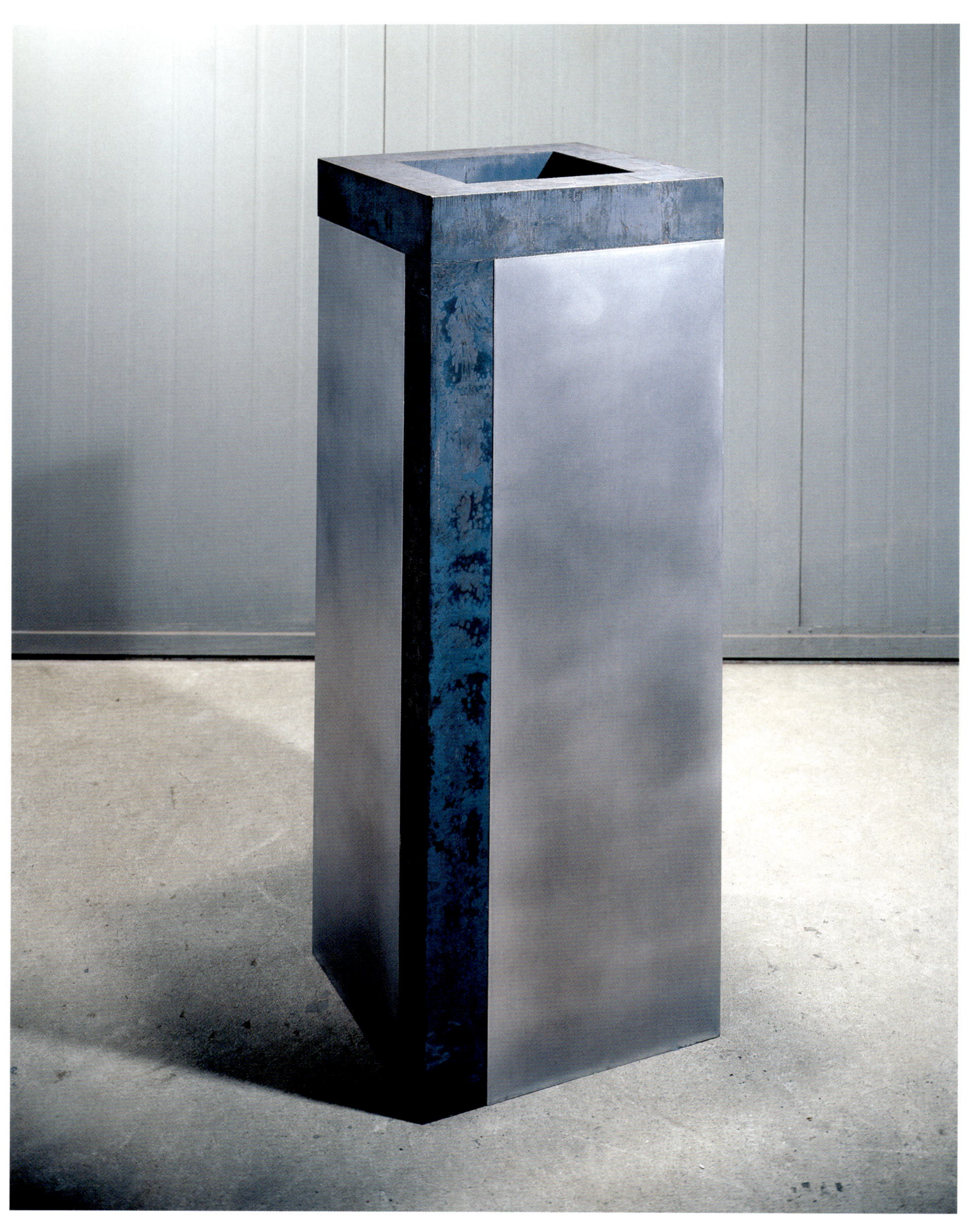

Untitled, *2004*
Aluminium, Stahl
Aluminium, Steel
135 x 50 x 50 cm

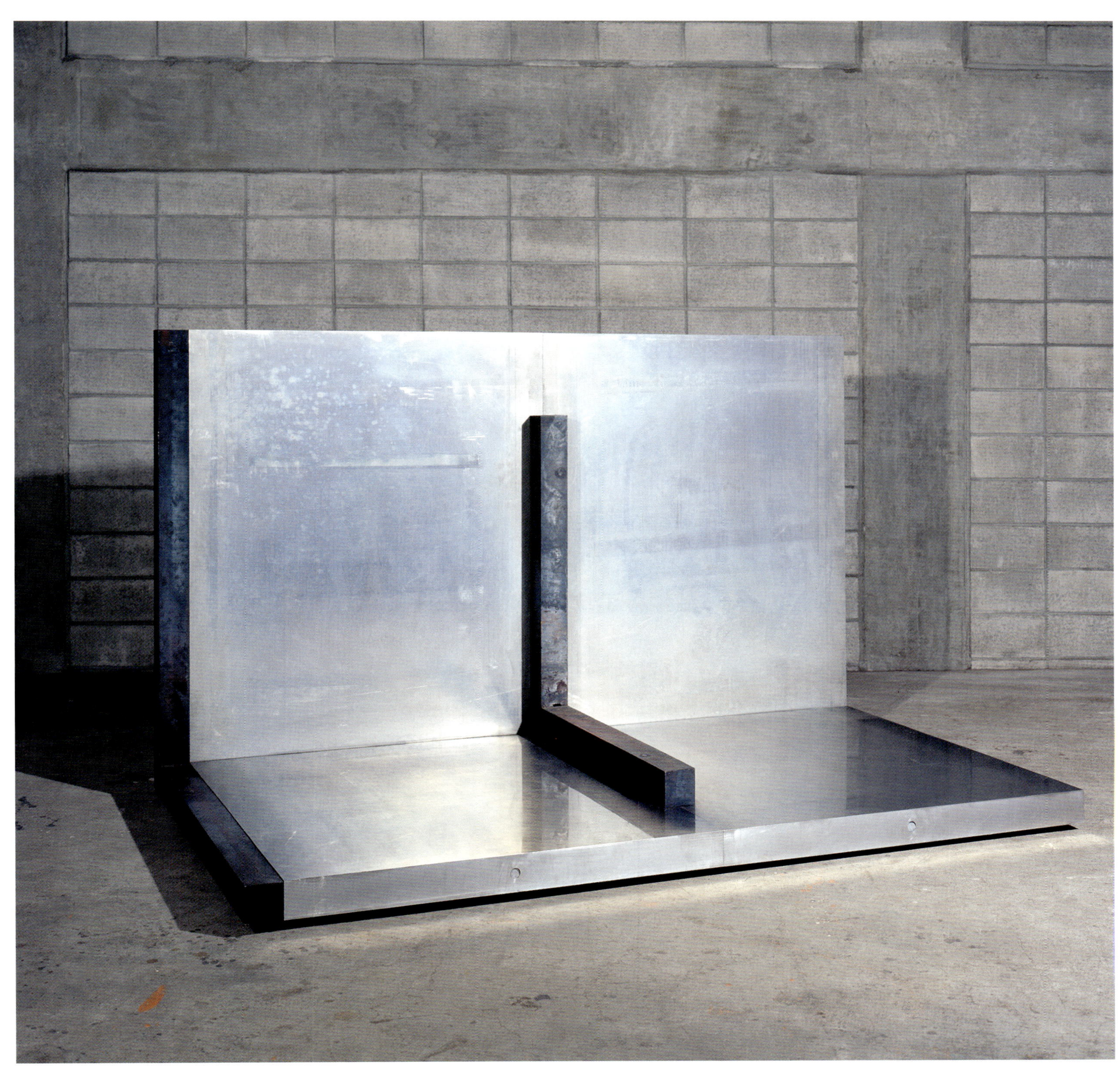

Untitled, *2004*
Aluminium, Stahl
Aluminium, Steel
150 x 258 x 148 cm

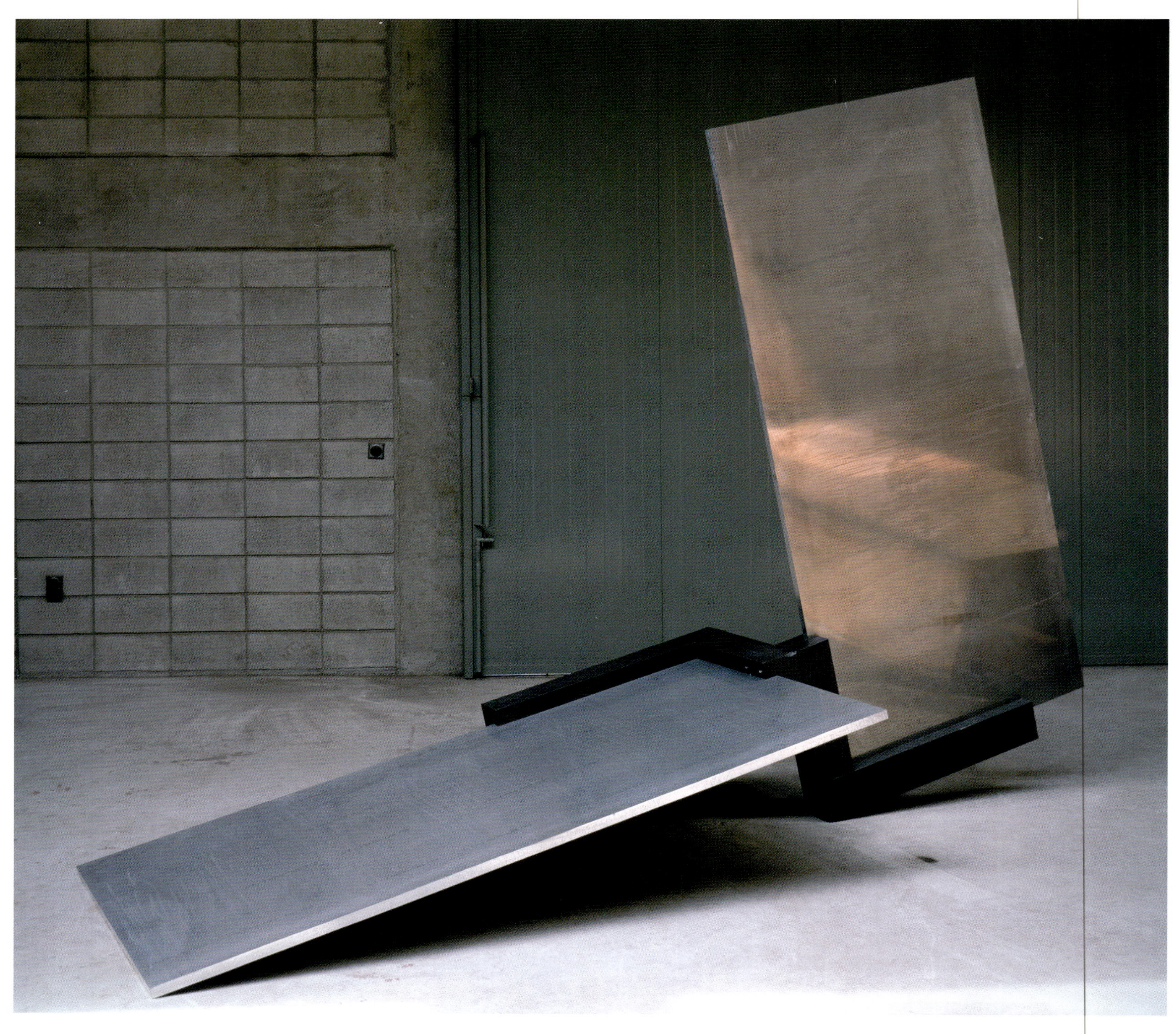

Untitled, *2000*
Aluminium, Stahl
Aluminium, Steel
236 x 390 x 132 cm

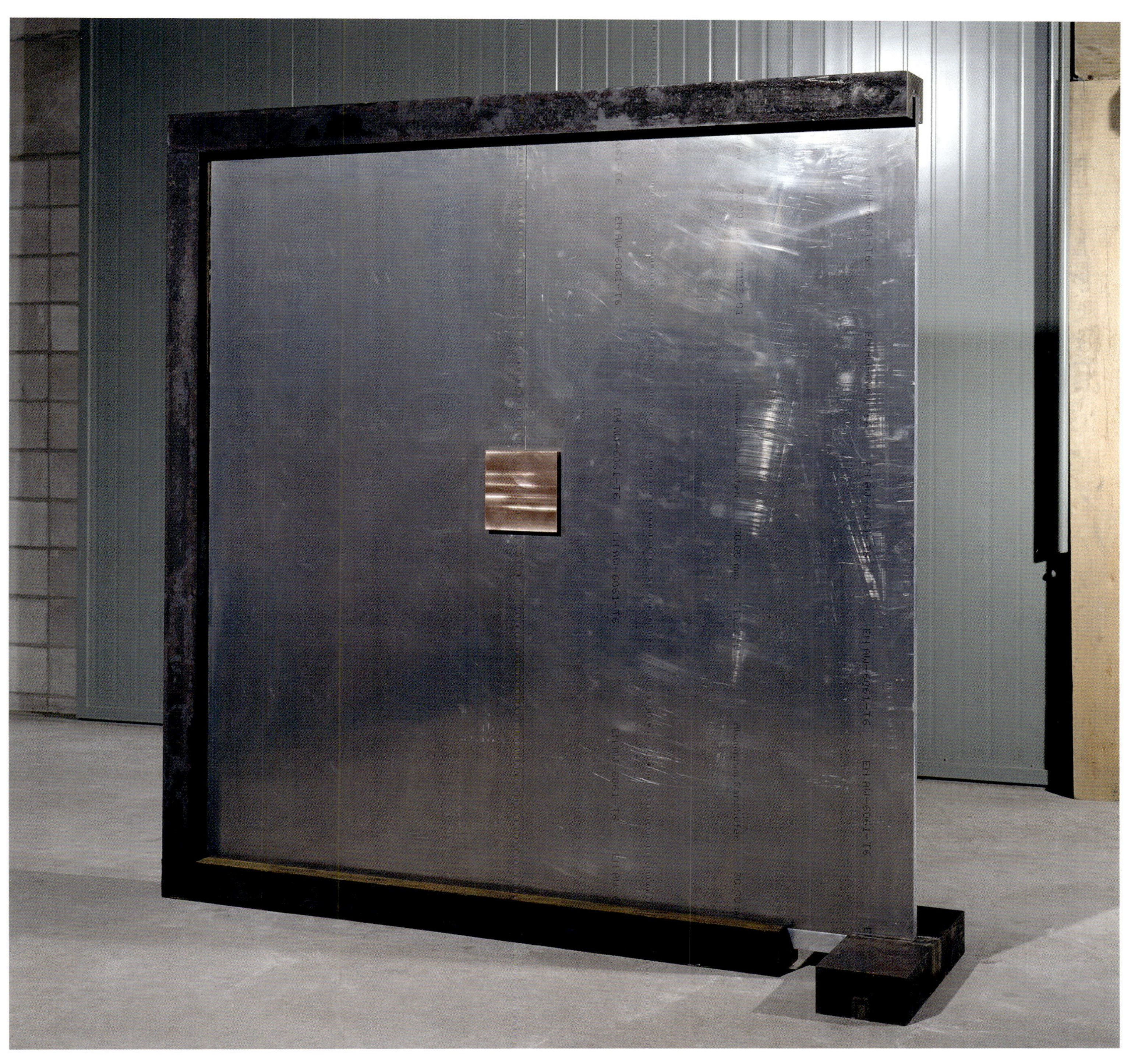

Untitled, *2000*
Aluminium, Stahl, Kupfer
Aluminium, Steel, Copper
210 x 210 x 56,5 cm

Zeichnu
Drawin

gen

s

Strich für Strich

Wie für viele Bildhauer, so ist das Zeichnen auch für Tai-Jung Um ein erster, überaus wichtiger Schritt auf dem Weg zu einem dreidimensionalen Werk. Bevor er eine Skulptur in Angriff nimmt, erprobt und fixiert Tai-Jung Um seine Vorstellungen mithilfe von Feder und Tinte auf dem Papier. Wo sich andere auf das Wort verlassen und Konzepte formulieren, da hält Tai-Jung Um mit einer Vielzahl von Strichen fest, was ihn bewegt: Sein plastisches Denken kreist um Proportionsverhältnisse, um das Aufwärtsstreben und Verharren von Körpern im Raum, um Leerstellen und Verdichtungen, um das Biegen und Zusammenfügen von widerspenstigem, unnachgiebigem Material, um die vielfältigen Beziehungen von Volumen und Fläche. Getreu der Motorik seiner Hand und seines Körpers setzt er Strich neben Strich, bis sich das feine Liniensystem zu einer Form verfestigt. Wieder und wieder taucht er die Feder in die Tinte, fährt mit ihr über das Papier und hinterlässt eine Spur seiner reduzierten, kaum wahrnehmbaren Gesten, die sich nach und nach zu einer Form addieren.

Das Alphabet, dessen sich Tai-Jung Um bedient, um sich der Tragfähigkeit seines Entwurfs zu versichern, besteht nicht aus Buchstaben, sondern aus kurzen, feinen Strichen, die sich auf den ersten Blick nicht zu unterscheiden scheinen, deren Variationsvielfalt bei näherem Hinsehen aber umso mehr erstaunt: Die Federstriche, die Tai-Jung Um mit großer Geduld und Disziplin zu Papier bringt, sind nicht Ergebnis der Wiederholung des Immergleichen. Vielmehr unterscheiden sie sich kaum merklich in ihrer Breite, ihrer Länge, ihrer Intensität, vor allem aber in der Art, wie sie sich zu dem vibrierenden Liniensystem verhalten, das sich bereits auf dem Papier ausbreitet. An Gelenkstellen rücken sie einander so nah, dass eine intensive Schwärze Dichte und Spannung suggeriert. Dann wieder erlauben es die Abstände, hindurchzuschauen durch das Liniengeflecht und einen Blick auf die Weiße des Papiers zu erhaschen. Die Linien schwenken von der Horizontalen in die Vertikale, deuten einen Richtungswechsel an und erzeugen dort, wo sie über die Kontur, die die Gestalt zu umreißen scheint, hinausreichen, den Eindruck von Dynamik und Bewegung.

Tai-Jung Ums Entwürfen wohnt nicht die kalte Präzision von Konstruktionszeichnungen inne, bei denen jedes Detail berechnet und jeder Winkel im Hinblick auf seine Realisierbarkeit überprüft sein muss. Ihre Faszination beziehen diese Zeichnungen gerade daraus, dass sie es dem Betrachter erlauben, an dem gedanklichen Prozess, der jeder Skulptur vorausgeht, teilzuhaben. Man sieht regelrecht das Tasten und Suchen des Bildhauers, der sich darum bemüht, zu einer Form vorzustoßen, die ihm so spannungsreich, überraschend und gewichtig erscheint, dass er sich vornimmt, sie in Aluminium und Stahl, in Kupfer und Messing, in Bronze und Stein zu übersetzen. Unmittelbarer als das Metall, das einen Prozess der Transformation durchlaufen hat, gibt die Zeichnung Aufschluss über das konstruktive Grundgerüst einer Skulptur, über Gewichtungen und Volumina, über Konzeptionsänderungen und Klärungsprozesse. So überlässt sich Tai-Jung Um, noch bevor er sich anschickt, die Widerstände von Materialien wie Kupfer, Messing, Bronze oder Stahl zu überwinden, ganz dem Rhythmus, den seine Hand gleichsam wie von selbst auf dem Papier hervorbringt. In einem meditativen Akt, der ihn im allmählichen Vollzug von der Notwendigkeit entbindet, kompositorisch relevante Entscheidungen zu treffen, da sich ein Strich stets organisch aus dem vorherigen entwickelt, entsteht das, was die Skulptur später einmal ausmachen wird: eine überzeugende Form.

Wie in einem Zeitspeicher sind die Gedanken, Handlungen und Gesten des Künstlers in diesen Zeichnungen aufbewahrt. In Korea ist es im Allgemeinen nicht üblich offenzulegen, welchen Weg man zurückgelegt hat, um ans Ziel zu gelangen. Daher werden Zeichnungen wie diese nicht gern im Zusammenhang mit realisierten Skulpturen ausgestellt. Gerade deshalb aber scheint es geboten, in einer Monographie aufzuzeigen, welche immense Bedeutung den Zeichnungen innerhalb des künstlerischen Produktionsprozesses zukommt. Sie sind Ursprung und Keimzelle, Experimentierstätte und energetisches Zentrum zugleich. Vor allem aber sind Tai-Jung Ums Blätter eines: Sie sind unverkennbar Bildhauerzeichnungen. Schwarz auf Weiß bringen sie ein sorgsam austariertes Verhältnis von Körper und Fläche zur Anschauung, und sie initiieren damit ein skulpturales Ereignis, das ohne eine derartig langwierige, körperbezogene Art der Klärung nicht erreichbar wäre. Jede Form erweitert und bereichert das Repertoire des Bildhauers. Stringent wirkt sie in ihrer Einfachheit und Entschiedenheit, souverän in ihrem Spiel mit Symmetrien, meisterhaft in ihrer Verbildlichung von Raumkonzeptionen.

Selbst das weiße Blatt, auf dem sich die feinen Lineamente auszudehnen und zusammenzuziehen scheinen, ist mehr als bloßer Unter- oder Hintergrund. Die Farbe des Papiers ist eingewoben und eingespannt in das Muster aus vibrierenden Linien. Durch seine Textur nimmt es Einfluss auf den flirrenden Grauton, den das träge Auge des Betrachters, das die Vielzahl von schwarzen Strichen und weißen Aussparungen nicht trennscharf voneinander unterscheiden kann, wahrzunehmen in der Lage ist. Dadurch verhält sich das weiße Blatt wie ein Körper, der einen anderen Körper durchdringt. Der Schwere und Festigkeit, die von der Form in der Makrostruktur behauptet wird, steht in der Mikrostruktur ein flimmerndes Netzwerk entgegen. Hier scheint nichts eindeutig, nichts unveränderlich, nichts fixiert, sondern alles in Bewegung.

Es ist diese Durchdringung von Trägermaterial und zeichenhafter Struktur, die ihre Entsprechung im Dreidimensionalen findet, sobald auf der Grundlage einer Zeichnung eine Skulptur realisiert wird. So wie die aus zahllosen Strichen zusammengefügte Form eine untrennbare Verbindung mit der leeren Weite des Papiers eingeht, so korrelieren auch Skulptur und Raum. Während die skulpturalen Konstruktionen nur in Auseinandersetzung mit den Proportionen des Raumes, in Relation zu Boden, Decke und Wand betrachtet werden können, so entfaltet die gezeichnete Form ihre tektonische Wirkung erst dann, wenn sie eingespannt ist in das rechteckige Geviert des Papiers.

Stroke after Stroke

In common with many other sculptors, for Tai-Jung Um as well drawing is a seminal first step towards the production of a three-dimensional work. Before embarking on a sculpture, he tries out and specifies his ideas with the aid of pen and ink on paper. Whereas others might rely on the written word and formulate concepts, Tai-Jung Um employs a large number of lines to capture what moves him: His sculptural approach revolves around proportional relations, the soaring upward movement and inertia of figures in space, empty spaces and concentrations, the bending and combining of stubborn, inflexible material, the diverse relationships between volumes and surface. Guided by the action of his hand and body respectively he executes stroke after stroke, until the fine system of lines takes on concrete shape. He repeatedly dips the pen into the ink, draws it across the paper and leaves a trace of his reduced, barely noticeable gestures that gradually combine to become a shape.

The alphabet Tai-Jung Um employs to ensure the feasibility of his design does not consist of letters but of short, fine strokes which at first sight hardly seem to differ, and whose diversity at closer inspection amazes all the more: It would be wrong to maintain the strokes of the pen Tai-Jung Um applies to the paper with great patience and discipline are the repetition of the identical. What we can say is they barely differ in width, length, intensity, and above all in the way they behave towards the pulsating system of lines already fanning out over the paper. At joining points they are so closely crowded together that the intense blackness suggests density and tension. In other places they are sufficiently spaced apart to allow a glimpse through the network of lines at the white of the underlying paper. The lines swivel from the horizontal to the vertical, indicate a change of direction, and at the point where they extend beyond the outline that seems to describe the figure they give an impression of dynamism and movement.

Tai-Jung Um's drawings have nothing of the technical precision of construction drawings about them, in which every detail is calculated and every angle has to be checked for feasibility. What constitutes the fascination of these drawings is precisely the fact that they allow the viewer to be involved in the mental process preceding every sculpture. You can actually see how the sculptor feels his way, see his efforts to achieve a shape he finds so fascinating, startling, and significant that he decides to translate it into metal and stone. More directly than metal, which has undergone a process of transformation, a drawing provides an insight into the basic design framework behind a sculpture, reveals weighting and volumes, concept changes and decision processes. Accordingly, before he sets about overcoming the resistance of materials such as copper, brass, bronze and steel, Um gives himself over completely to the rhythm his hand produces on paper, seemingly effortlessly and automatically. In a meditative act, whose gradual completion relieves him of the necessity of making specific decisions on composition, since in an organic process each stroke develops from the previous one, there unfolds what will later constitute the sculpture, namely a convincing shape.

The artist's thoughts, actions and gestures are effectively stored in these drawings. It is not customary in Korea to reveal the path you followed in order to reach your goal. This explains the general reluctance to exhibit drawings such as these alongside completed sculptures. Yet precisely for this reason it seems appropriate in a monograph to illustrate the immense importance drawings have within the artistic production process. They are origin and nucleus, place of experimentation and energetic centre at one and the same time. But above all Tai-Jung Um's drawings are unmistakably sculptural drawings. Black on white they present a carefully balanced relationship between volume and surface, and in the process they initiate a sculptural act that would not have been possible without such a lengthy, intensely physical process of clarification. Every shape extends and enriches the sculptor's repertoire. They appear severe in their simplicity and firmness, brilliant in their experimentation with symmetries, masterful in their illustration of spatial conceptions.

Even the white paper across which the fine lines seem to fan out and contract is more than a mere base or background. The colour of the paper is woven into and incorporated into the pattern of pulsating lines. Thanks to its texture it exerts an influence on the shimmering gray tone, which the weary eye of the observer that is unable to distinguish clearly between the multitude of black strokes and white spaces, is able to perceive. As such, the white sheet acts like a figure that penetrates another figure. The heaviness and firmness asserted by the form in the macrostructure contrasts with a shimmering network in the microstructure. Nothing appears clear, nothing constant, nothing fixed, and instead everything is in flux.

It is this penetration of the material and drawn structure which finds its correspondence in the three-dimensional as soon as a sculpture is realized on the basis of a drawing. In the same way that the form composed of innumerable strokes enters into an intimate alliance with the blank expanse of the paper, there is likewise a correlation between sculpture and space. While sculptural works can only be viewed as part of an exploration of the proportions of the room, in relation to the floor, ceiling and wall, the drawn shape only unfolds its tectonic impact when it is an integral part of a rectangular sheet of paper.

Untitled, *2005*
Tusche, Bleistift auf Papier
Ink, Pencil on Paper
100 x 70 cm

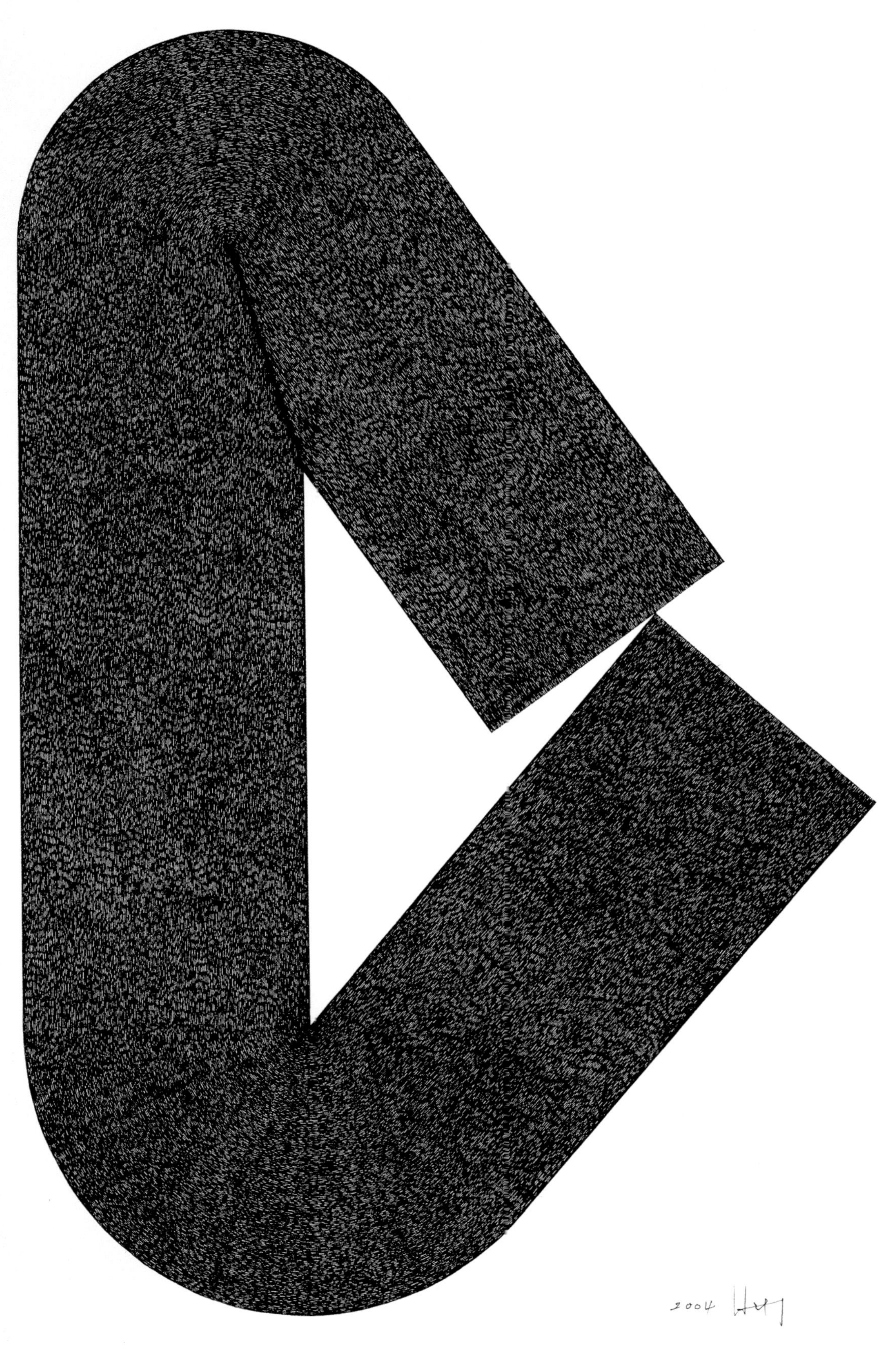

Untitled, *2004*
Tusche, Bleistift auf Papier
Ink, Pencil on Paper
100 x 70 cm

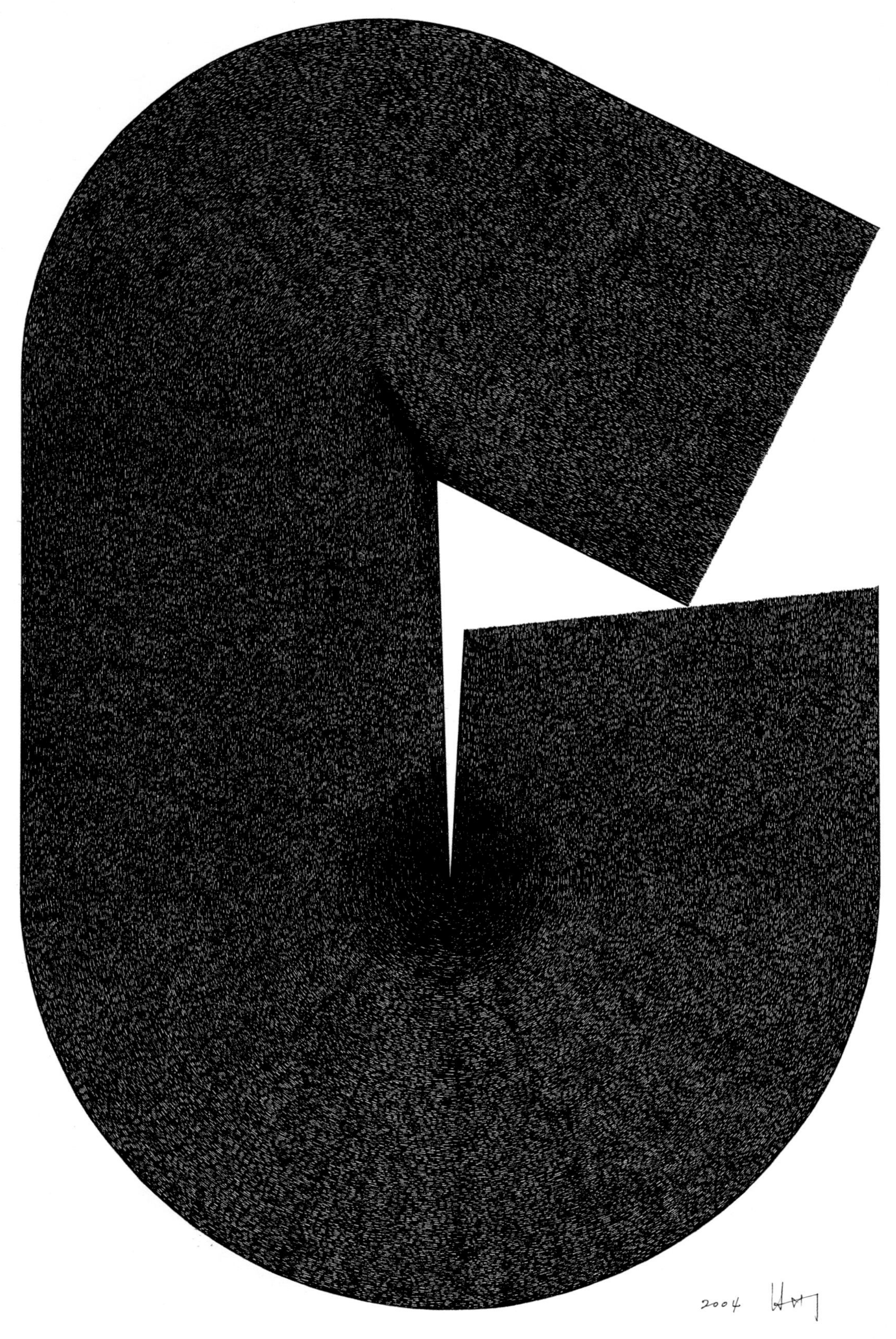

Untitled, ***2004***
Tusche, Bleistift auf Papier
Ink, Pencil on Paper
100 x 70 cm

Untitled, *2004*
Tusche, Bleistift auf Papier
Ink, Pencil on Paper
100 x 70 cm

Untitled, *2002*
Tusche, Bleistift auf Papier
Ink, Pencil on Paper
100 x 70 cm

Untitled, *2002*
Tusche, Bleistift auf Papier
Ink, Pencil on Paper
100 x 70 cm

Untitled, *2002*
Tusche, Bleistift auf Papier
Ink, Pencil on Paper
100 x 70 cm

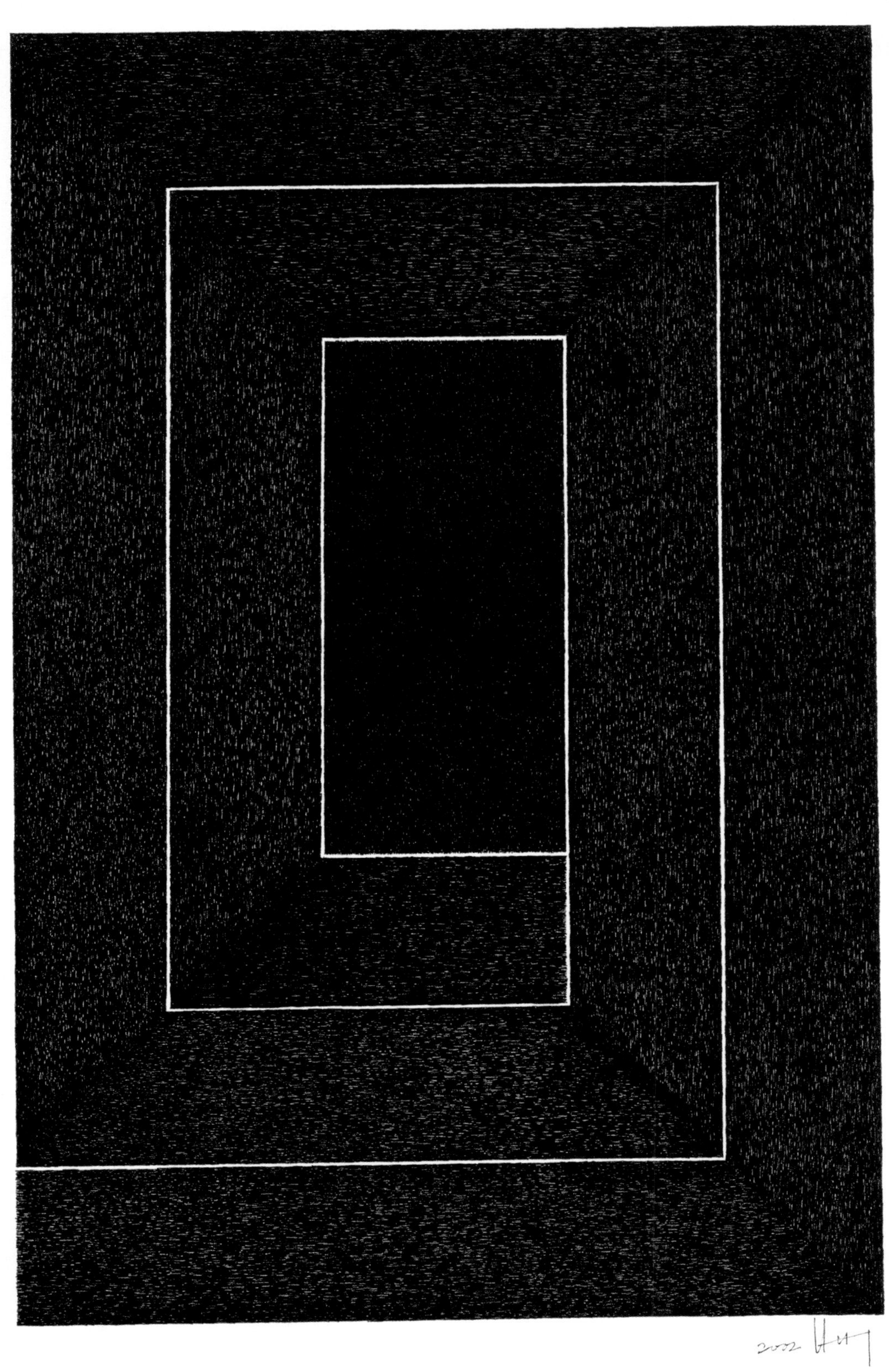

Untitled, *2002*
Tusche, Bleistift auf Papier
Ink, Pencil on Paper
100 x 70 cm

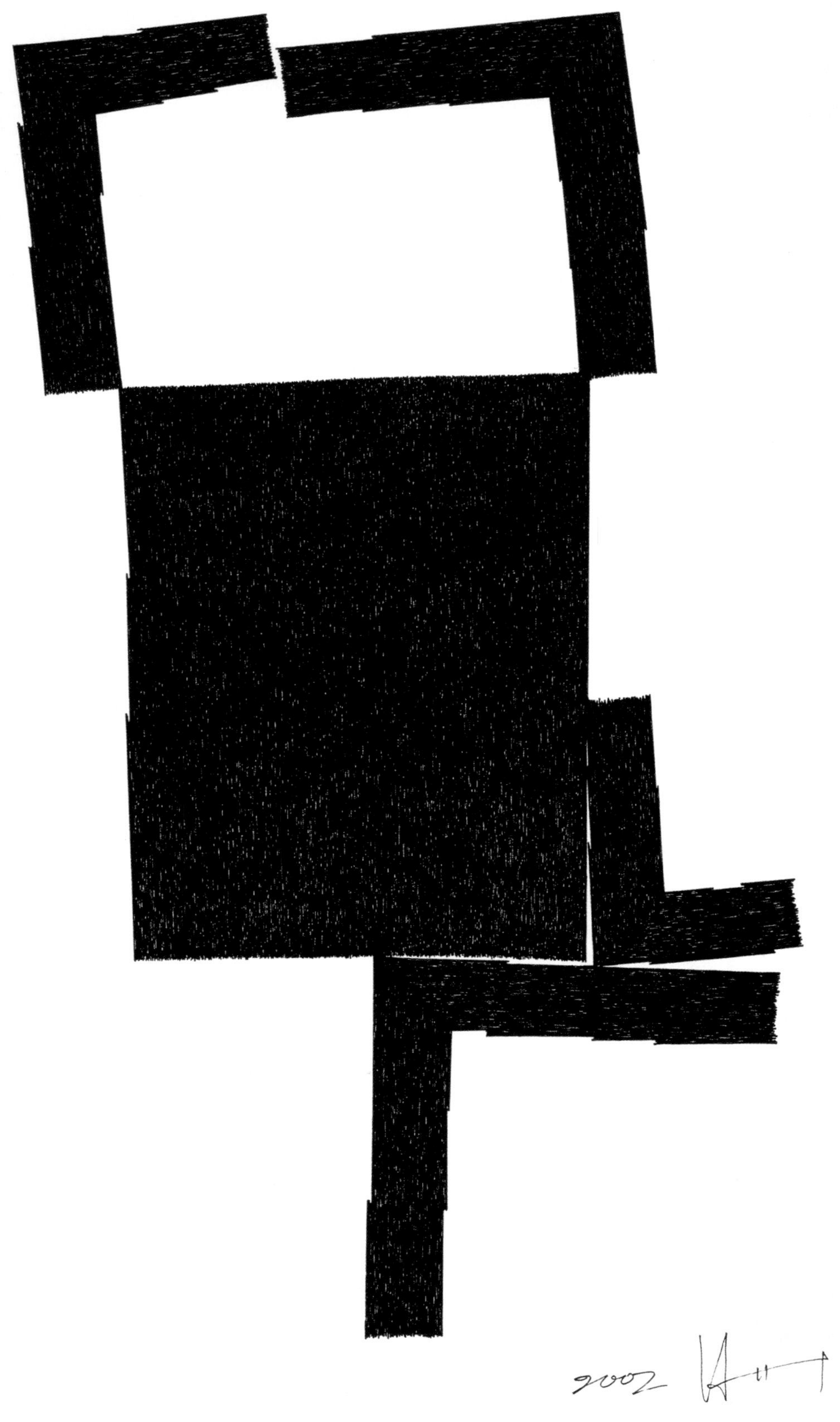

Untitled, *2002*
Tusche, Bleistift auf Papier
Ink, Pencil on Paper
76 x 57 cm

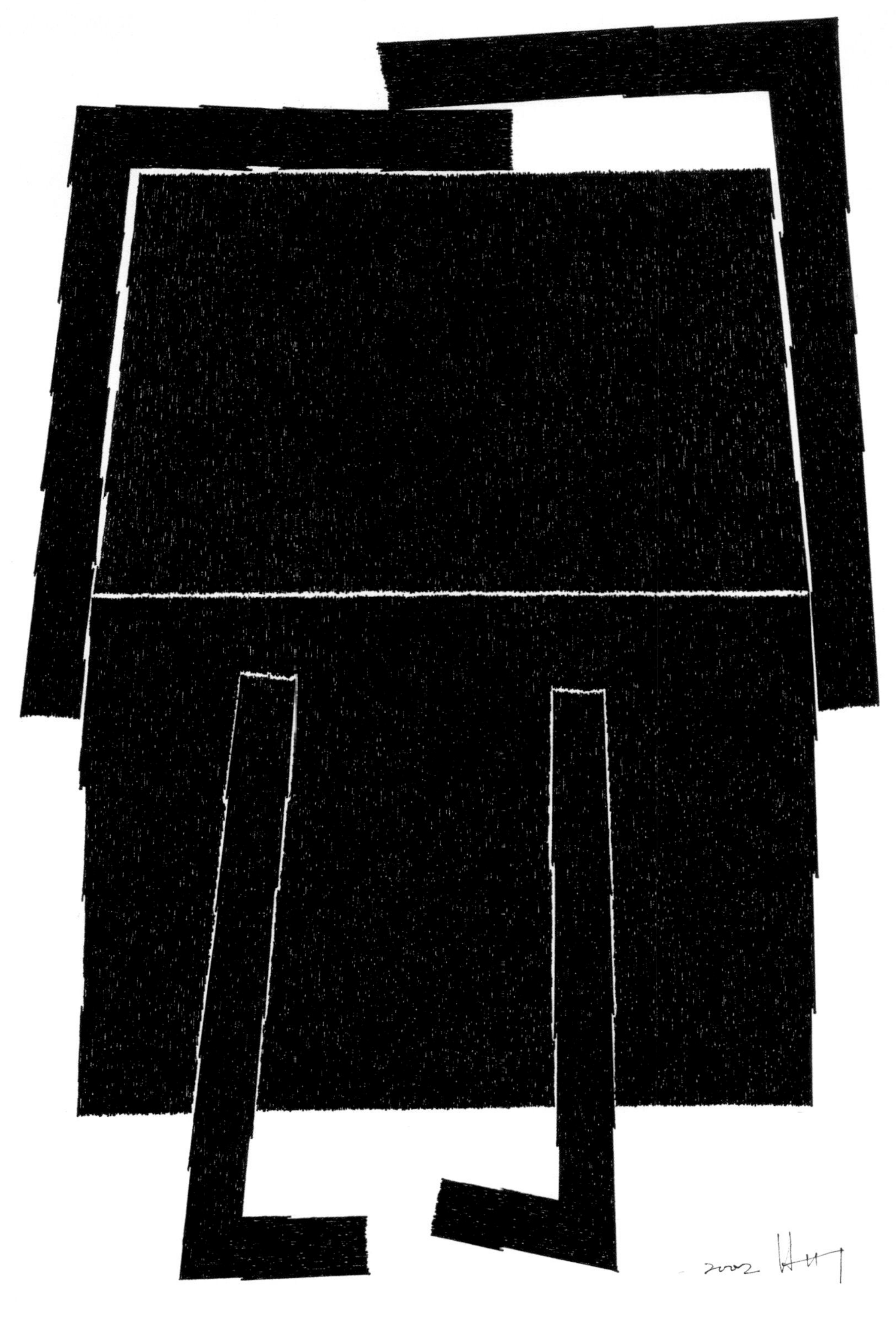

Untitled, *2002*
Tusche, Bleistift auf Papier
Ink, Pencil on Paper
76 x 57 cm

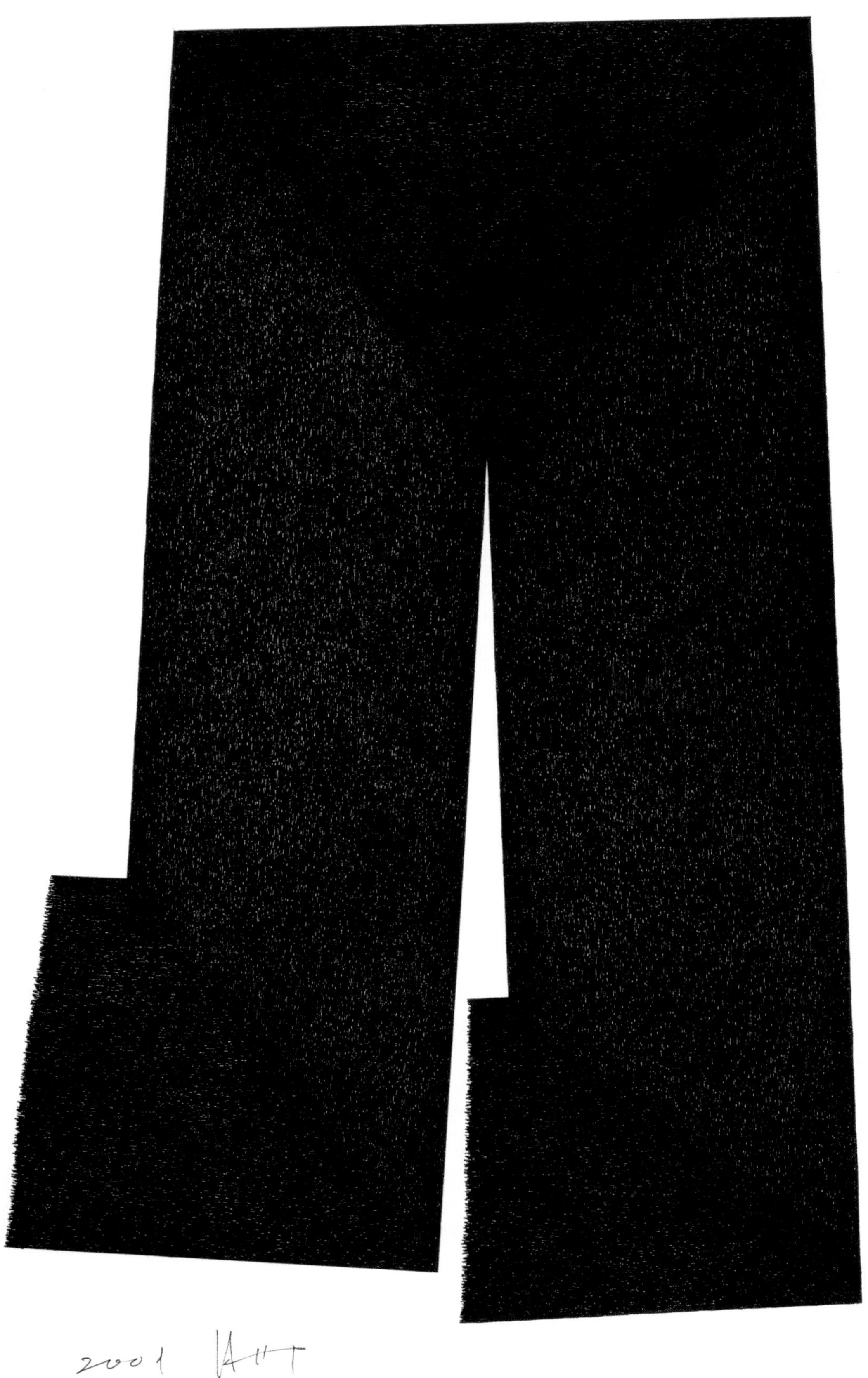

Untitled, ***2001***
Tusche, Bleistift auf Papier
Ink, Pencil on Paper
100 x 70 cm

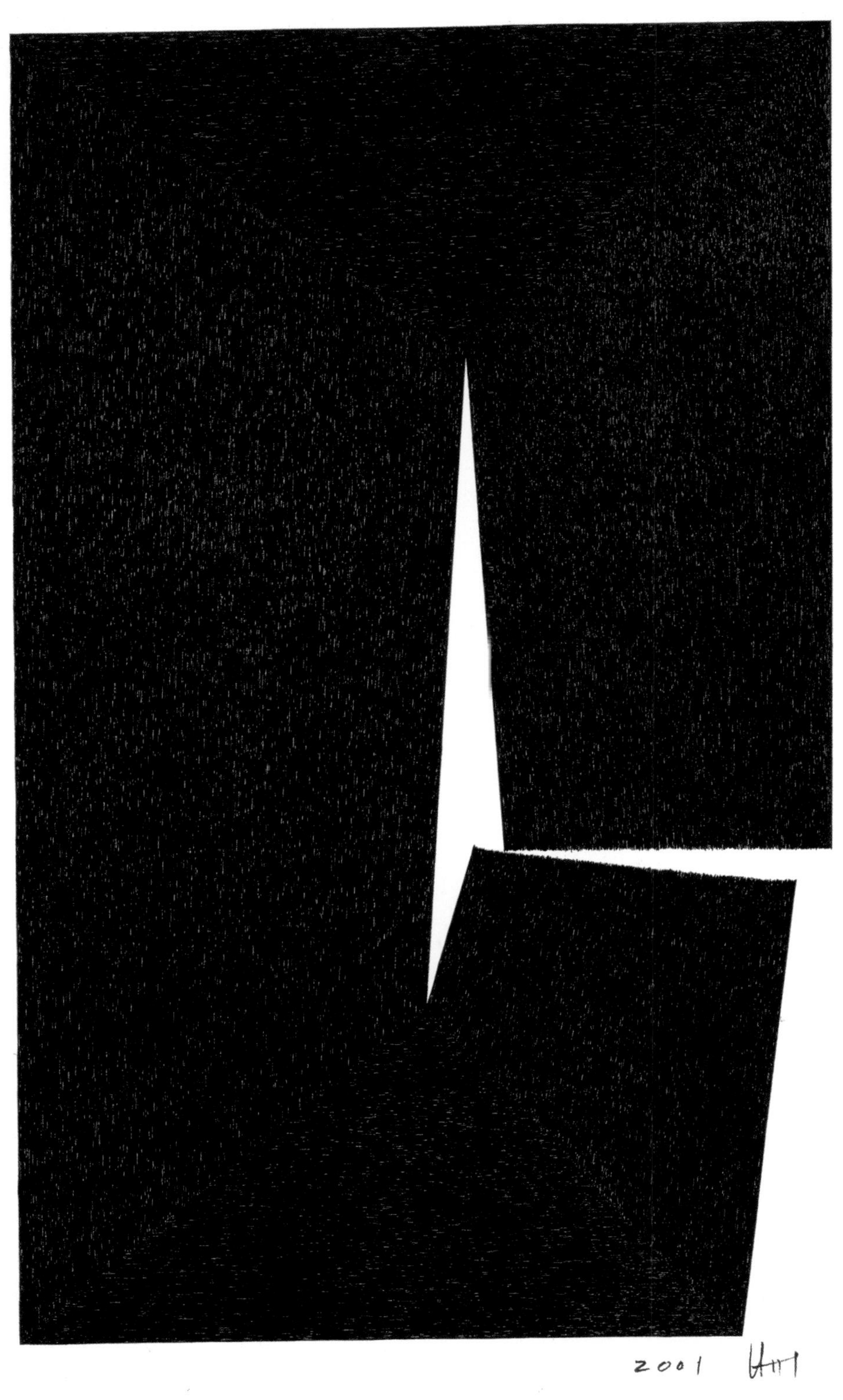

Untitled, *2001*
Tusche, Bleistift auf Papier
Ink, Pencil on Paper
100 x 70 cm

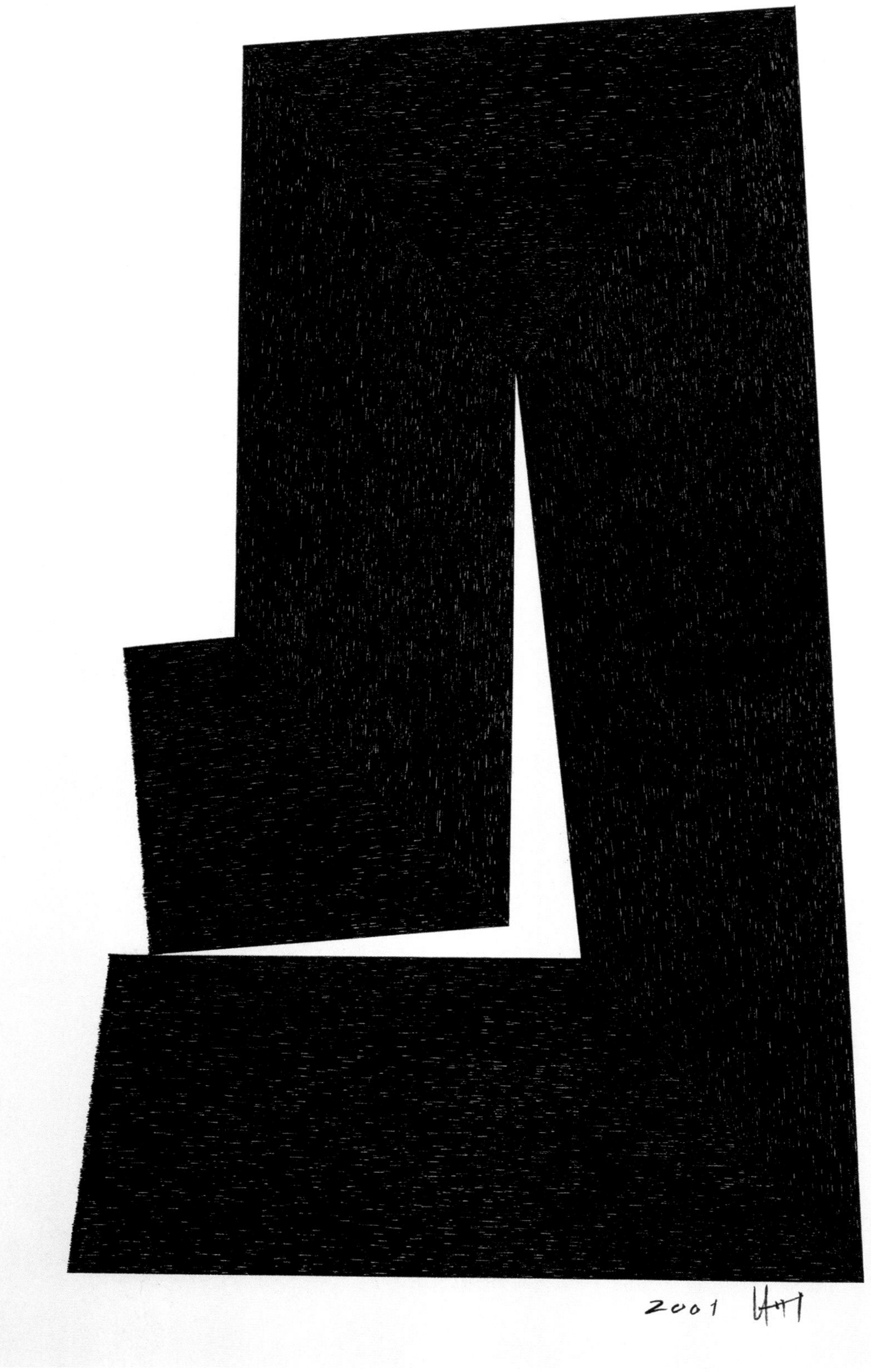

Untitled, *2001*
Tusche, Bleistift auf Papier
Ink, Pencil on Paper
100 x 70 cm

Untitled, ***2000***
Tusche, Bleistift auf Papier
Ink, Pencil on Paper
100 x 70 cm

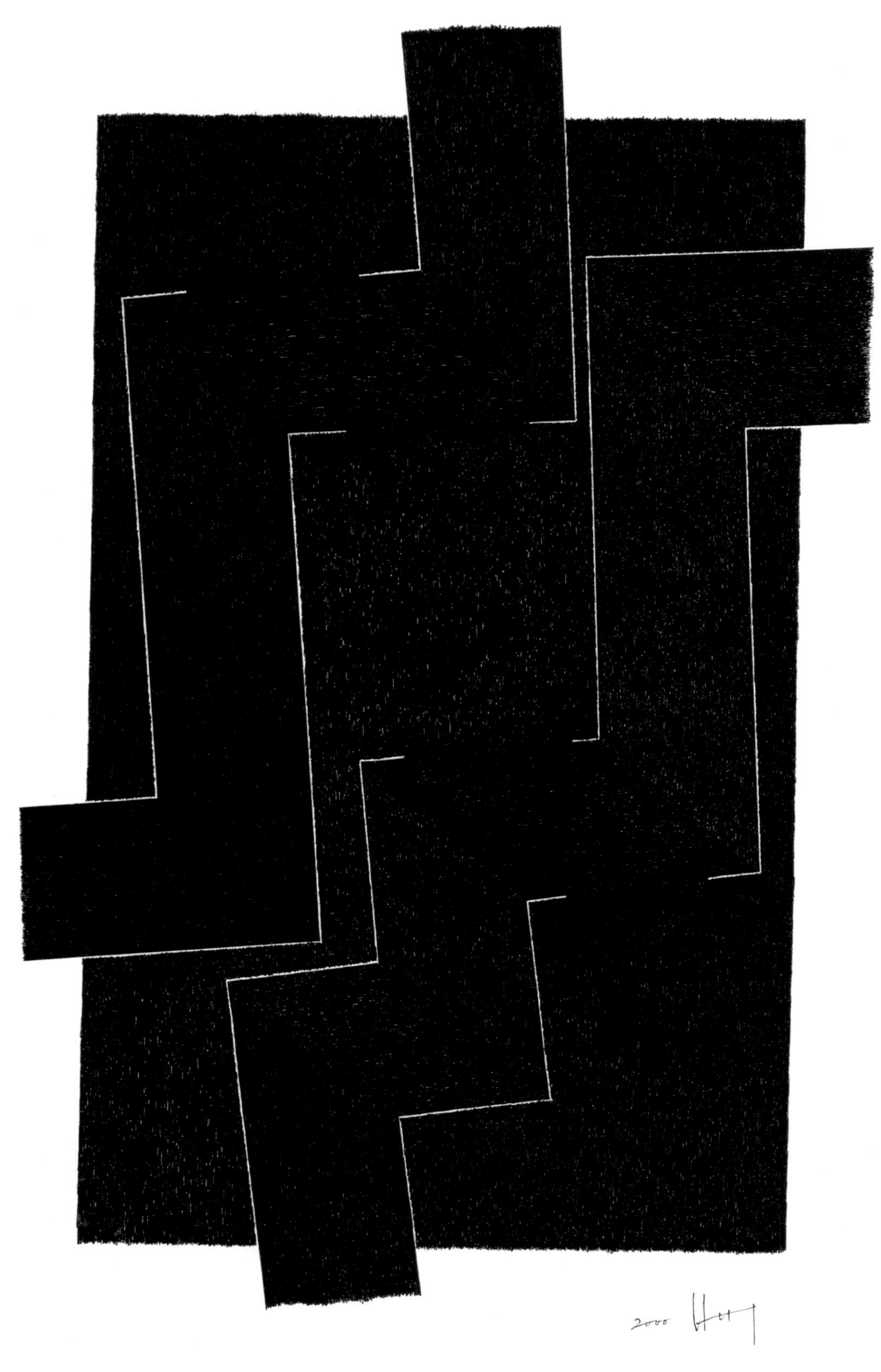

Untitled, *2000*
Tusche, Bleistift auf Papier
Ink, Pencil on Paper
100 x 70 cm

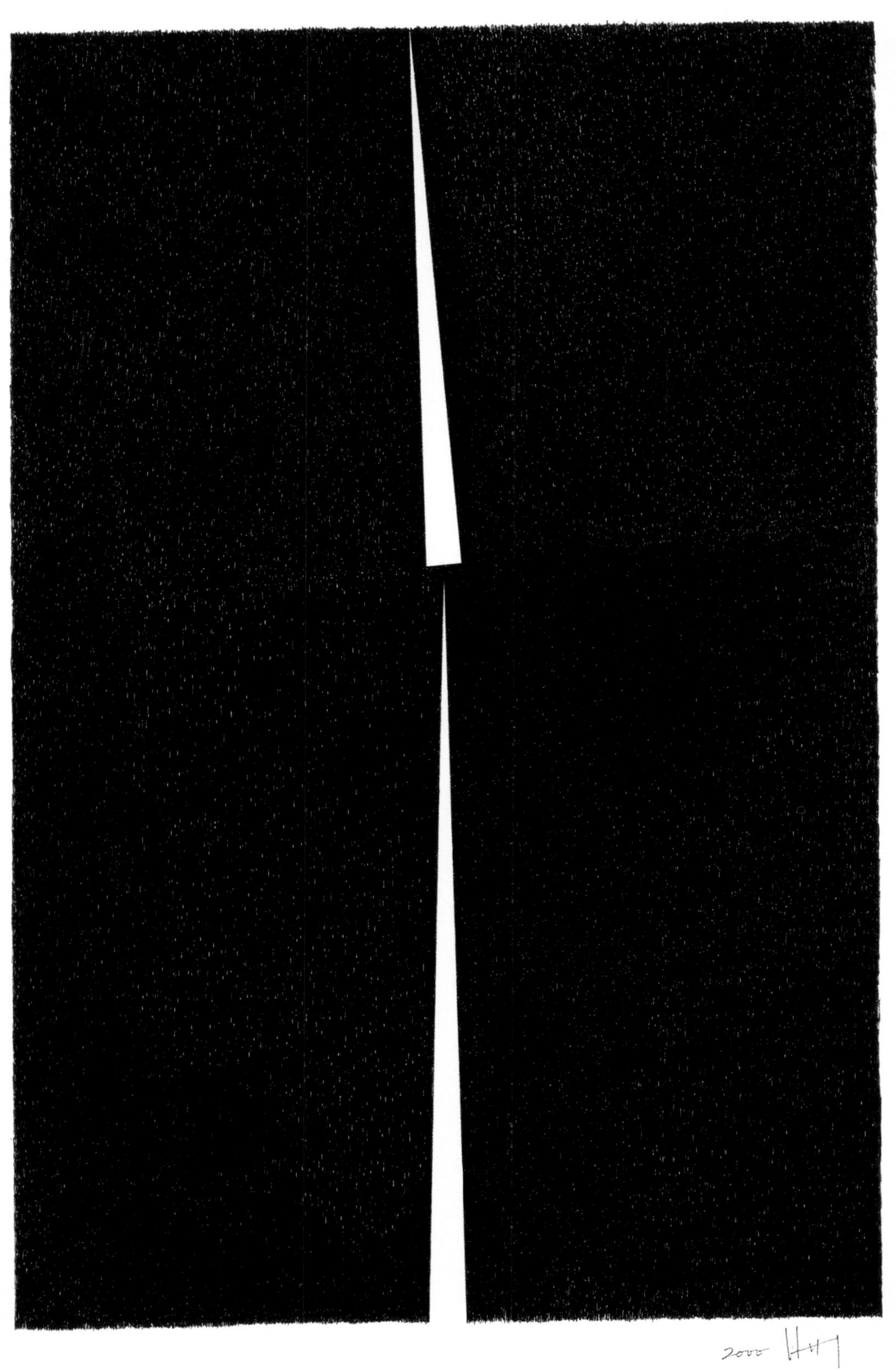

Untitled, *2000*
Tusche, Bleistift auf Papier
Ink, Pencil on Paper
100 x 70 cm

Kupfer,
und Bro

Copper,
and Bro

Messing

nze

Brass,

nze

Das Bild des Ursprungs

Über Jahrzehnte war Tai-Jung Um von der Farbigkeit, dem Glanz und dem Verhalten eines in der Kunst des 20. Jahrhunderts eher seltenen Werkstoffs fasziniert: Kupfer. Der Bildhauer hat das Material auf unterschiedliche Weise eingesetzt: in Form von Platten verarbeitet, mit dem Schweißgerät oder dem Lötkolben behandelt, poliert und mit Stein oder Messing kombiniert. So sind in den siebziger Jahren Werke entstanden, die ihre Überzeugungskraft aus der extrem unterschiedlichen Textur beziehen, die das Material annehmen kann. Im Rahmen der Serie „Energy" weist Tai-Jung Um den Außenseiten glatte, homogene, rötlich schimmernde Flächen zu, während das Material auf den nach innen gekehrten Teilen rauh, schrundig und wie von Kratern durchbrochen wirkt. Zwar basieren seine Arbeiten aus dieser Phase auf einem vorformulierten Konzept, doch kann der Bildhauer das letztgültige Erscheinungsbild der Skulpturen nur bedingt beeinflussen. So sorgt er beispielsweise durch extreme Hitzezufuhr dafür, dass ein Quader seine ideale Gestalt verliert: An den Ecken wird die Form aufgesprengt, und die geometrische Figur gibt ihr rohes, unstrukturiertes Inneres preis. Die Energie, die freigesetzt wird, erweist sich als die eigentliche formgebende Kraft.

Ende der siebziger Jahre gewinnen die Skulpturen durch die Art ihrer Oberflächenbehandlung eine erzählerische Ebene hinzu. Arbeiten wie „Ridge No. 7 (Polar Light)", die für eine Aufstellung im Außenraum gedacht sind, passen sich durch die Struktur ihrer Oberfläche, die auf Verletzungen zurückgeht, die dem glatten, spiegelnden Material mit einem Schweißgerät beigebracht wurden, auf ideale Weise in die Landschaft ein. Sie scheinen mit dem Gefieder des Vogels, den Regentropfen und den Grashalmen auf einer Wiese im Bunde zu stehen. Kühler und technizistischer wirken hingegen Arbeiten wie „Together – Connection No. 1" aus der Mitte der achtziger Jahre. Zwei gleichgroße, flache Blöcke sind – der eine auf der Schmalseite stehend, der andere in voller Breite aufliegend – so angeordnet, dass sie sich an einer Ecke durchdringen. Beide Teile sind dadurch nicht unabhängig voneinander vorstellbar. Stehen und Liegen halten sich die Waage. Dabei wurden nicht etwa, wie man zunächst annehmen könnte, gleichgroße Würfel zu einer Gesamtfläche addiert, sondern den beiden Blöcken ist ein schachbrettartiges Muster aufgeprägt worden. Das Liniensystem wirkt so fein und präzise, als sei es maschinell erzeugt, erweist sich aber bei näherem Hinsehen als das Resultat mühevoller Handarbeit.

Der Auseinandersetzung mit der seriellen Reihung von Elementen identischer Größe, wie sie bei „Untitled 87 No.1" zu beobachten ist, folgt eine Hinwendung zu Zeichensystemen, die seit Jahrtausenden den Zyklus der Natur symbolisieren. Das Bild des Ursprungs, die Spirale, die schon Alexander Archipenko, Marcel Duchamp und Robert Smithson faszinierte, setzt Tai-Jung Um in Bronze und Stein um. Während das Metall die kreisende, nicht enden wollende Bewegung nachvollzieht, bildet der Stein einen Ruhepol. Im Zusammenspiel der dynamischen und der stabilisierenden Kräfte findet Um, was er in seiner Kunst stets zu erreichen sucht: Harmonie und Ausgeglichenheit.

Der in Korea lebende Kunsthistoriker Hong Kai kam zu dem Schluss, dass die Vorliebe für das zirkulierende Moment als Hinweis auf die Verbundenheit Tai-Jung Ums mit der Denkweise des Buddhismus zu interpretieren sei. In der buddhistischen Philosophie spiele die Vorstellung vom Kreislauf des Werdens eine ebenso große Rolle wie das Streben nach einem Zustand, in dem der Mensch mit der Natur, ja mit dem Kosmos in Einklang lebe. Dass Tai-Jung Um eine Werkgruppe aus den späten achtziger Jahren „Heaven – Earth – Human" betitelt hat, scheint diese Vermutung zu bestätigen.

„Ich sehe in der Form meiner Objekte den Kosmos, den Himmel, die Erde, den Menschen, die Berge und die Seen", hat Tai-Jung Um einmal gesagt. „Ich bemühe mich, nach der Essenz zu suchen, so wie sie in den Objekten von Brancusi spürbar wird." Folgerichtig kreisen seine Gedanken auch in einer Phase, in der er die Stellung des Menschen in der Welt reflektiert, um Lösungen, wie sie Constantin Brancusi formuliert hat. So kehrt in Arbeiten wie „An Oriental Image", „A Holy Place" oder „Asceticism" das Motiv der „Unendlichen Säule" wieder, das Tai-Jung Um seit Studienzeiten beschäftigt. Seine Reminiszenz an die „Unendliche Säule", die er aus schwarzem Stein fertigt, ist eingebunden in ein labiles System ausgewogener, sich selbst stabilisierender Kräfte. Die Vertikalen scheinen als Stellvertreter des menschlichen Körpers zu fungieren. Sie vermitteln zwischen dem Boden, auf dem sie stehen, und dem Himmel, der sich über ihnen spannt, was durch eine Aufstellung im Freien noch unterstrichen wird.

Von diesen Werken monumentalen Ausmaßes ist es für einen so erfindungsreichen Bildhauer wie Tai-Jung Um nur ein kleiner Schritt zu Objekten, die einer völlig anderen Art von Aufmerksamkeit bedürfen. Es handelt sich um blockartige Körper, um Würfel oder Quader, aus deren Inneren unfertige, ebenfalls geometrische Binnenformen hervorzutreten oder in den Block einzusinken scheinen, so als bestehe dieser aus einem weichen Material. Andere sind von treppenartigen Strukturen durchzogen und von eingesetzten Elementen rhythmisiert. Was in ihrem Inneren vorgeht, bleibt stets im Verborgenen. Aber ihr archaisches Aussehen, das sie, wie die Titel andeuten, zu Fundstücken aus der Bronzezeit in Beziehung setzt, und ihr magischer Glanz verraten, dass es etwas sein muss, das in die Vergangenheit verweist und das zugleich für unsere Gegenwart von großer Bedeutung ist.

So ist Skulptur für Tai-Jung Um weit mehr als nur ein Experimentierfeld, das es ihm erlaubt, ein spannungsreiches Verhältnis zwischen Körper und Raum, Masse und Gewicht, dynamischen und ruhenden Elementen herzustellen. Tai-Jung Um fasst die Skulptur als eine Art von Speichermedium auf, dessen Zauber darin besteht, die Gegenwart um Materialien, Denkfiguren und Körperauffassungen zu bereichern, die in Vergessenheit zu geraten drohen, sofern sich nicht ein Bildhauer seiner Fähigkeit darauf besinnt, dem Wissen, das über Jahrhunderte weitergereicht wurde, eine zeitgemäße Gestalt zu verleihen.

The Image of all Origin

For decades, Tai-Jung Um has been fascinated by the colouring, shine and behaviour of a material little used in 20th century art, namely copper. The sculptor employed it in a variety of ways: in sheet form, treated with a welding torch or soldering iron, or polished and combined with stone or brass. And the works produced in the seventies derive their persuasiveness from the extremely varied texture this material can assume. For example, the works in the "Energy" series have smooth, homogenous, red-shimmering outer surfaces while the material of the elements facing inwards appears coarse, cracked and cratered. Although the works he produced during this phase are based on a pre-defined concept, the artist nonetheless has a limited influence on the final appearance of the sculptures. For instance, by subjecting it to extreme heat he ensures that a block loses its ideal shape: Consequently, the shape is forced open at the corners, and the geometric figure reveals its raw, unstructured interior. And ultimately the energy that is released is the real shaping force.

In the late seventies the sculptures gain an additional narrative aspect thanks to the nature of their surface treatment. Works such as "Ridge No. 7 (Polar Light)", which are conceived for outdoor presentation, harmonise perfectly with the landscape thanks to their special surface structure produced by violations of the smooth, reflecting material using a welding torch. The surfaces call to mind a bird's plumage, raindrops or the blades of grass on a meadow. By contrast, works from the mid-eighties such as "Together – Connection No. 1" have a cooler, more technical feel. Two flat blocks of equal size – one standing on its narrow side, the other lying on its broad side – are so arranged that they form a continuum at one corner. As a result, it is difficult to conceive of the two elements independently of each other. There is a balance between standing and lying. Yet the first impression is deceptive: two blocks of equal size were not combined to form a single surface; rather a checkered pattern has been applied to the two blocks. The system of lines appears fine and precise, as if produced by machine, but on closer inspection proves to be the result of arduous manual work.

The occupation with the serial repetition of equally-sized elements, as we see in "Untitled 87 No. 1", is followed by a focus on those systems of signs that have symbolised the cycle of nature for thousands of years. Tai-Jung Um transfers to bronze and stone the image of all origin, the spiral, previously a source of fascination for Alexander Archipenko, Marcel Duchamp and Robert Smithson. While the metal delineates the endless movement, the stone forms the center of stability. And in the interplay of dynamic and stabilising forces Tai-Jung Um finds what he constantly tries to achieve in his art, namely harmony and balance.

Art historian Hong Kai came to the conclusion that this preference for the circular motion could be interpreted as a sign of Tai-Jung Um's affinity with the ideas of Buddhism. In Buddhist philosophy the concept of the circle of life and death plays an equally important role as does the striving for a state in which man lives in harmony with nature and indeed with the cosmos. The fact that Um called a work group from the late eighties "Heaven – Earth – Human" would seem to support this idea.

"I see in the shape of my objects the cosmos, the sky, the earth, people, the mountains and lakes," Tai-Jung Um once said. "I am at pains to search for the essence that is also palpable in Brancusi's objects." It is no surprise then that during a phase in which he reflects on man's place in the world his thoughts also revolve around the solutions formulated by Constantin Brancusi. Accordingly, in works such as "An Oriental Image", "A Holy Place" or "Asceticism" we see a recurrence of the motif of the "endless column" that has occupied Tai-Jung Um since his time as a student. His reminiscence of Brancusi's "Endless Column", which he produces using black stone, is incorporated into an unstable system of balanced, self-stabilizing forces. The verticals seem to function as representatives of the human body. They mediate between the ground on which they stand and the sky that arcs up above them, an impression further strengthened by installing the sculpture out of doors.

For a sculptor as inventive as Tai-Jung Um it is only a small step from these works of monumental dimensions to objects which require a totally different kind of attention. The sculptures in question are block-like volumes, cubes or ashlars, from whose interiors unfinished, equally geometric shapes emerge or seem to sink into the block as if the latter were fashioned of soft material. Step-like structures run through others; these and other inserted elements create the works' rhythm. What takes place in their interior remains concealed but their archaic appearance, one that – as the titles imply – establishes a link to finds from the Bronze period and betrays their magic radiance, indicate that it must be something that while citing the past is also of great significance for the present.

For Tai-Jung Um sculpture is clearly much more than a means of experimentation that allows him to create a fascinating relationship between installation and space, mass and weight, dynamic and inert elements. Tai-Jung Um sees sculpture as a kind of medium for memory whose magical quality lies in enriching the present with materials, philosophical and spatial concepts that are otherwise in danger of being forgotten if a sculptor does not recall his ability to lend a contemporary guise to the knowledge that has been passed down over the centuries.

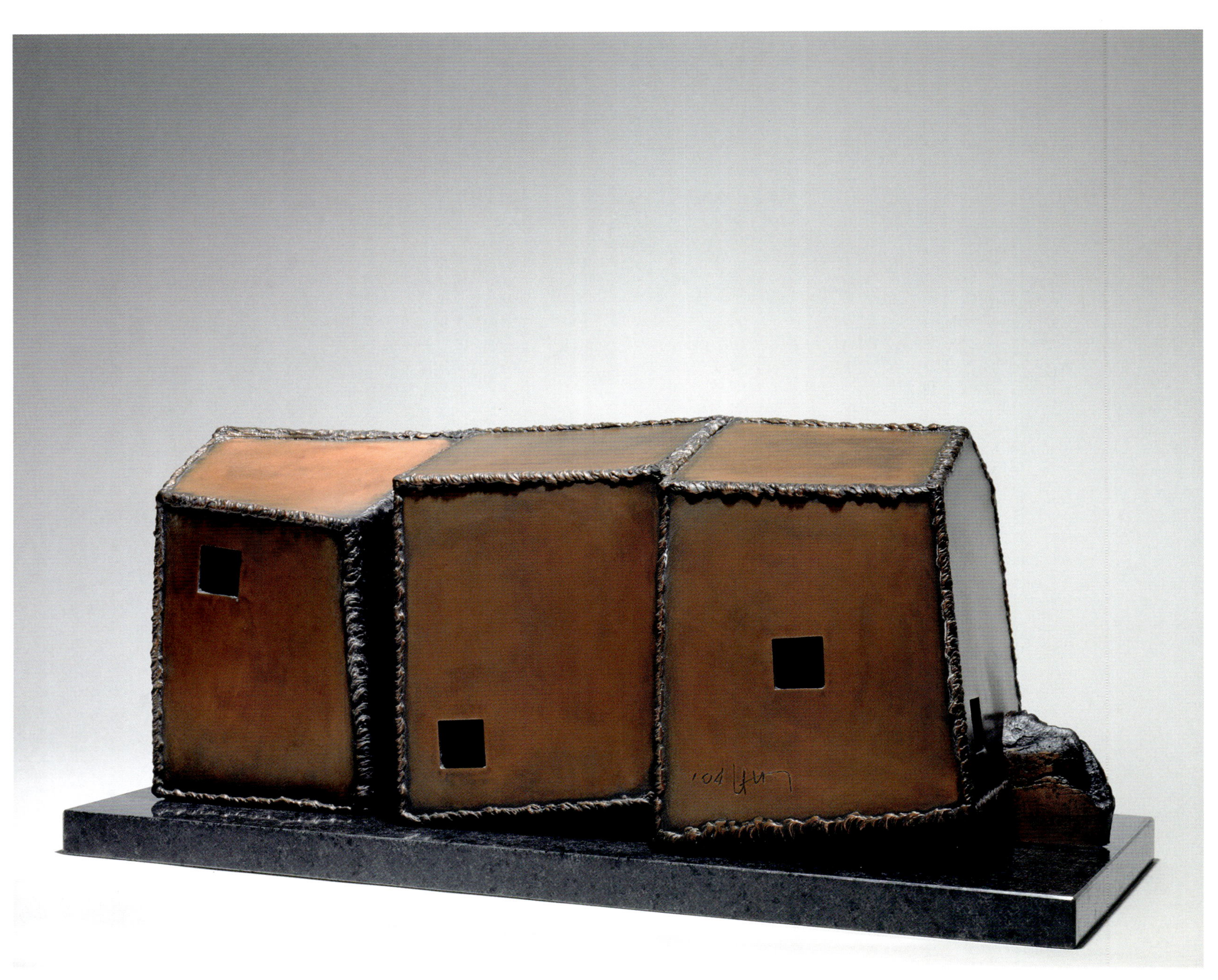

Cubic Barracks, *2005*
Kupfer
Copper
25 x 78 x 21 cm

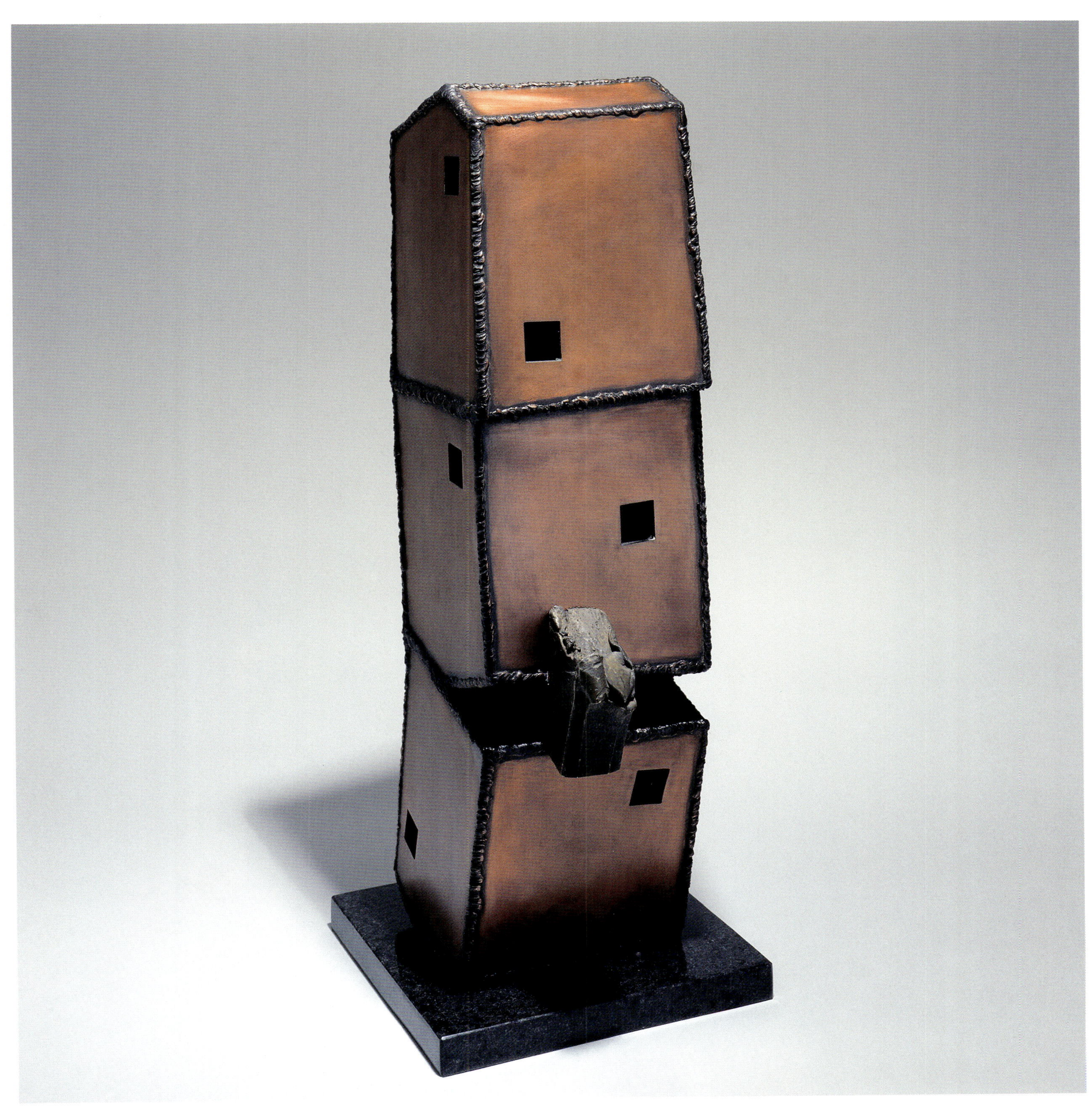

Cubic Totem House No. 10, *2005*
Kupfer
Copper
76 x 21 x 26 cm

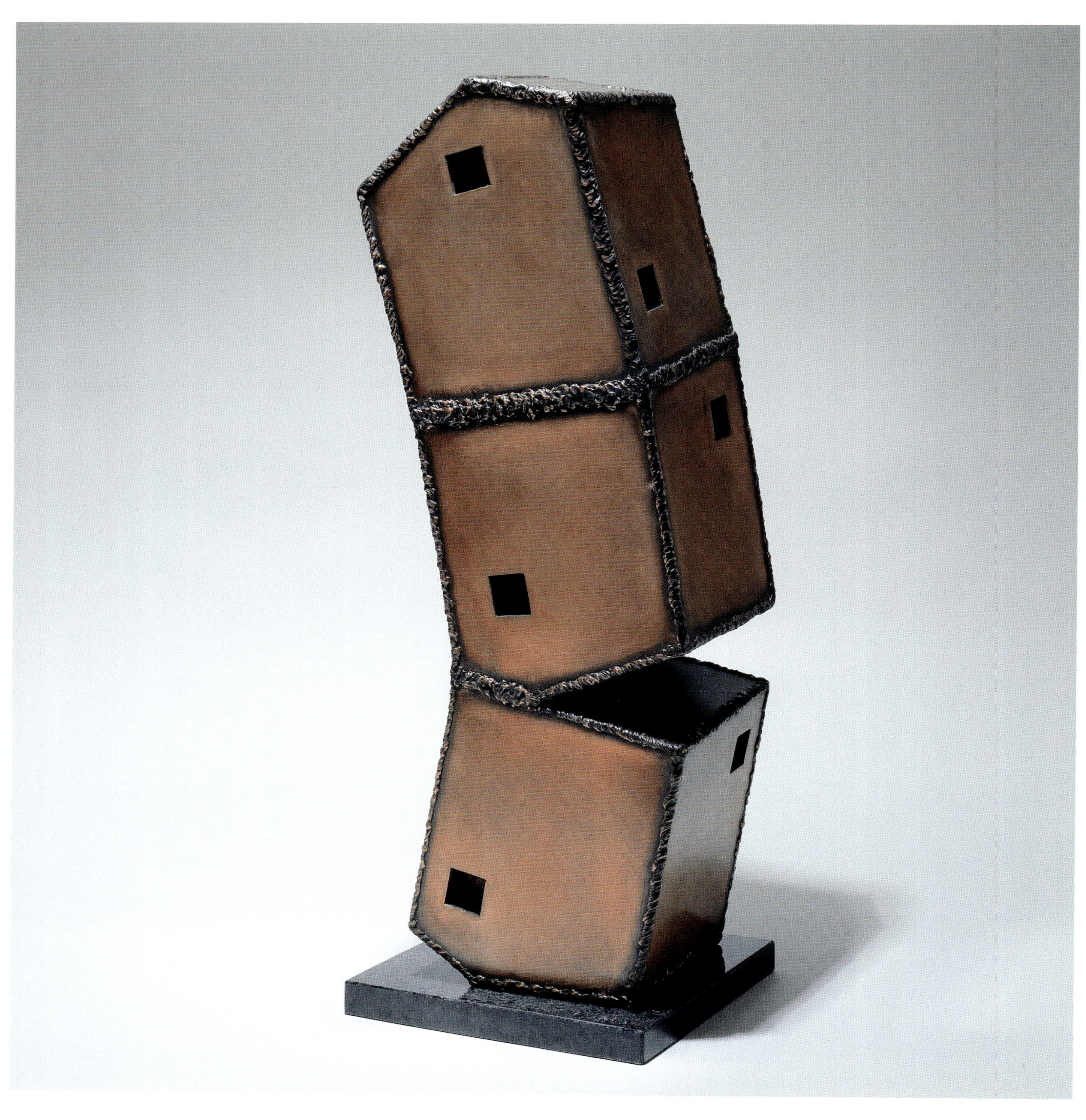

Cubic Totem House No. 9, ***2005***
Kupfer
Copper
76 x 21 x 26 cm

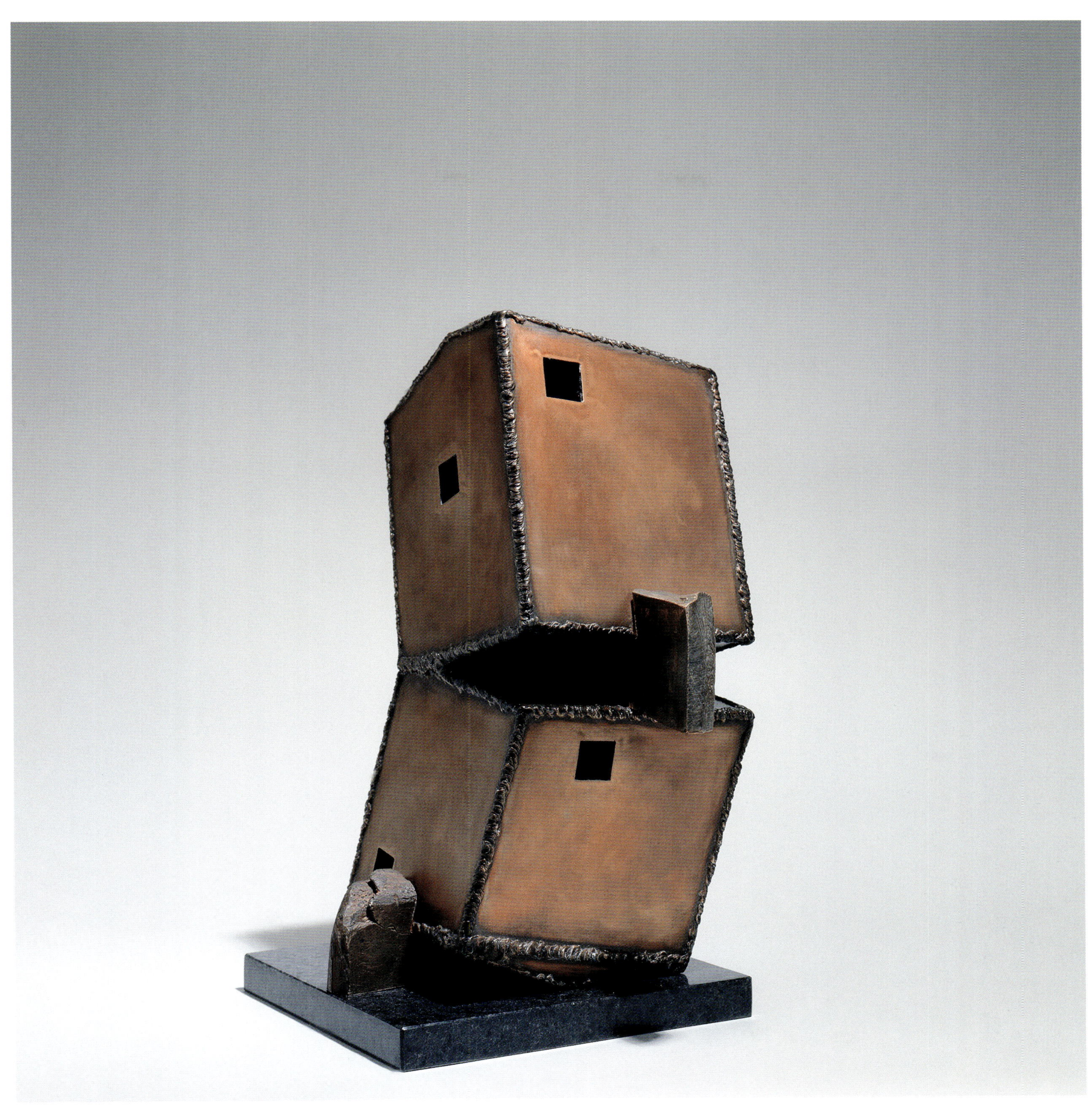

Cubic Totem House No. 1, *2005*
Kupfer
Copper
48 x 26 x 21 cm

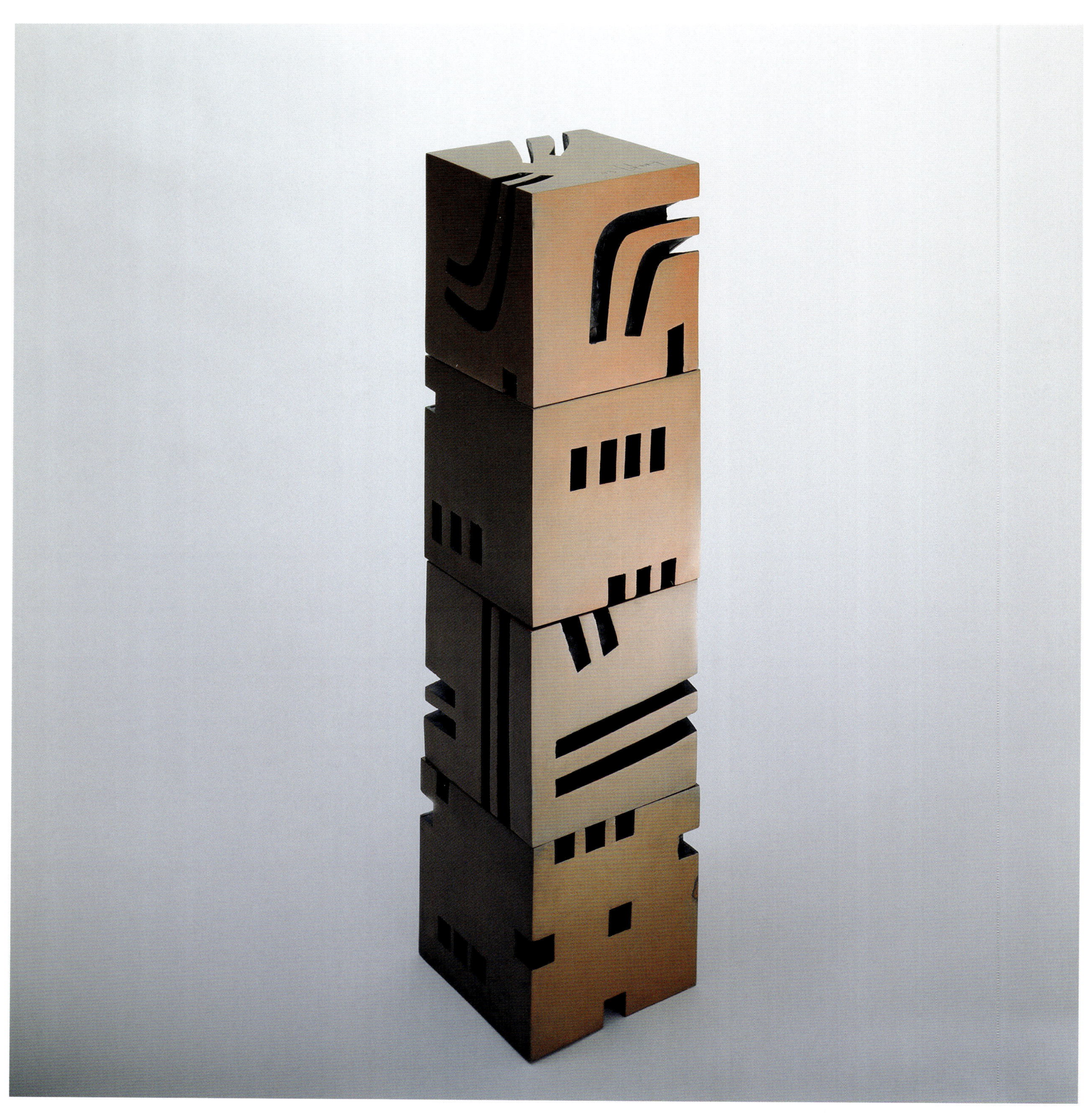

Totem Box No. 1, *2004*
Kupfer
Copper
90 x 20 x 20 cm

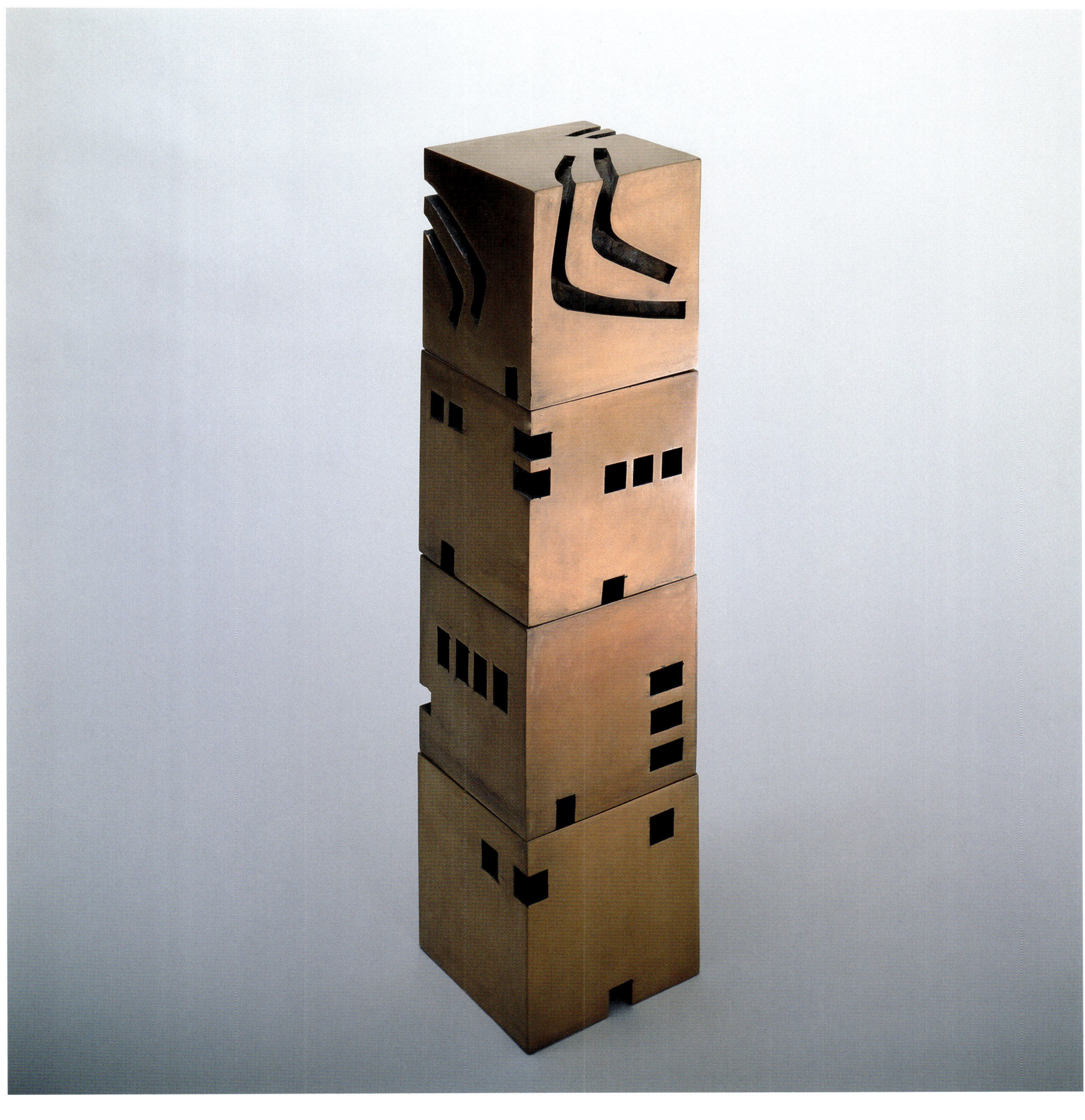

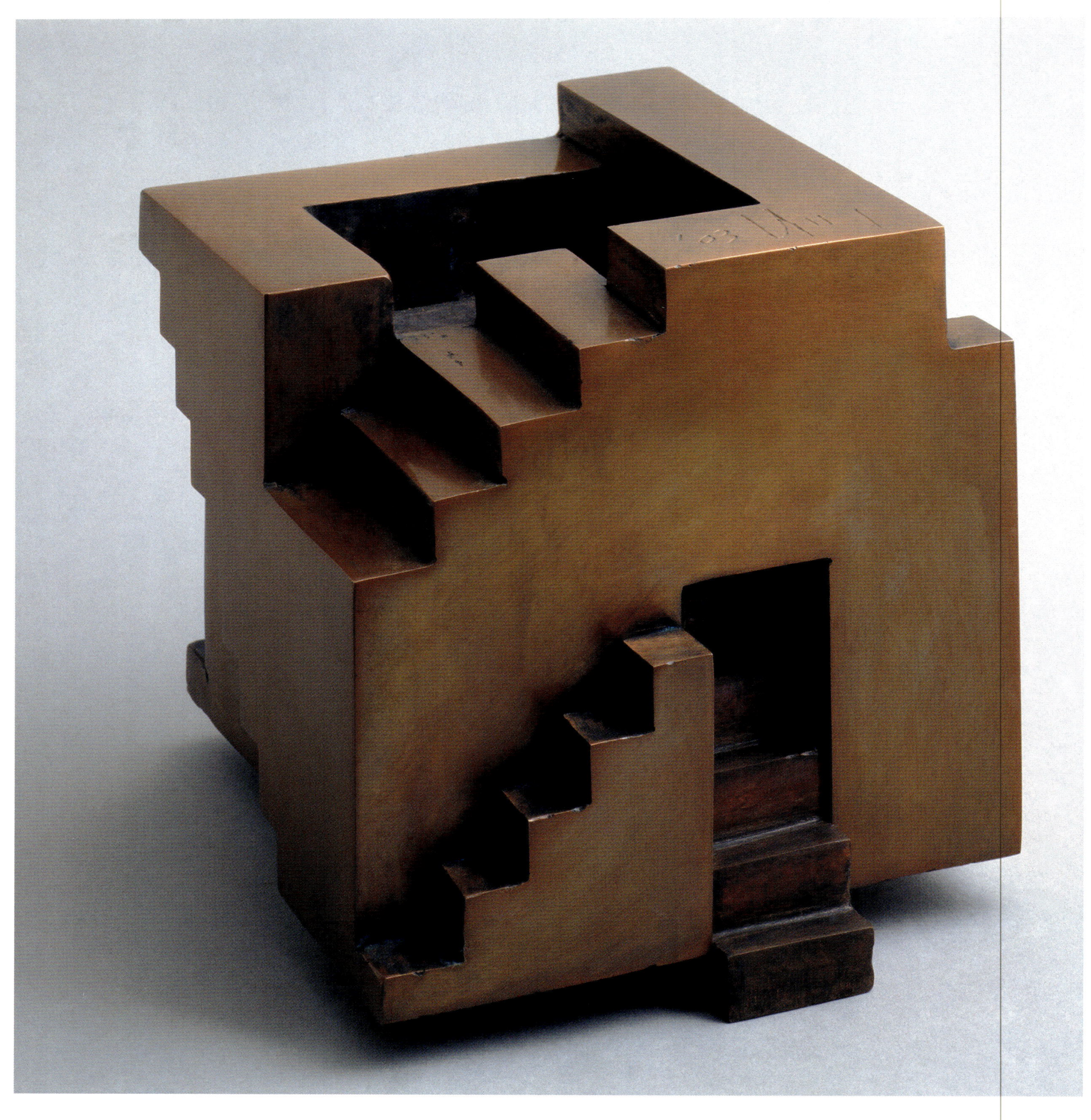

Cubic Staircase No. 3, ***2003***
Kupfer
Copper
31 x 30 x 30 cm

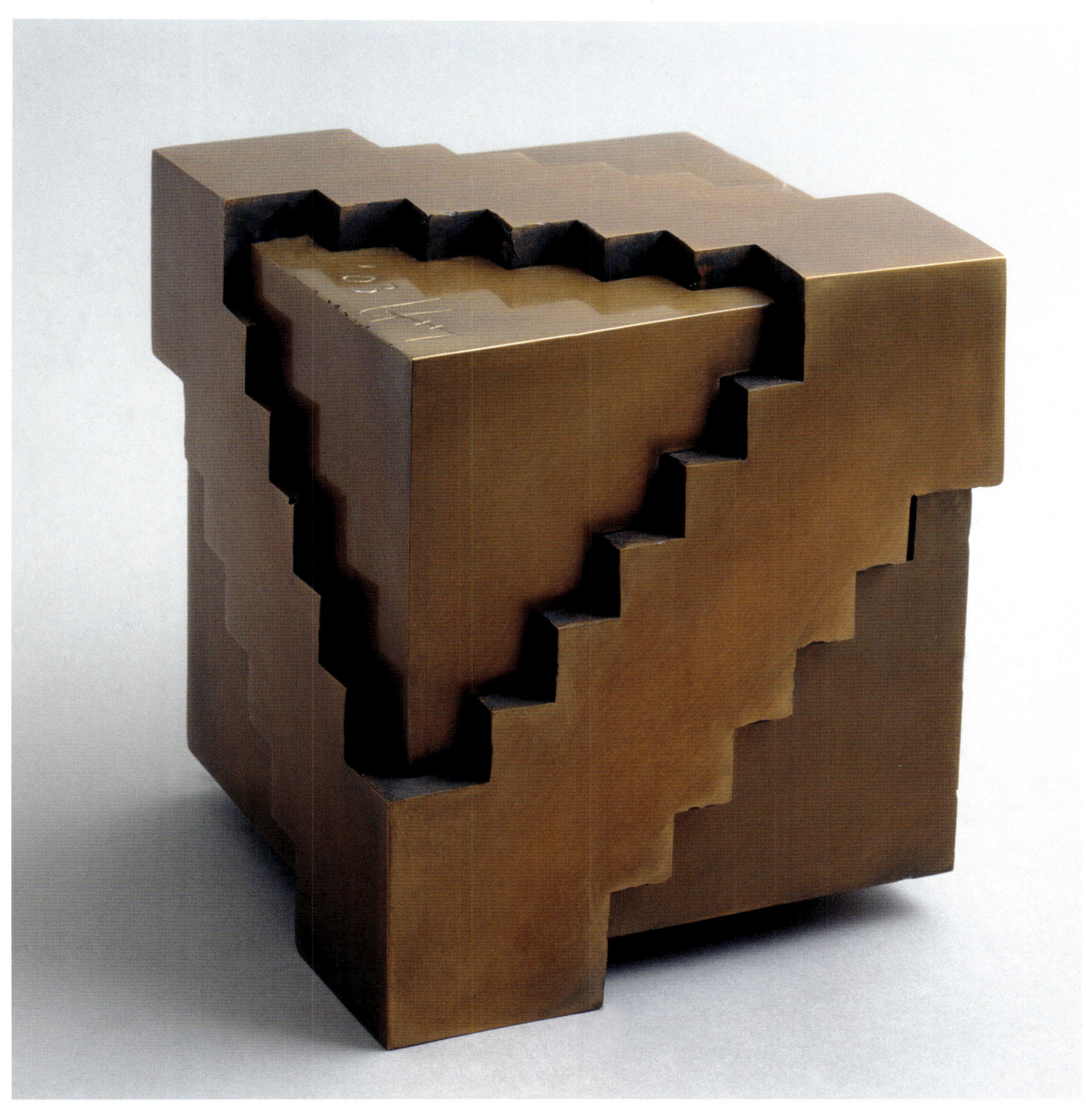

Cubic Staircase No. 20, *2002*
Kupfer
Copper
30 x 30 x 30 cm

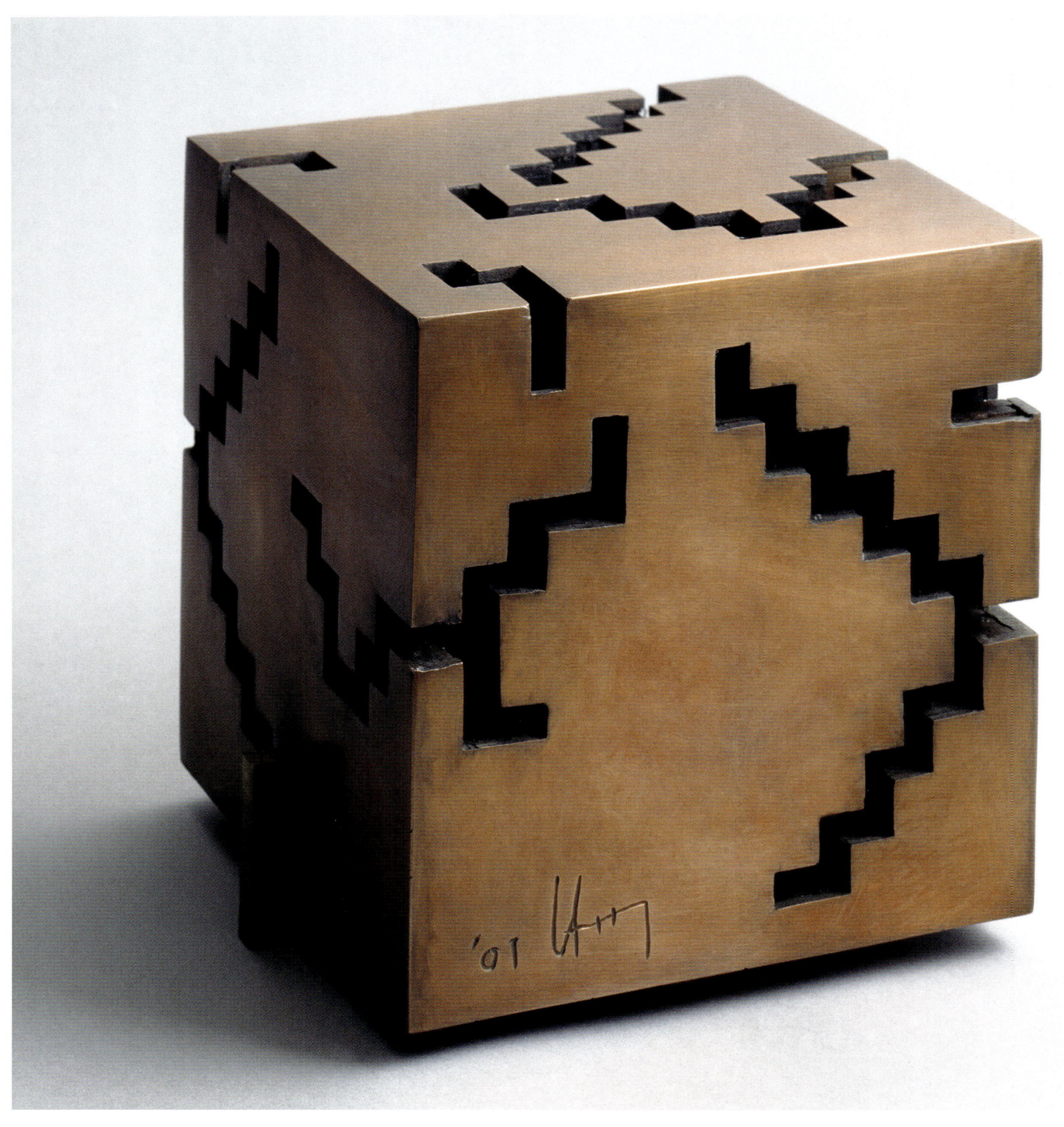

Cubic Staircase No. 9, ***2001***
Kupfer
Copper
30 x 30 x 30 cm

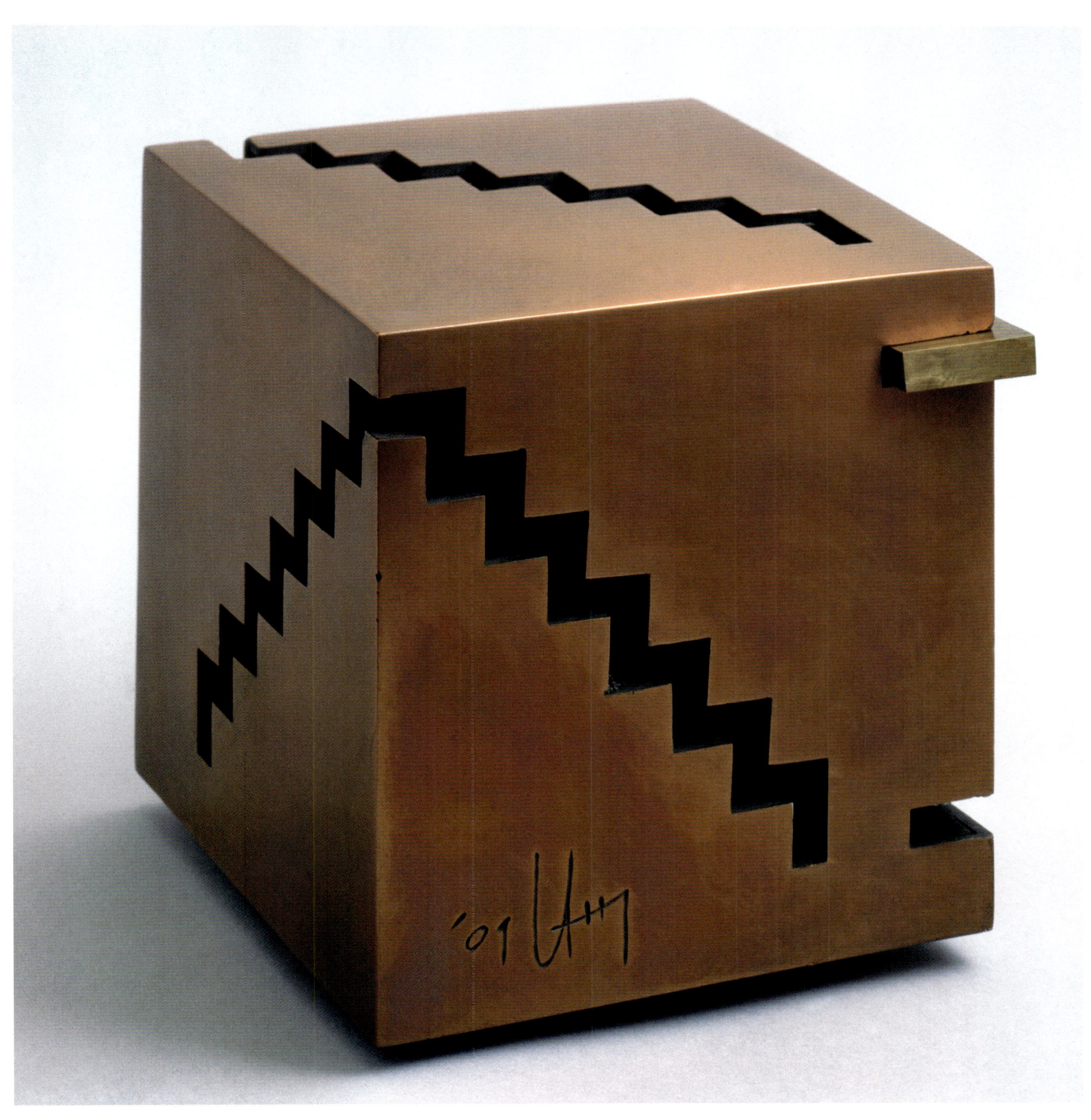

Cubic Staircase No. 7, *2001*
Kupfer
Copper
30 x 31 x 31 cm

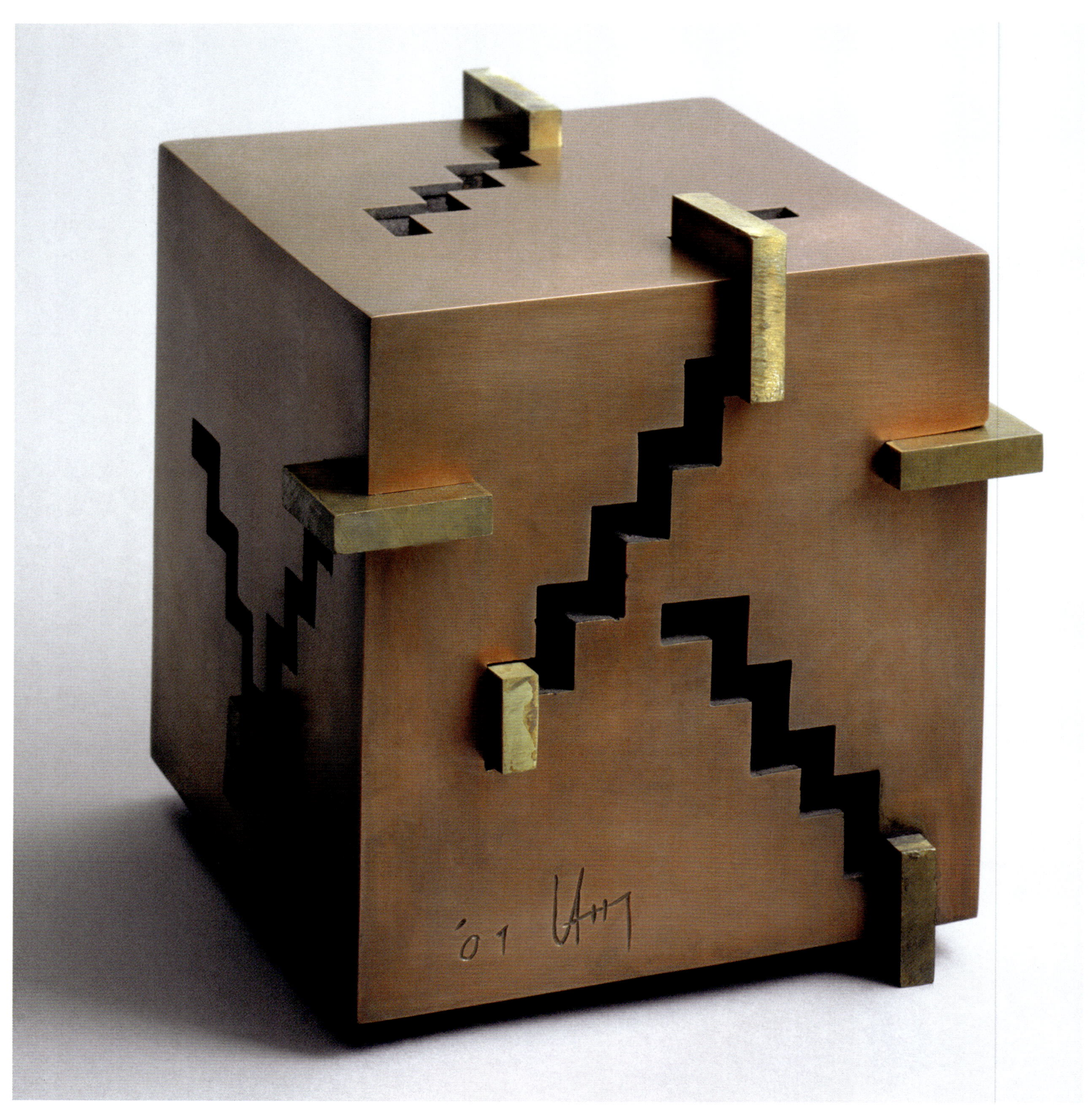

Cubic Staircase No. 11, *2001*
Kupfer
Copper
32 x 32 x 32 cm

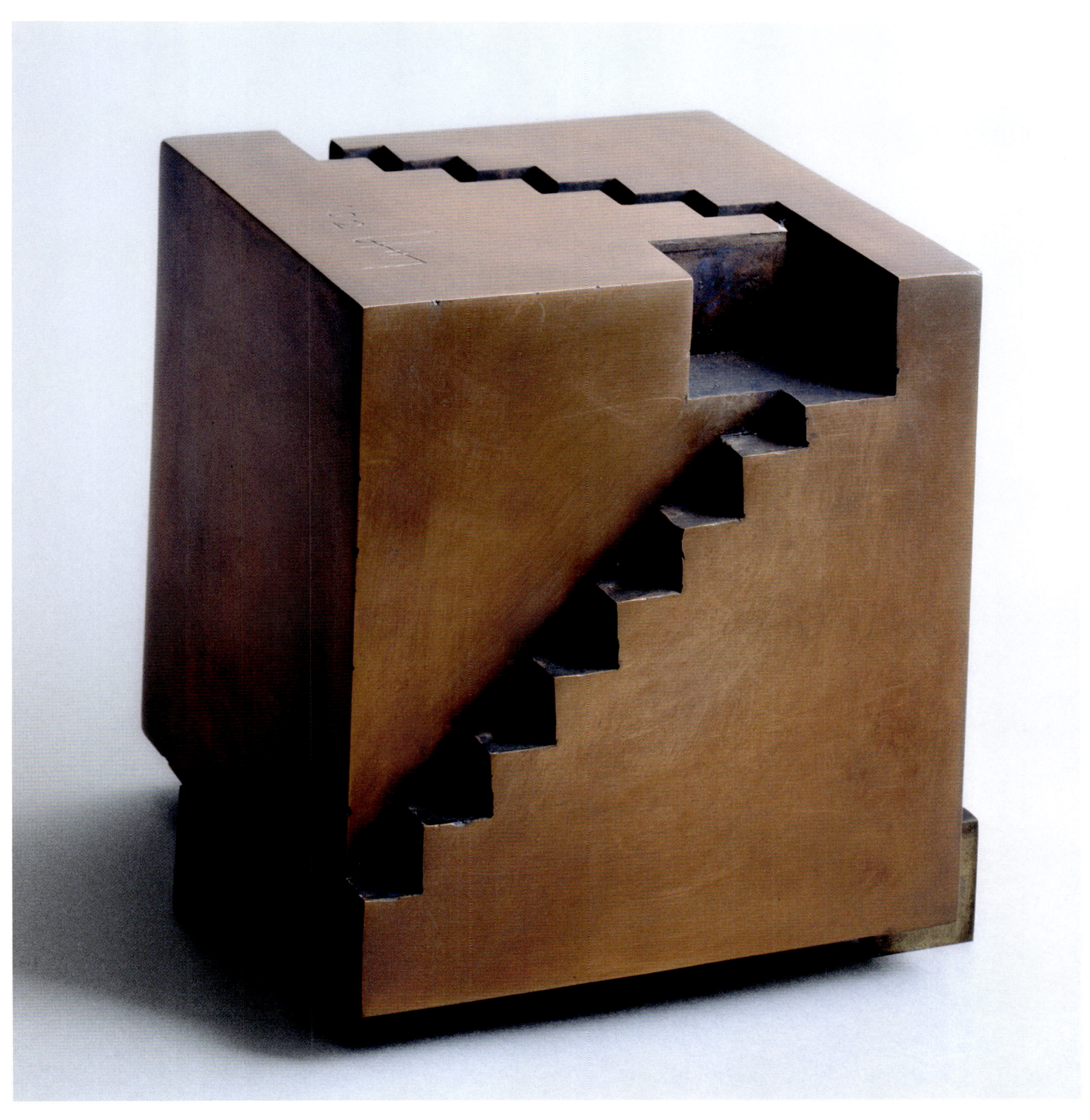

Cubic Staircase No. 5, *2001*
Kupfer
Copper
31 x 30 x 31 cm

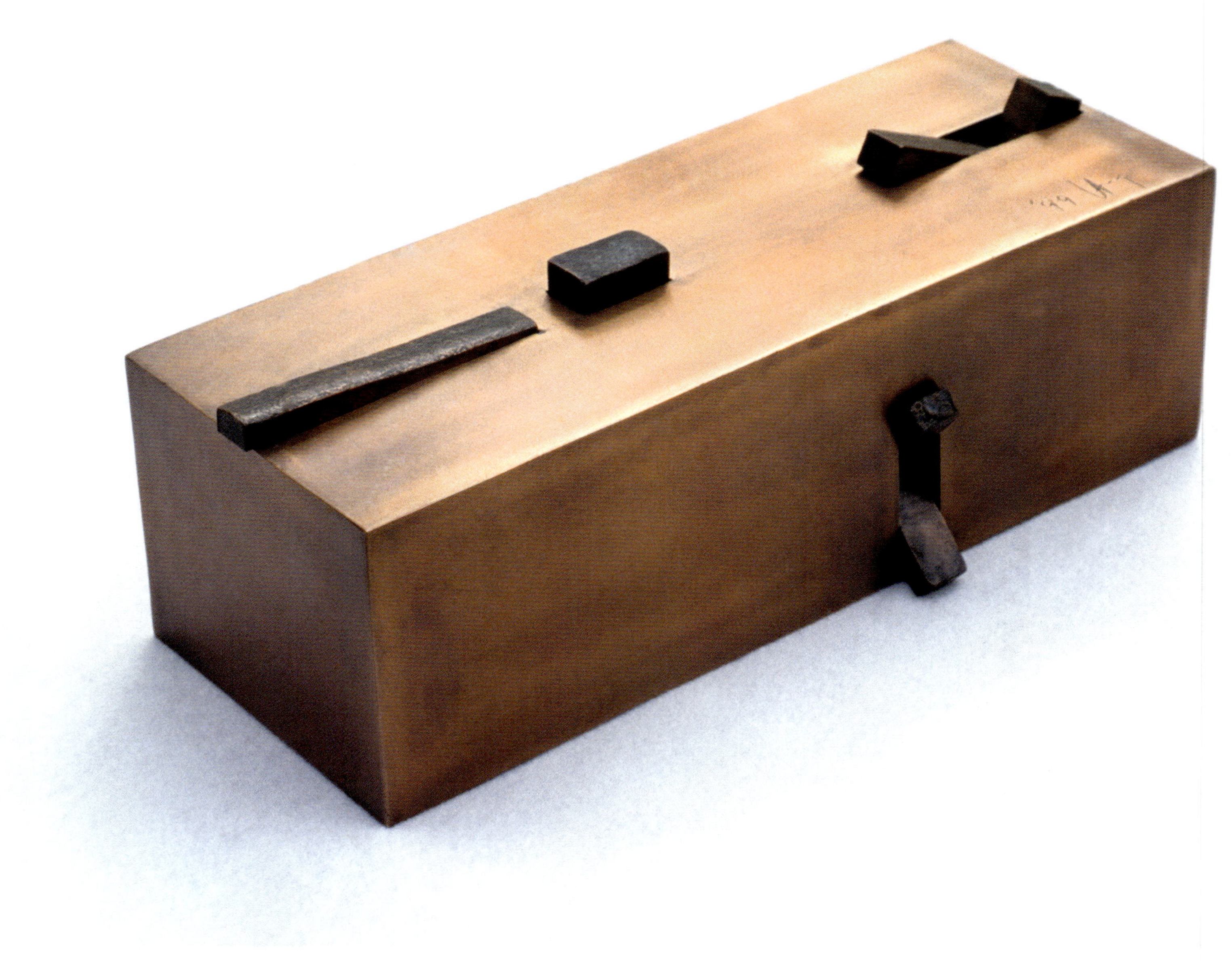

Untitled 99-8, ***1999***
Kupfer
Copper
18 x 52 x 25 cm

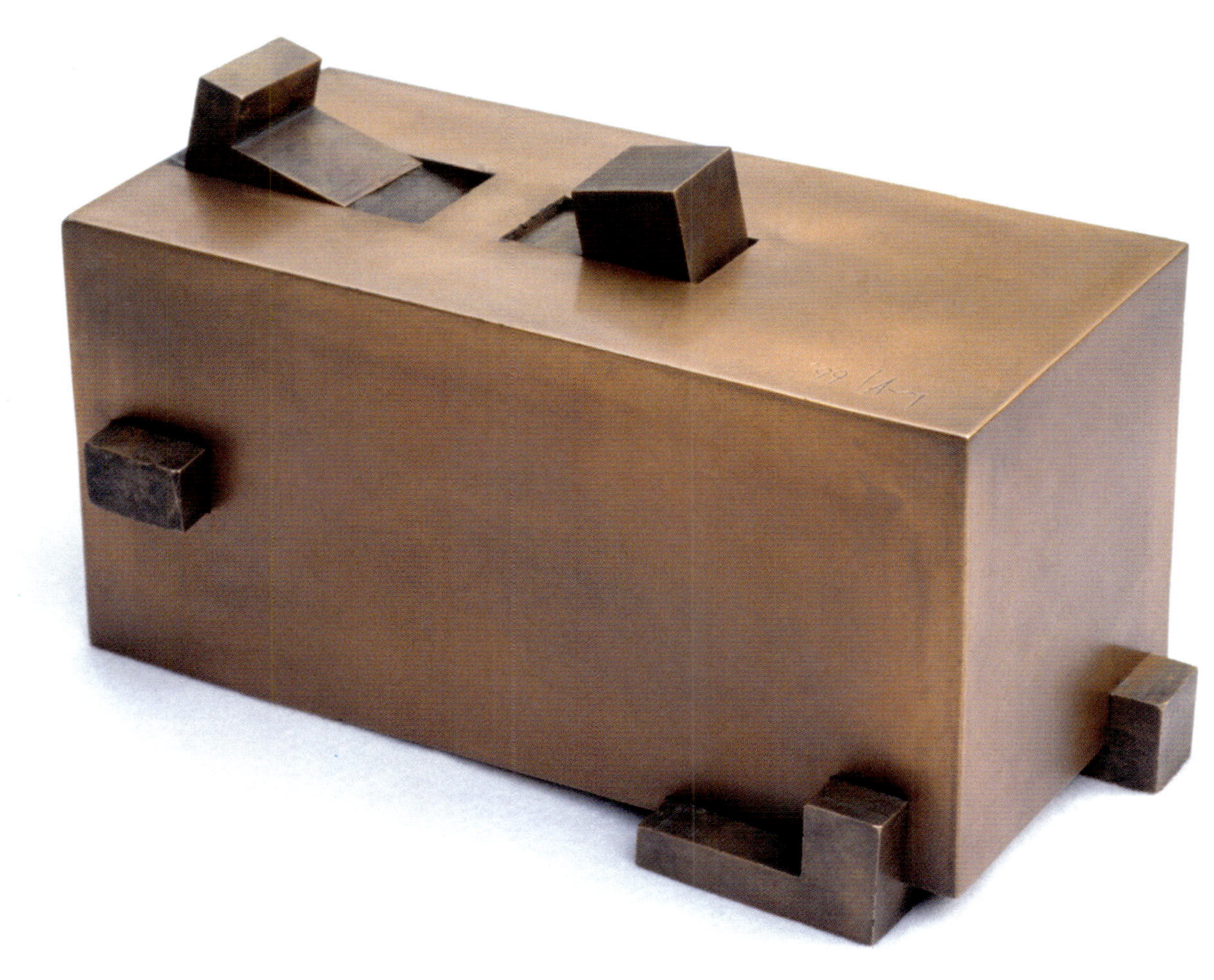

Untitled 99-7, *1999*
Kupfer
Copper
26 x 46 x 24 cm

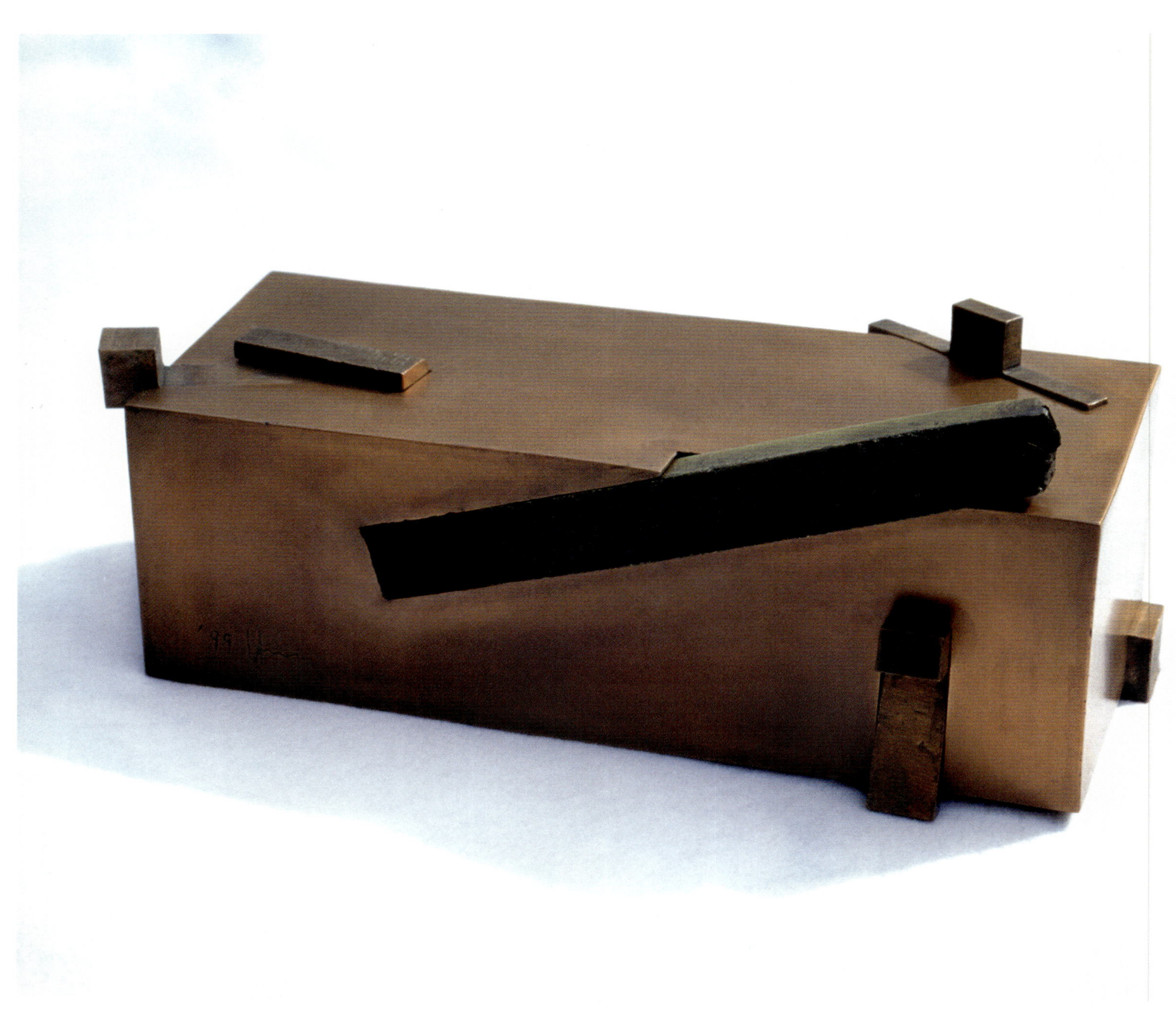

Untitled 99-6, *1999*
Kupfer
Copper
22 x 54 x 24 cm

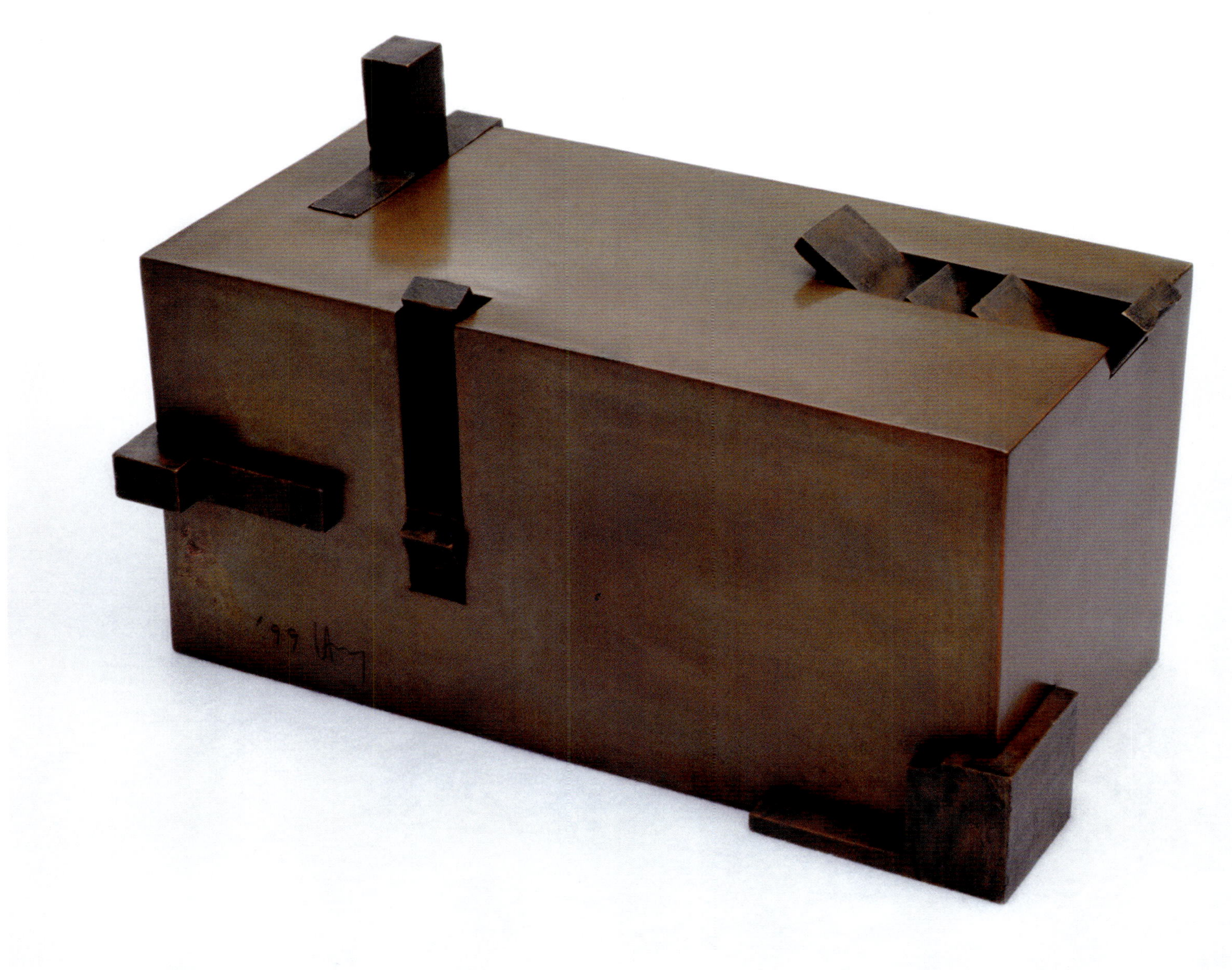

Untitled 99-5, ***1999***
Kupfer
Copper
31 x 52 x 26 cm

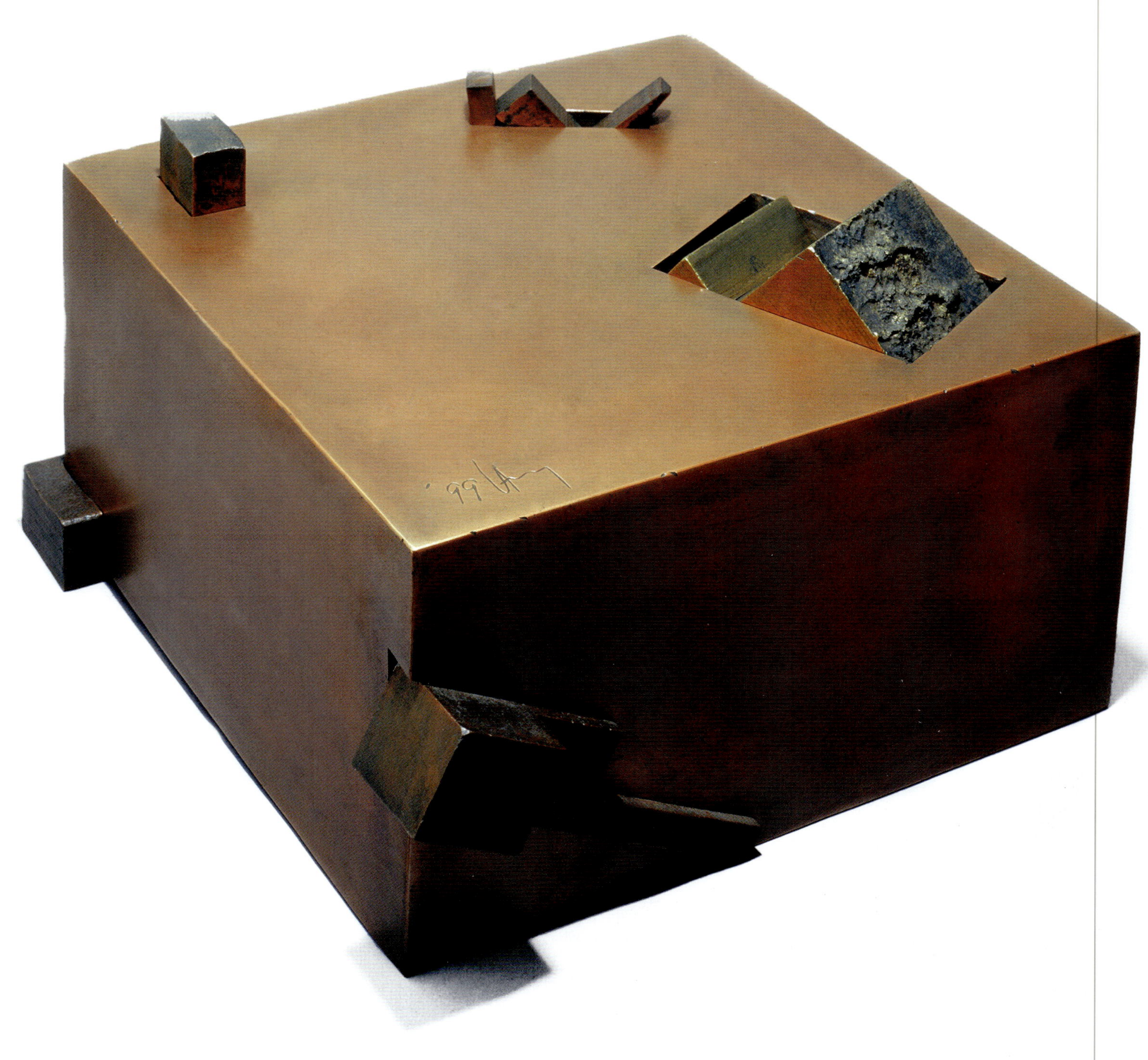

Untitled 99-4, *1999*
Kupfer
Copper
22,5 x 45 x 46 cm

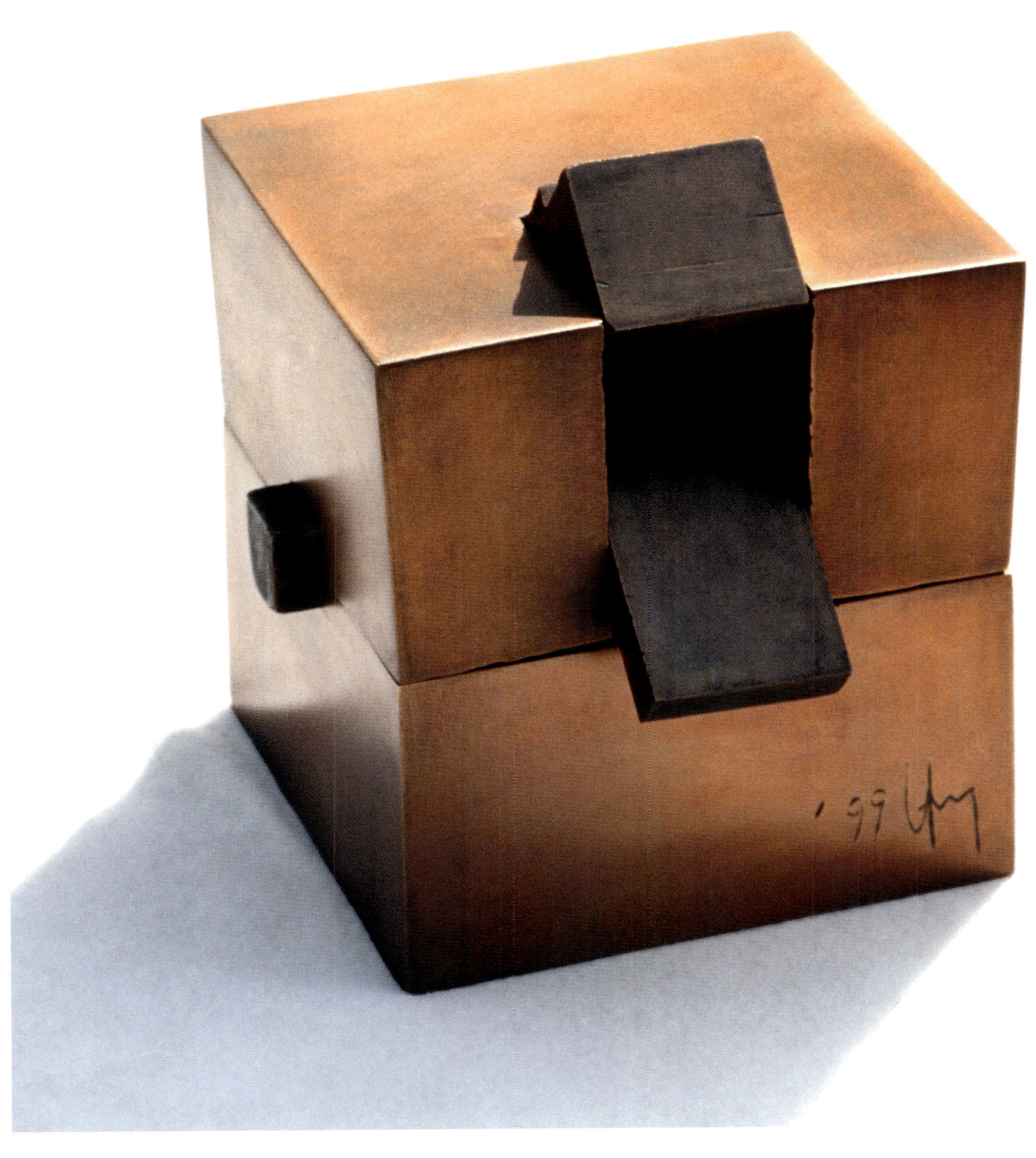

Bronze Object 99-2, *1999*
Kupfer
Copper
24 x 21,5 x 23,5 cm

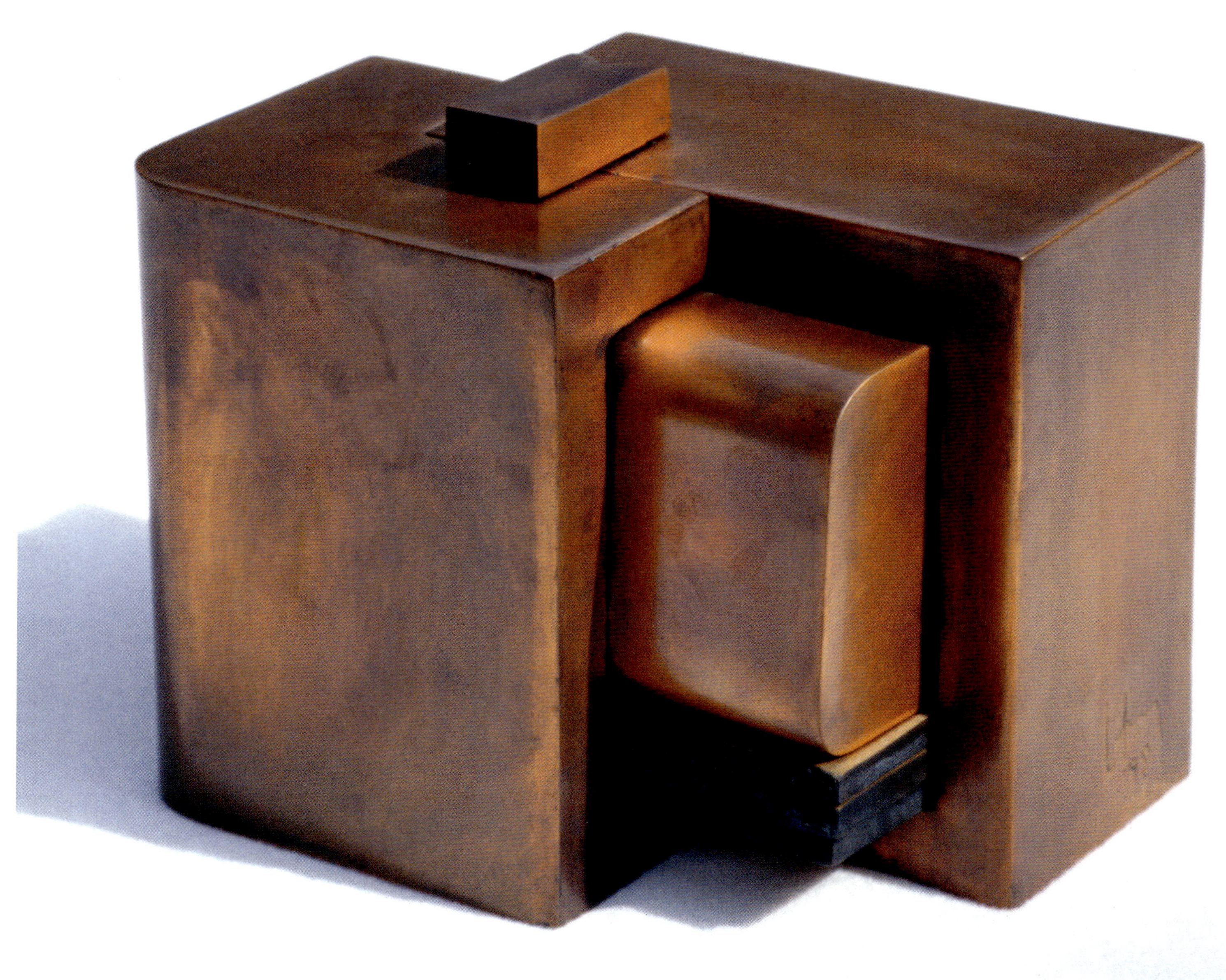

Bronze – Object – Age 98-1, *1998*
Kupfer, Messing
Copper, Brass
21 x 28 x 18 cm

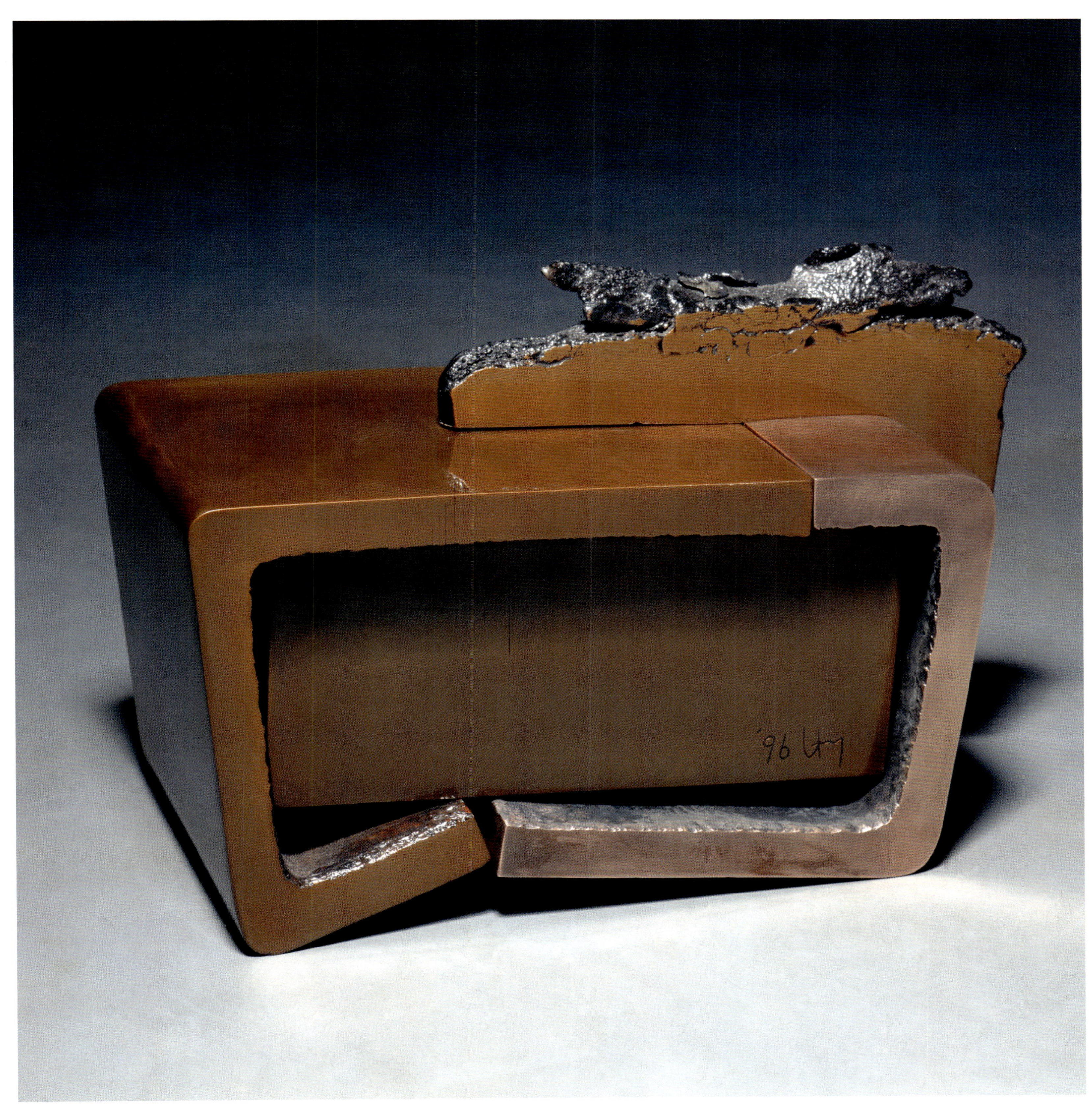

Bronze Object 96-1, ***1996***
Kupfer
Copper
24 x 28 x 23 cm

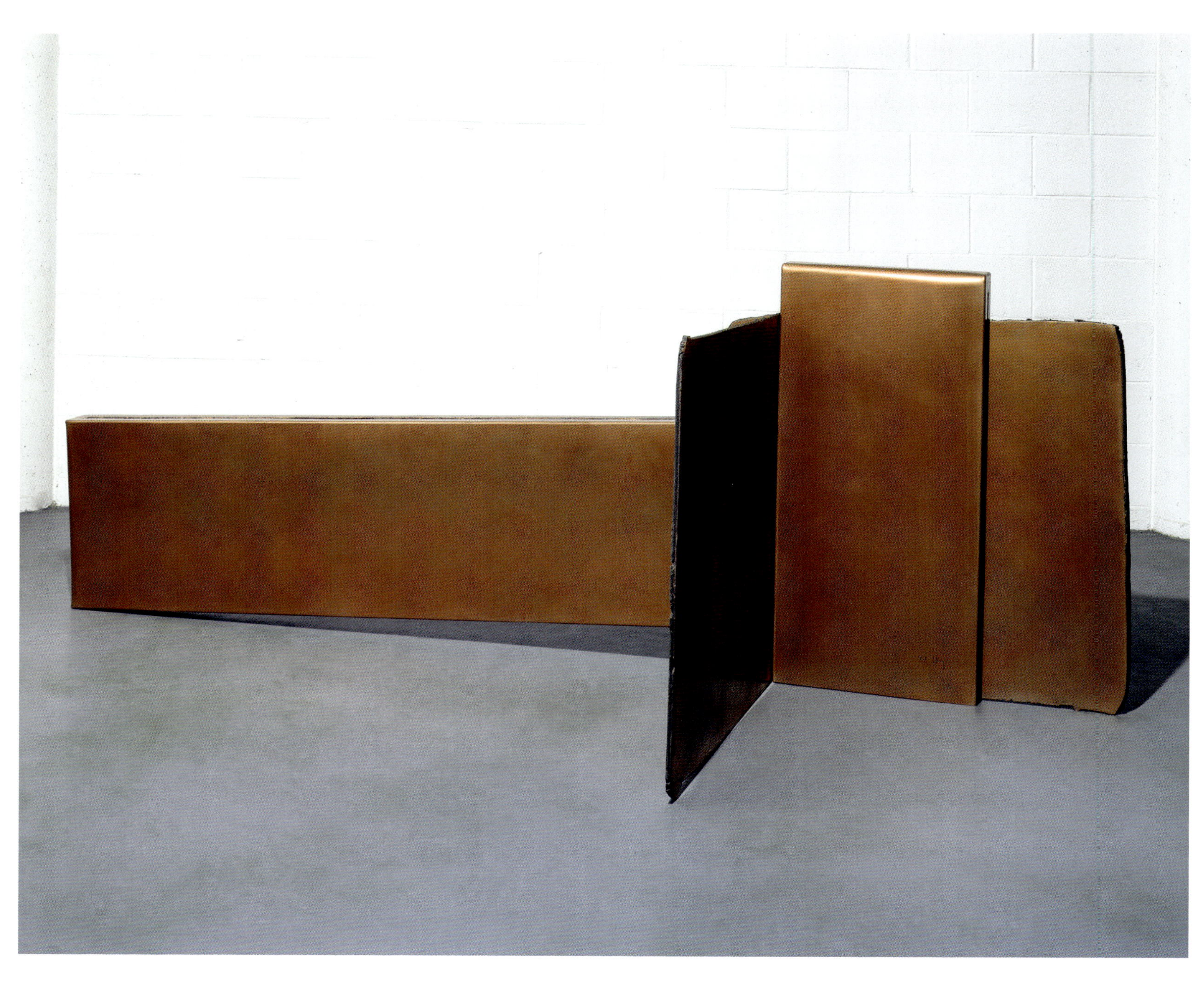

Bronze – Object – Age 97-8, *1997*
Kupfer
Copper
101 x 284 x 98 cm

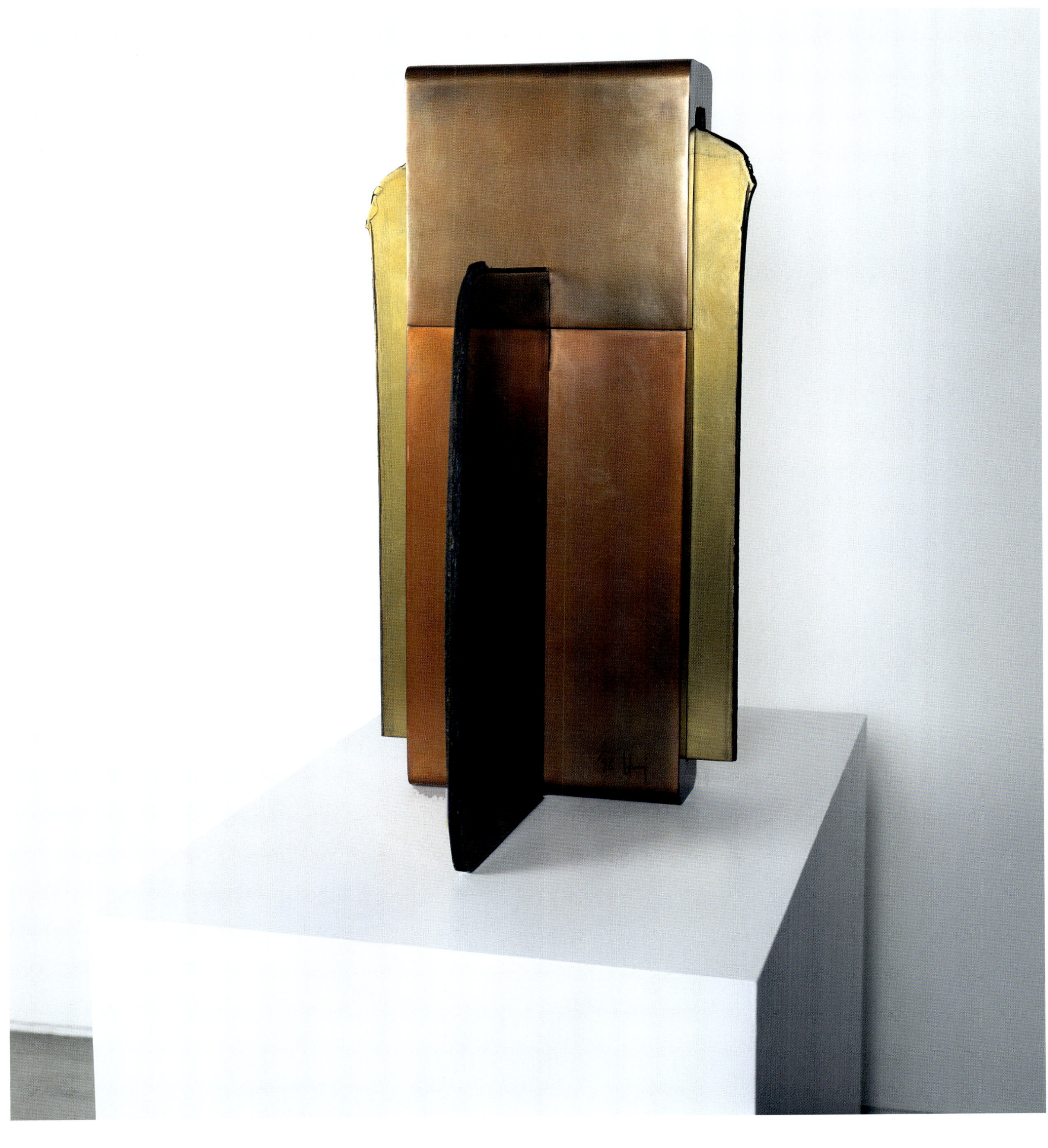

Bronze – Object – Age 96-5, *1996*
Kupfer, Messing
Copper, Brass
79 x 44 x 45 cm

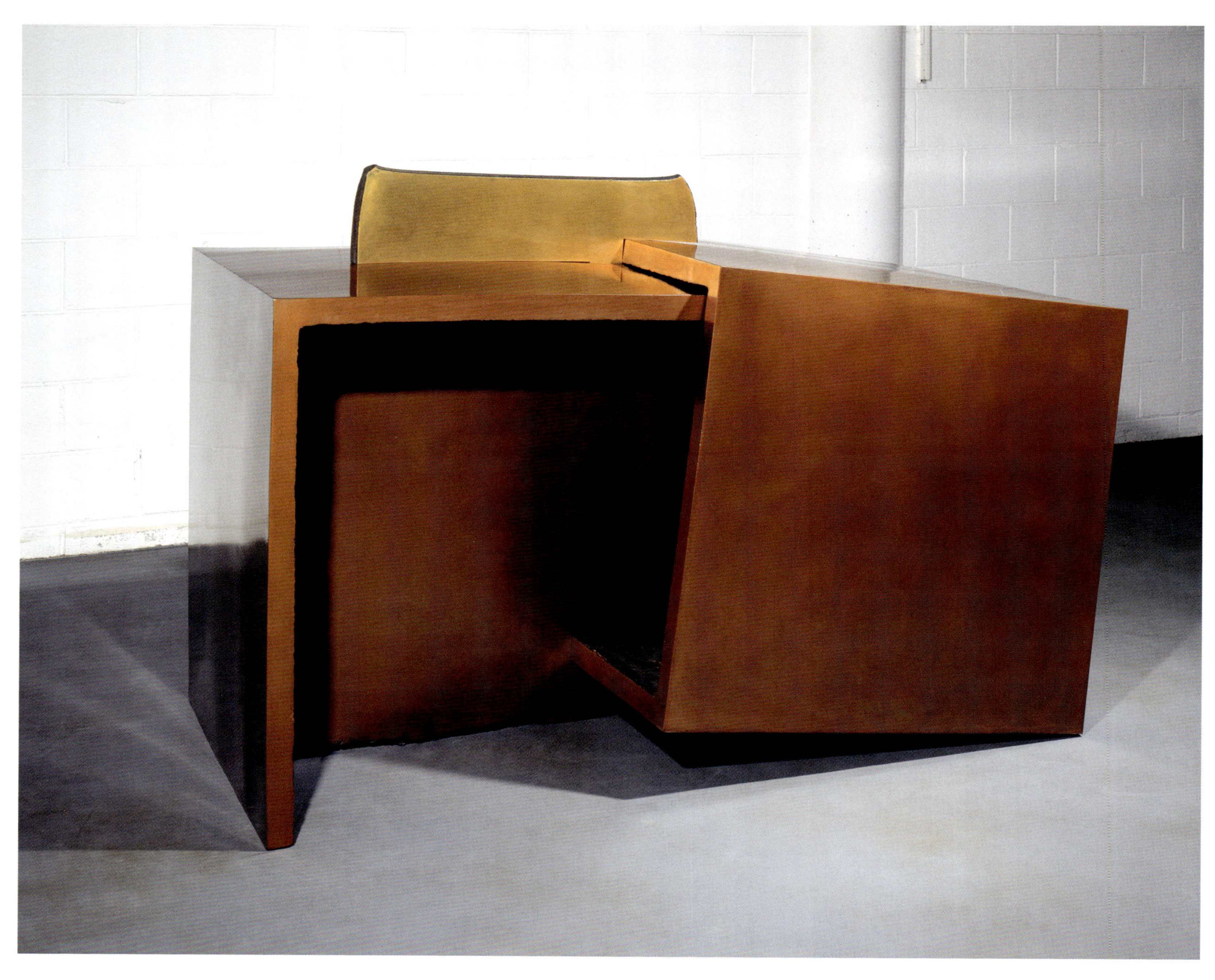

Bronze – Object – Age 97-4, *1997*
Kupfer, Messing
Copper, Brass
120 x 188 x 100 cm

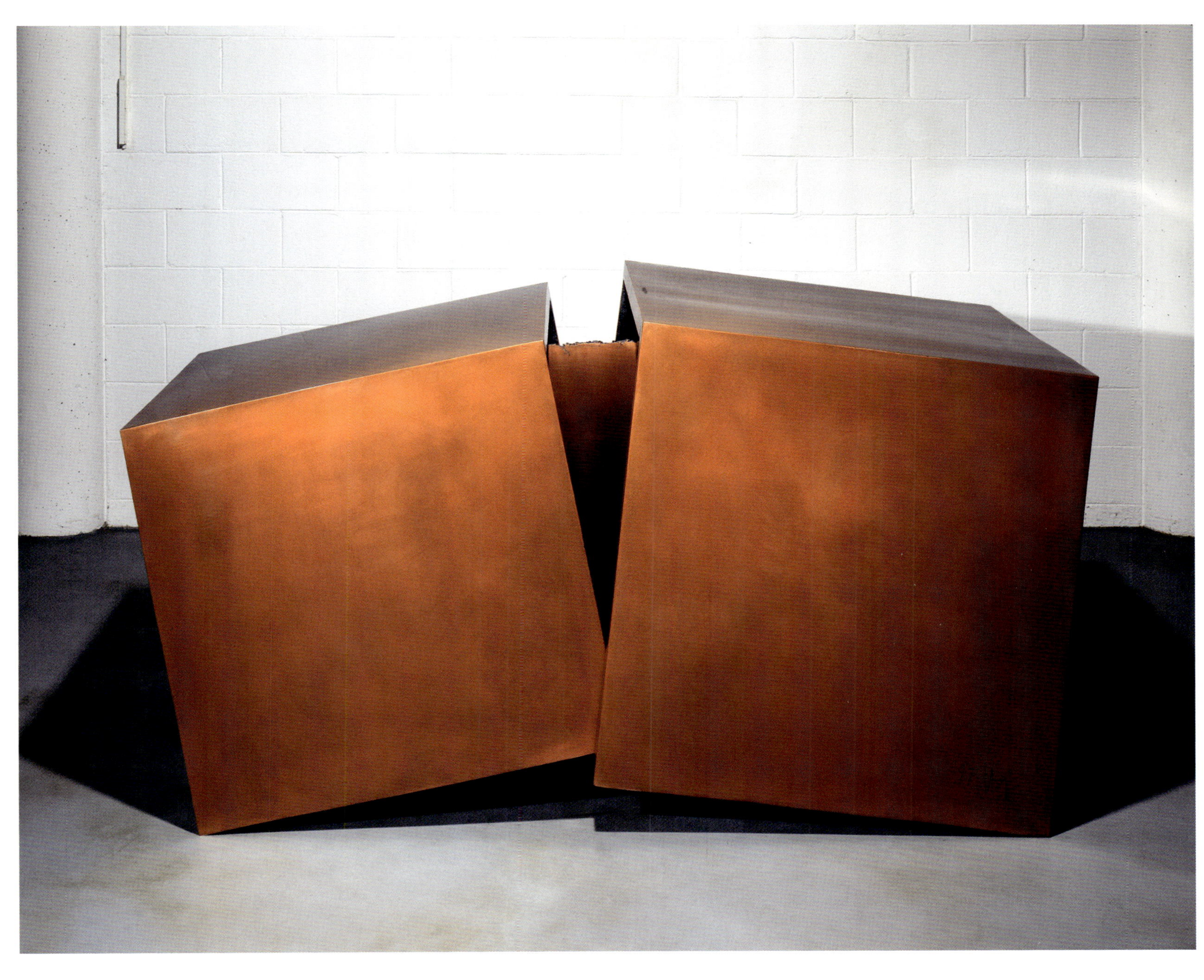

Bronze – Object – Age 97-3, *1997*
Kupfer
Copper
111 x 215 x 100 cm

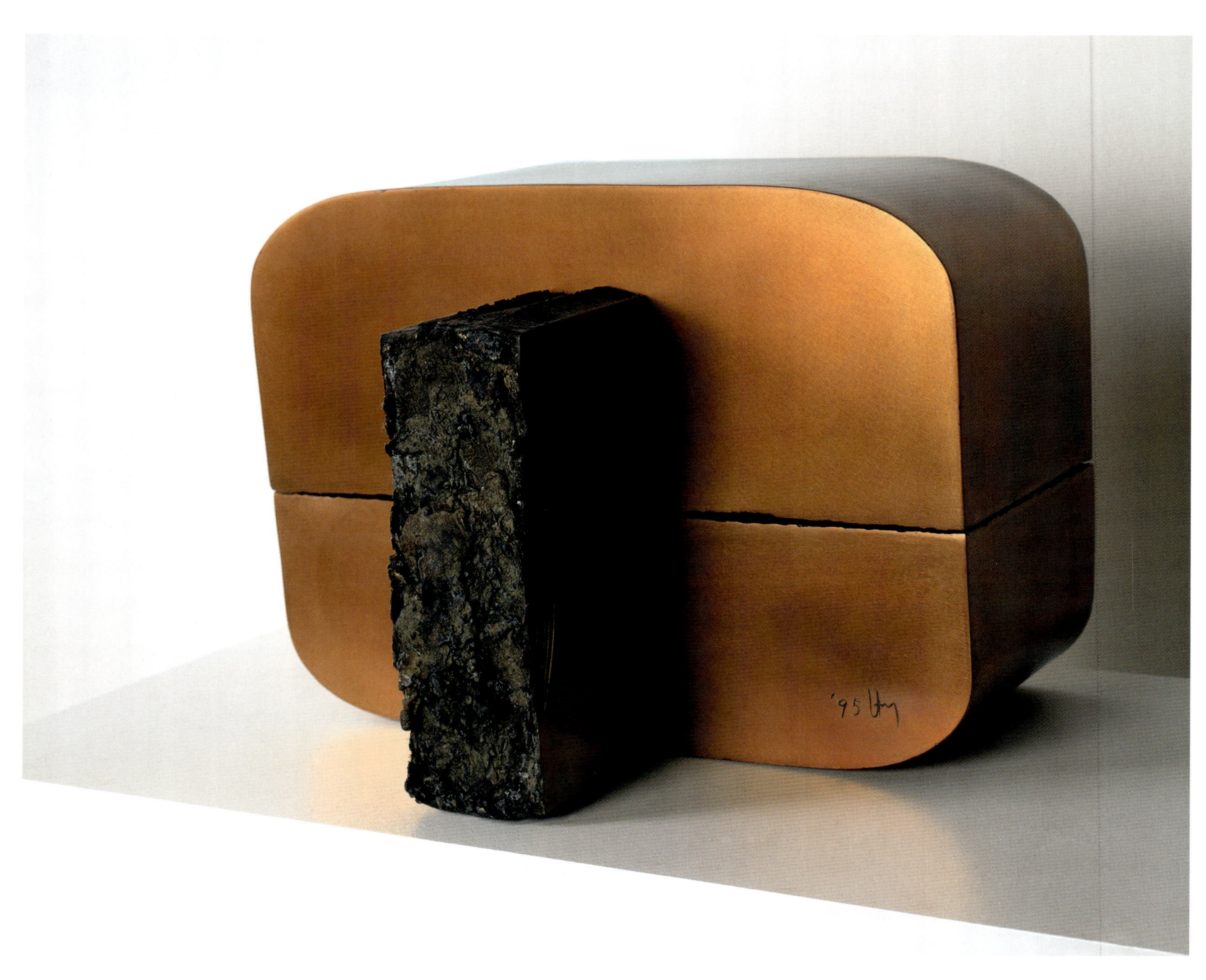

Bronze – Object – Age 95-30, ***1995***
Kupfer, Messing
Copper, Brass
45 x 60 x 40 cm

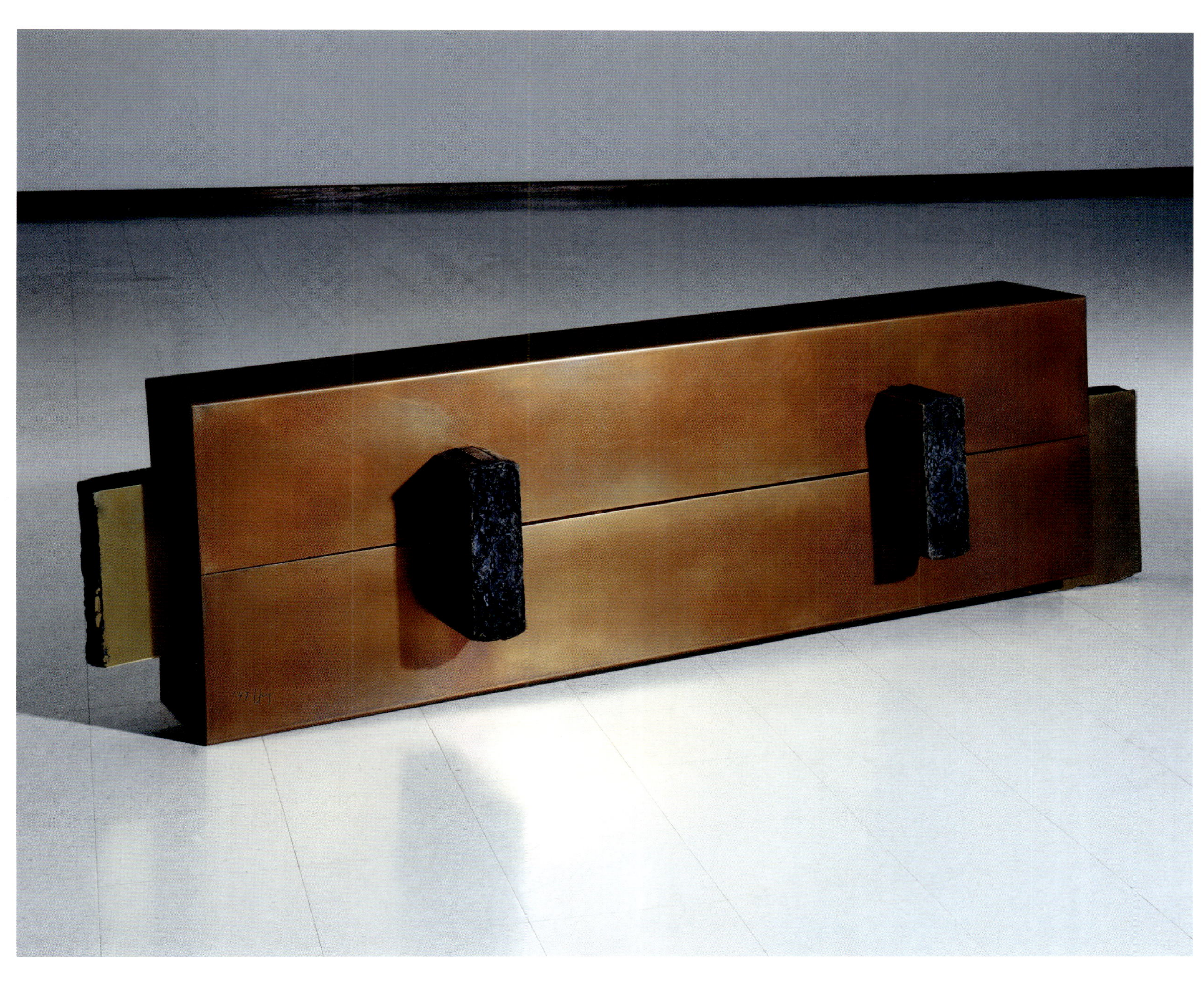

Bronze – Object – Age 97-1, ***1997***
Kupfer, Messing
Copper, Brass
67 x 240 x 64 cm
Museum of Ho-am, Seoul, Korea

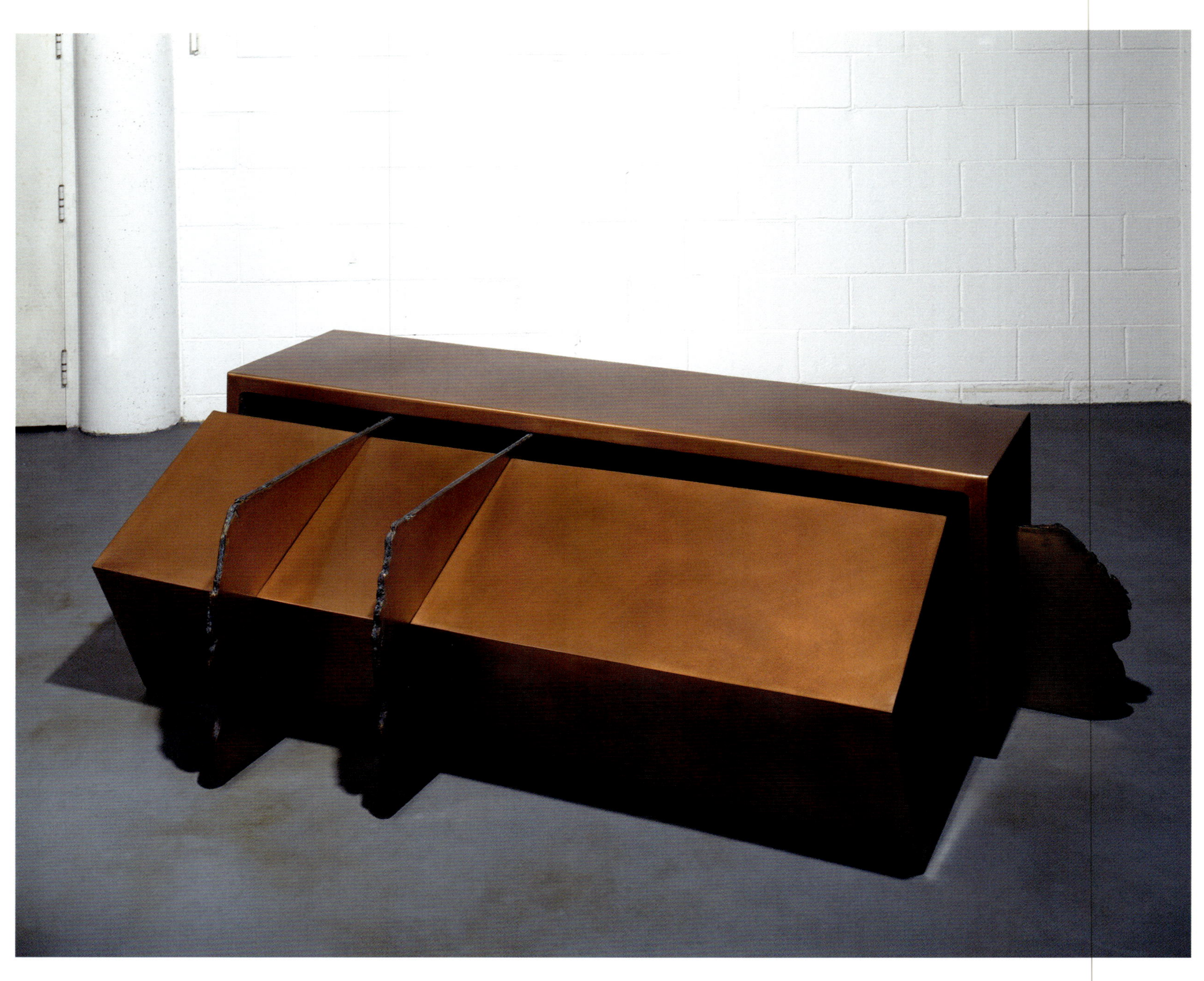

Bronze – Object – Age 97-26, *1997*
Kupfer, Messing
Copper, Brass
63 x 226 x 120 cm

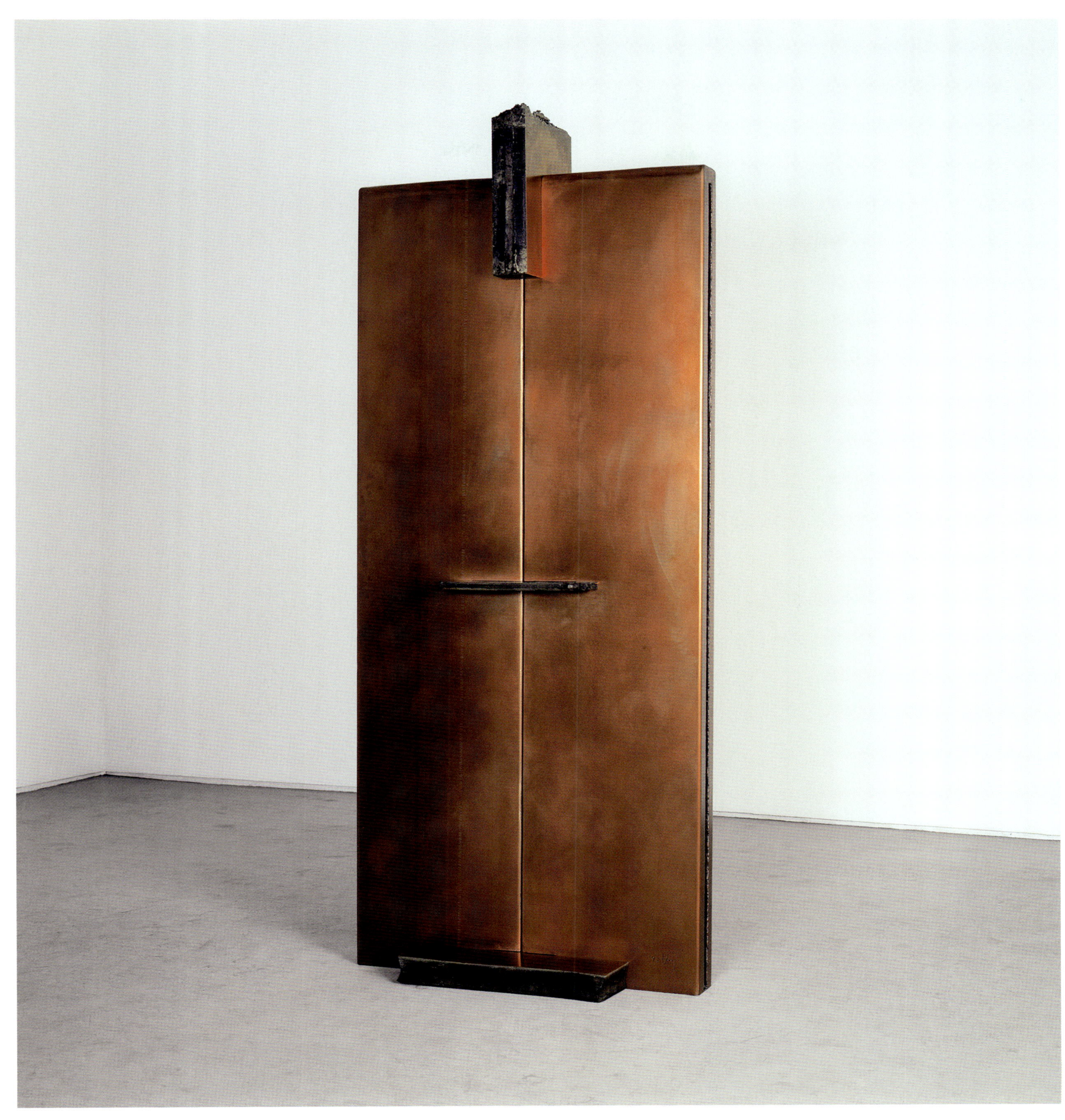

Bronze – Object – Age (Gate) 97-12, ***1997***
Kupfer, Messing
Copper, Brass
239 x 102 x 48 cm
Museum of Ho-am, Seoul

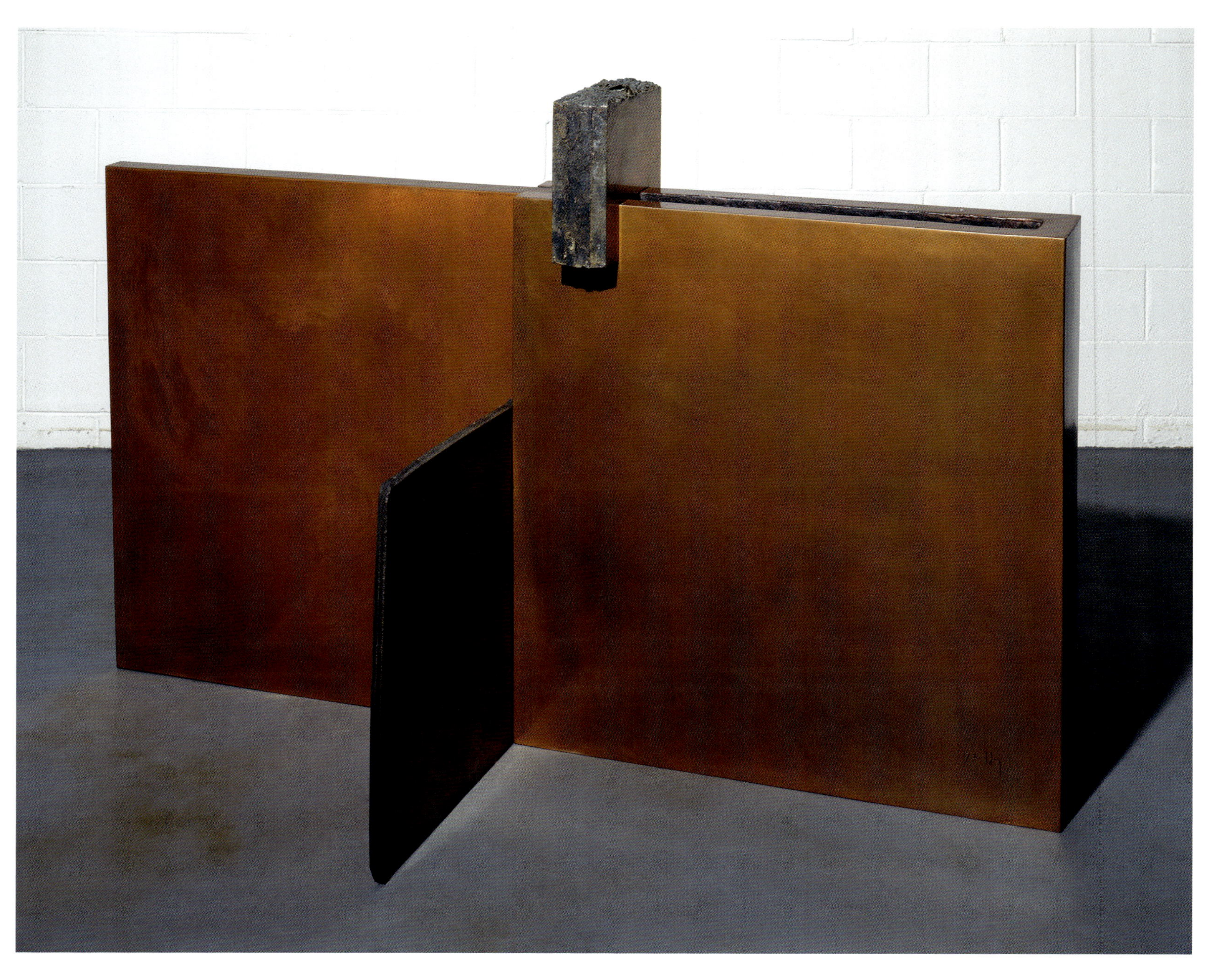

Bronze – Object – Age 97-9, *1997*
Kupfer, Messing
Copper, Brass
120 x 189 x 79 cm
Kanzleramt, Berlin

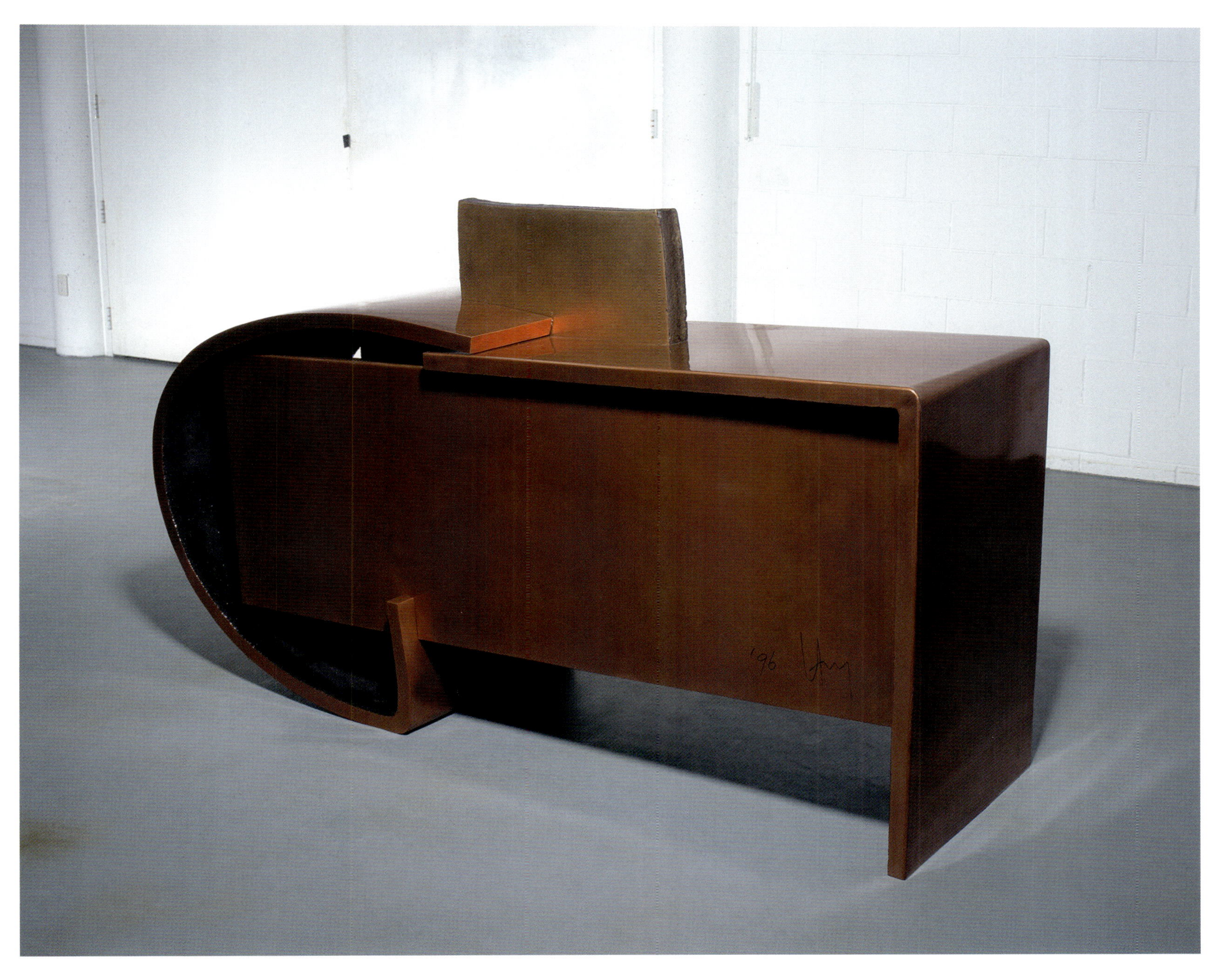

Bronze – Object – Age 96-5, *1996*
Kupfer, Messing
Copper, Brass
134 x 230 x 70 cm

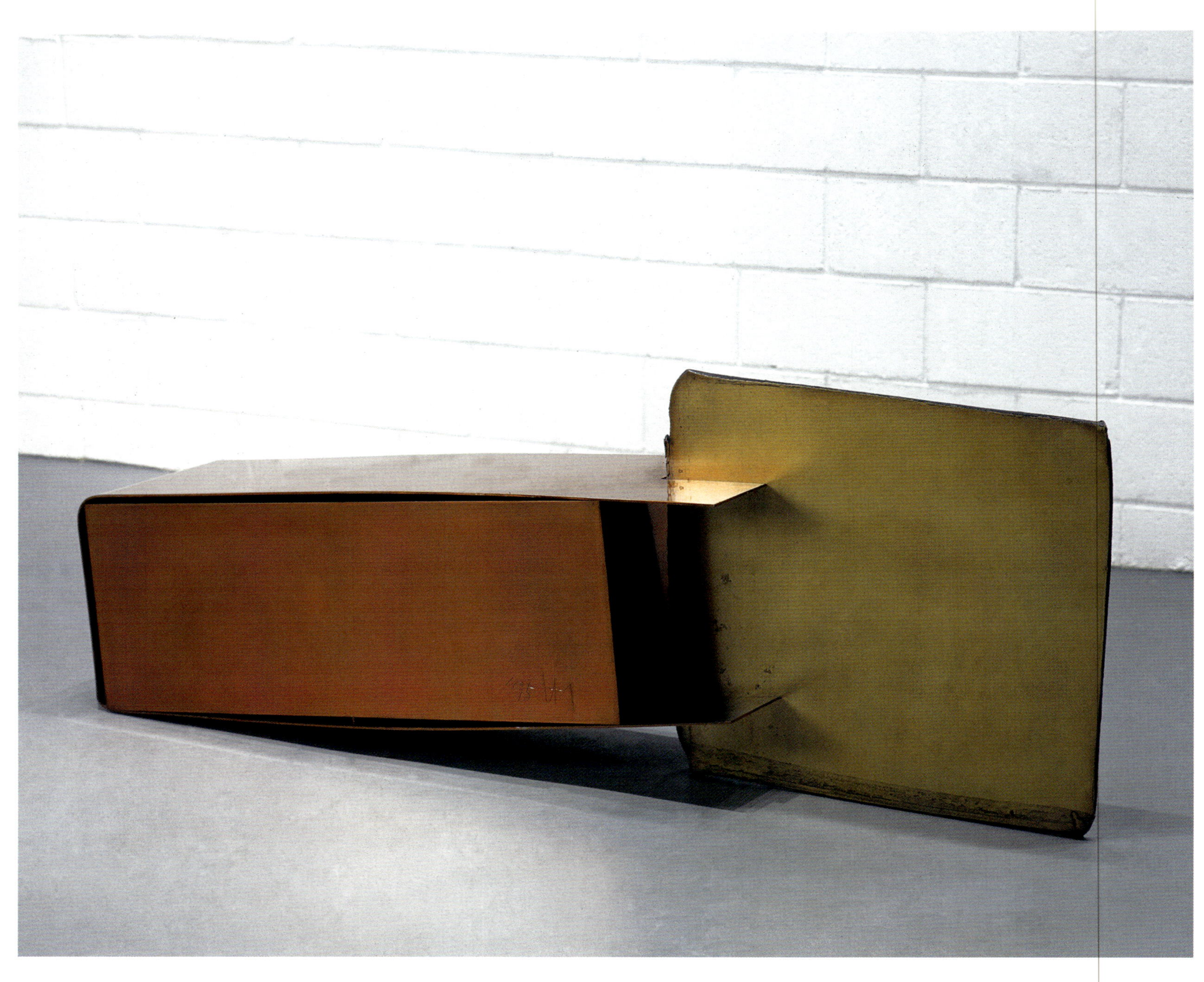

Bronze – Object – Age 96-20, ***1996***
Kupfer, Messing
Copper, Brass
66 x 240 x 45 cm

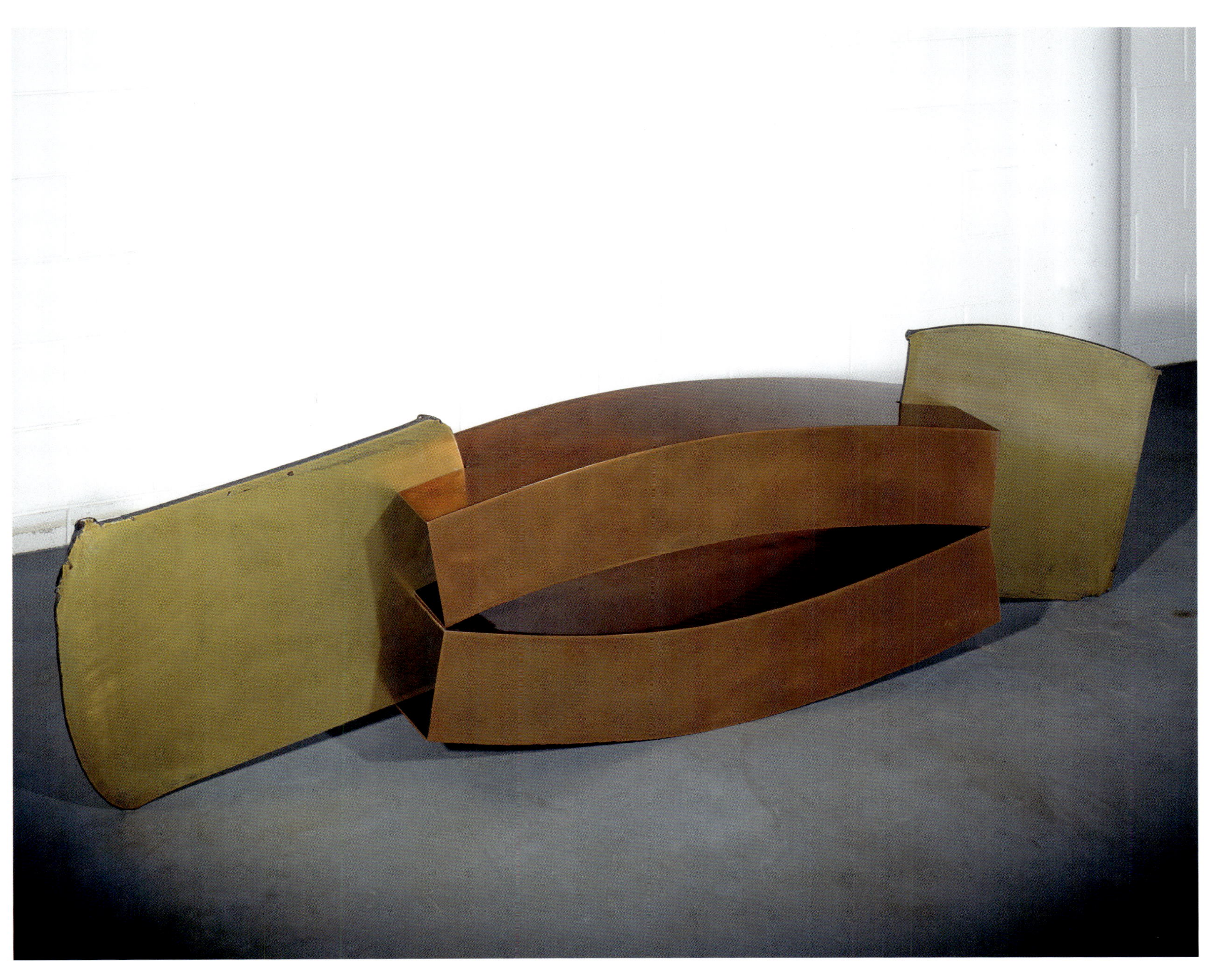

Bronze – Object – Age 96-4, *1996*
Kupfer, Messing, Stahl
Copper, Brass, Steel
66 x 255 x 36 cm

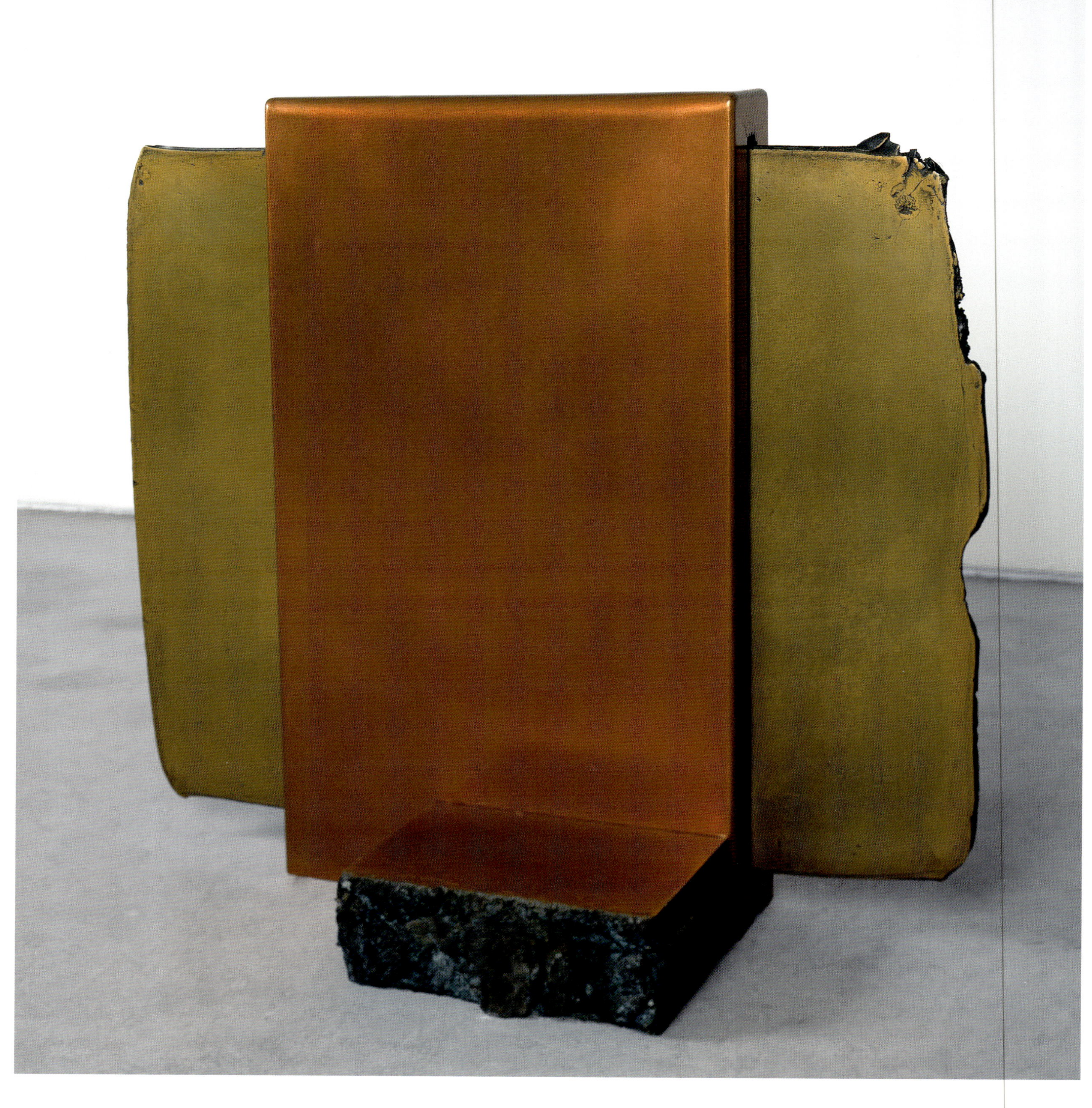

Bronze – Object – Age 96-7, ***1996***
Kupfer, Messing
Copper, Brass
82 x 96 x 35 cm

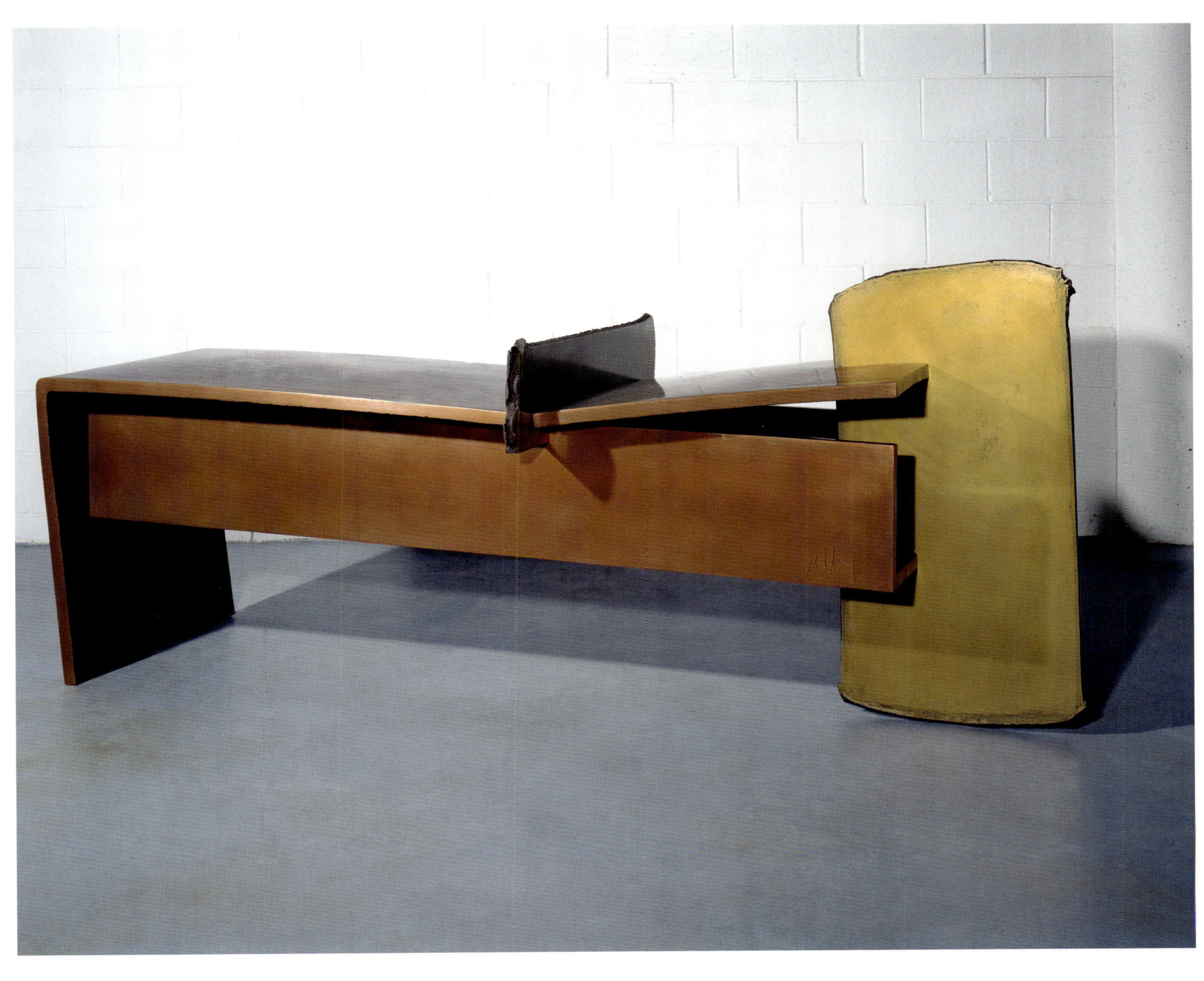

Bronze – Object – Age 96-3, ***1996***
Kupfer, Messing, Stahl
Copper, Brass, Steel
102 x 240 x 80 cm

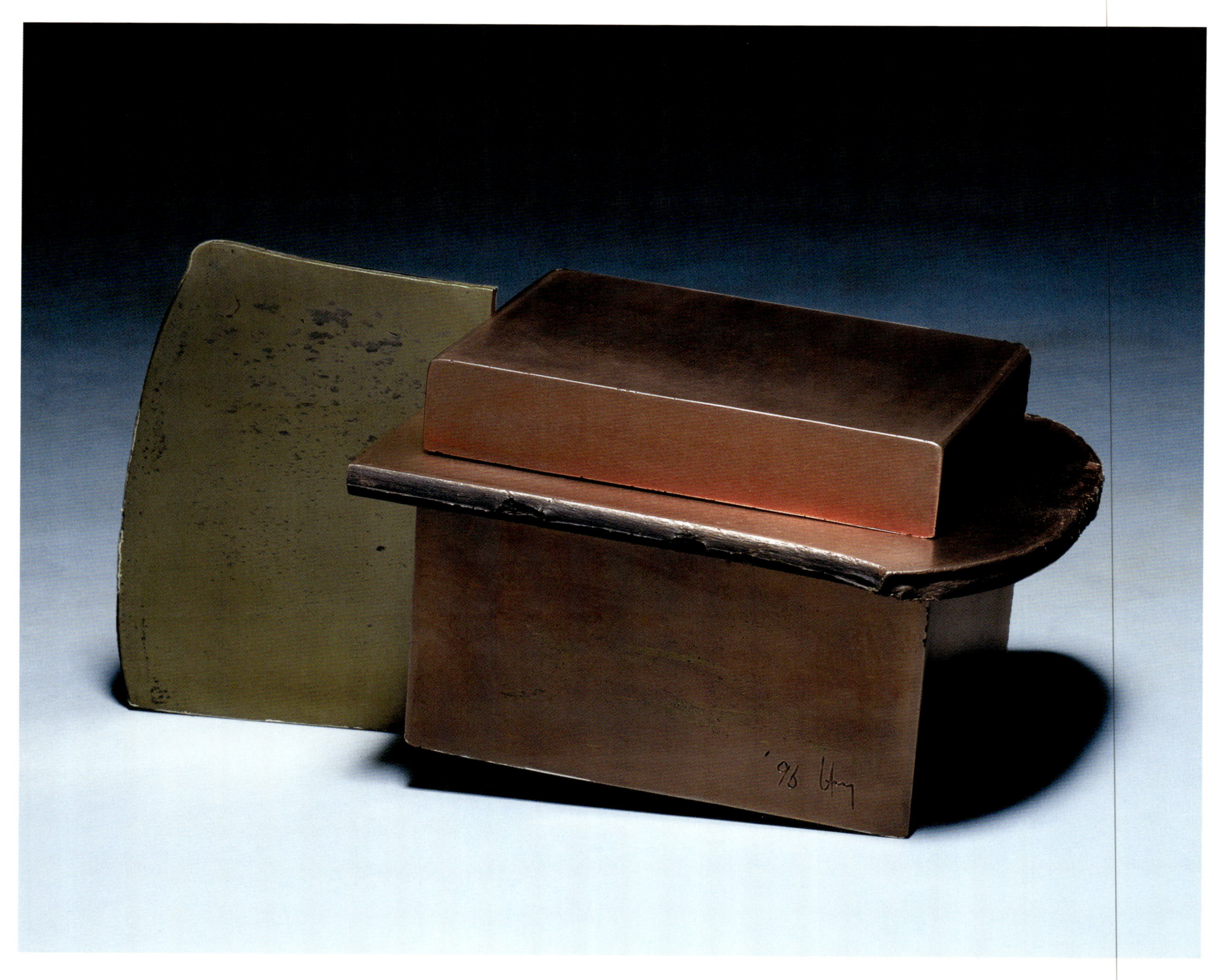

Bronze – Object – Age 96-31, *1996*
Kupfer, Messing
Copper, Brass
42 x 48 x 35 cm

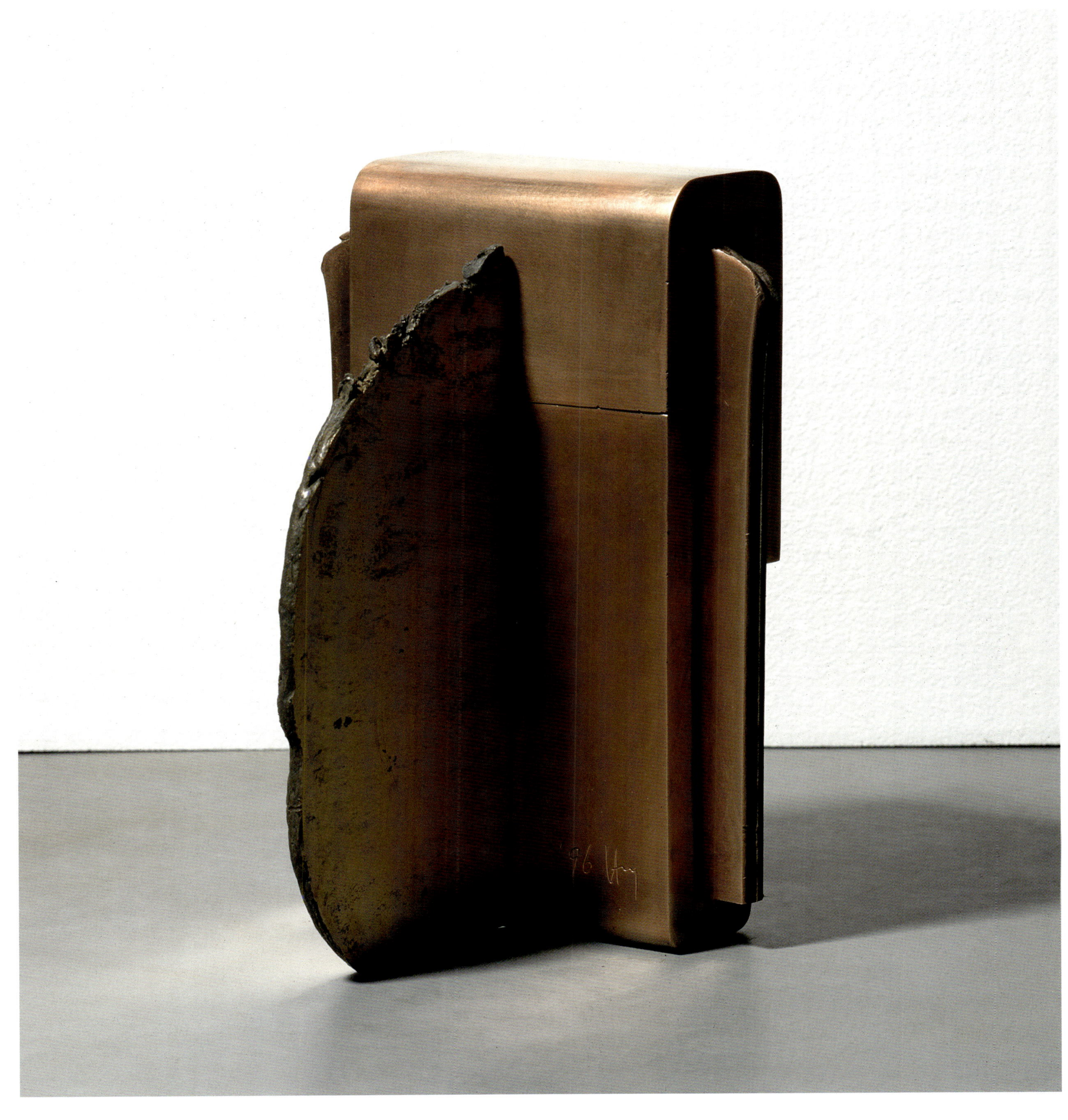

Bronze – Object – Age 96-11, ***1996***
Kupfer, Messing
Copper, Brass
55 x 50 x 43 cm

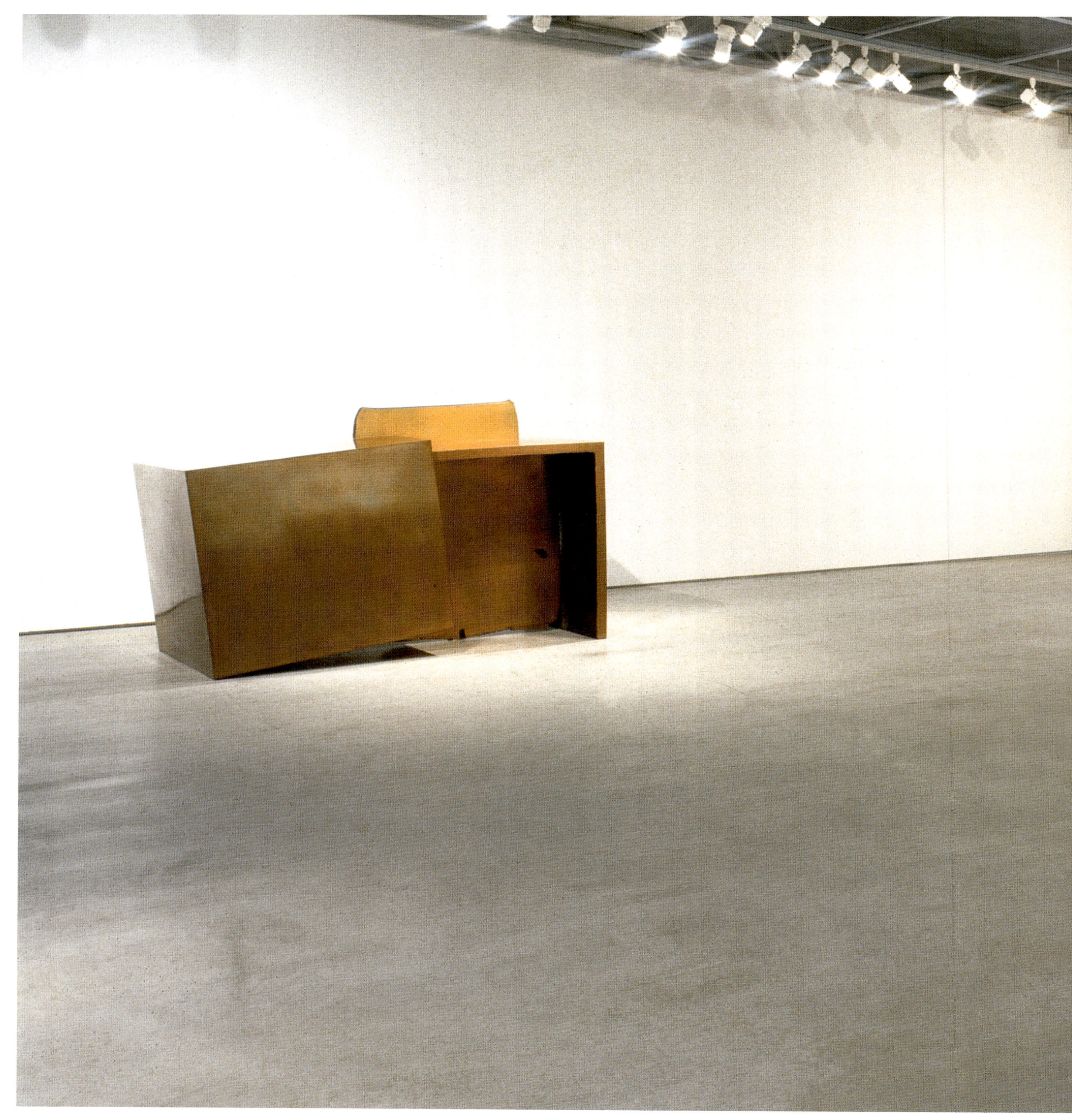

Installationsansicht
Installation view

Bronze – Object – Age 97-4, *1997*
Kupfer, Messing
Copper, Brass
120 x 188 x 100 cm

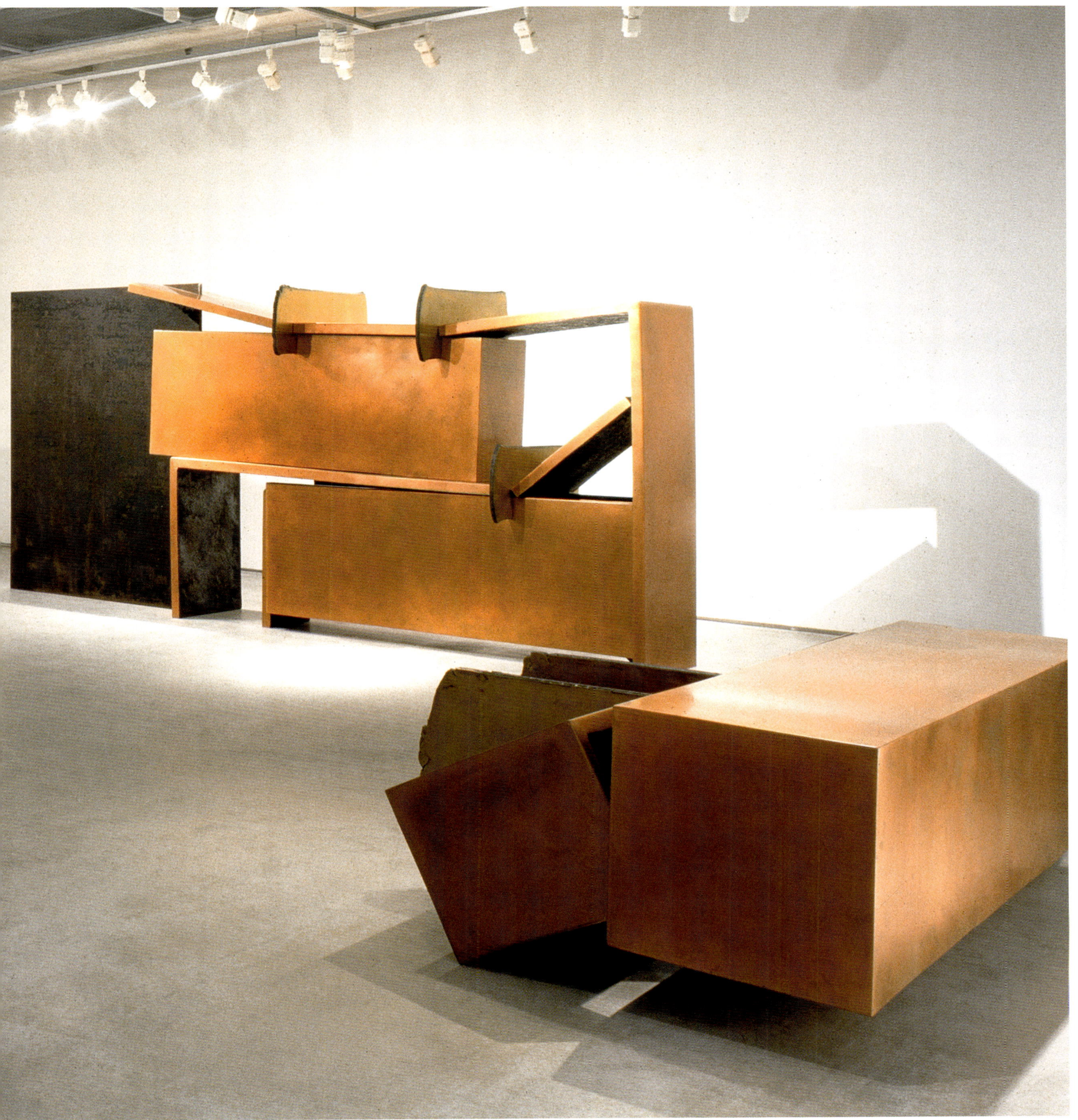

Bronze – Object – Age 96-1, *1996*
Kupfer, Messing, Stahl
Copper, Brass, Steel
190 x 420 x 94 cm

Bronze – Object – Age 97-26, *1997*
Kupfer, Messin
Copper, Brass
63 x 226 x 120 cm

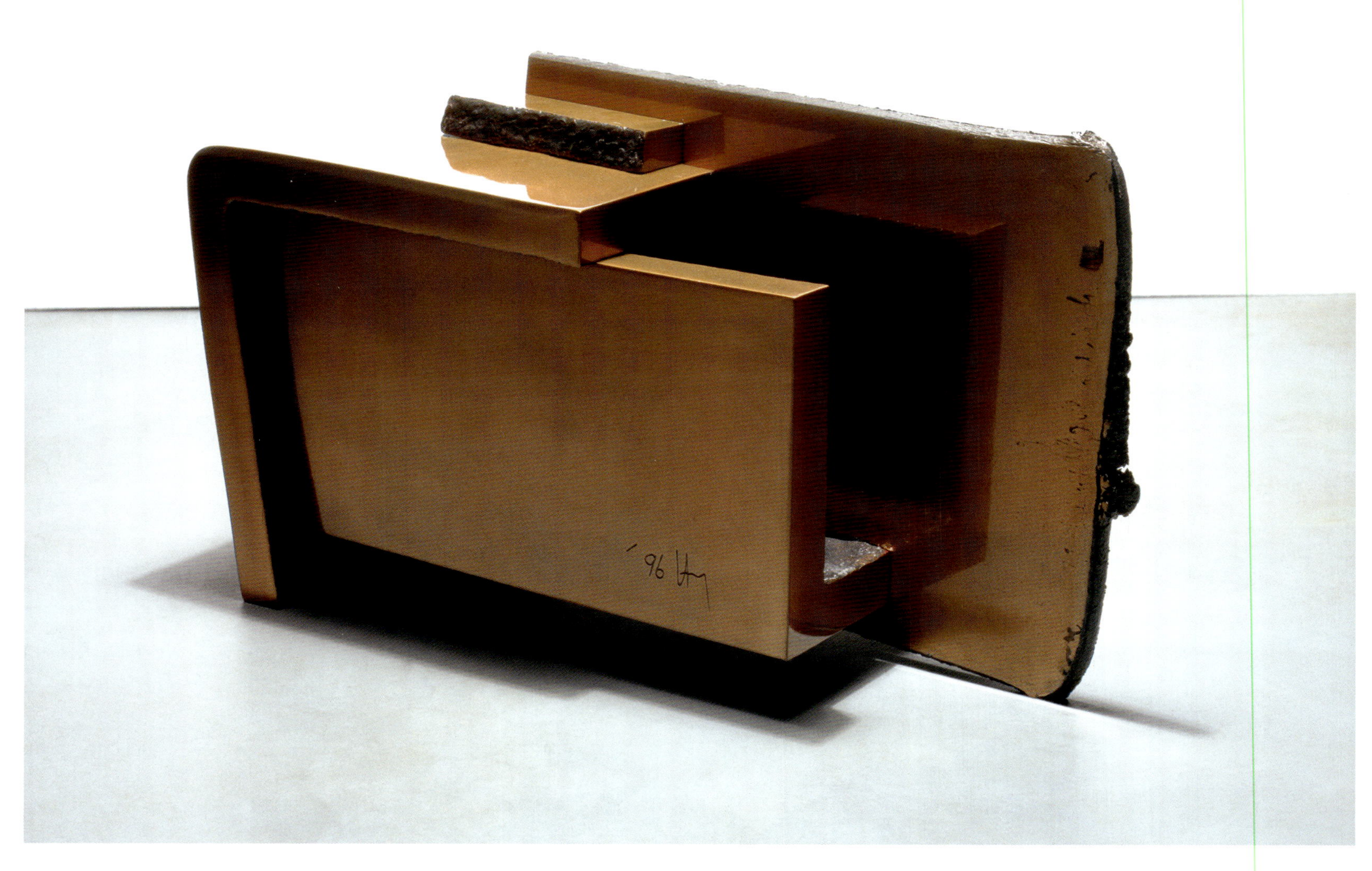

Bronze – Object – Age 96-30, ***1996***
Kupfer, Messing
Copper, Brass
35 x 73 x 30 cm

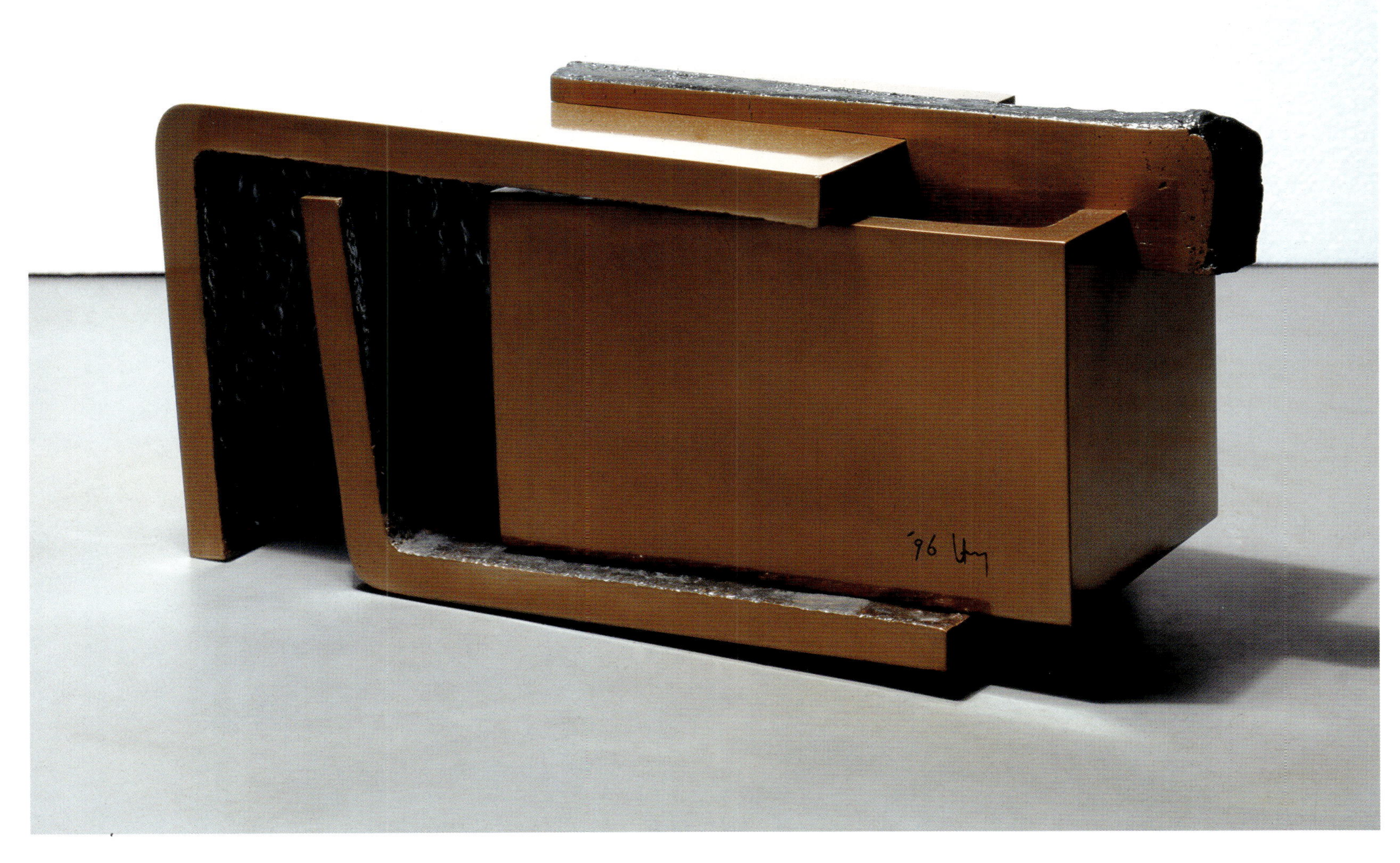

Bronze – Object – Age 96-14, ***1996***
Kupfer
Copper
35 x 73 x 30 cm

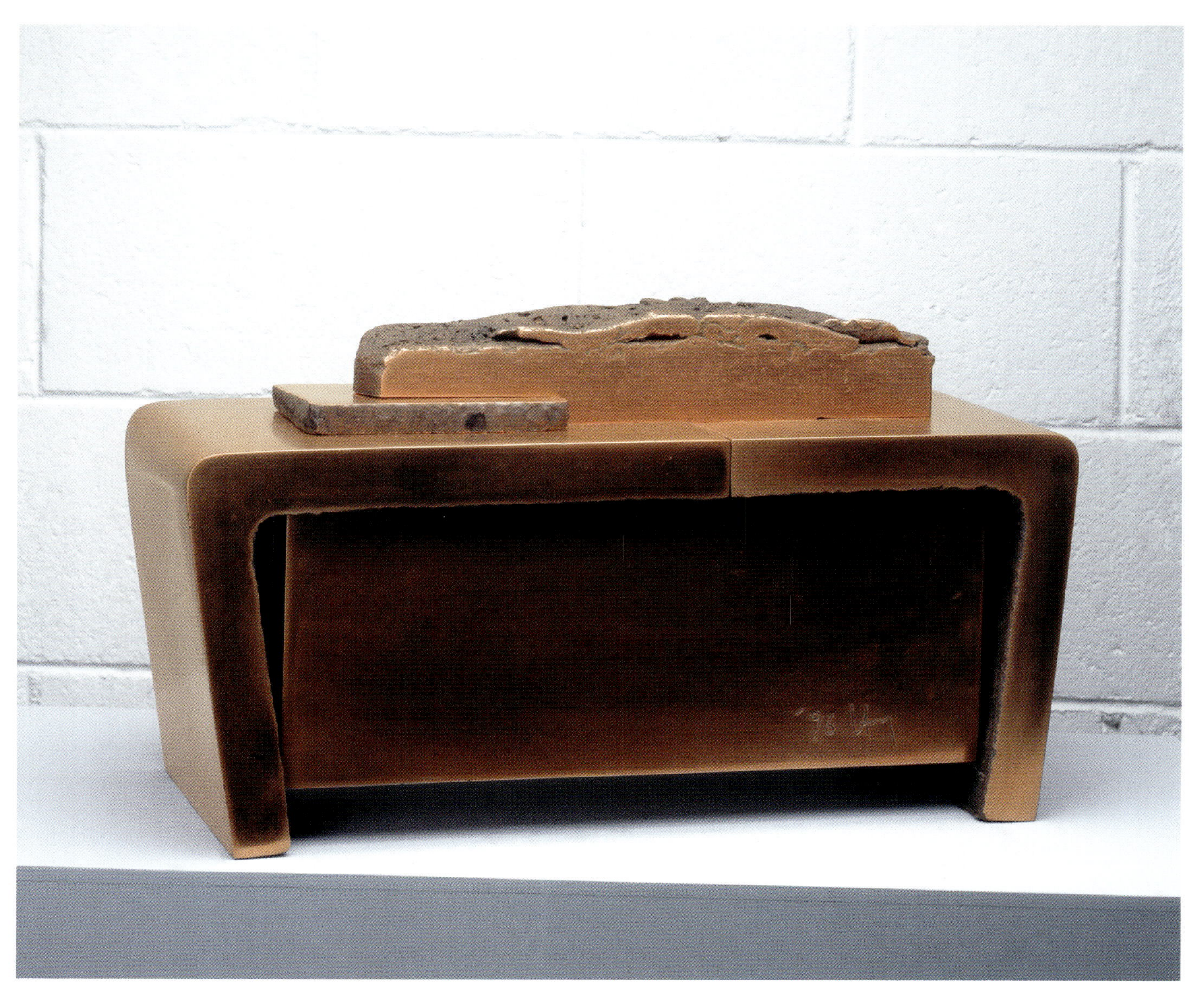

Bronze – Object – Age 96-15, ***1996***
Kupfer
Copper
35 x 50 x 25 cm

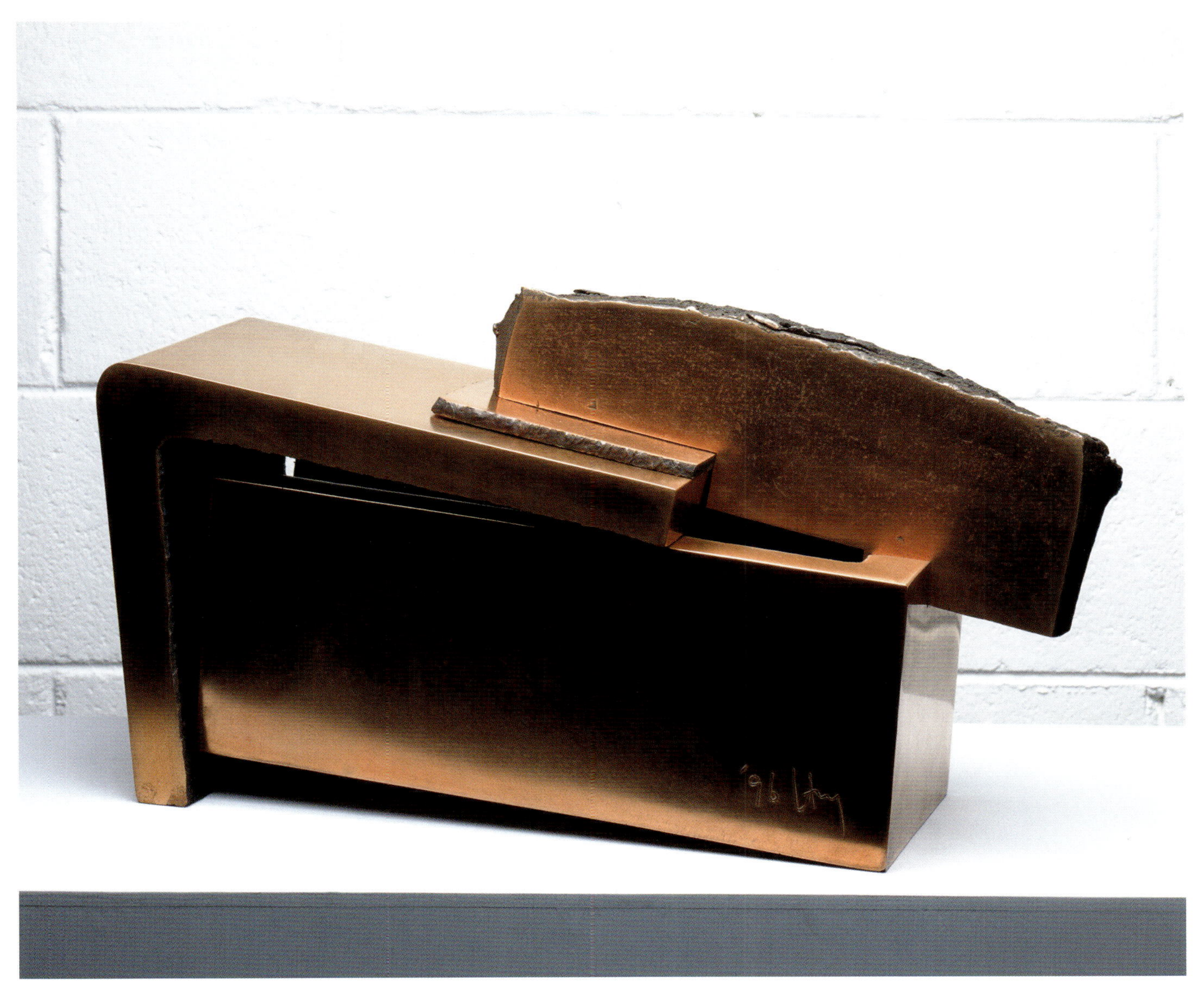

Bronze – Object – Age 96-16, *1996*
Kupfer
Copper
35 x 50 x 35 cm

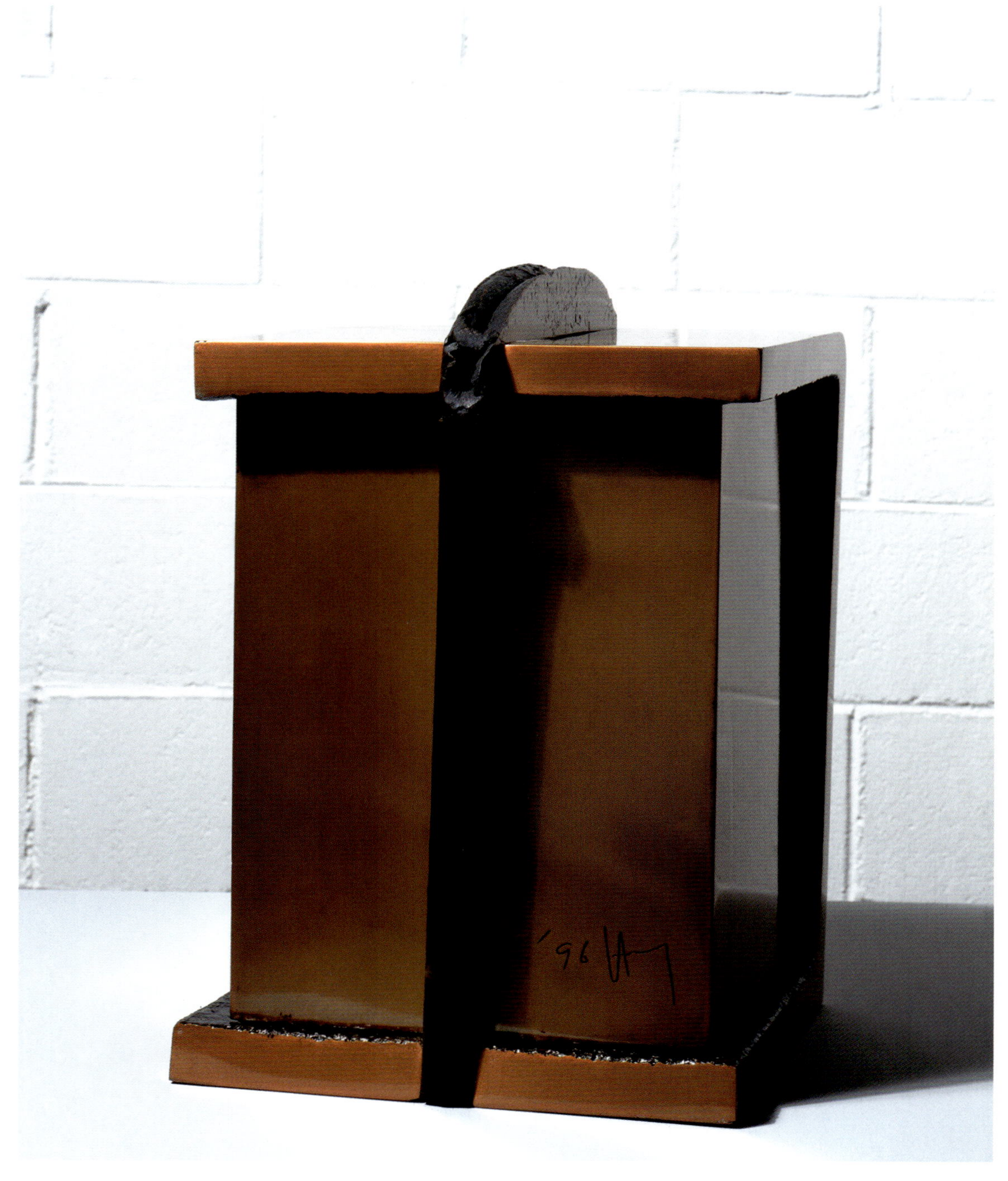

Bronze – Object – Age 96-0, *1996*
Kupfer, Messing
Copper, Brass
50 x 40 x 35 cm

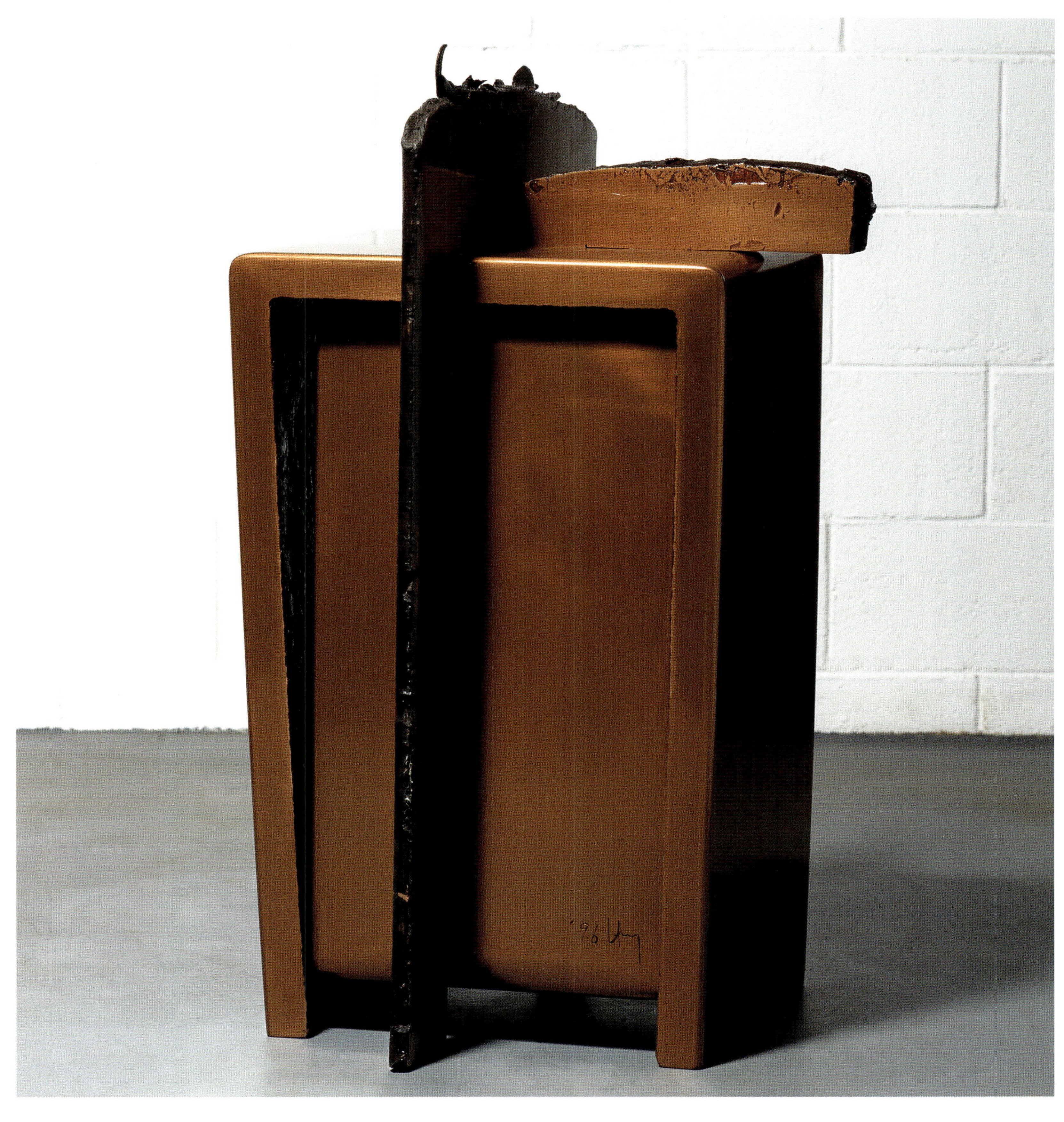

Bronze – Object – Age 96, *1996*
Kupfer, Messing
Copper, Brass
90 x 60 x 58 cm

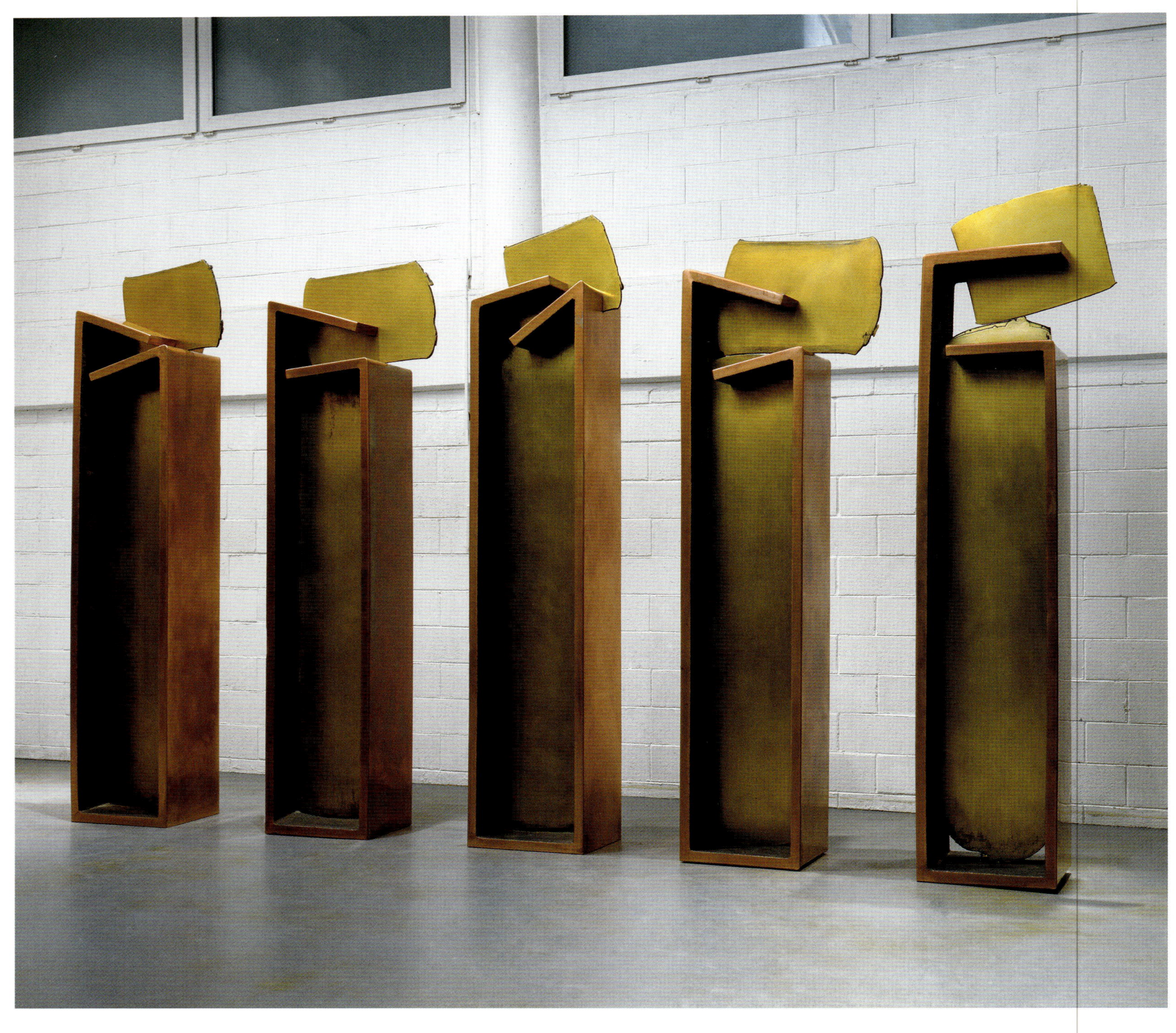

Bronze – Object – Age (Human) 96-5, *1996*
Kupfer, Messing
Copper, Brass
245 x 265 x 50 cm

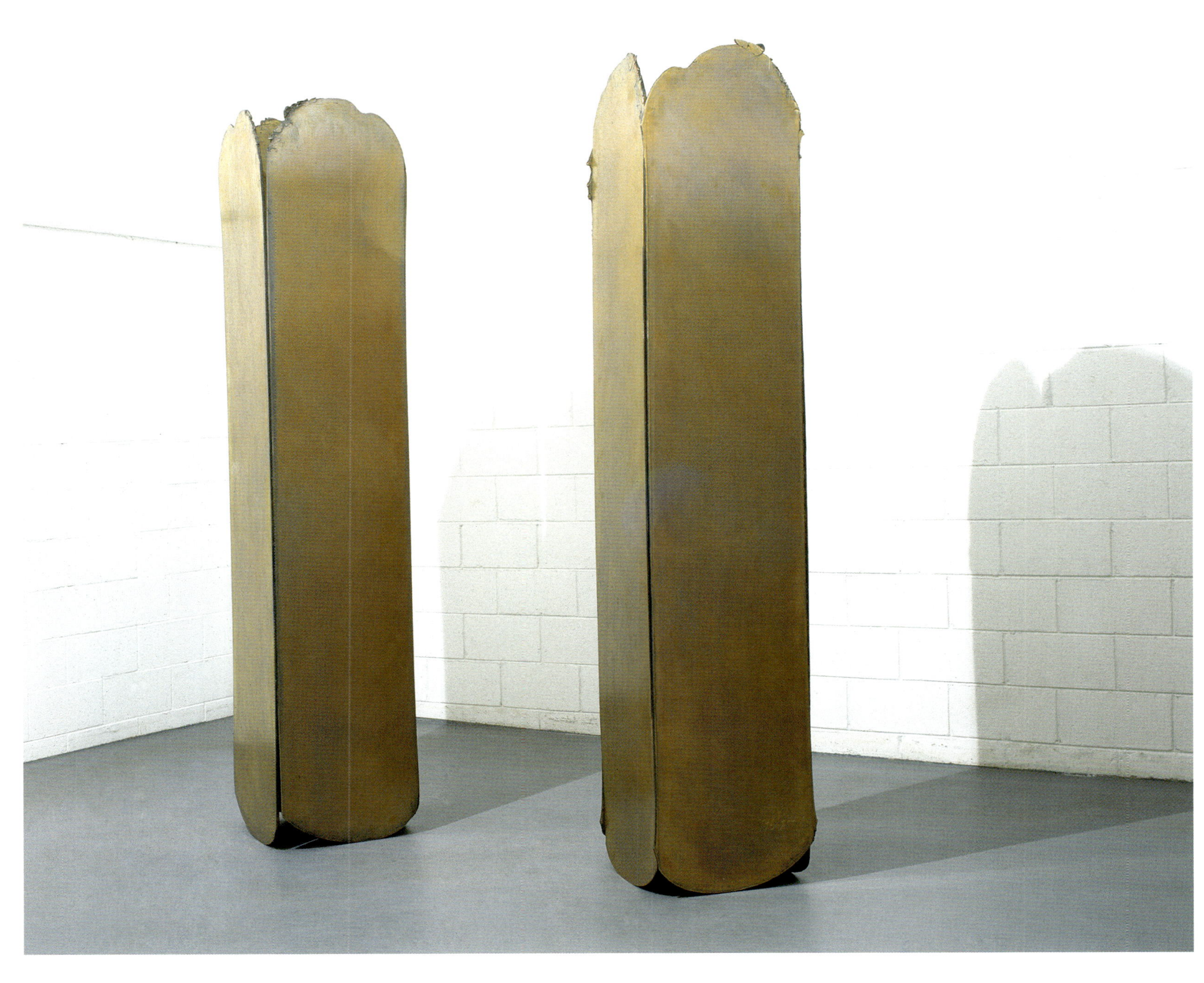

Bronze – Object – Age (Column) 96-23, ***1996***
Messing
Brass
232 x 47 x 47 cm

101

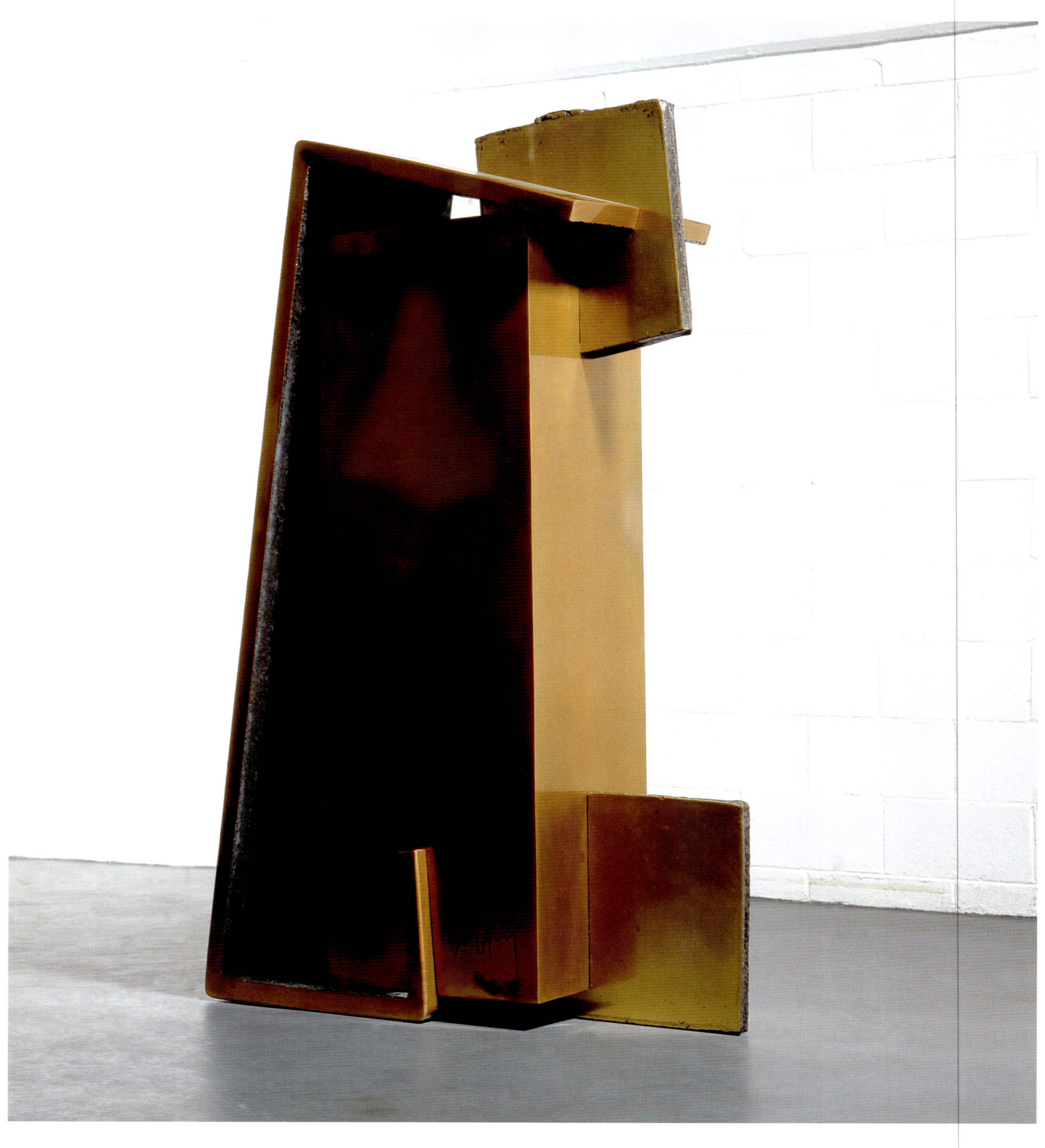

Bronze – Object – Age 96-6, *1996*
Kupfer, Messing
Copper, Brass
208 x 130 x 60 cm

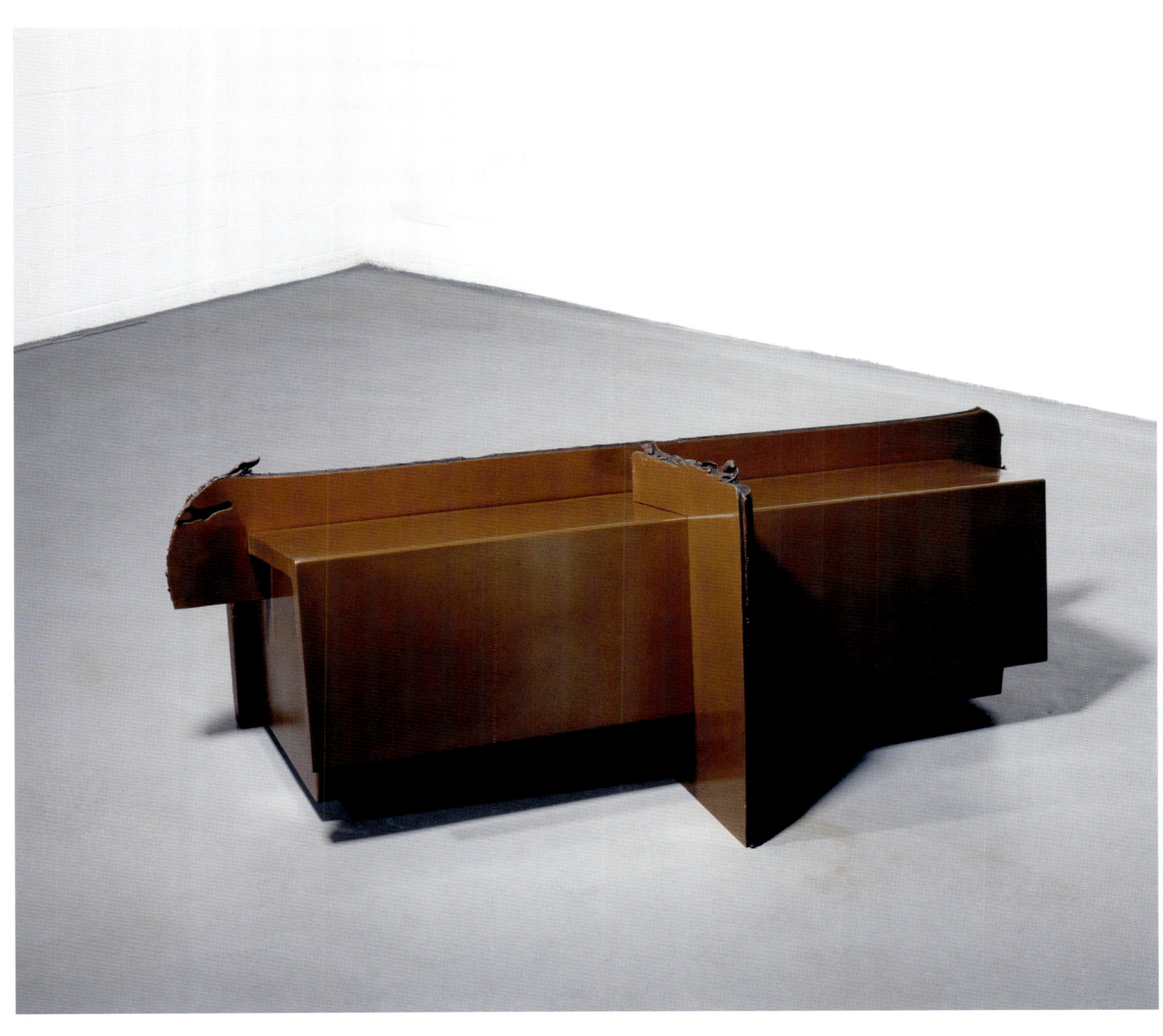

Bronze – Object – Age 96-3, ***1996***
Kupfer
Copper
65 x 207 x 100 cm

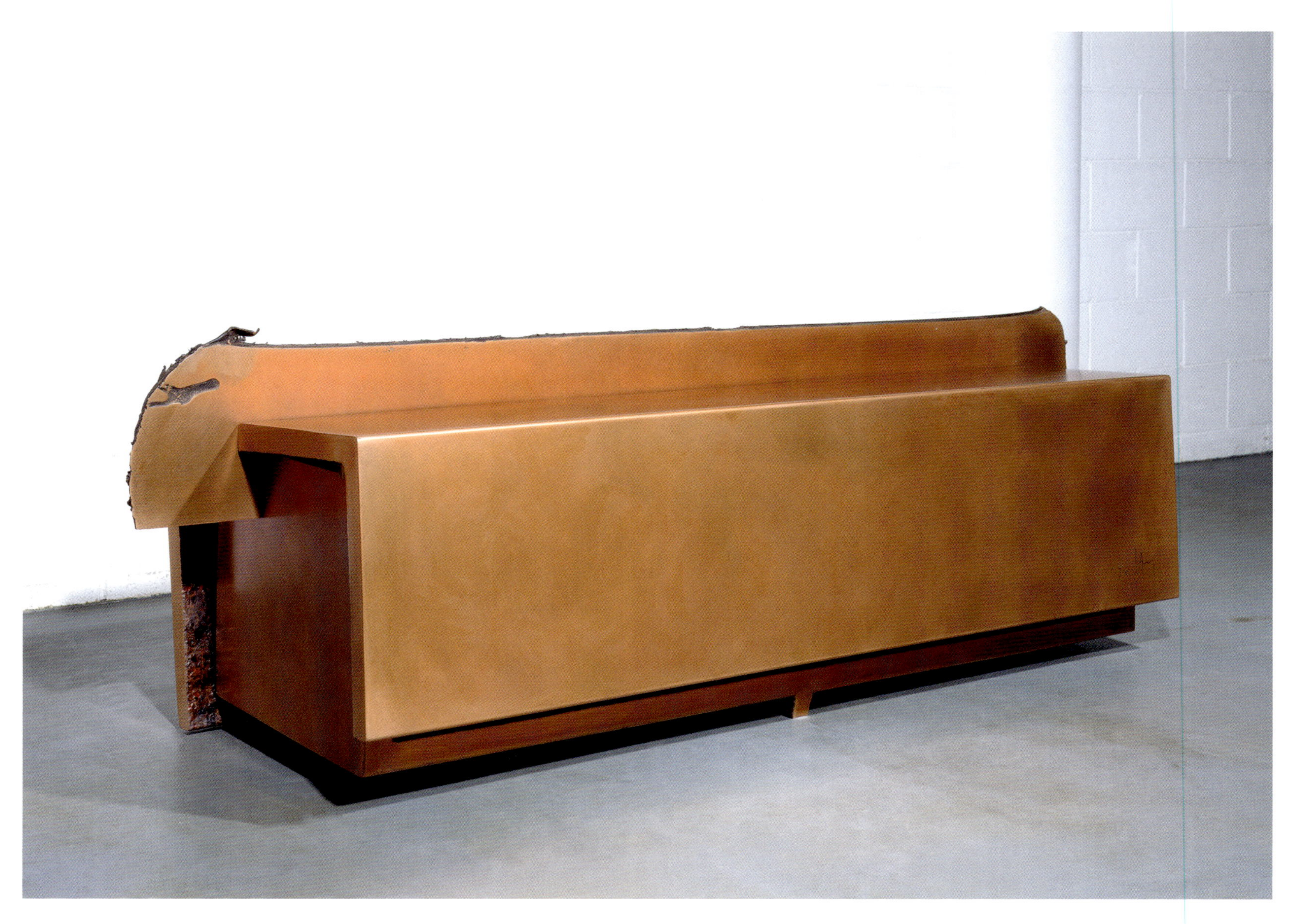

Bronze – Object – Age 96-2, *1996*
Kupfer
Copper
65 x 207 x 70 cm

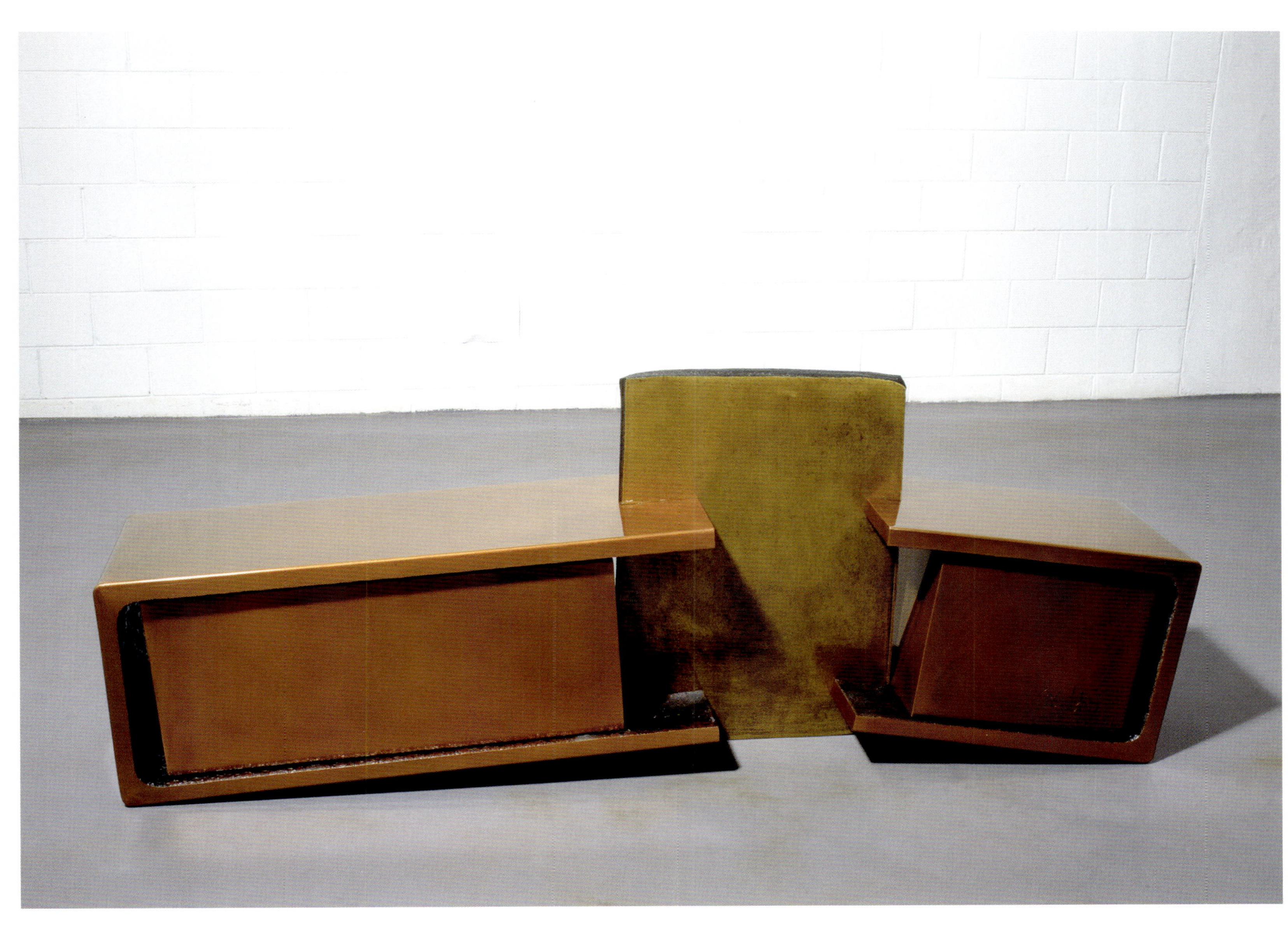

Bronze – Object – Age 95-8, *1995*
Kupfer, Messing
Copper, Brass
66 x 230 x 36 cm

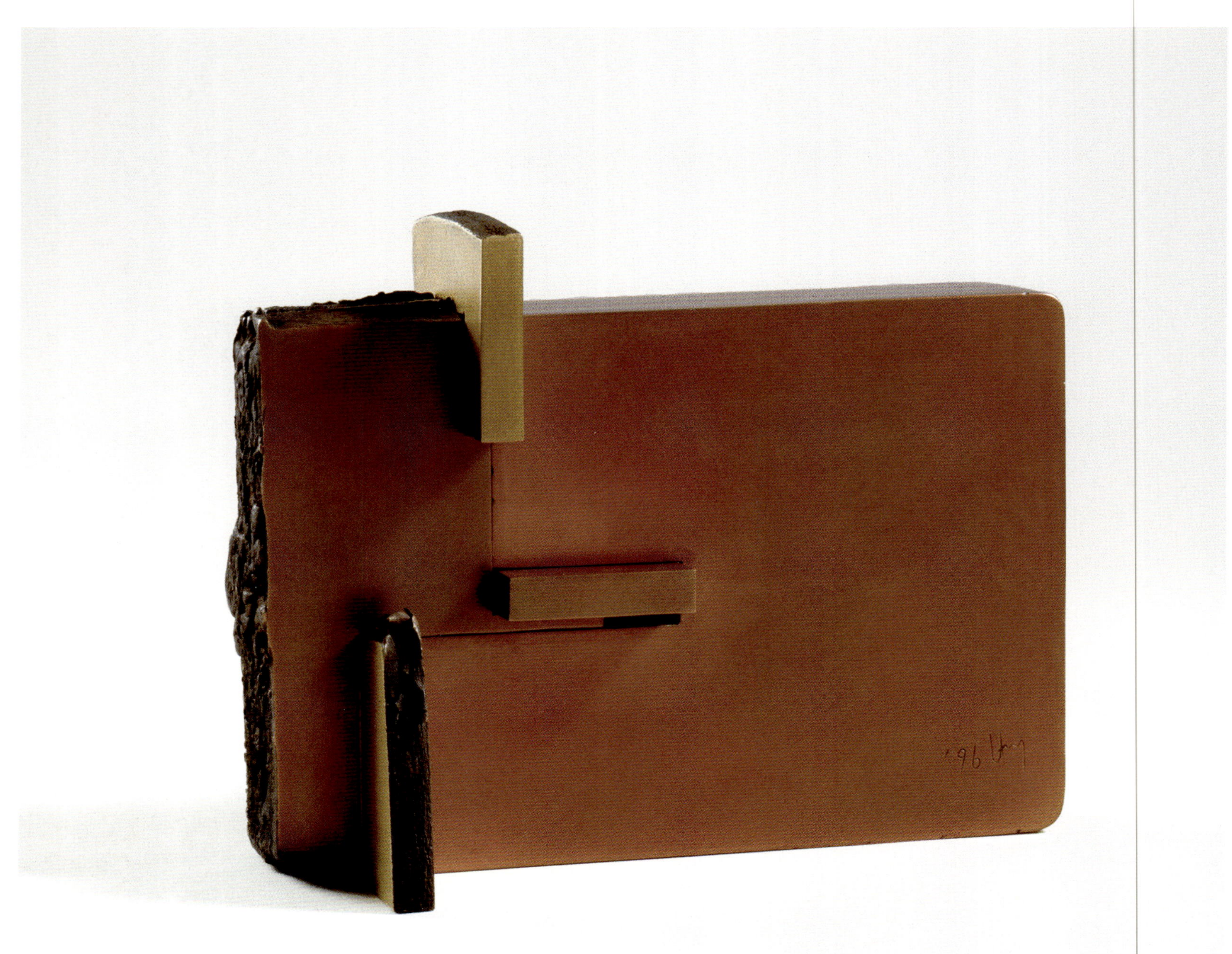

Bronze – Object – Age 96-2, *1996*
Kupfer, Messing
Copper, Brass
35 x 52 x 37 cm

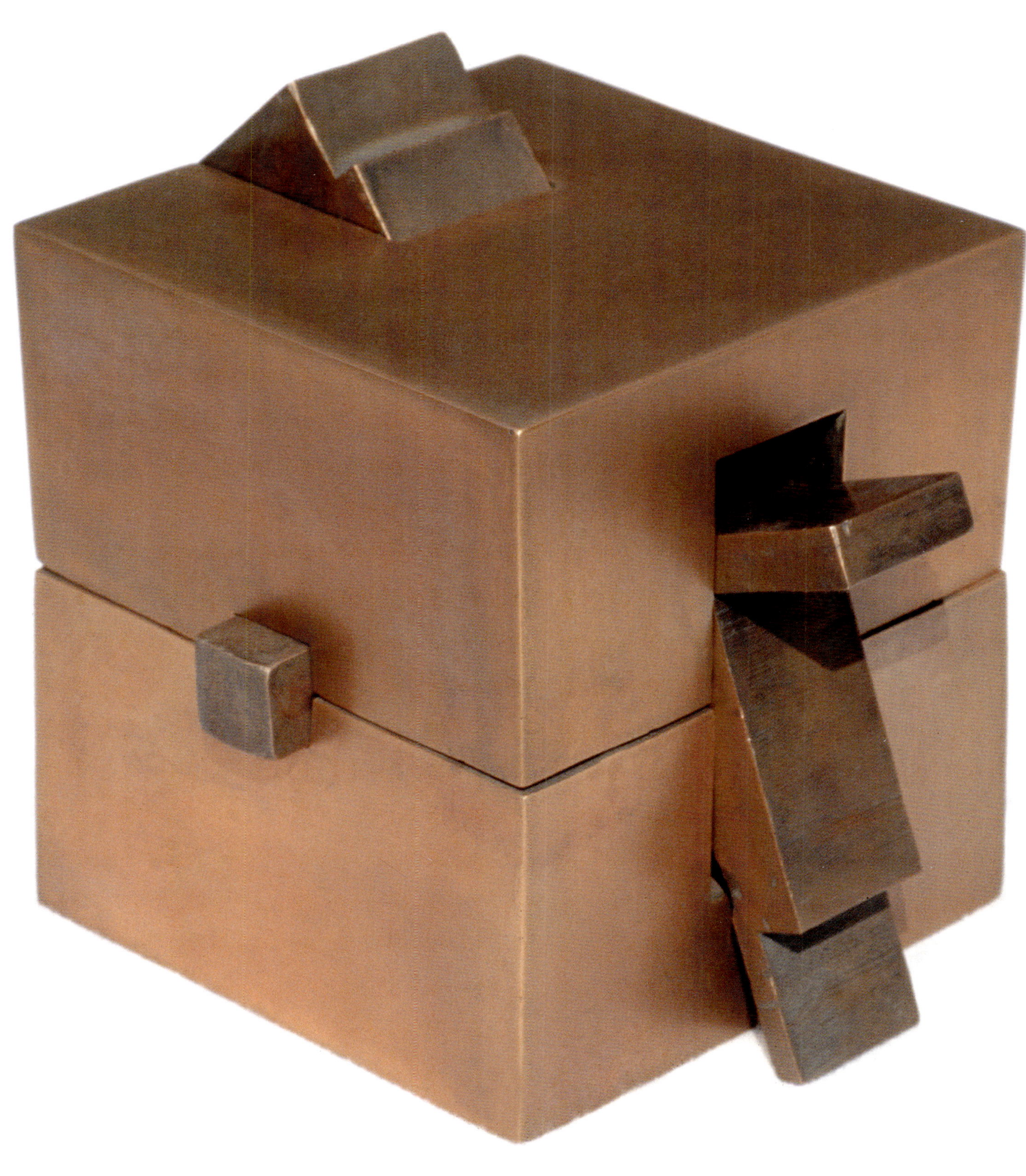

Bronze – Object – Age 95-3, *1995*
Kupfer
Copper
55 x 36 x 35 cm

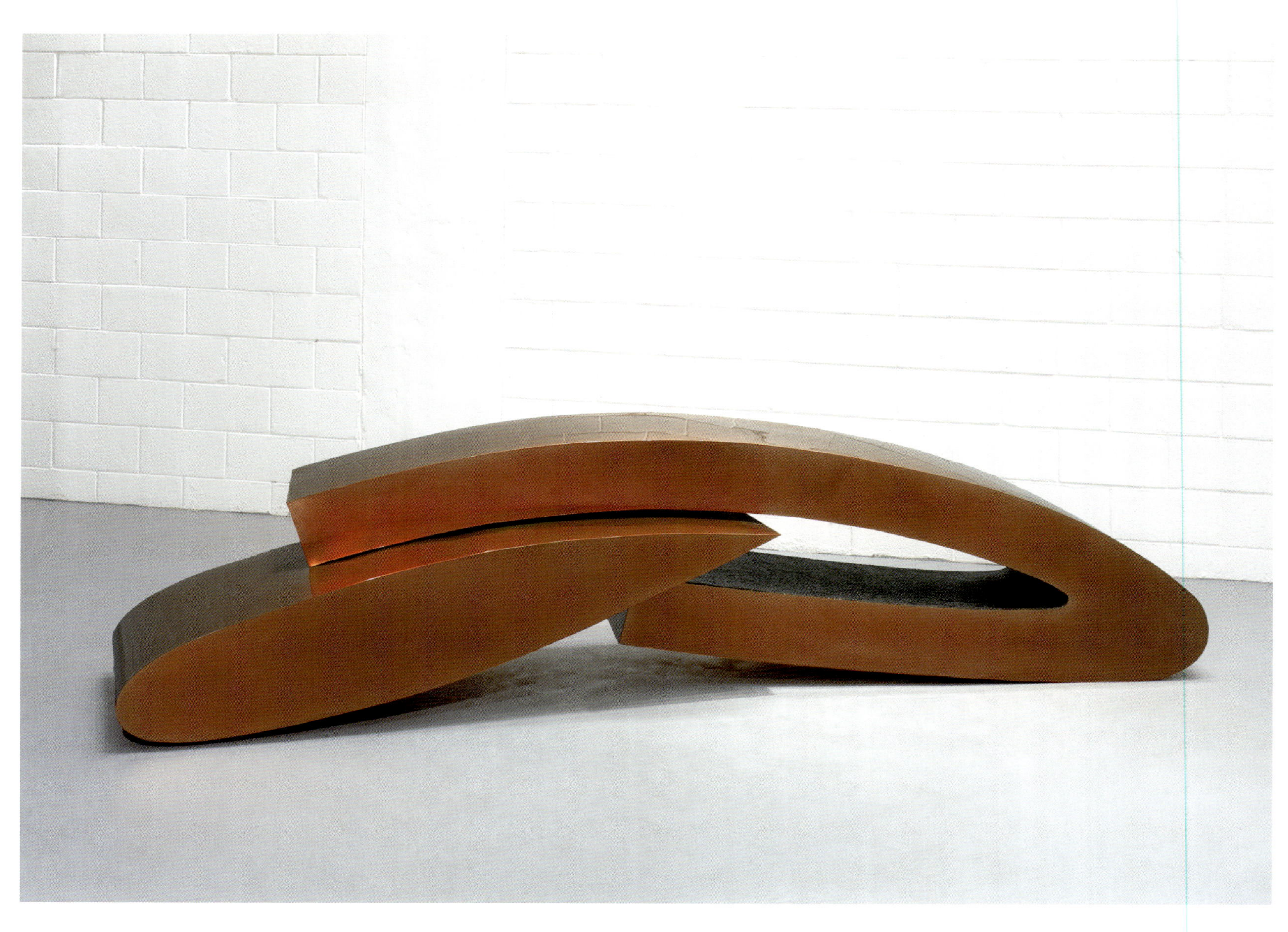

Bronze Object 95 (Prayer), *1995*
Kupfer
Copper
75 x 340 x 84 cm

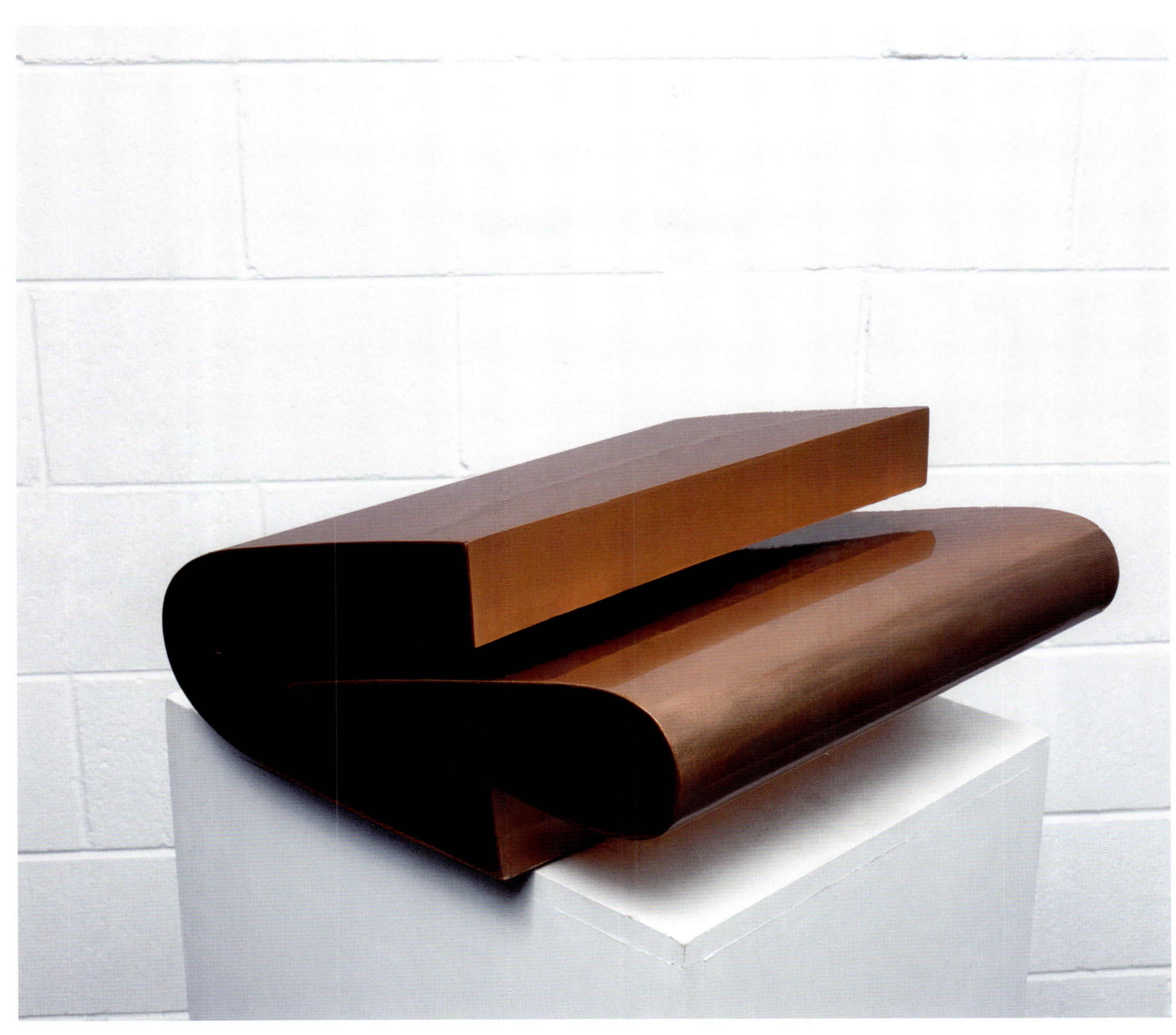

Bronze Object 95, *1995*
Kupfer
Copper
30 x 60 x 30 cm

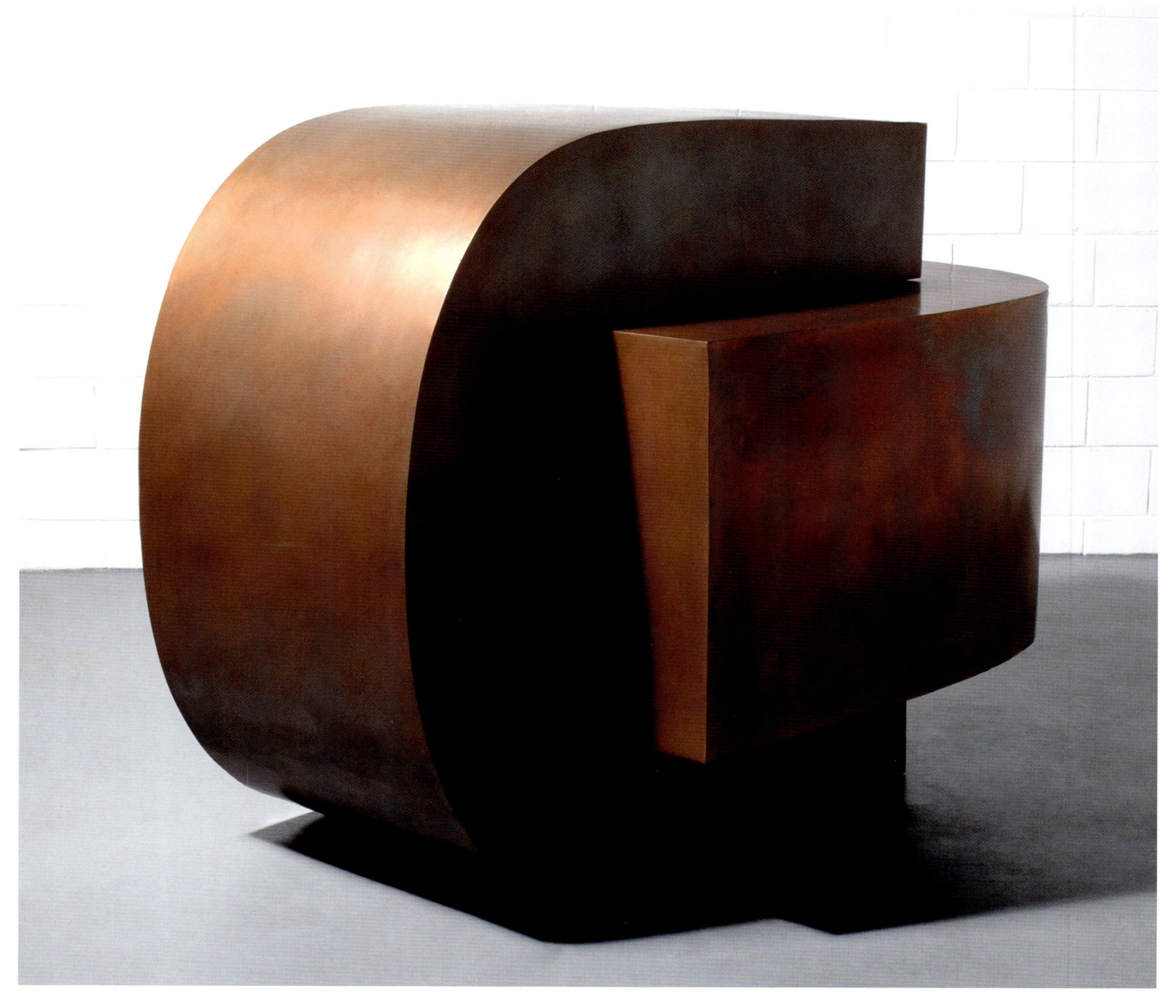

Untitled 95-4, *1995*
Kupfer
Copper
135 x 180 x 135
Museum of Seoul, Seoul

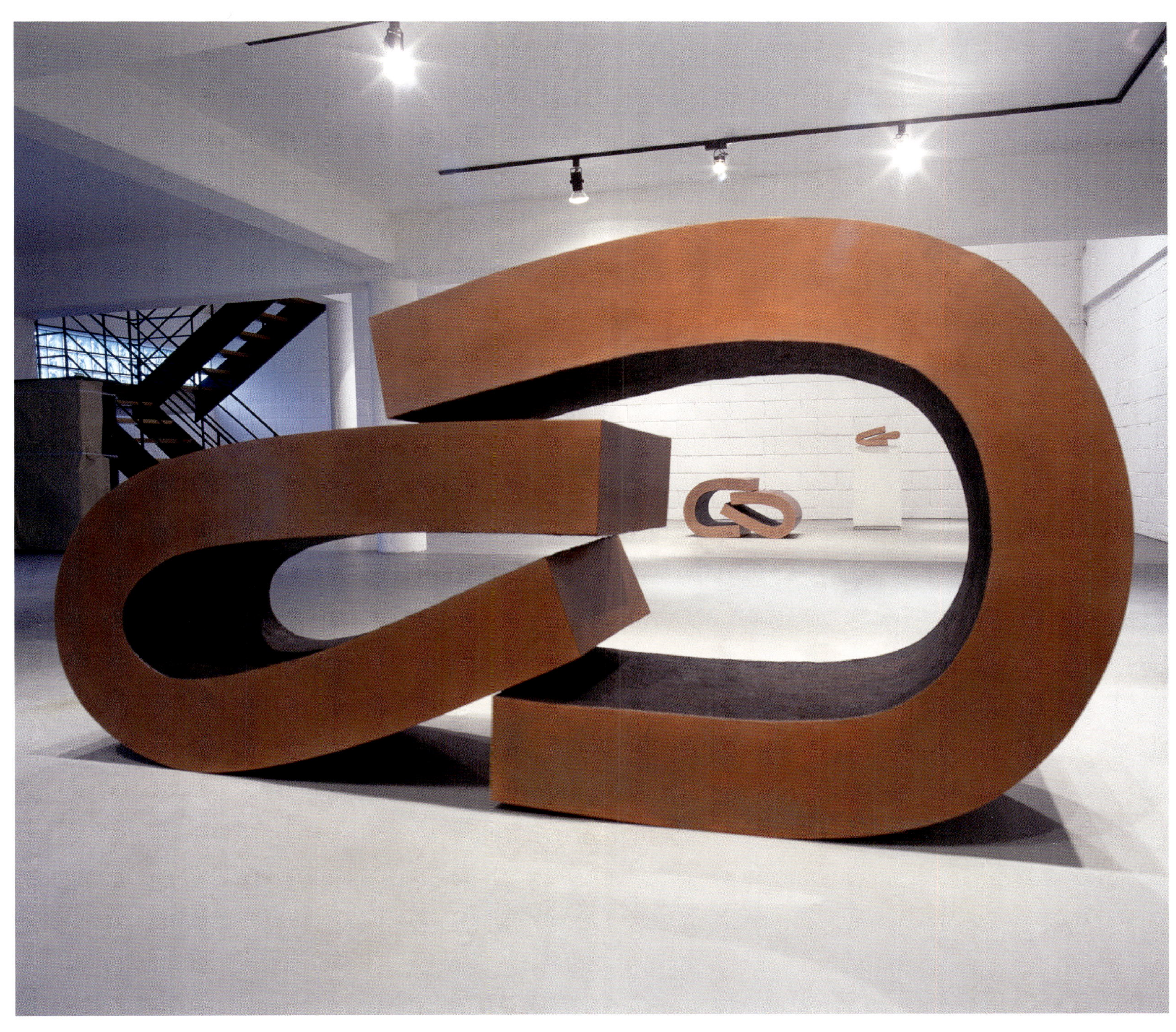

Untitled 95-3, ***1995***
Kupfer
Copper
104 x 220 x 50 cm

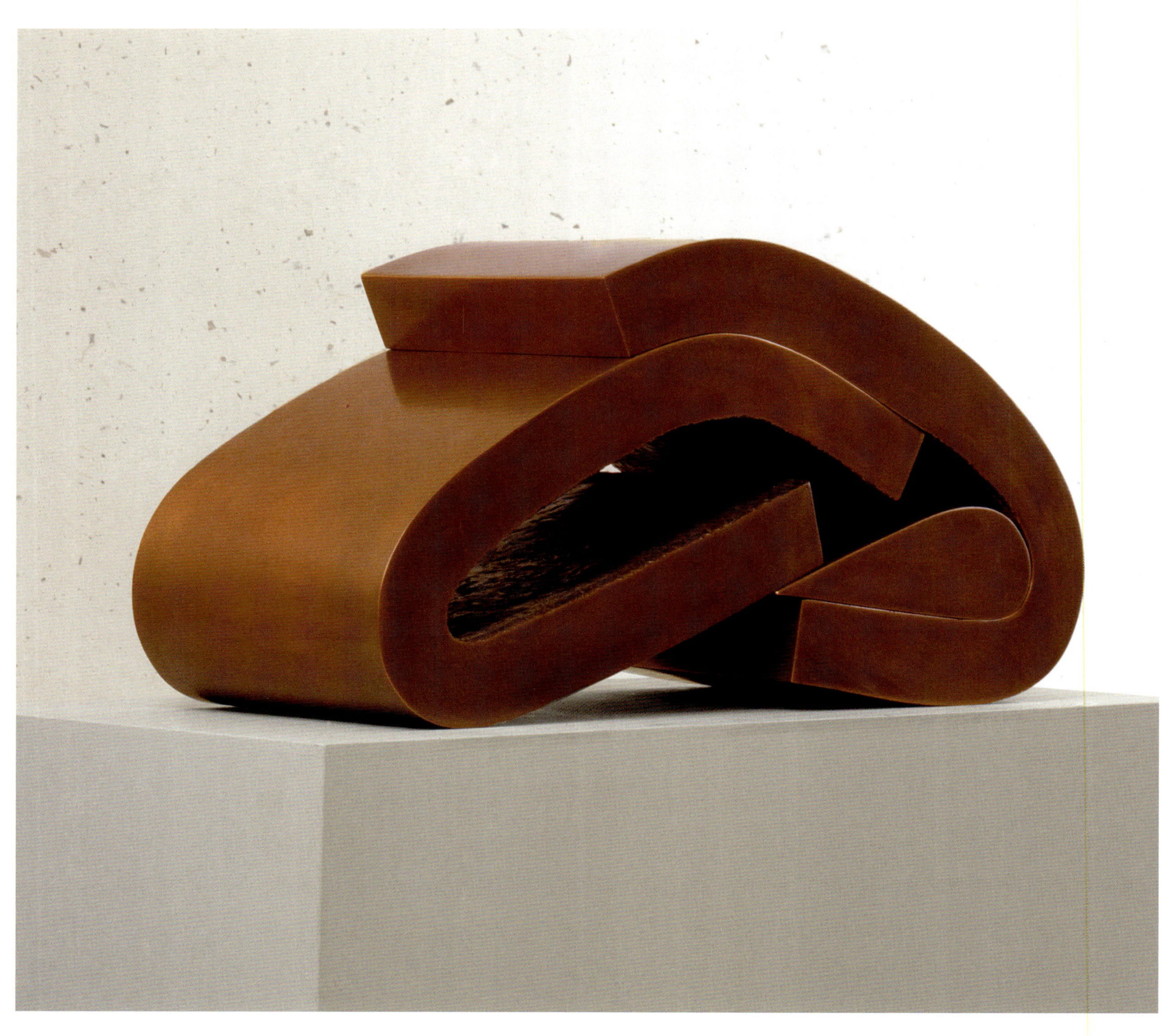

Untitled 95-*2, 1995*
Kupfer
Copper
35 x 75 x 30 cm

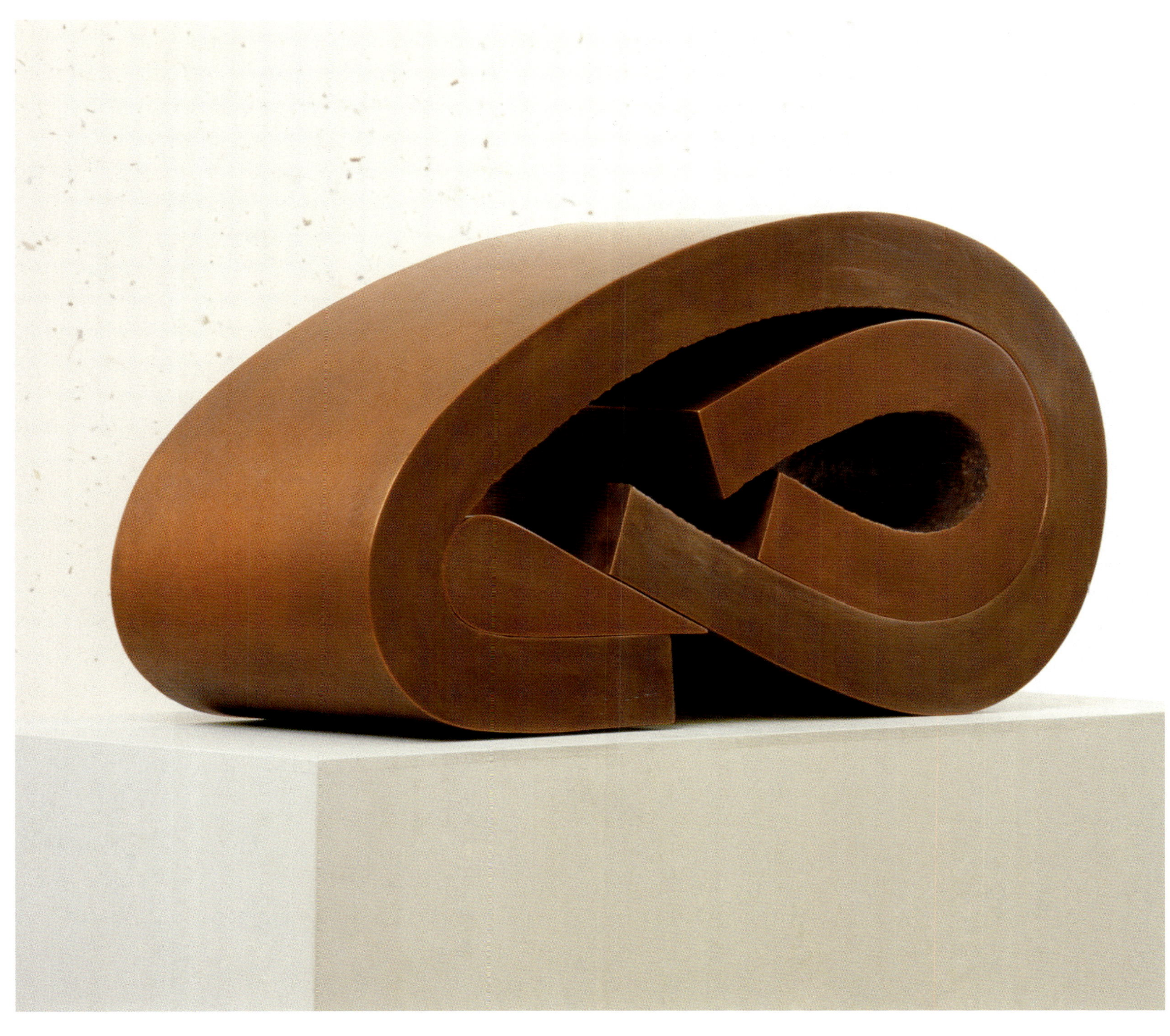

Untitled 95-1, ***1995***
Kupfer
Copper
35 x 72 x 25 cm

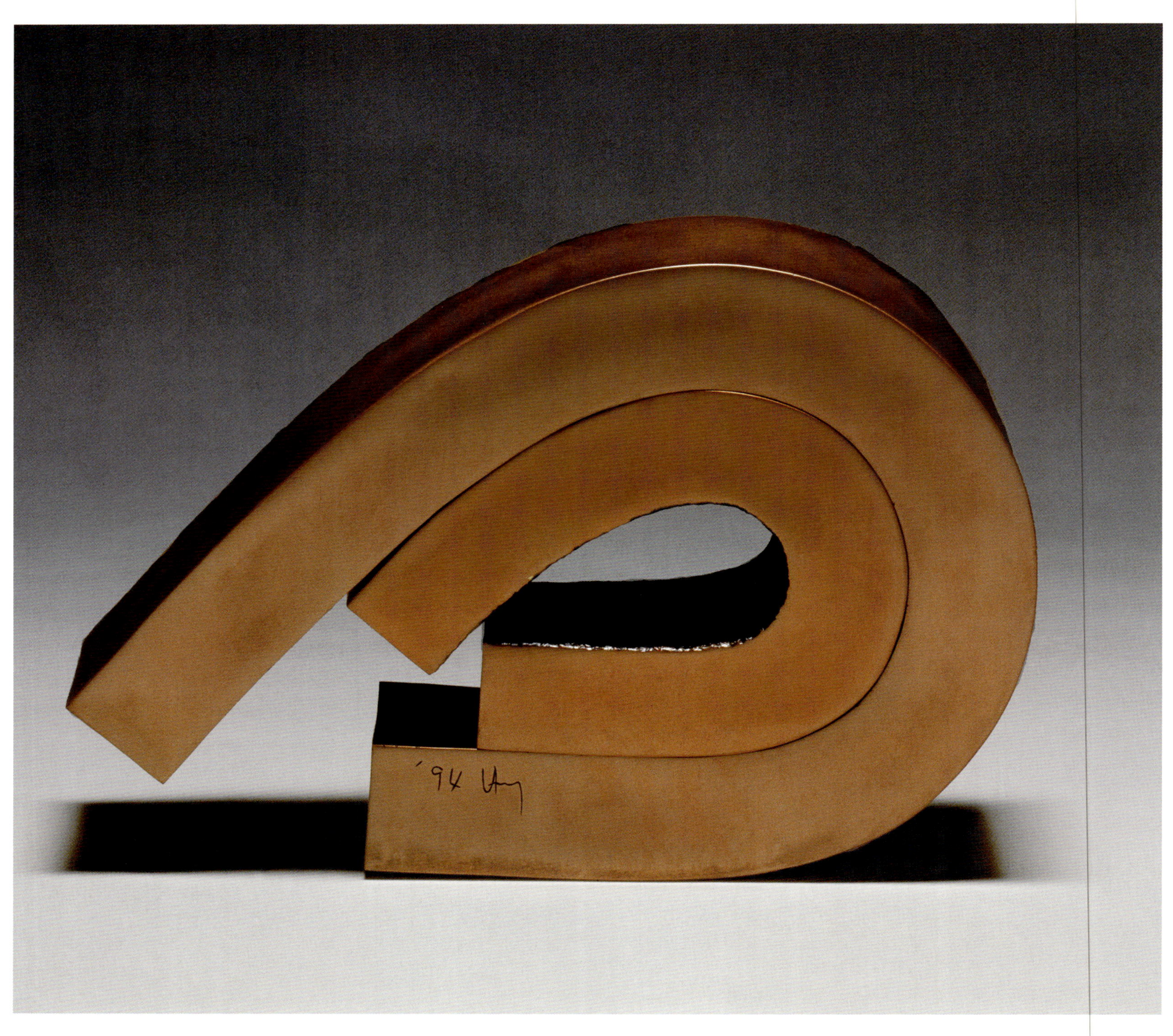

Untitled 94-5, *1994*
Kupfer
Copper
35 x 54 x 15,5 cm

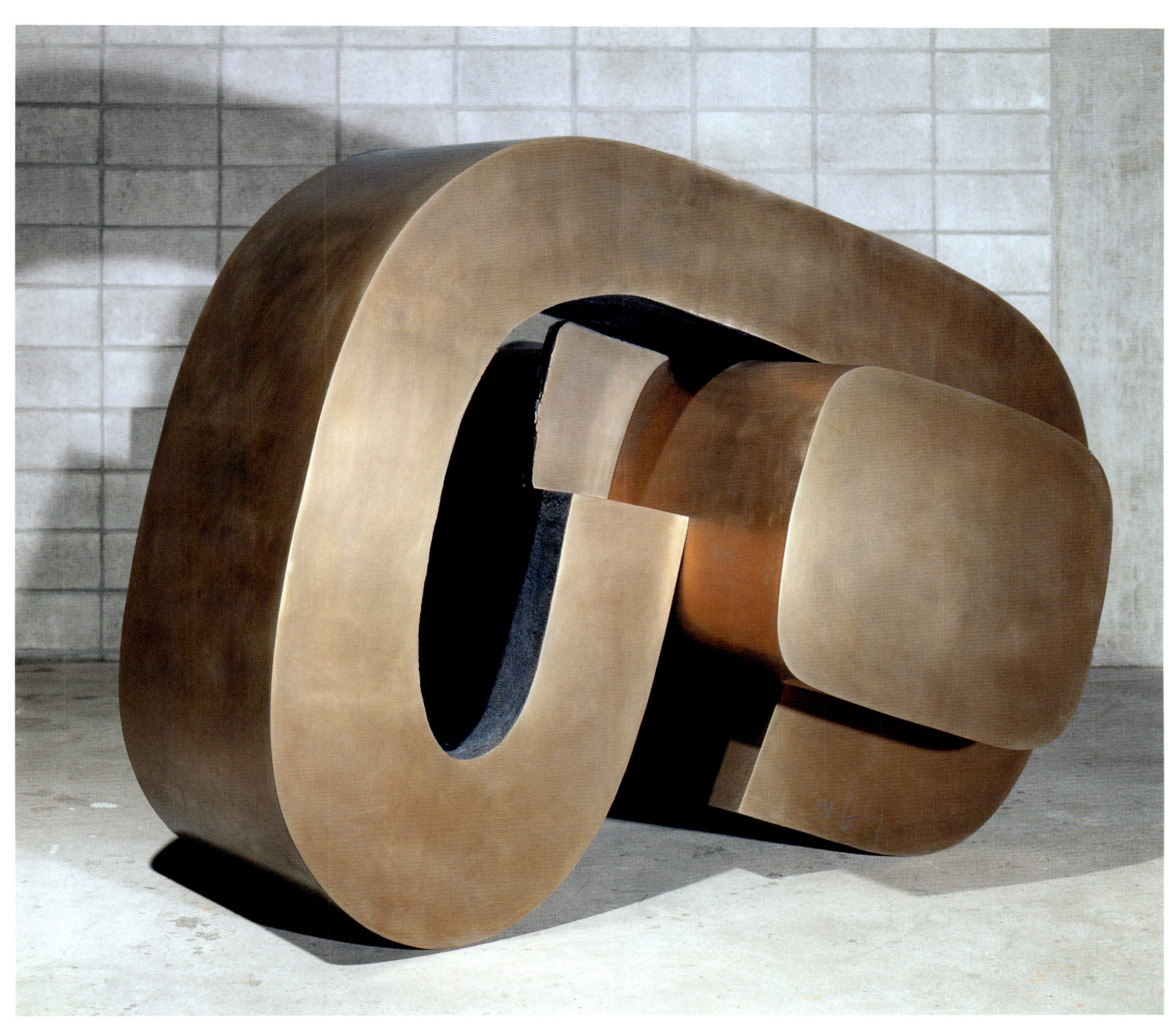

An Embrace, ***1995***
Kupfer
Copper
160 x 230 x 150 cm

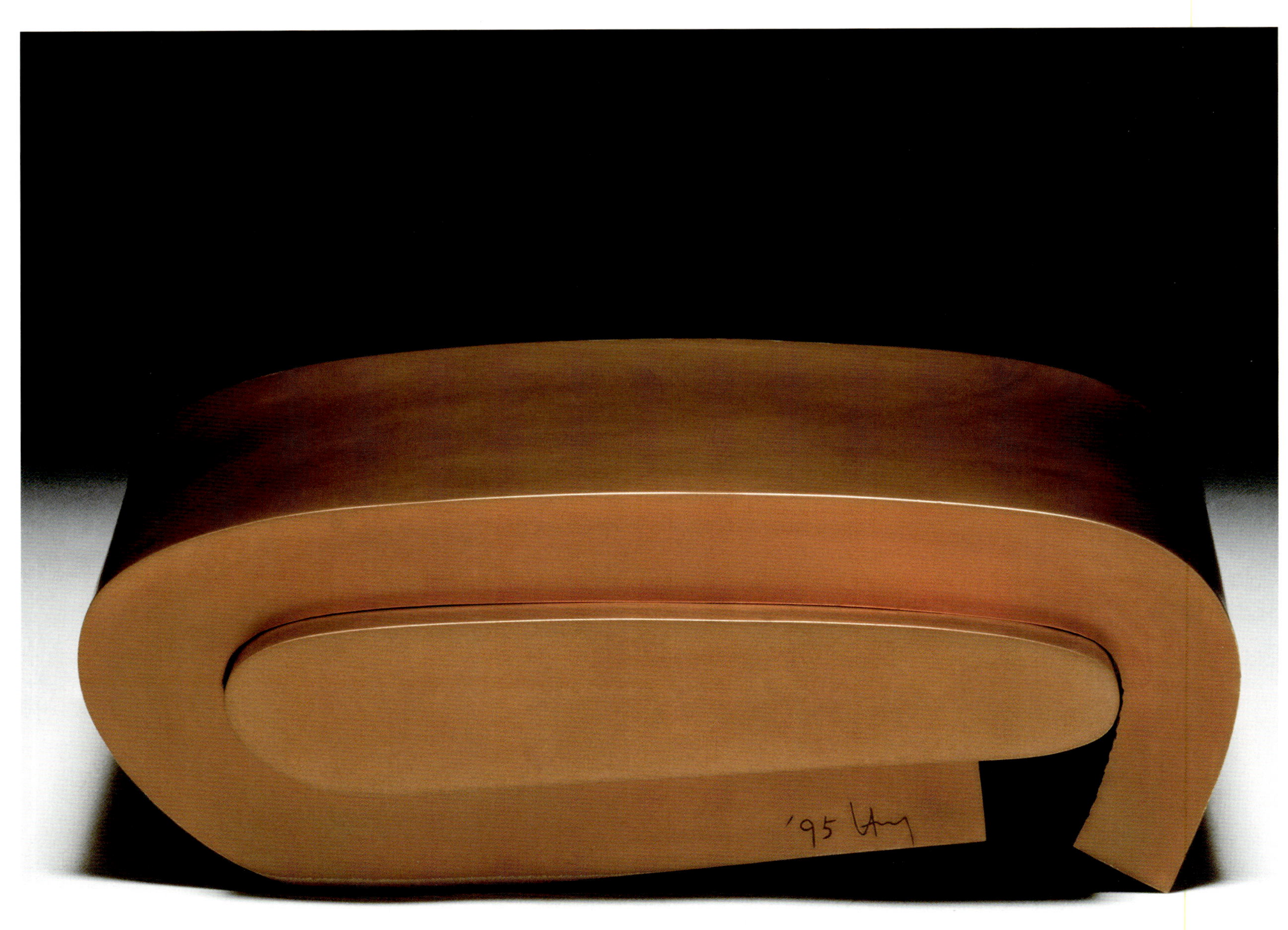

Untitled 95-4, *1995*
Kupfer
Copper
22 x 40 x 32 cm
Moran Museum of Art, Seoul

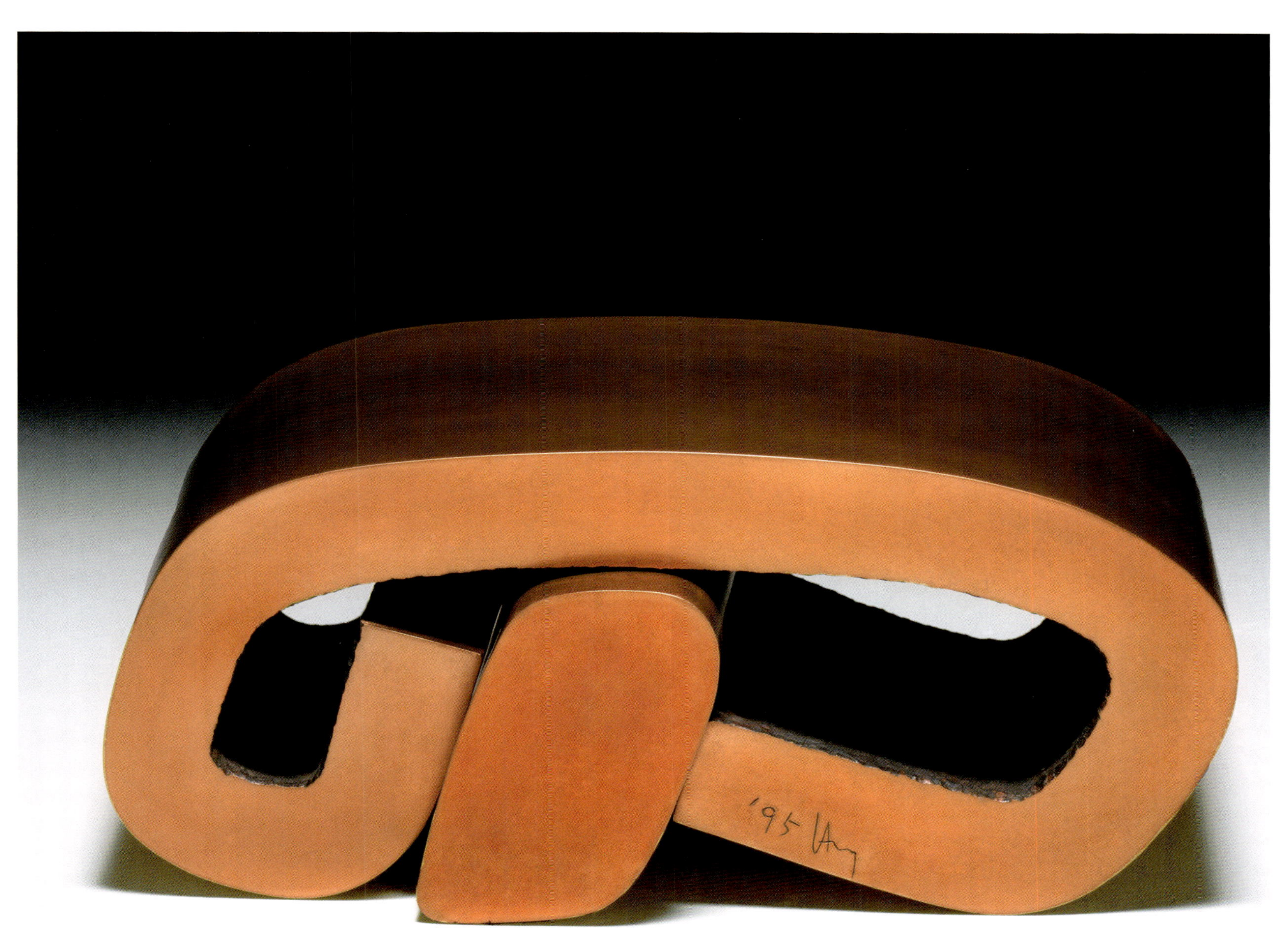

Untitled 95-3, *1995*
Kupfer
Copper
22 x 40 x 30 cm
Moran Museum of Art, Seoul

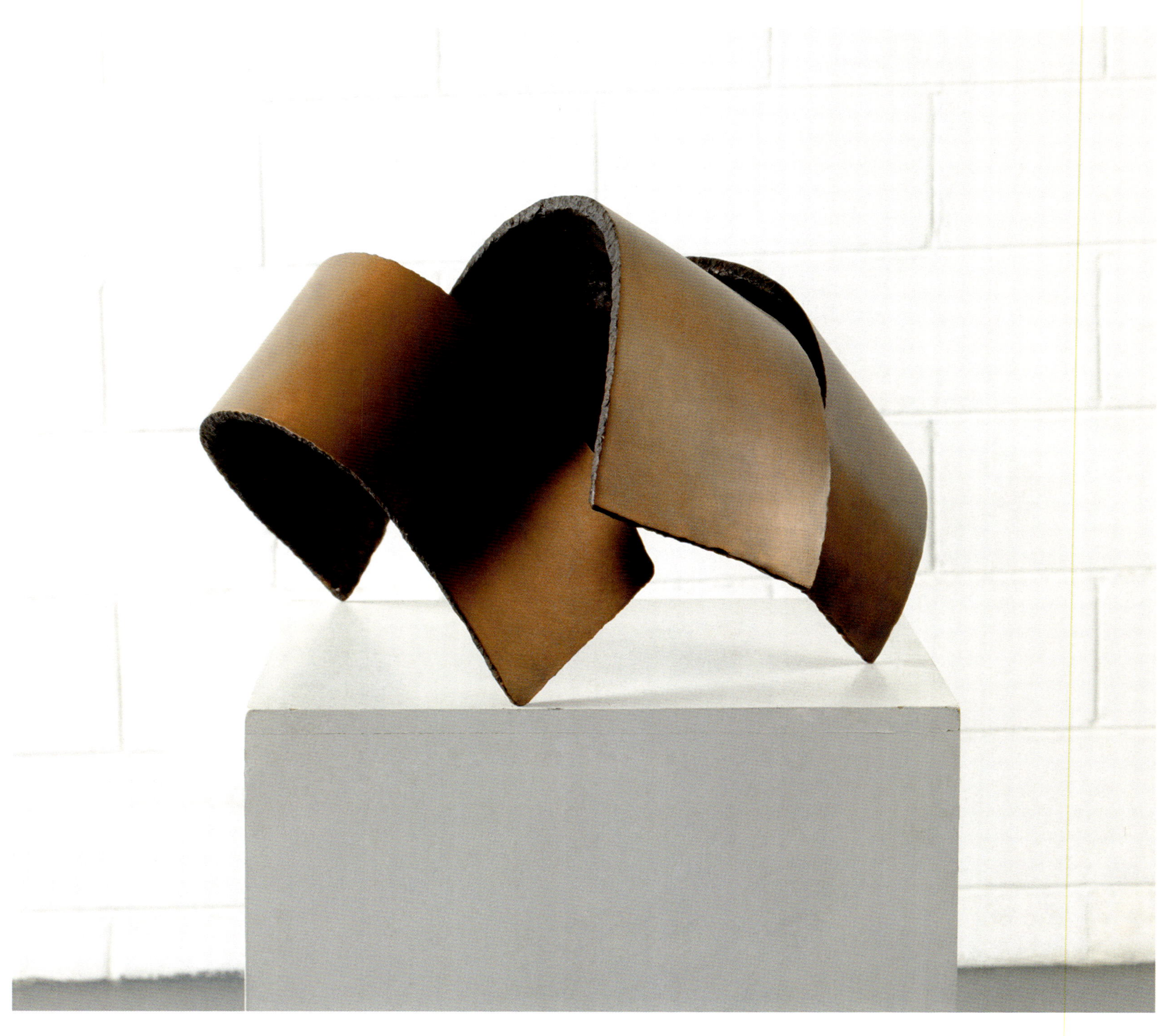

Energy 93 (Way 4), *1993*
Kupfer
Copper
27 x 35 x 35 cm

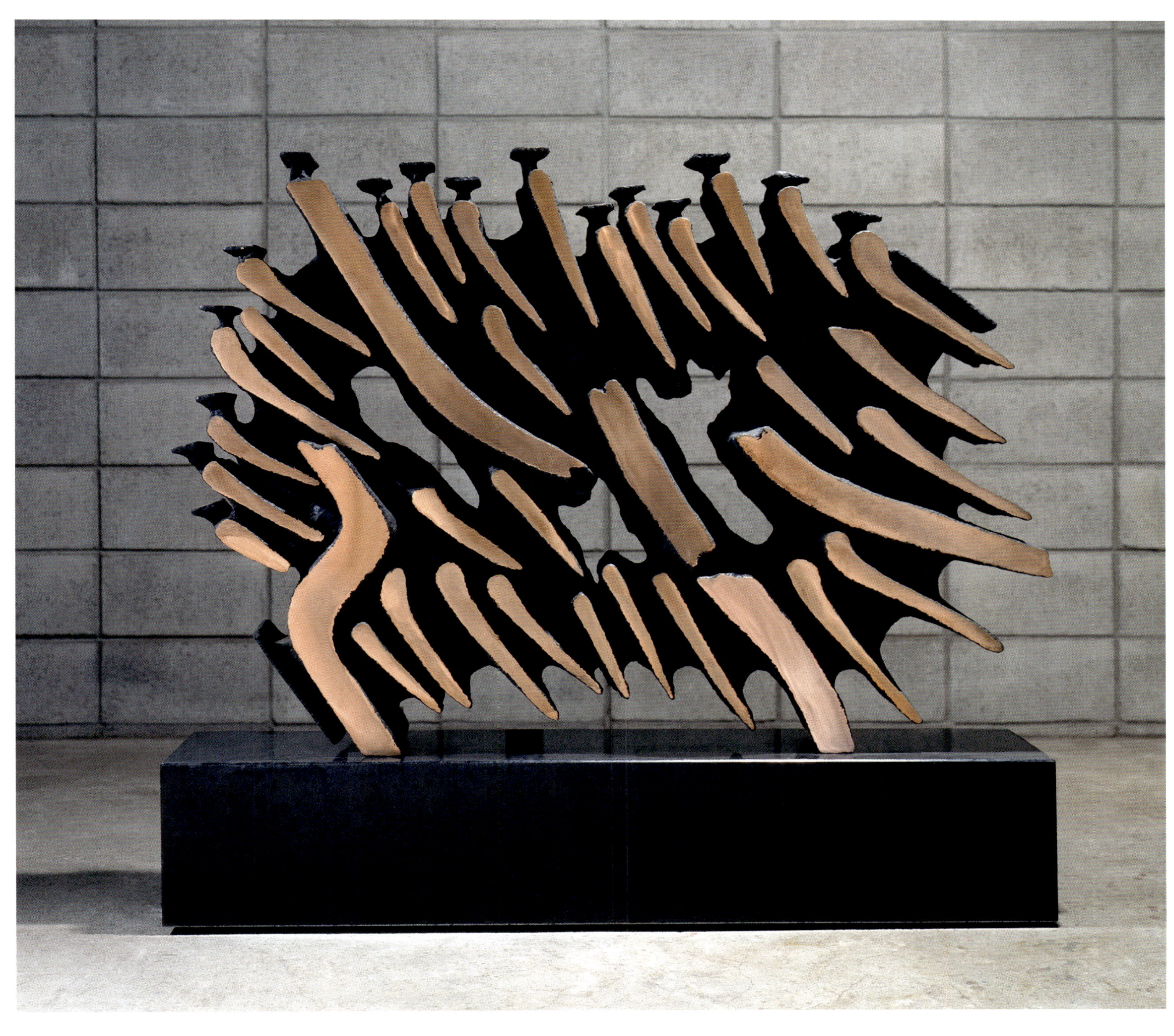

A Crowd – A Dance, *1994*
Kupfer
Copper
94 x 138 x 30 cm

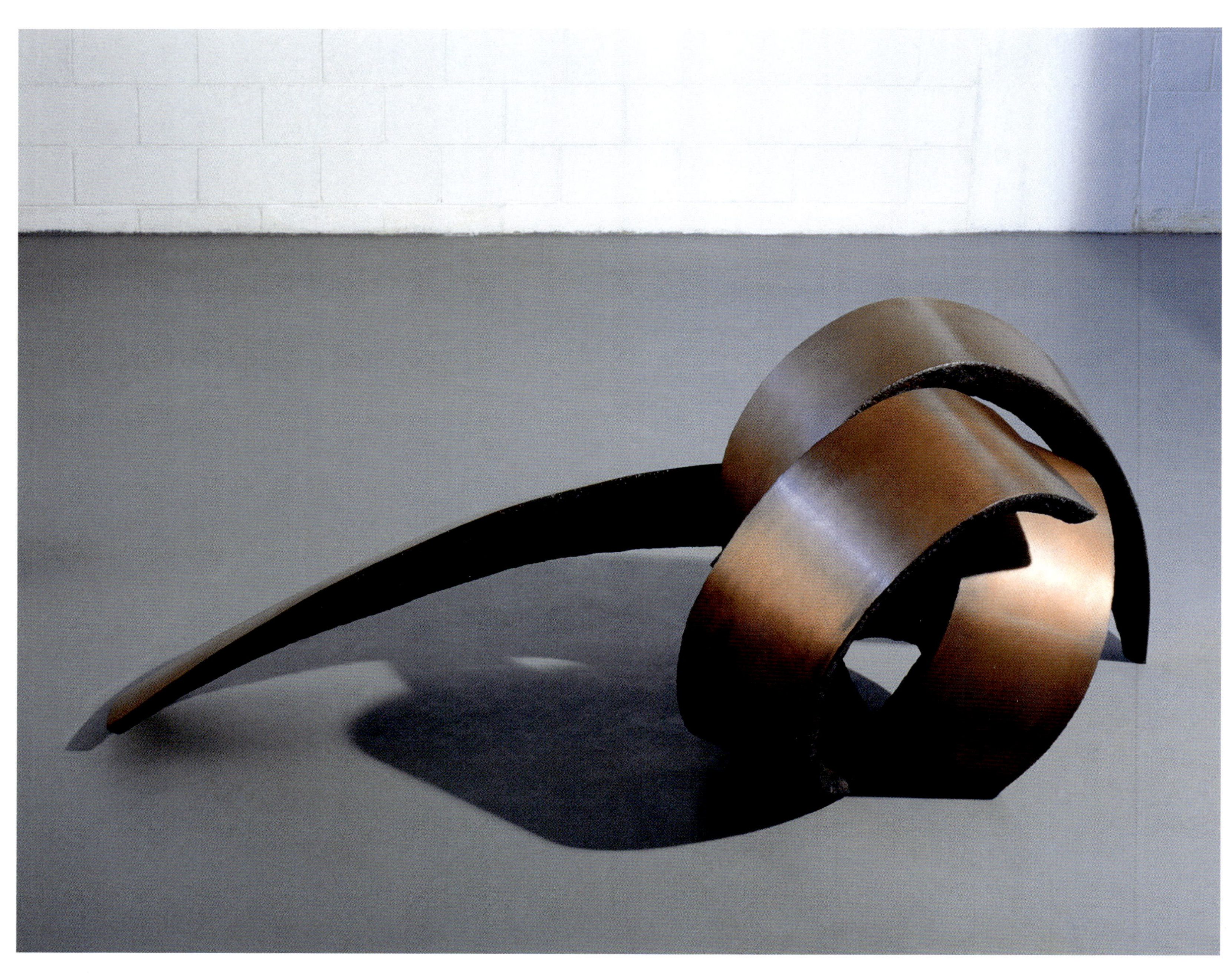

Energy 93 (Way 5), *1993*
Kupfer
Copper
73 x 185 x 100 cm

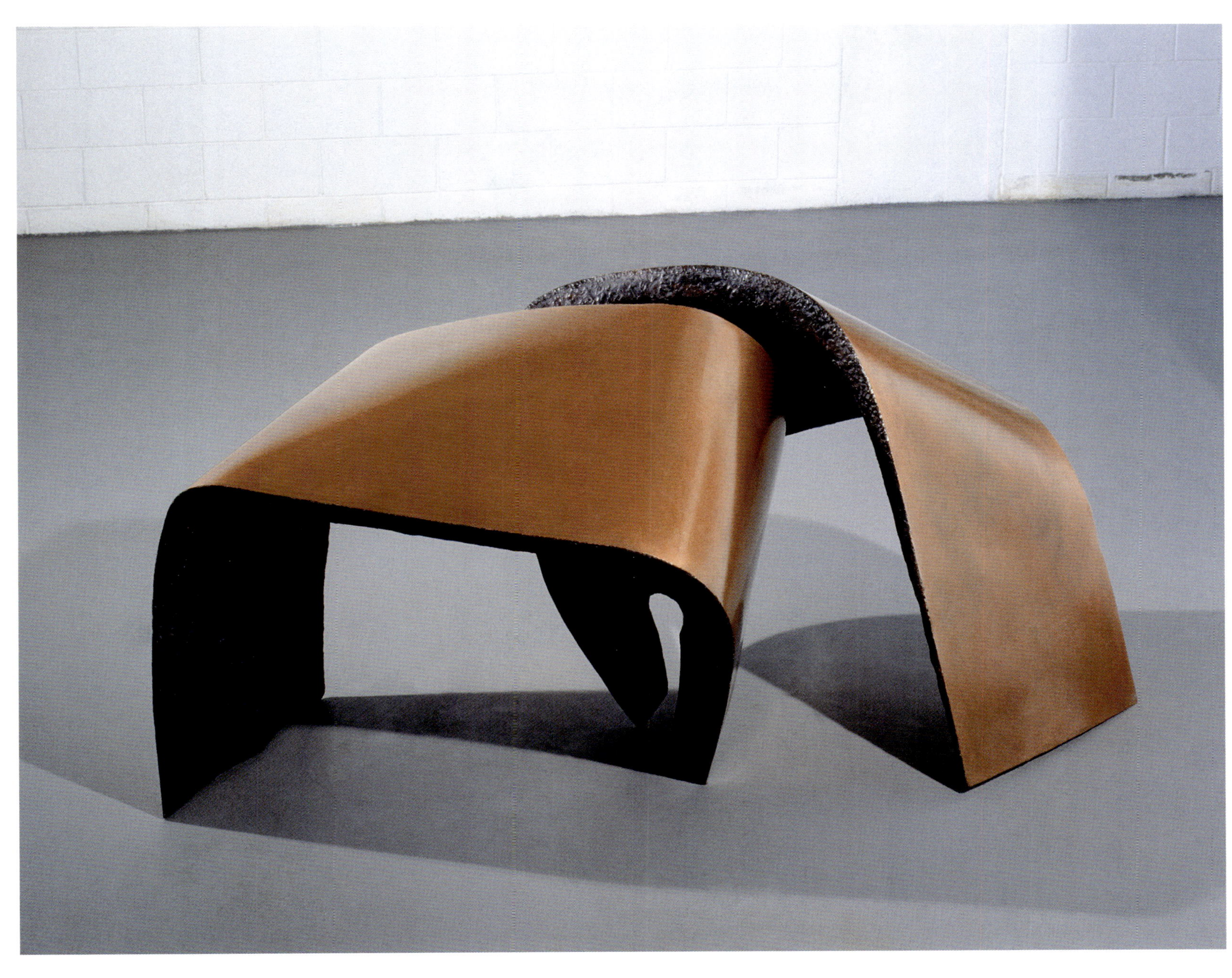

Energy 93 (Circuit), *1993*
Kupfer
Copper
76 x 160 x 90 cm
Dai Han Life Insurance, Sun Chun

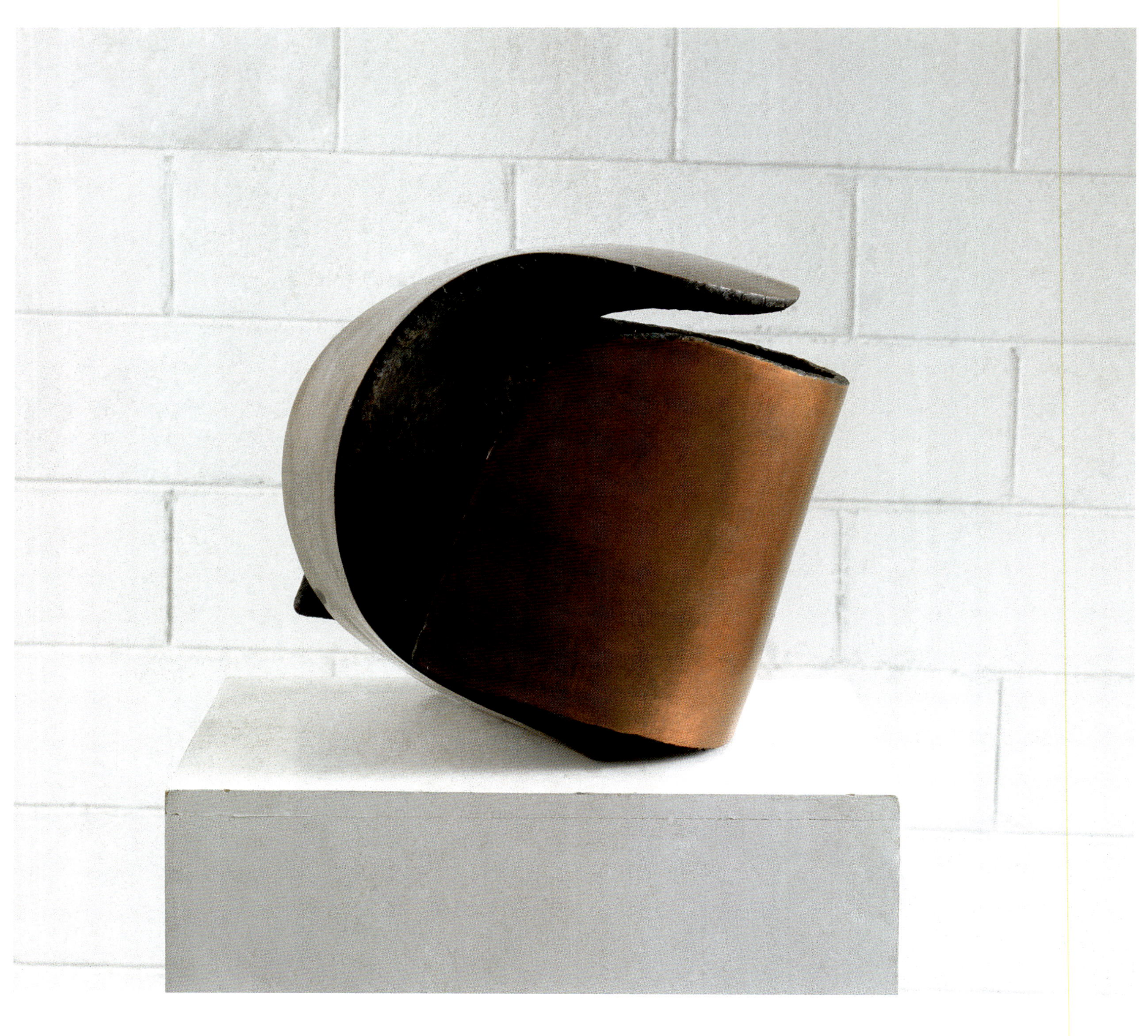

Energy 94 (Joining the Hands), *1994*
Kupfer
Copper
32 x 37 x 36 cm

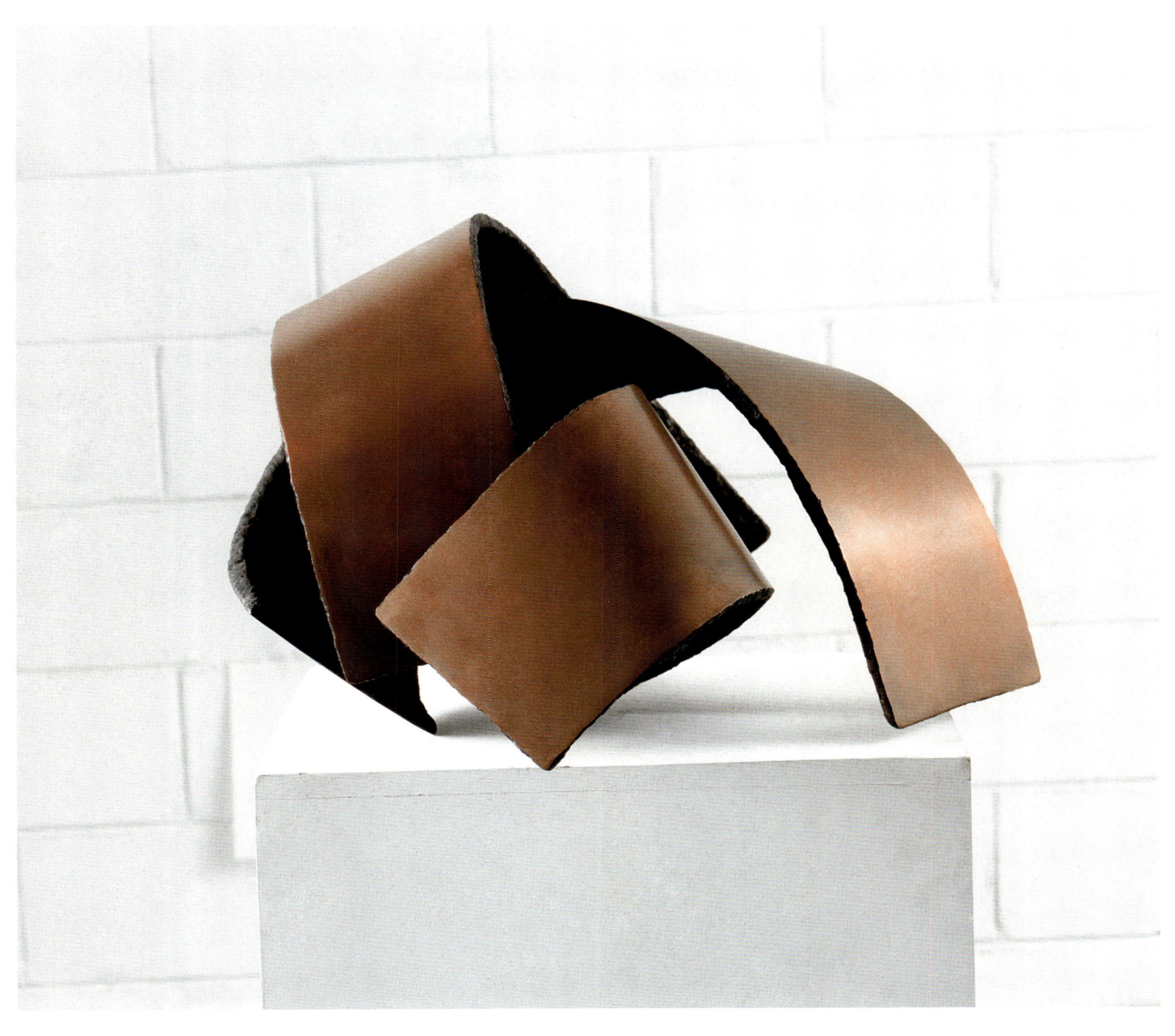

Energy 93 (Way 3), *1993*
Kupfer
Copper
28 x 38 x 30 cm

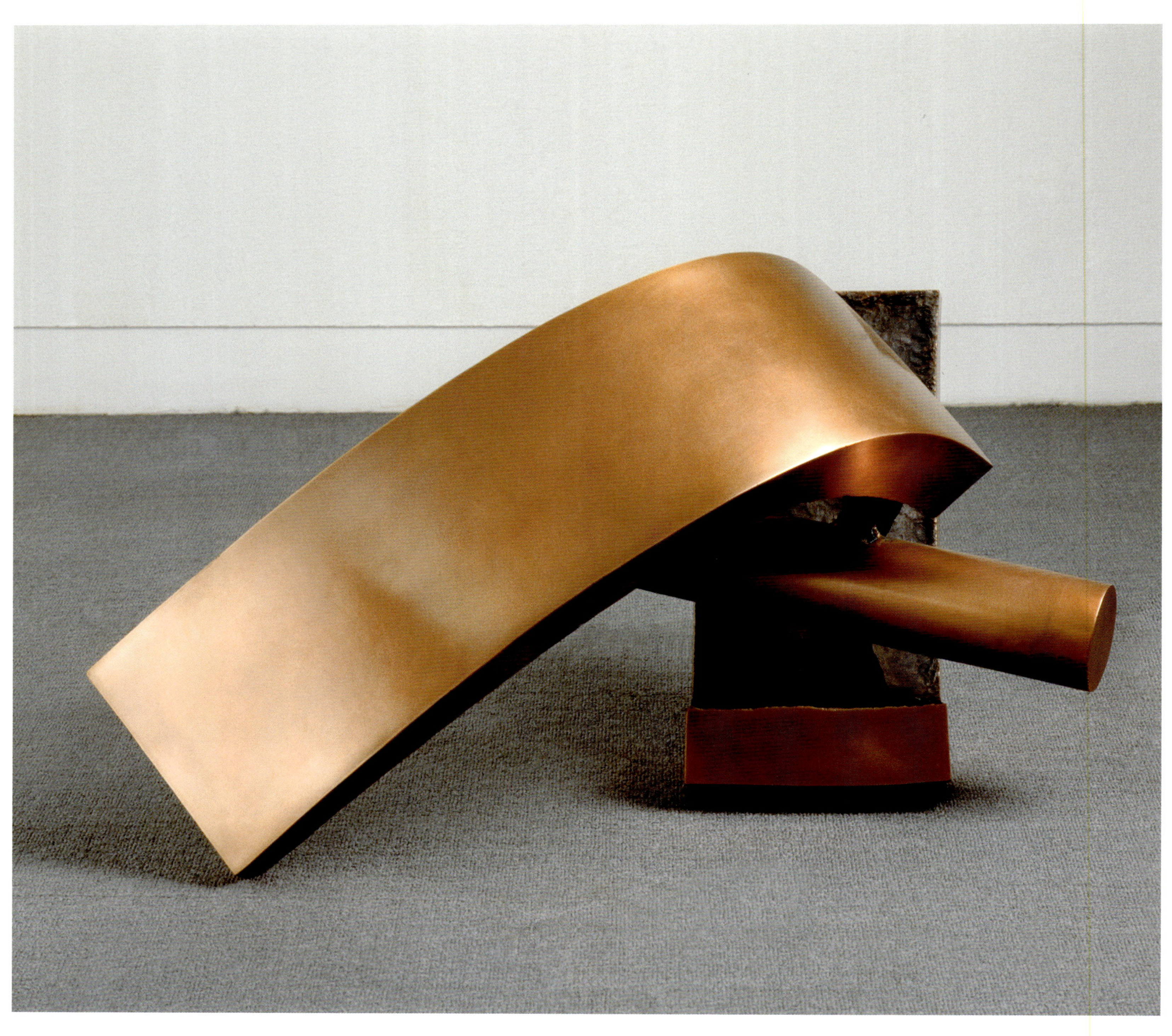

A Bird, *1991*
Kupfer
Copper
44 x 100 x 75 cm

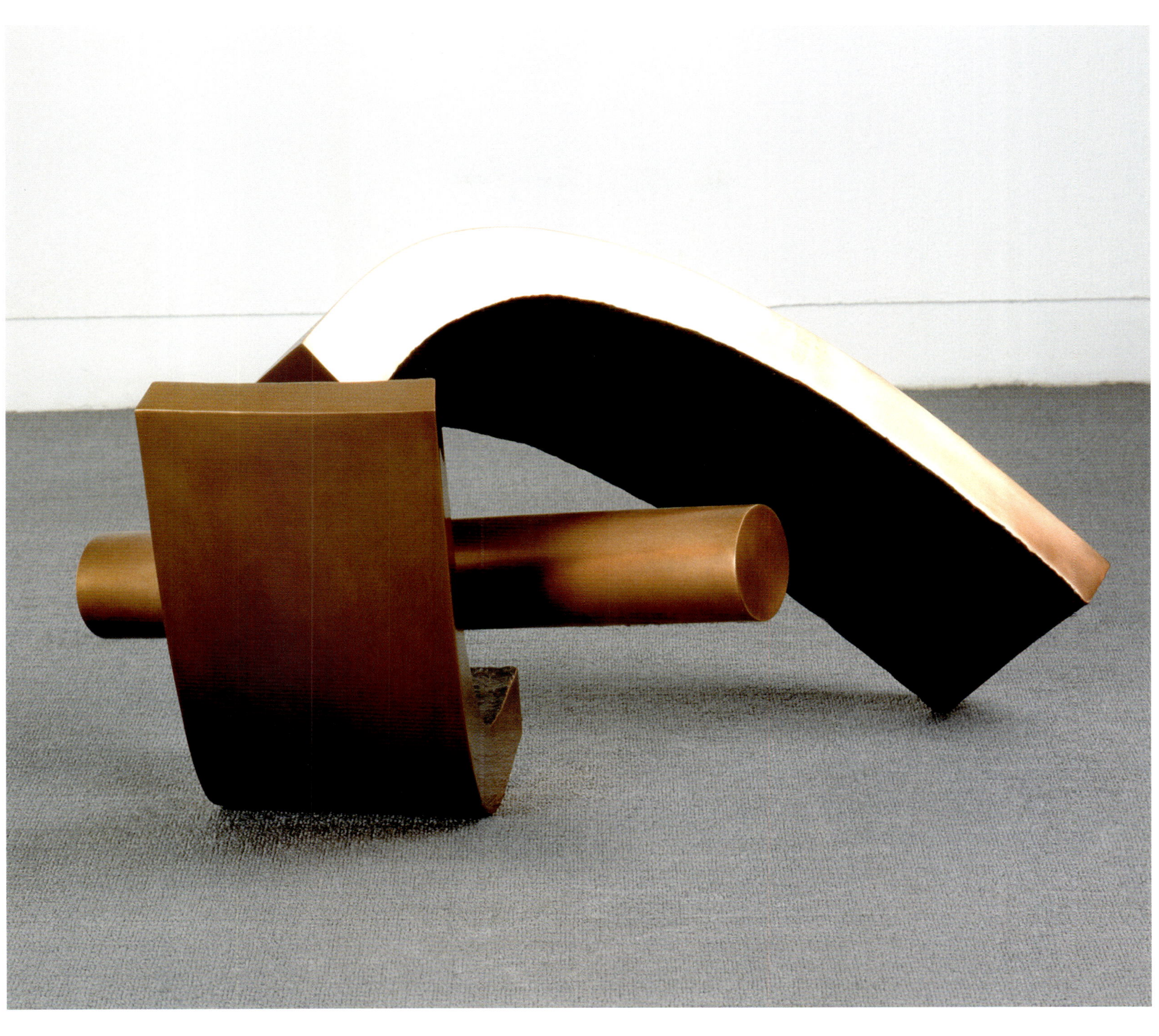

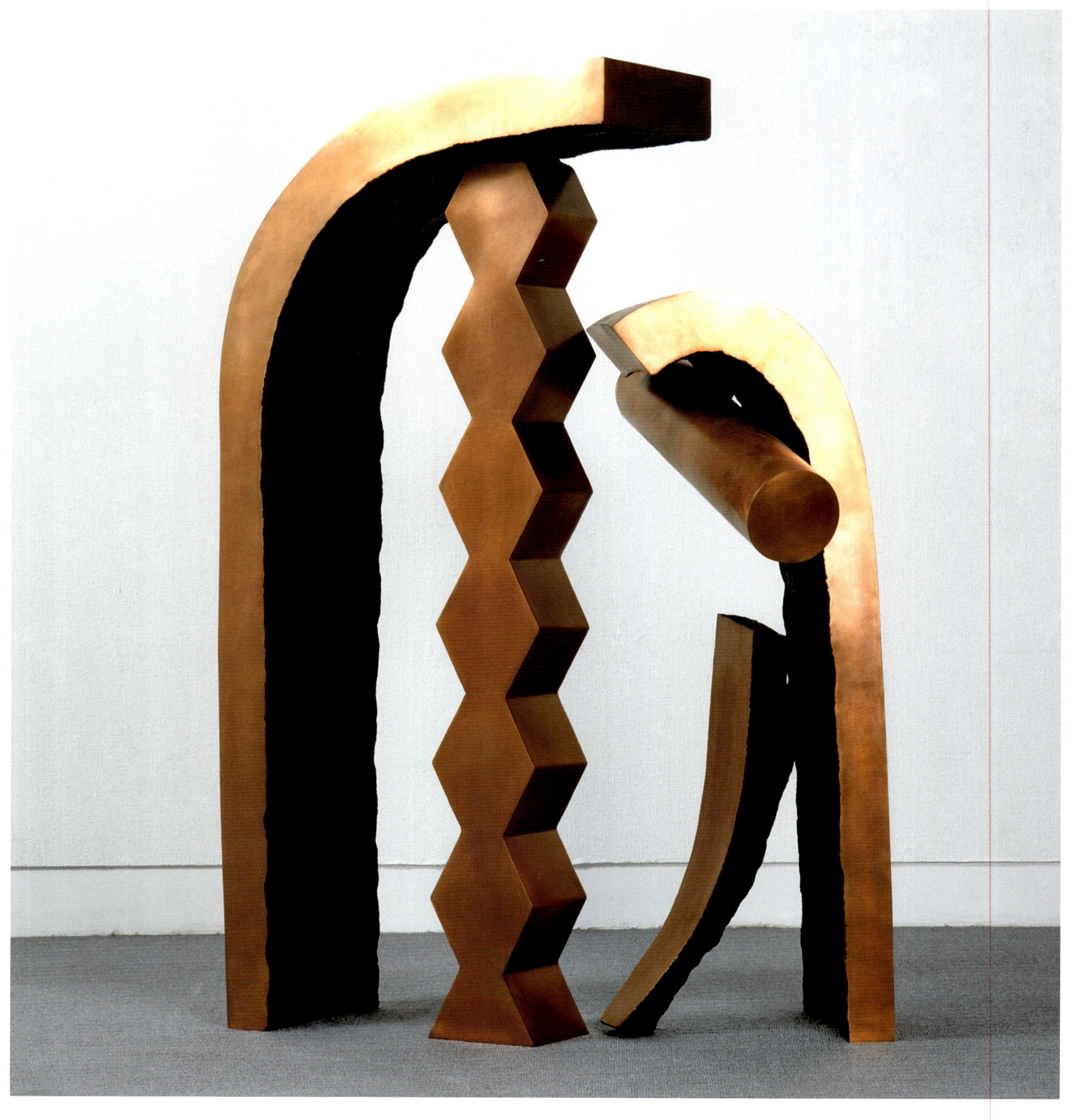

A Holy Place (91012D), ***1991***
Kupfer
Copper
137 x 100 x 68 cm

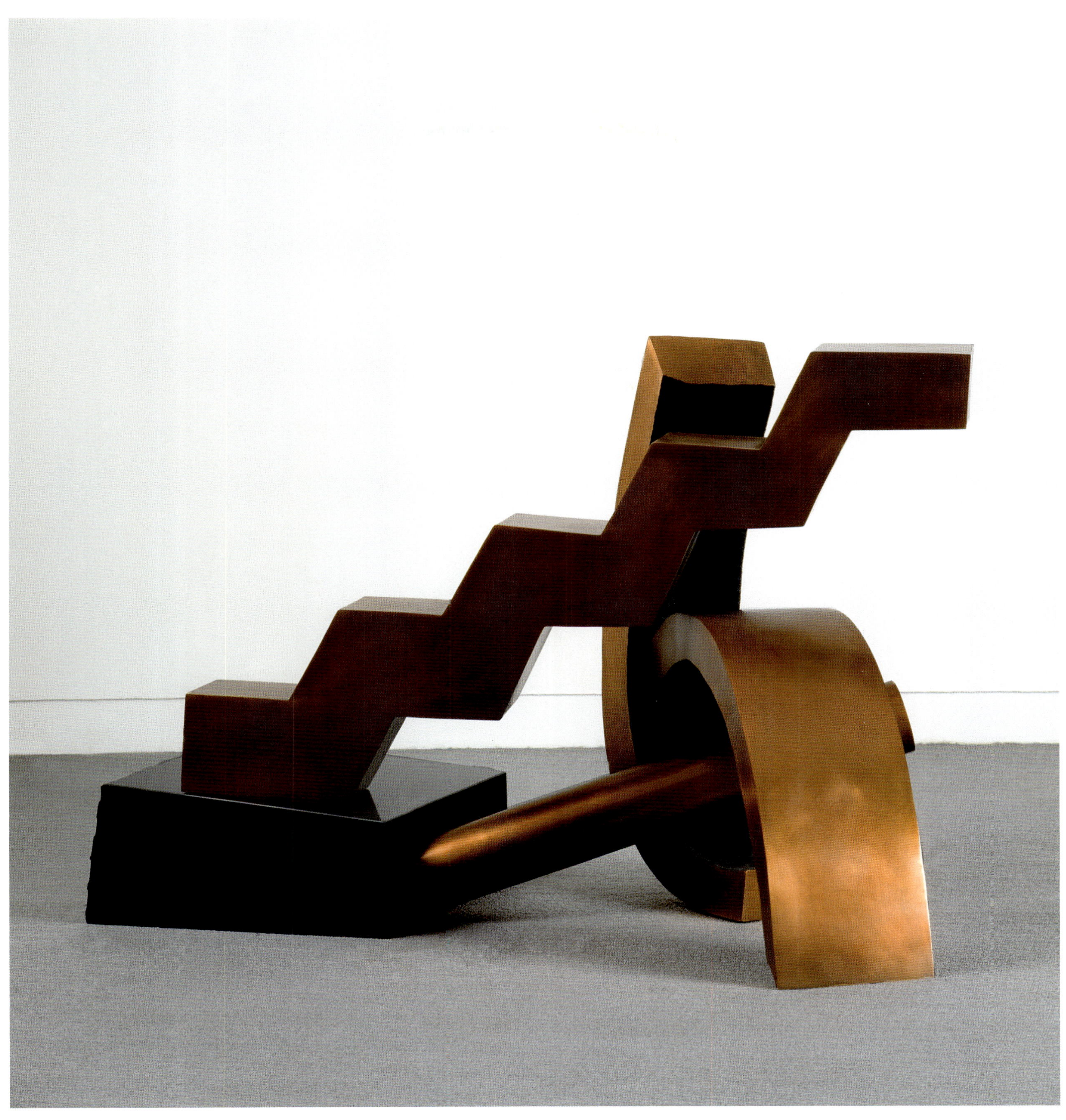

Voice of Earth (91009D), *1991*
Kupfer, Stein
Copper, Black Stone
98 x 150 x 94 cm

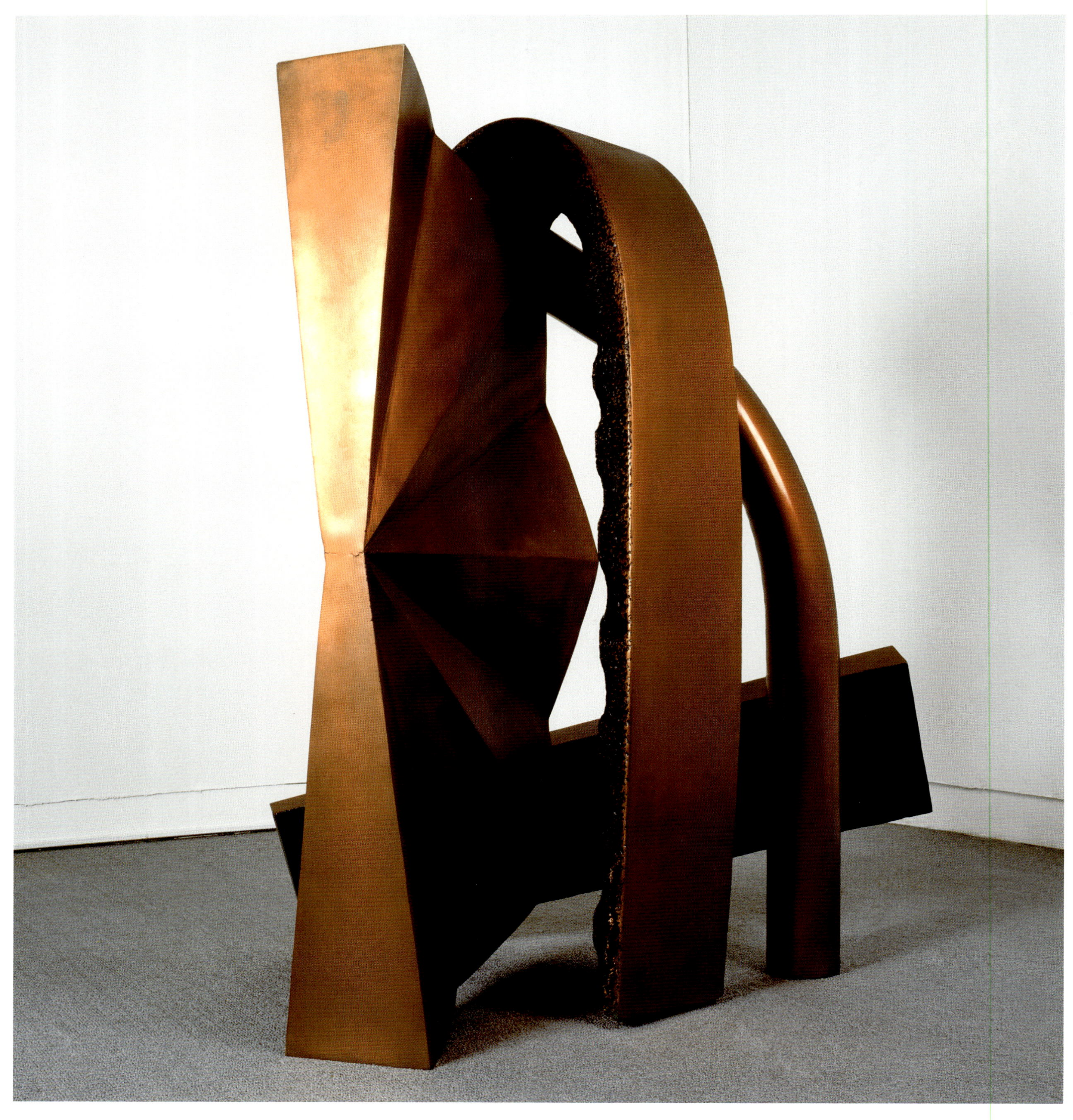

Light of Orient (91005D), *1991*
Kupfer
Copper
150 x 140 x 80 cm

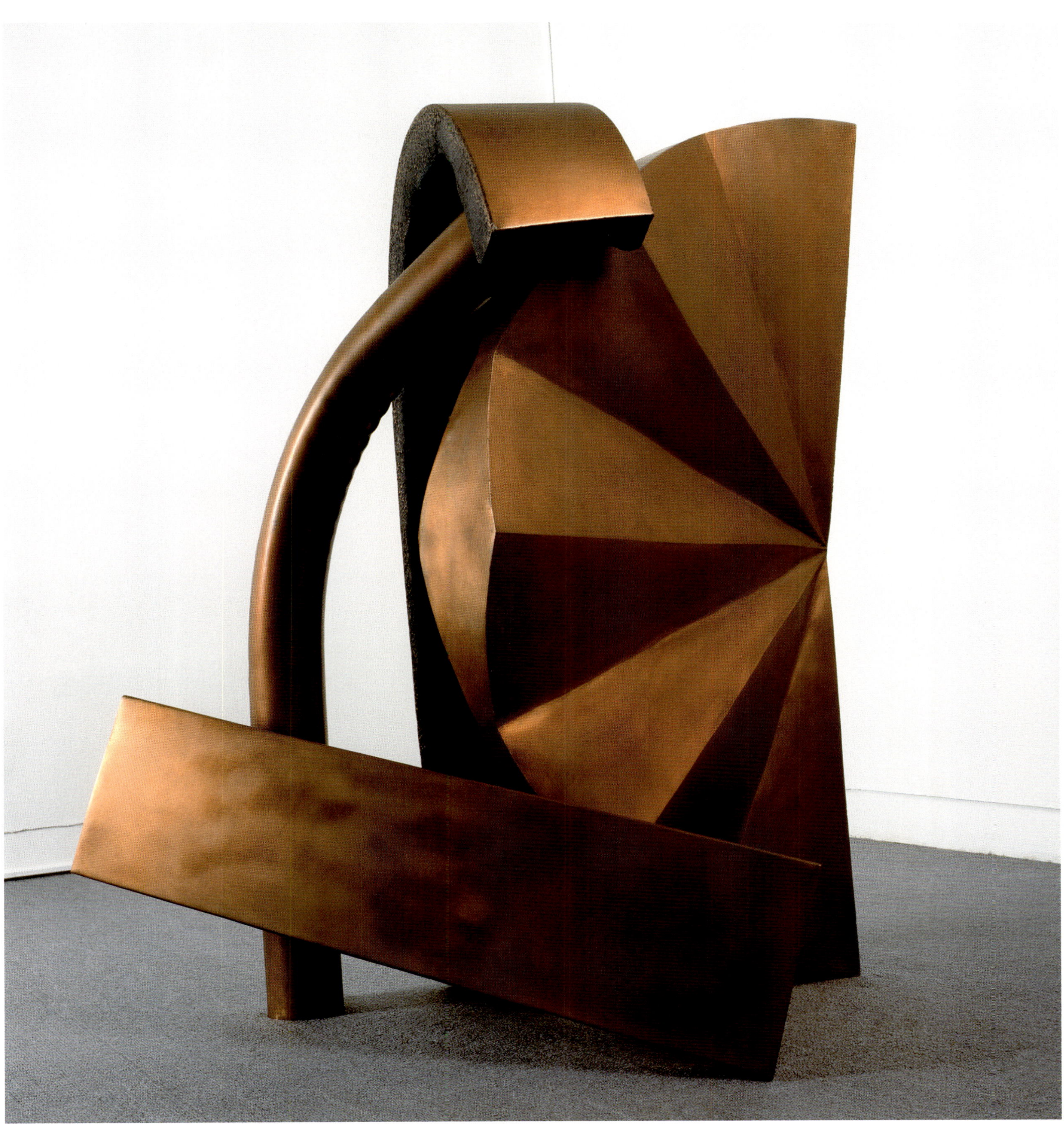

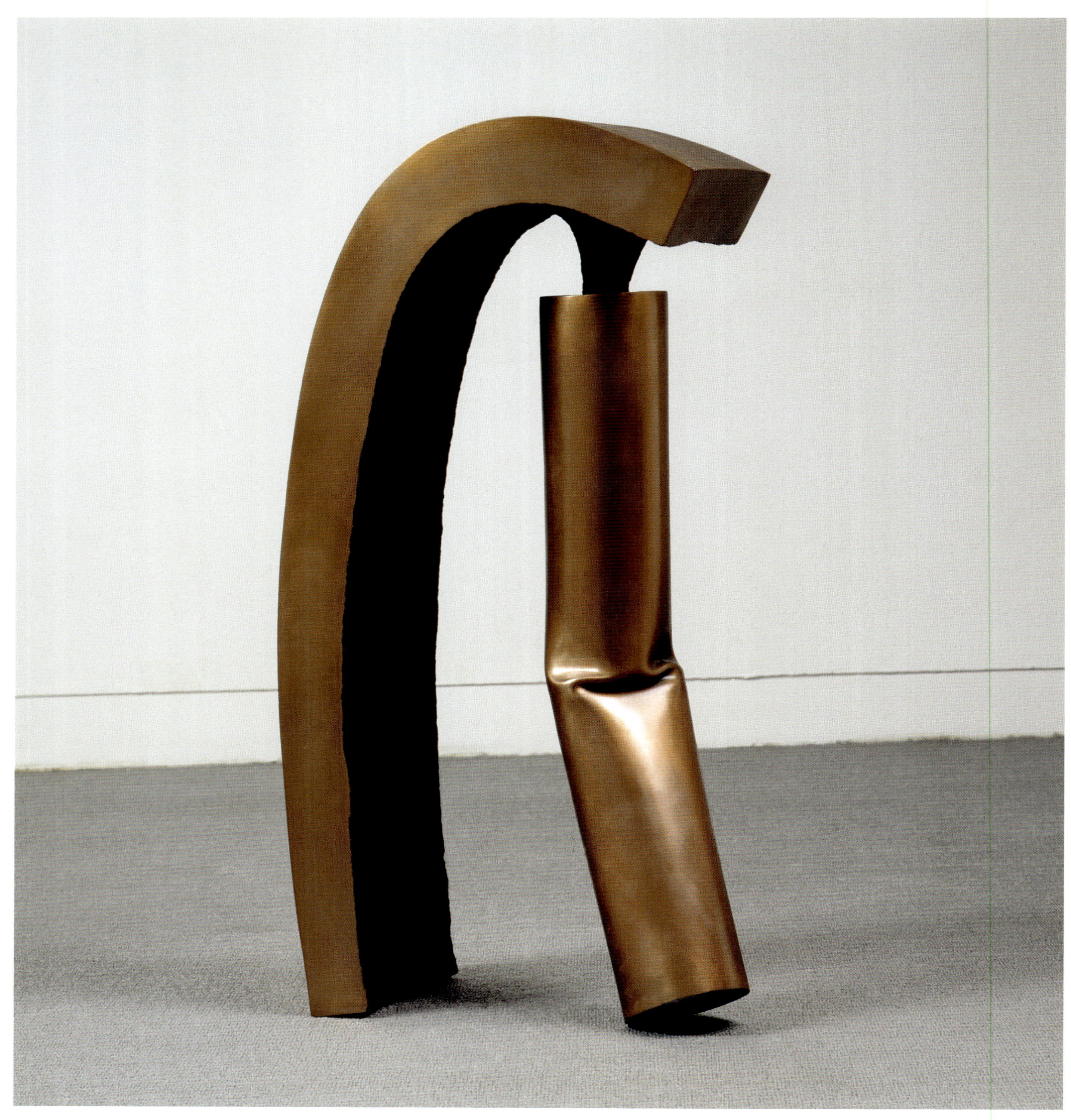

A Stranger, ***1991***
Kupfer
Copper
90 x 27 x 50 cm

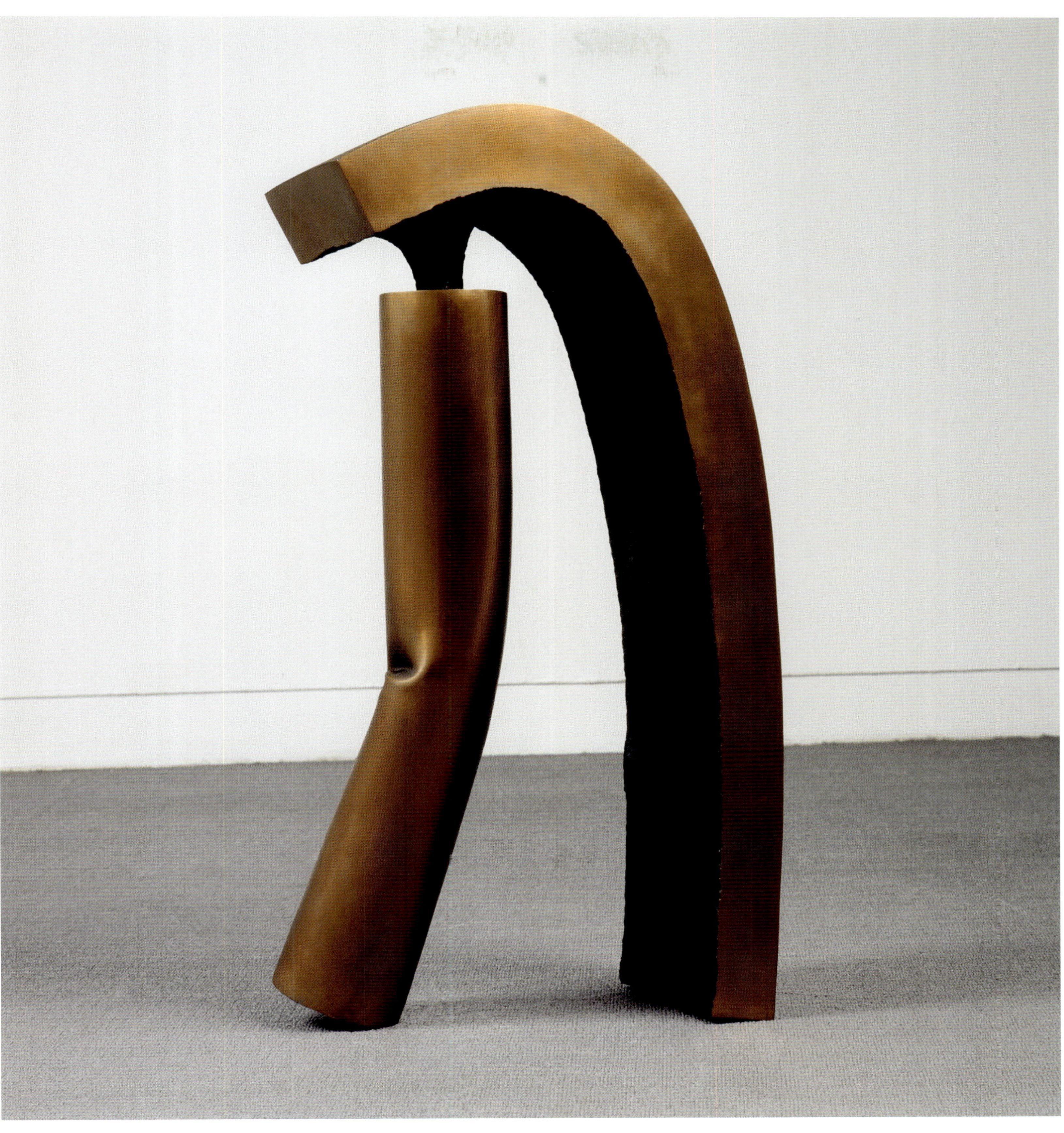

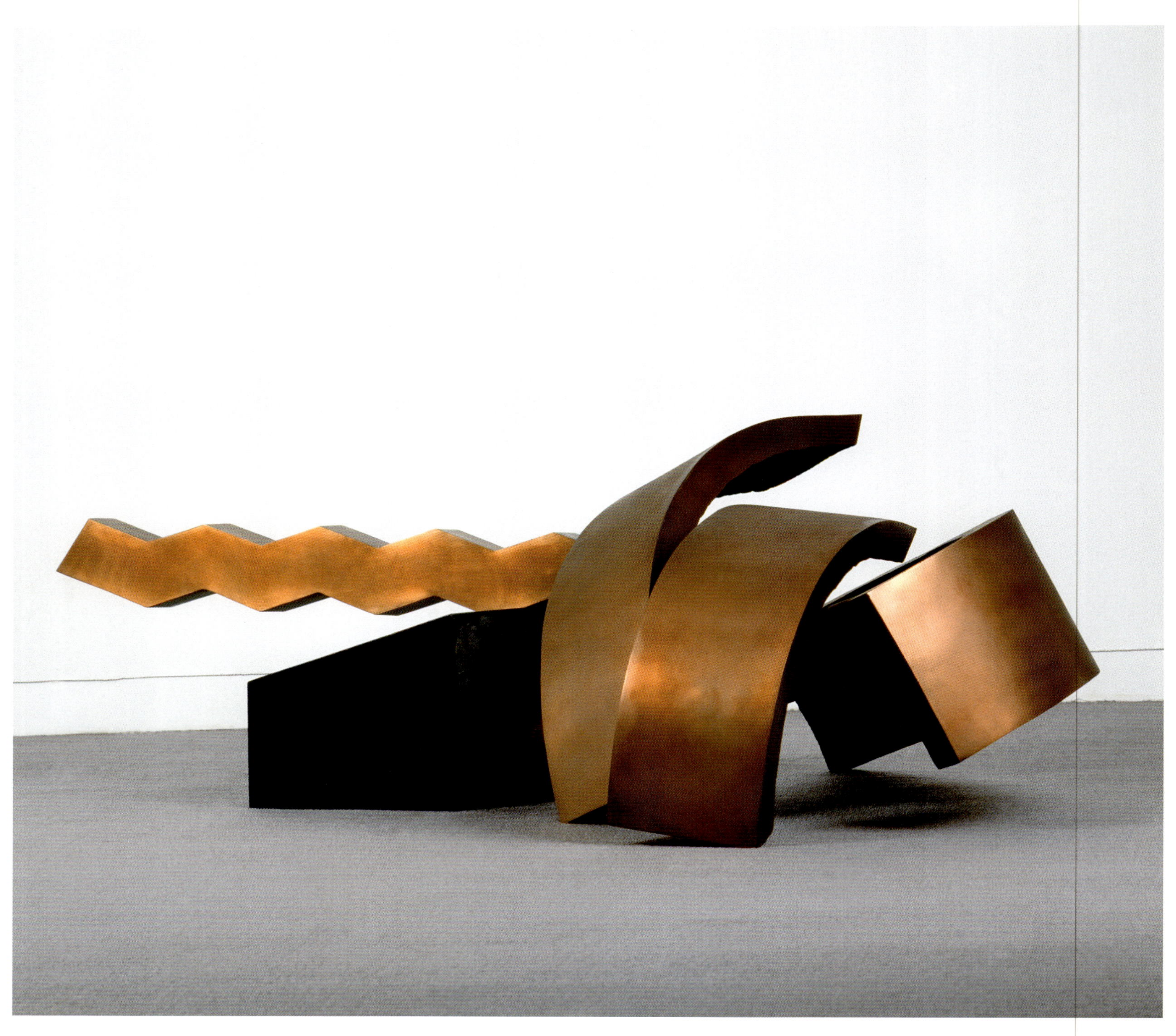

A Prophecy of a Lucky Bird (91010D), *1991*
Kupfer, Stein
Copper, Black Stone
70 x 200 x 140 cm
National Museum of Contemporary Art Korea, Seoul

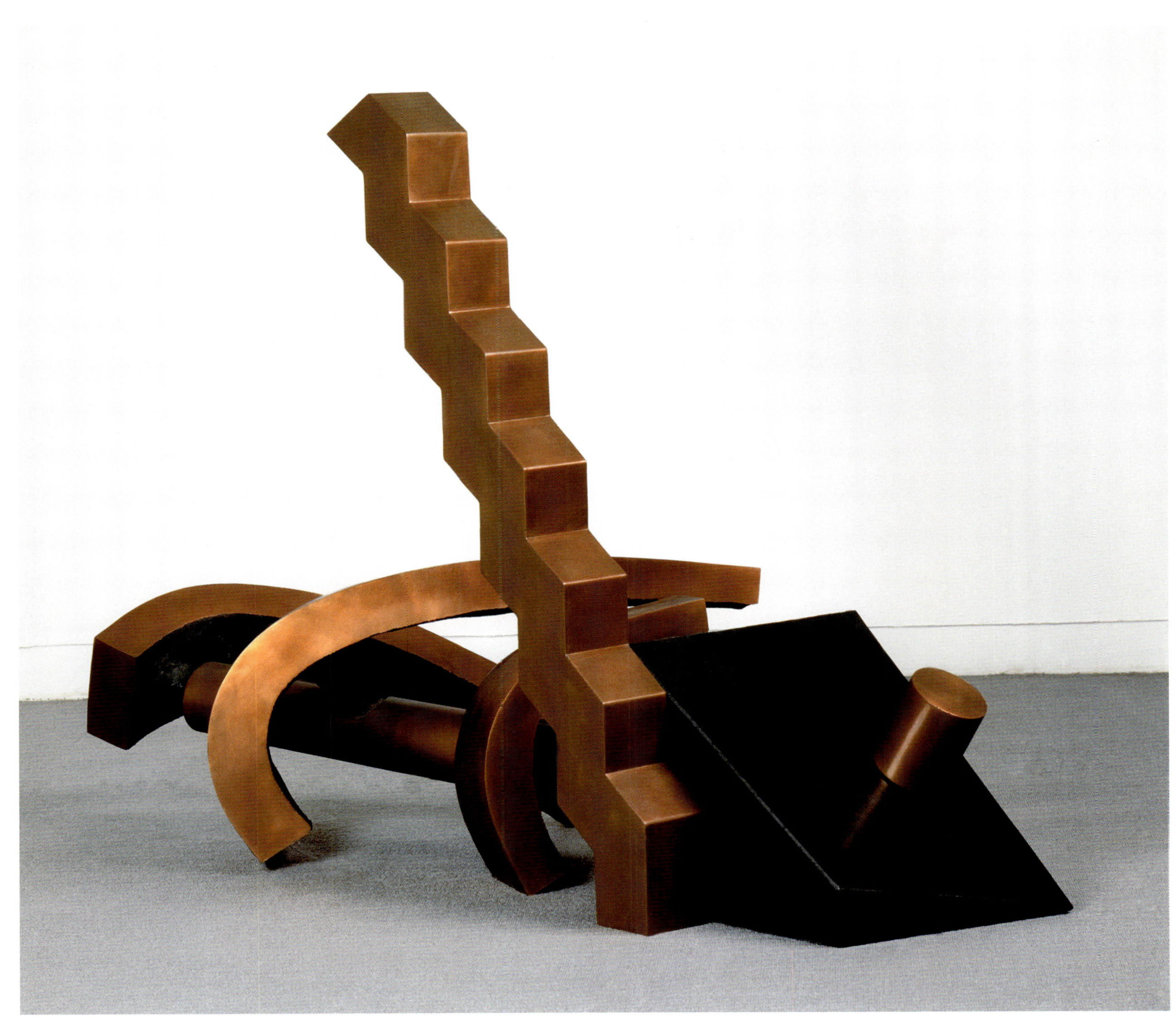

A Prophecy of a Lucky Bird (91006D), *1991*
Kupfer, Stein
Copper, Black Stone
131 x 200 x 85 cm

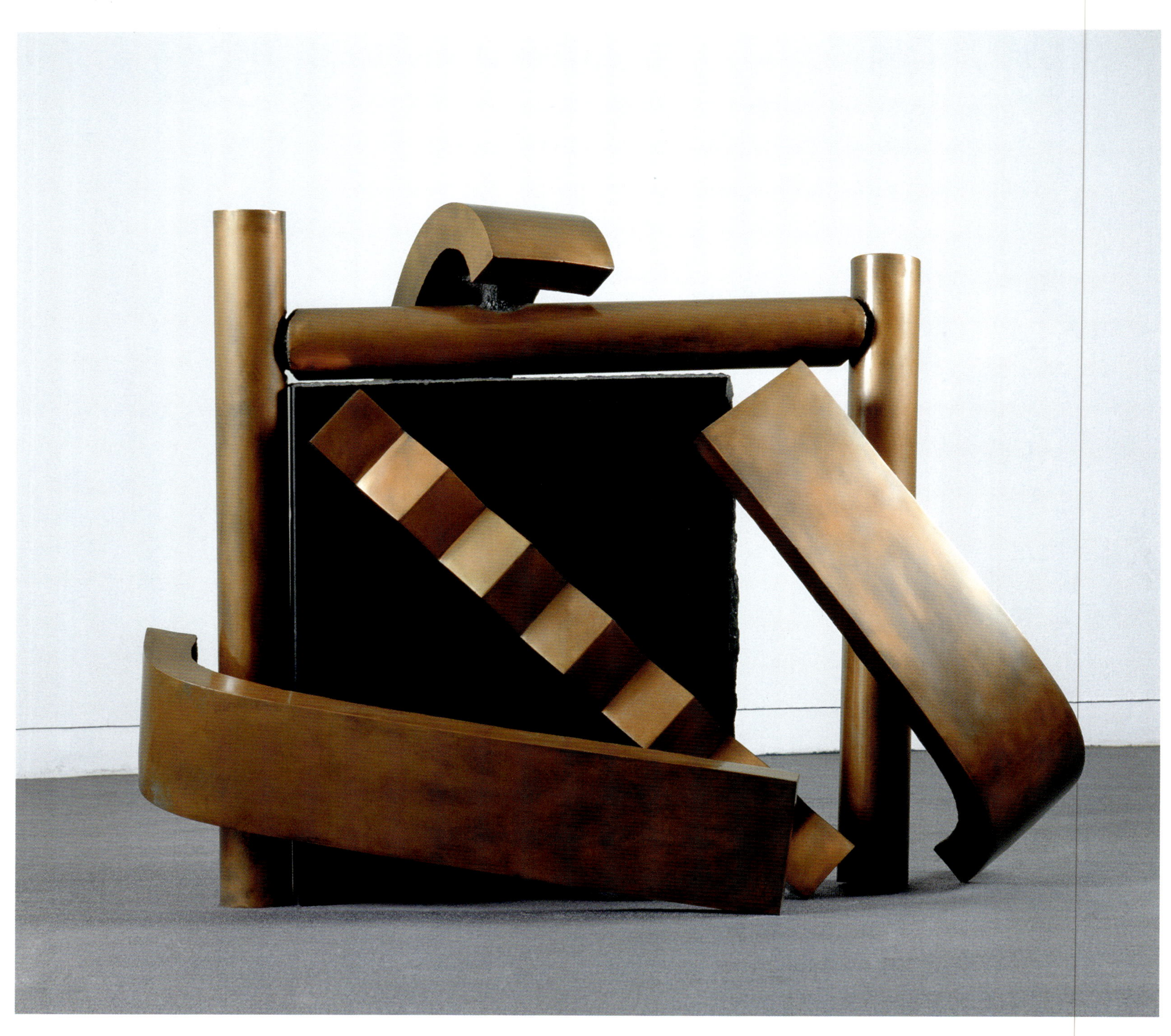

An Altar (91006D), *1991*
Kupfer, Stein
Copper, Black Stone
125 x 170 x 105 cm

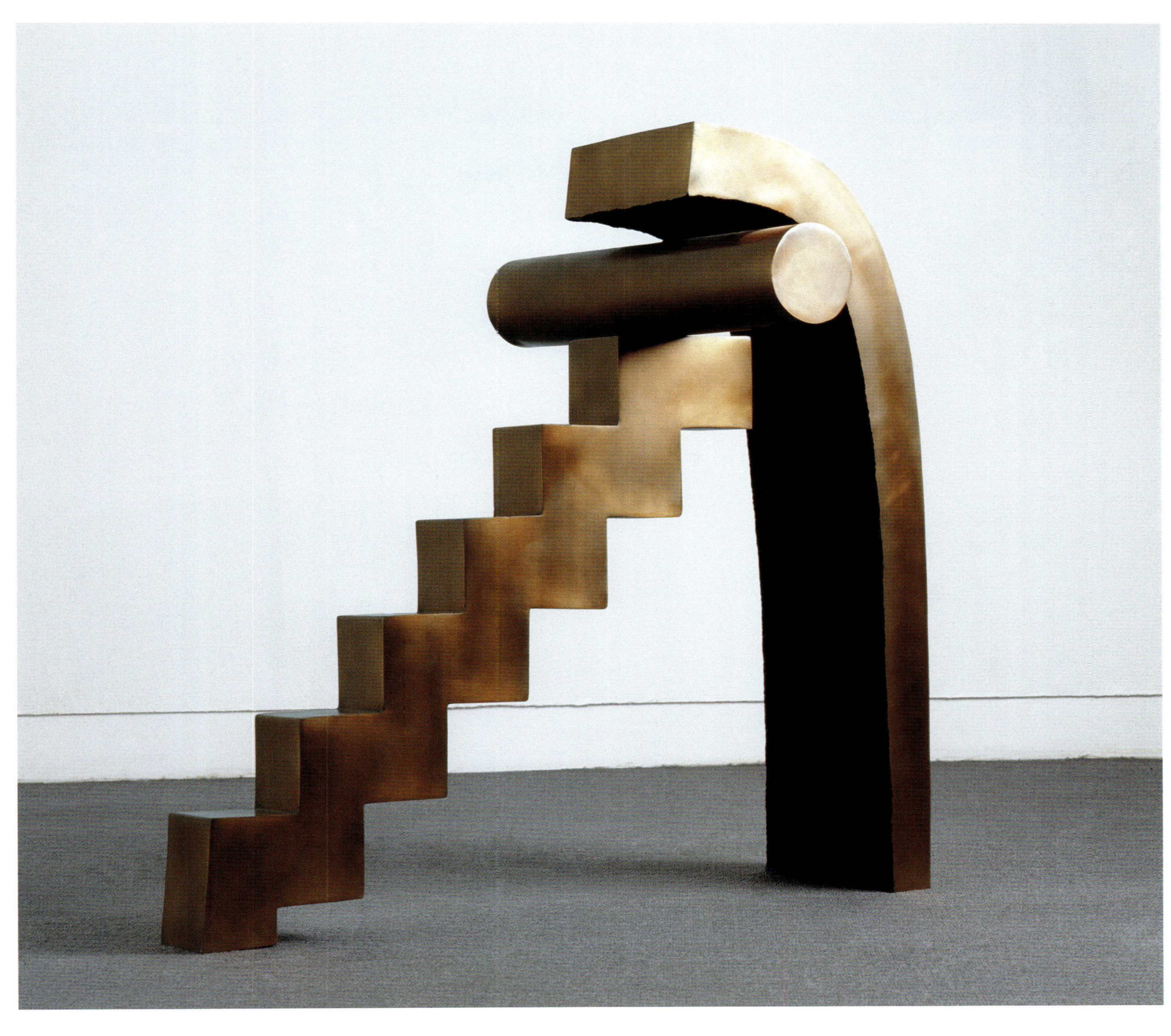

A Milestone Towards Rosa (91004D), *1991*
Kupfer
Copper
105 x 70 x 105 cm

135

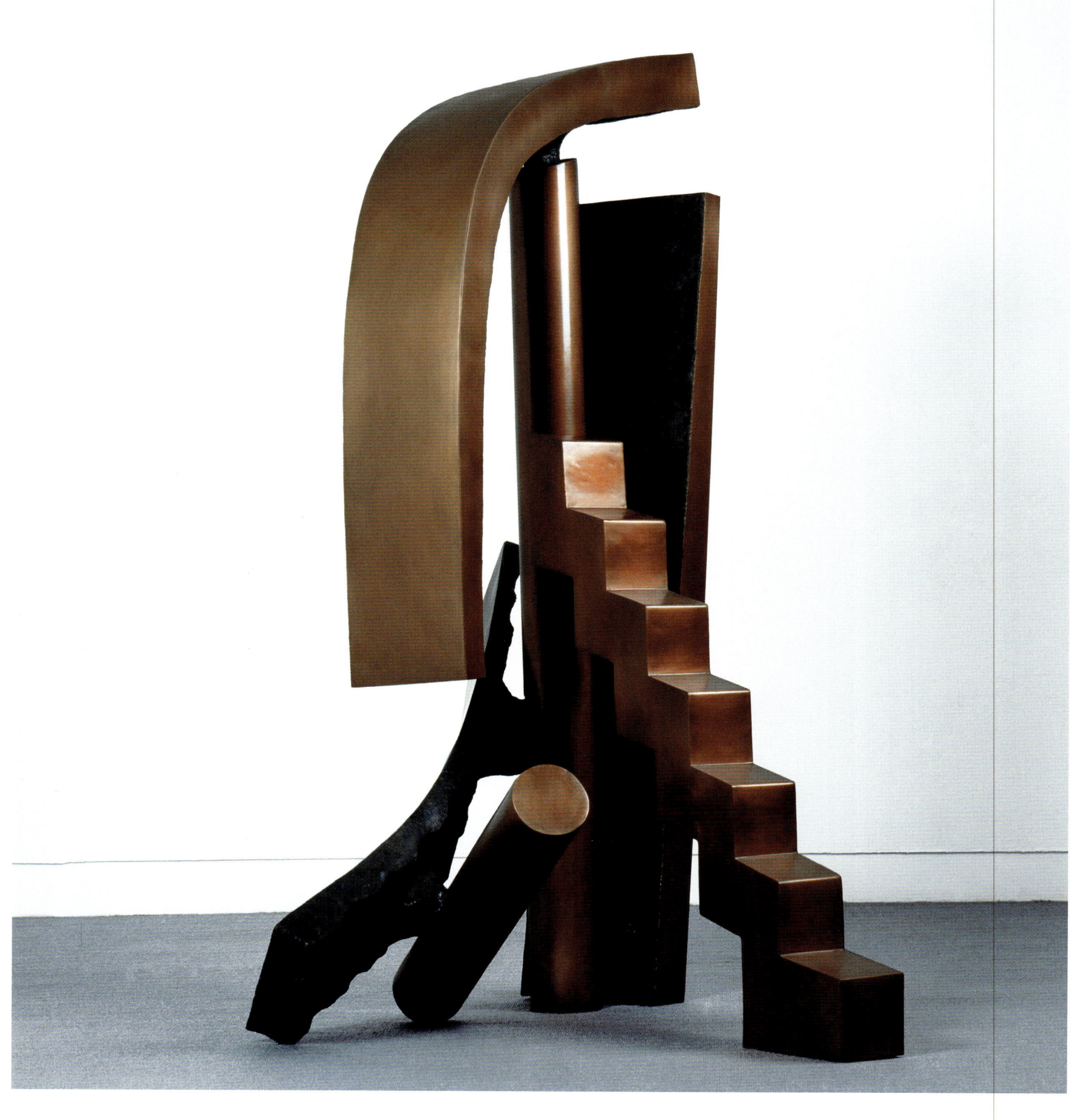

Heaven Earth Human, *1991*
Kupfer
Copper
179,6 x 115 x 131 cm

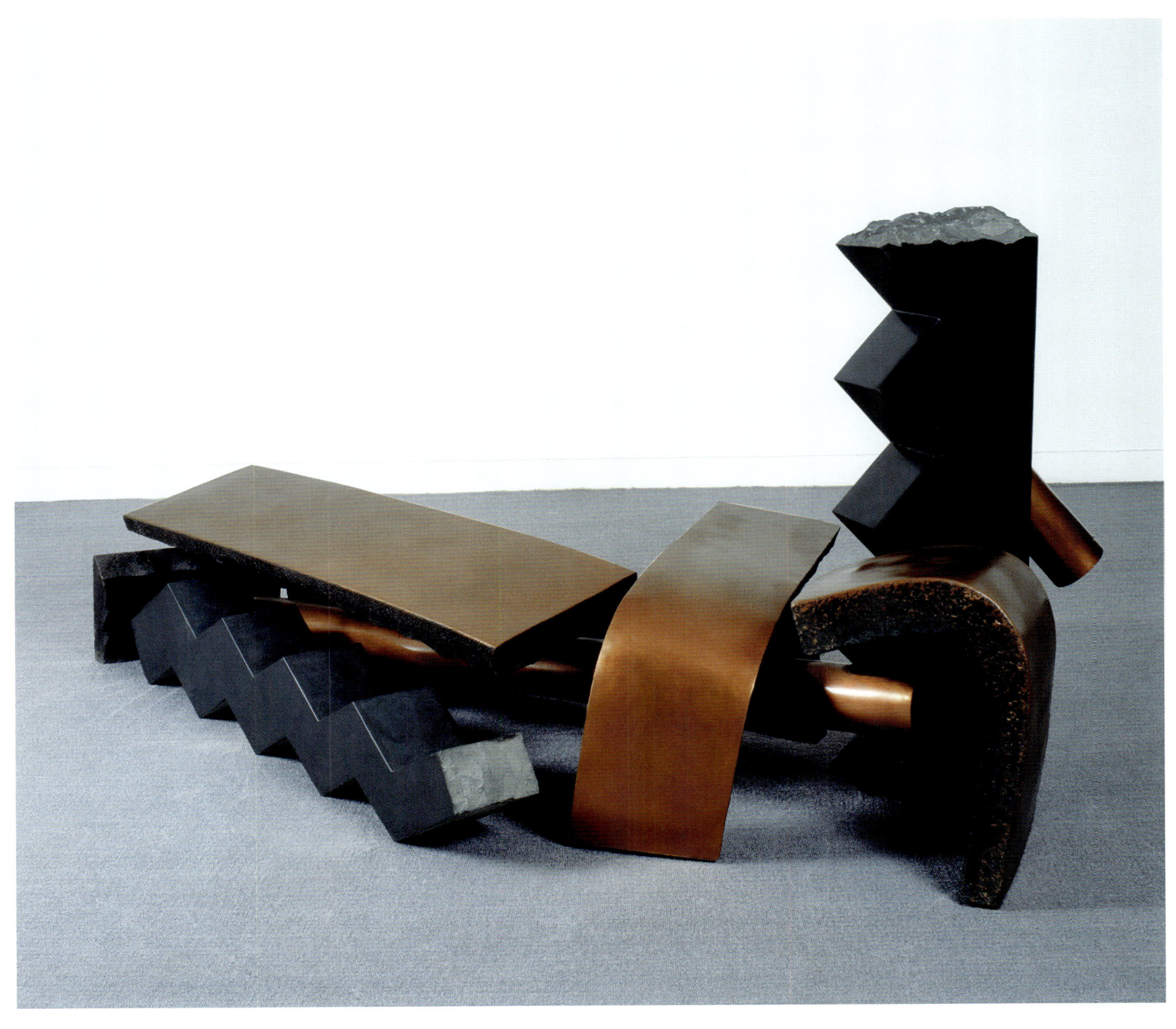

An Altar (91003D), *1991*
Kupfer, Stein
Copper, Black Stone
100 x 260 x 150 cm
Samsung Electronics, Suwon

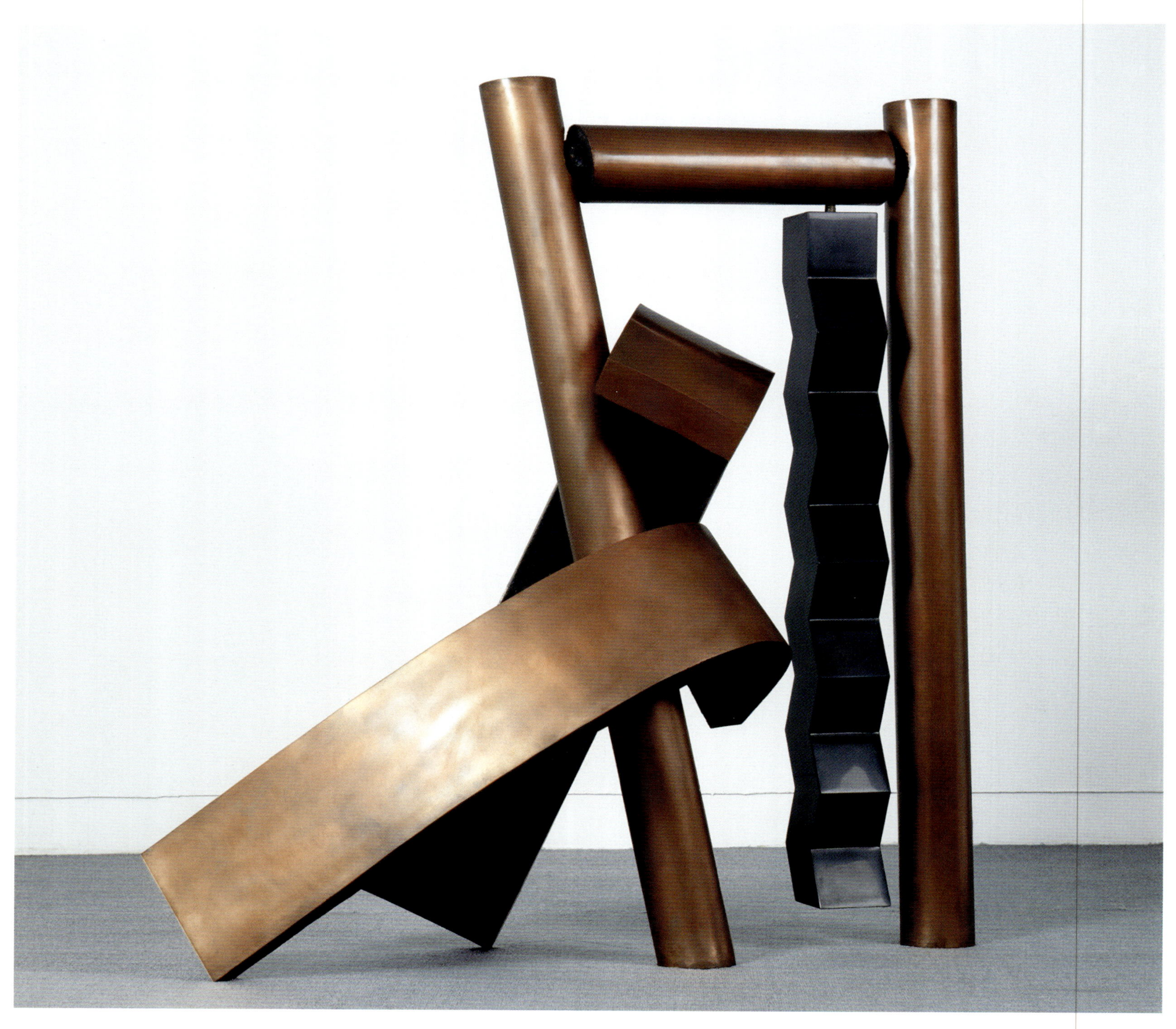

Asceticism, ***1991***
Kupfer
Copper
149 x 150 x 67 cm

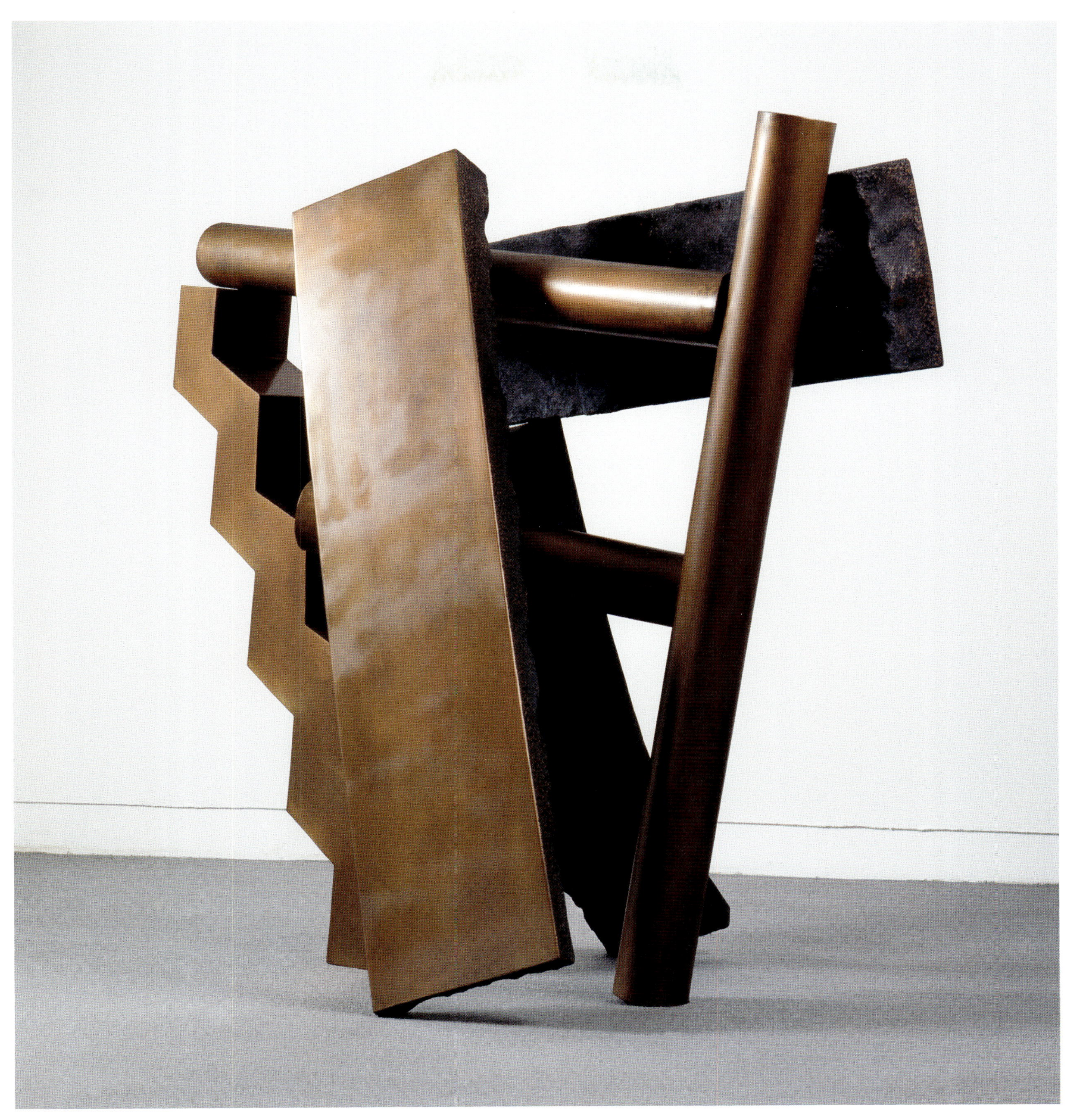

Castle Mountain (91008D), *1991*
Kupfer
Copper
150 x 109 x 172 cm
Kangnam St. Mary's Hospital, Seoul

139

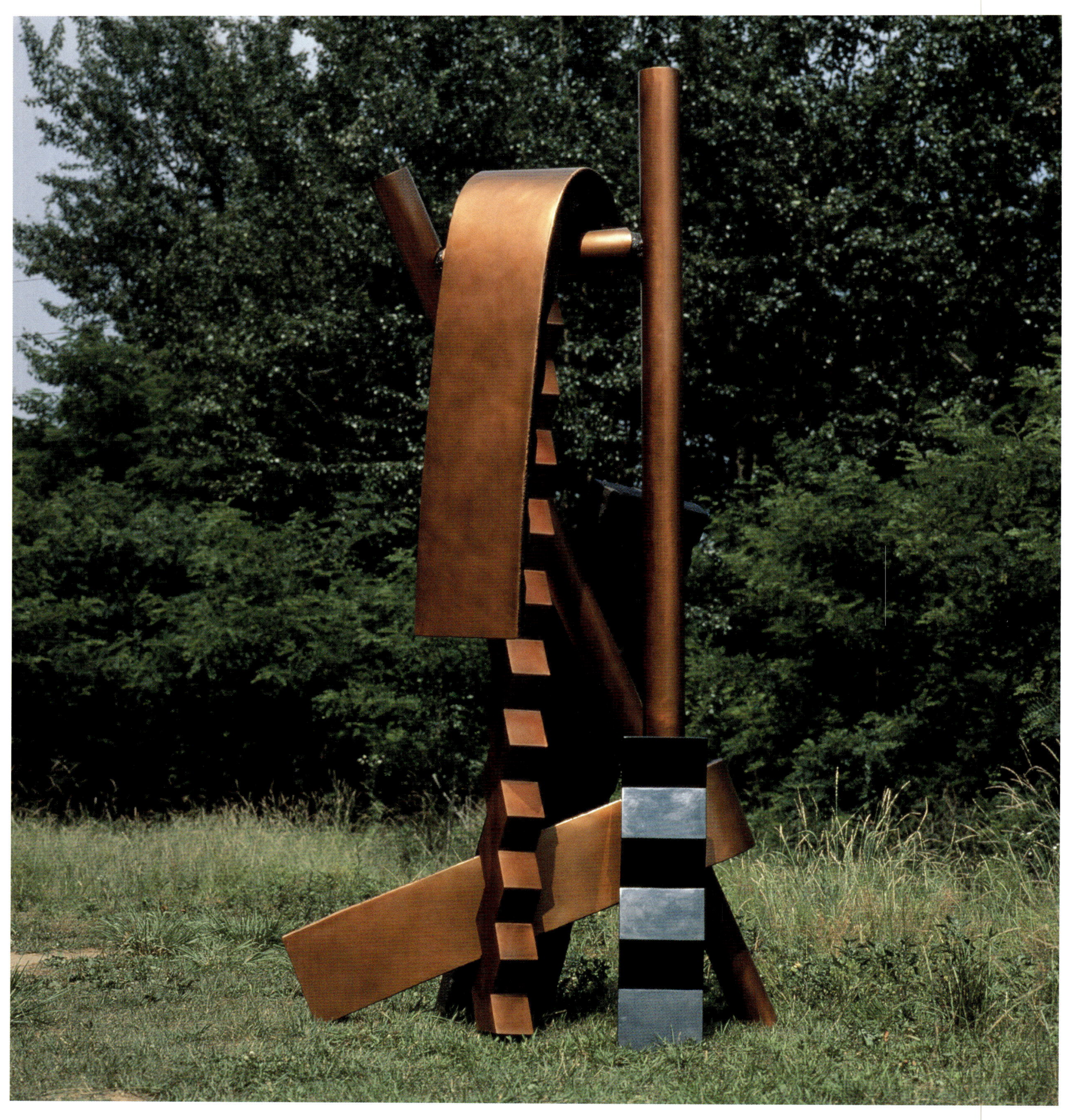

An Oriental Image (91001D), ***1991***
Kupfer, Stein
Copper, Black Stone
300 x 160 x 118 cm
Dai Han Life Insurance, Uijeong-bu

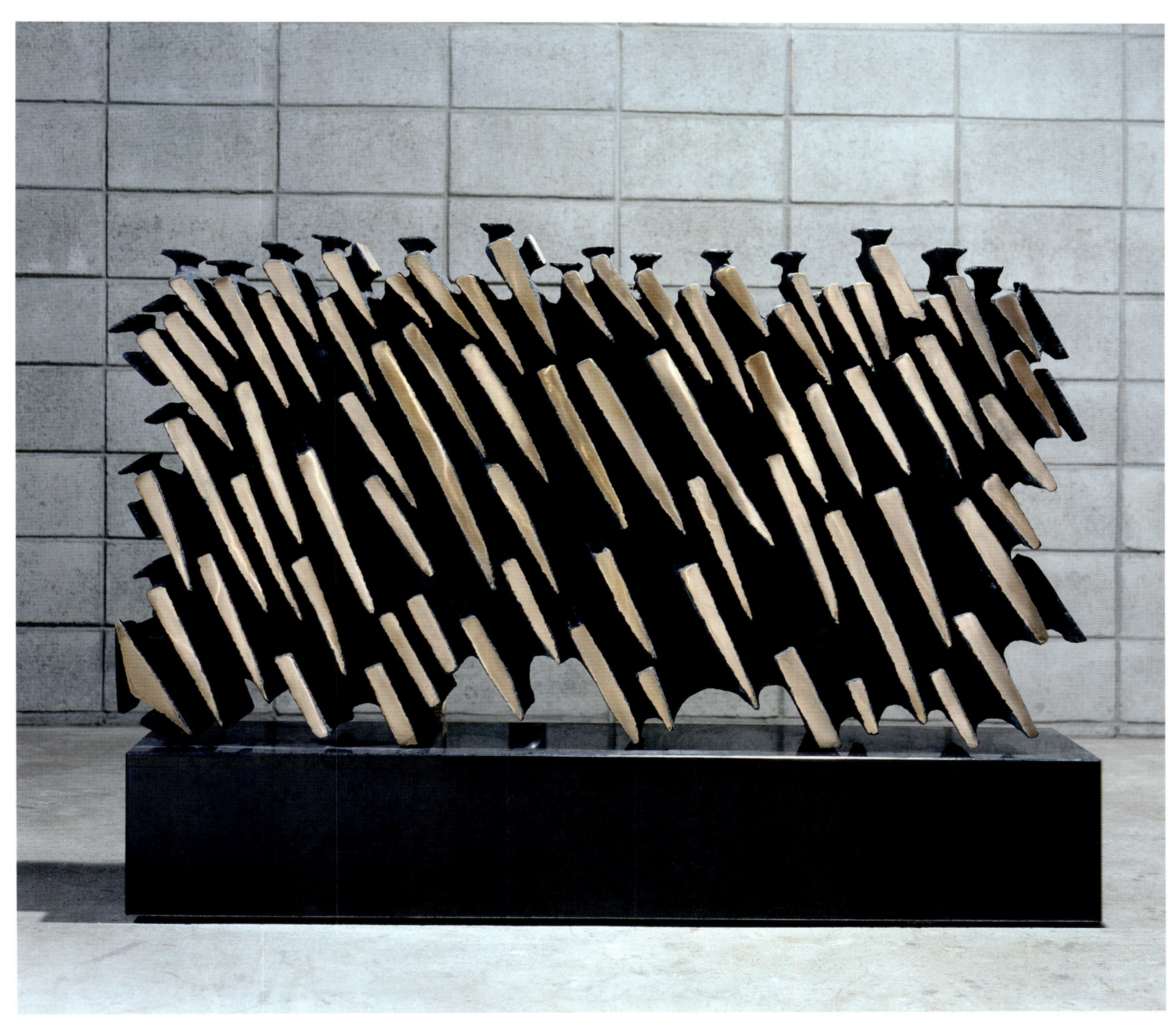

A Crowd – An Advance, *1990*
Kupfer
Copper
82 x 154 x 20 cm

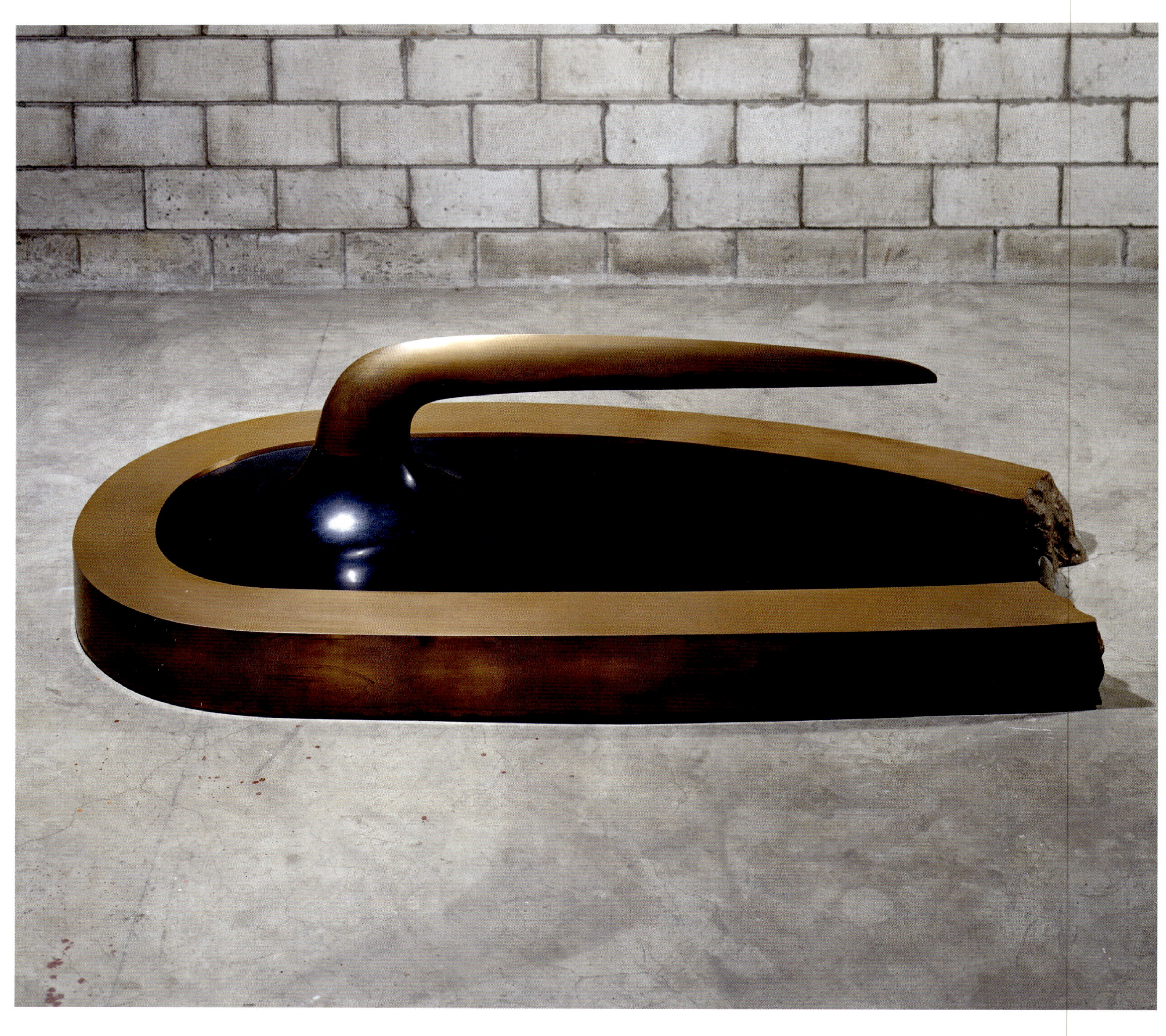

Heaven Earth Human No. 9, *1989*
Kupfer, Stein
Copper, Black Stone
60 x 222 x 110 cm

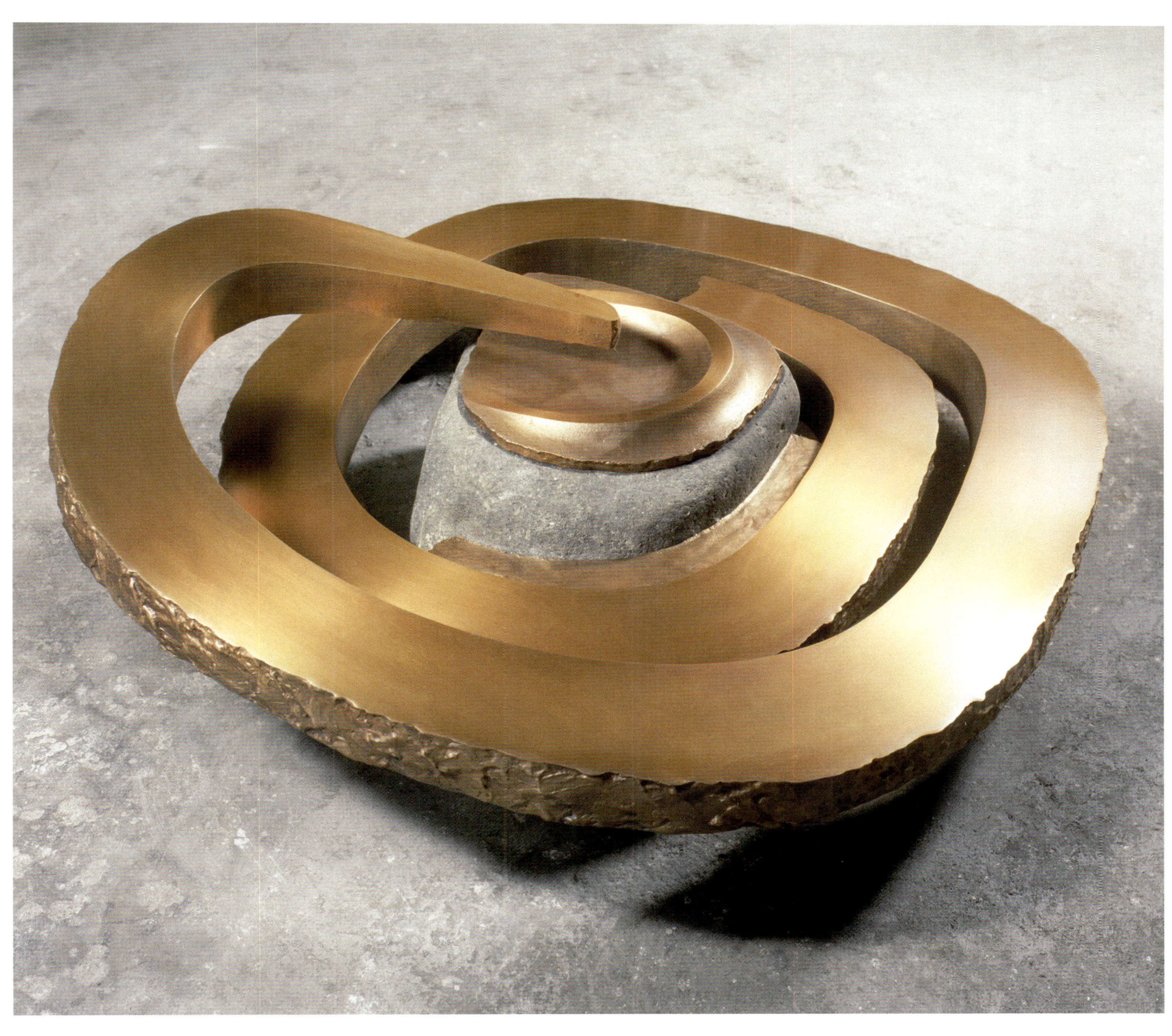

Delta 87 No. 5, ***1987***
Bronze, Stein
Bronze, Stone
40 x 98 x 100 cm
Kum-ho Museum, Seoul

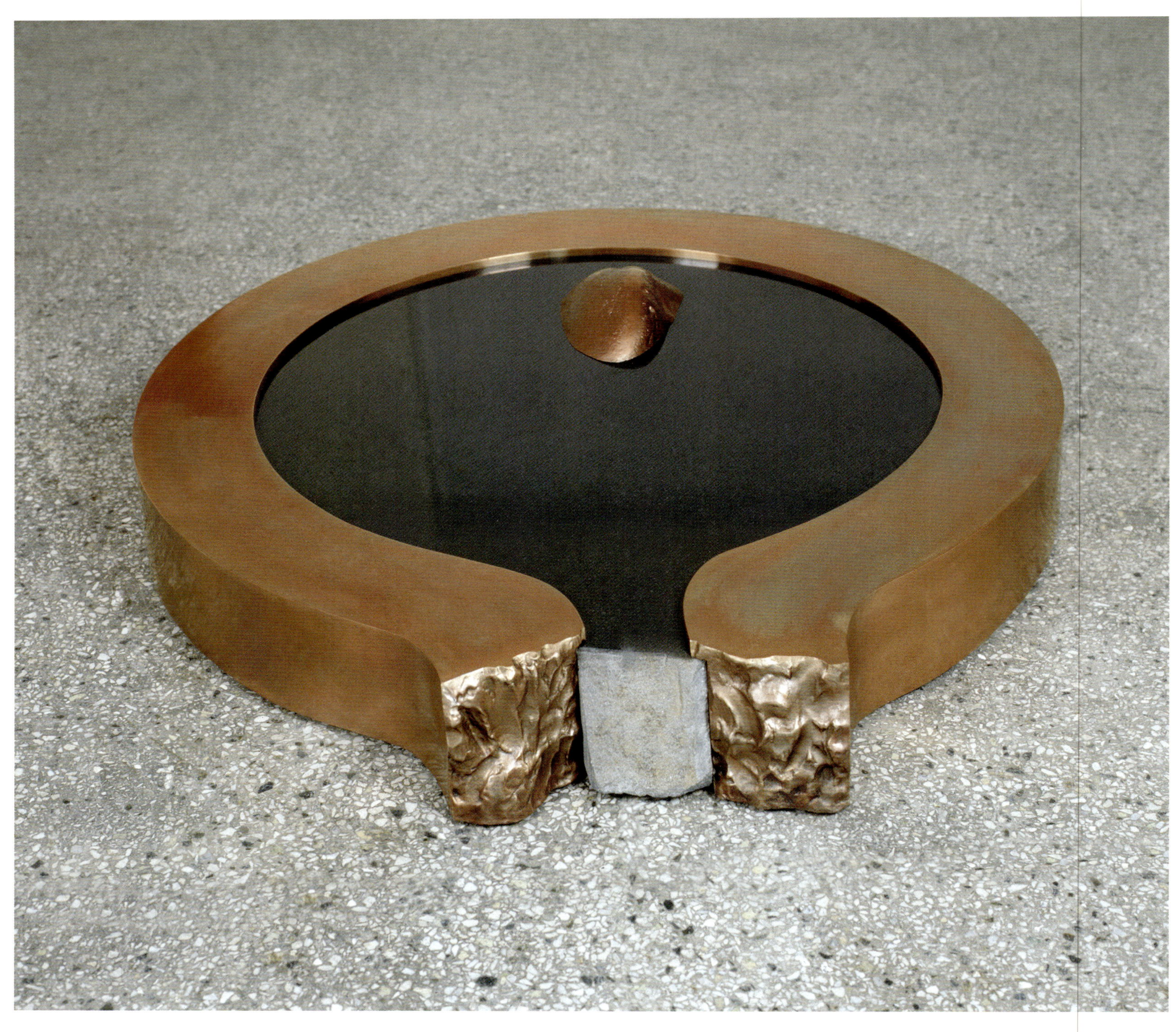

Untitled 87 No. 8, *1987*
Bronze, Stein
Bronze, Stone
25 x 100 x 110 cm

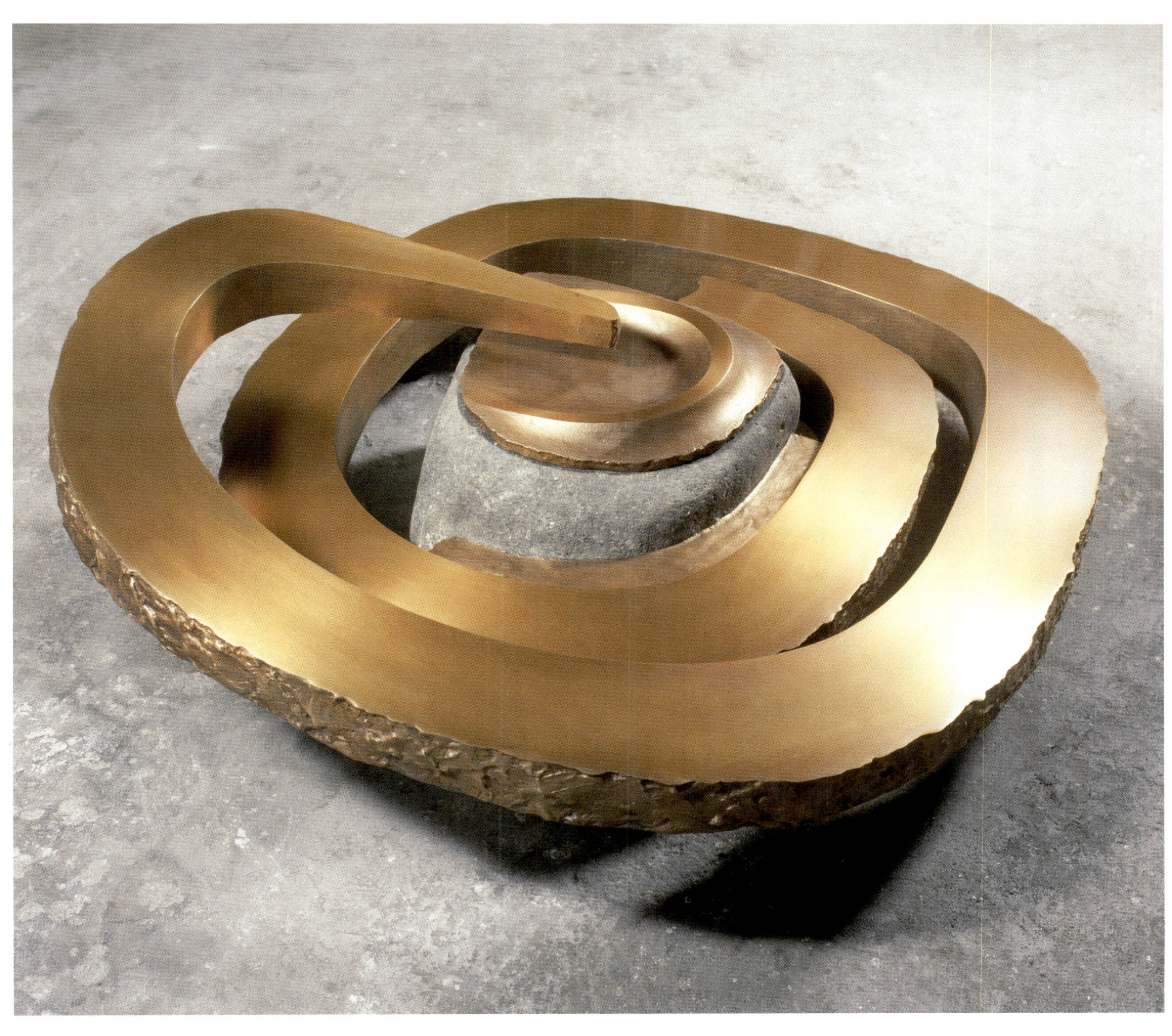

Delta 87 No. 5, *1987*
Bronze, Stein
Bronze, Stone
40 x 98 x 100 cm
Kum-ho Museum, Seoul

143

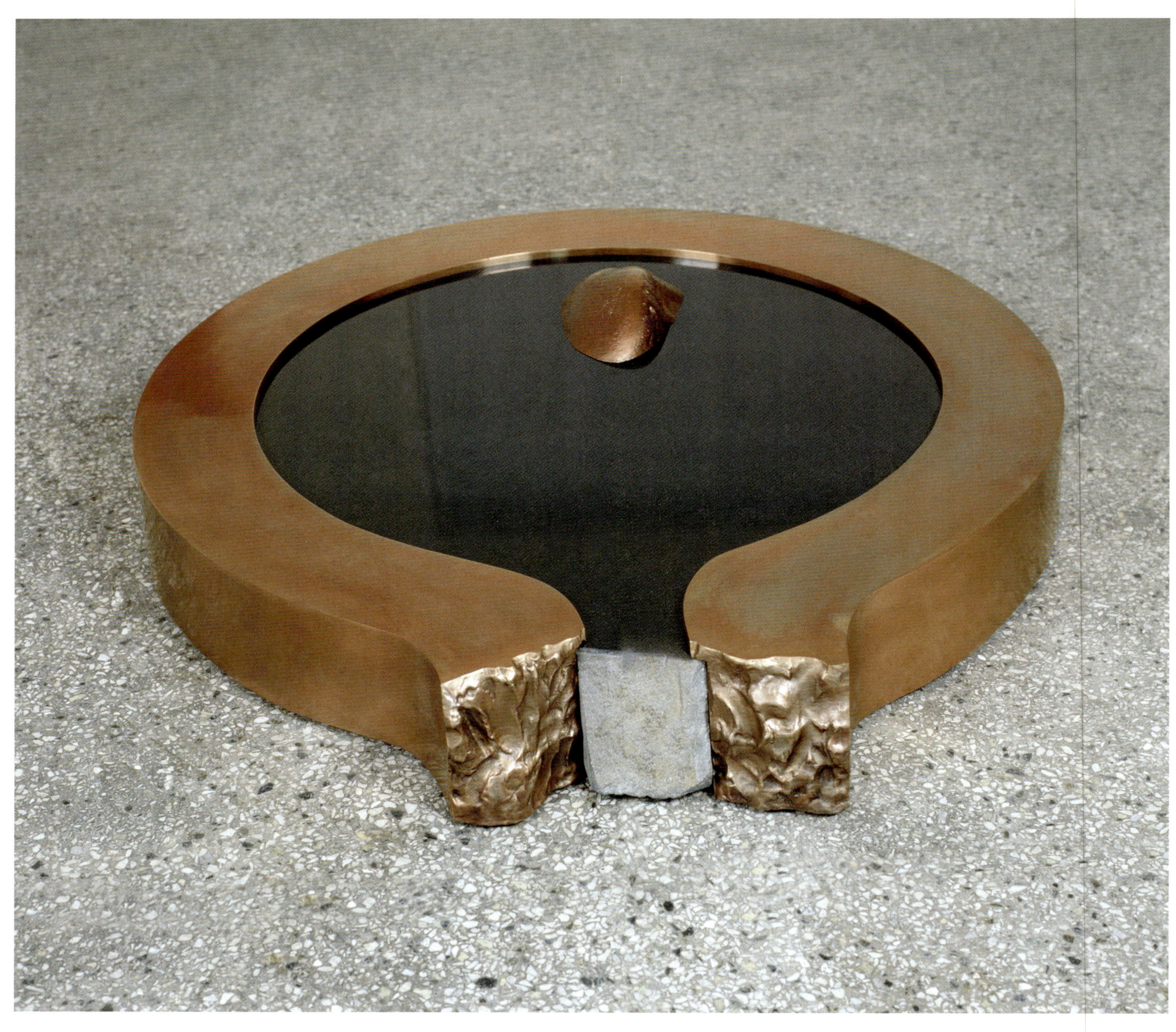

Untitled 87 No. 8, *1987*
Bronze, Stein
Bronze, Stone
25 x 100 x 110 cm

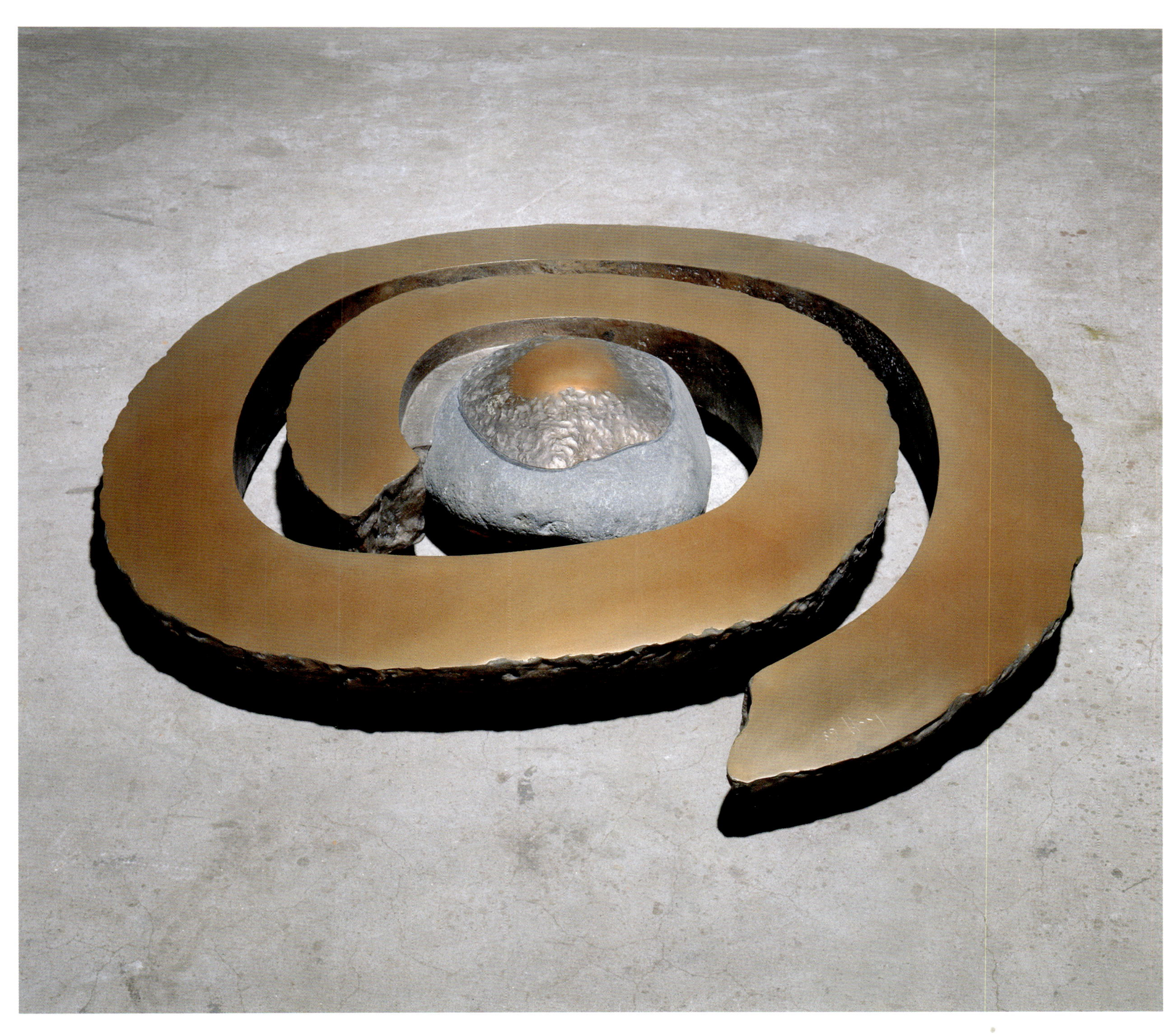

Heaven Earth Human – A Delta, *1989*
Kupfer, Stein
Copper, Black Stone
26 x 129 x 120 cm

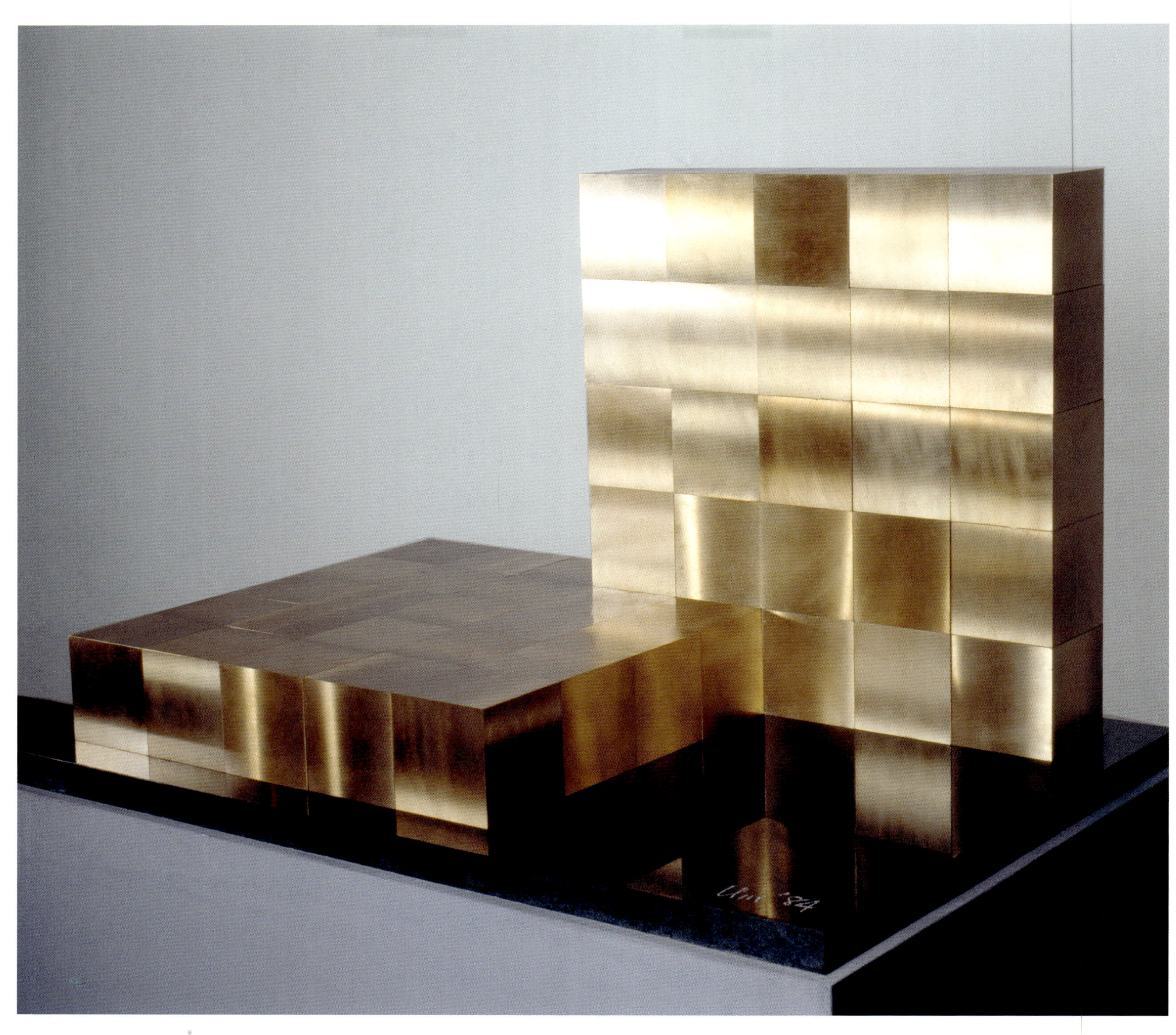

Together – Connection No. 1, ***1984***
Kupfer
Copper
50 x 80 x 50 cm

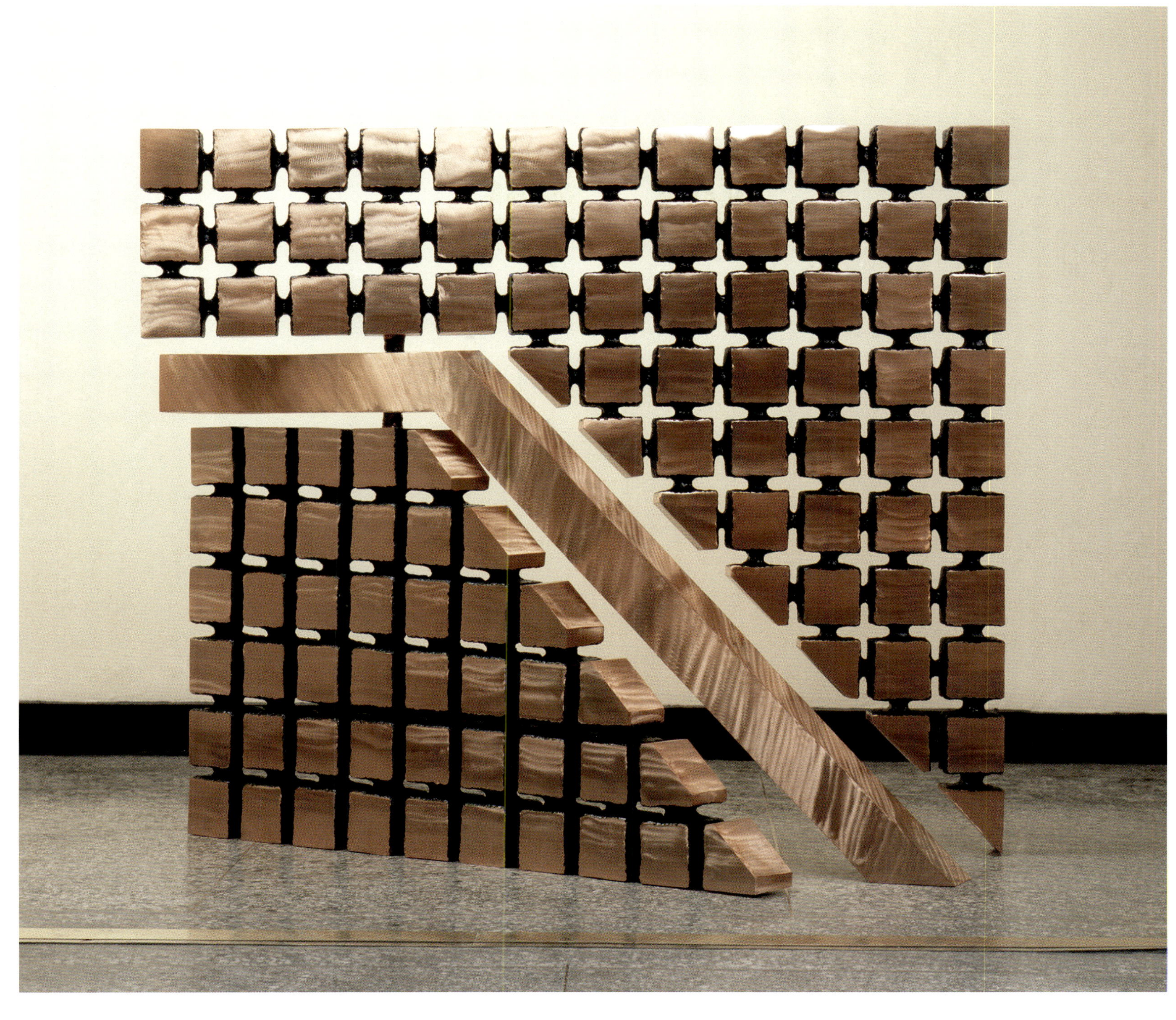

Untitled 87 No. 1, *1987*
Kupfer
Copper
150 x 150 x 40 cm

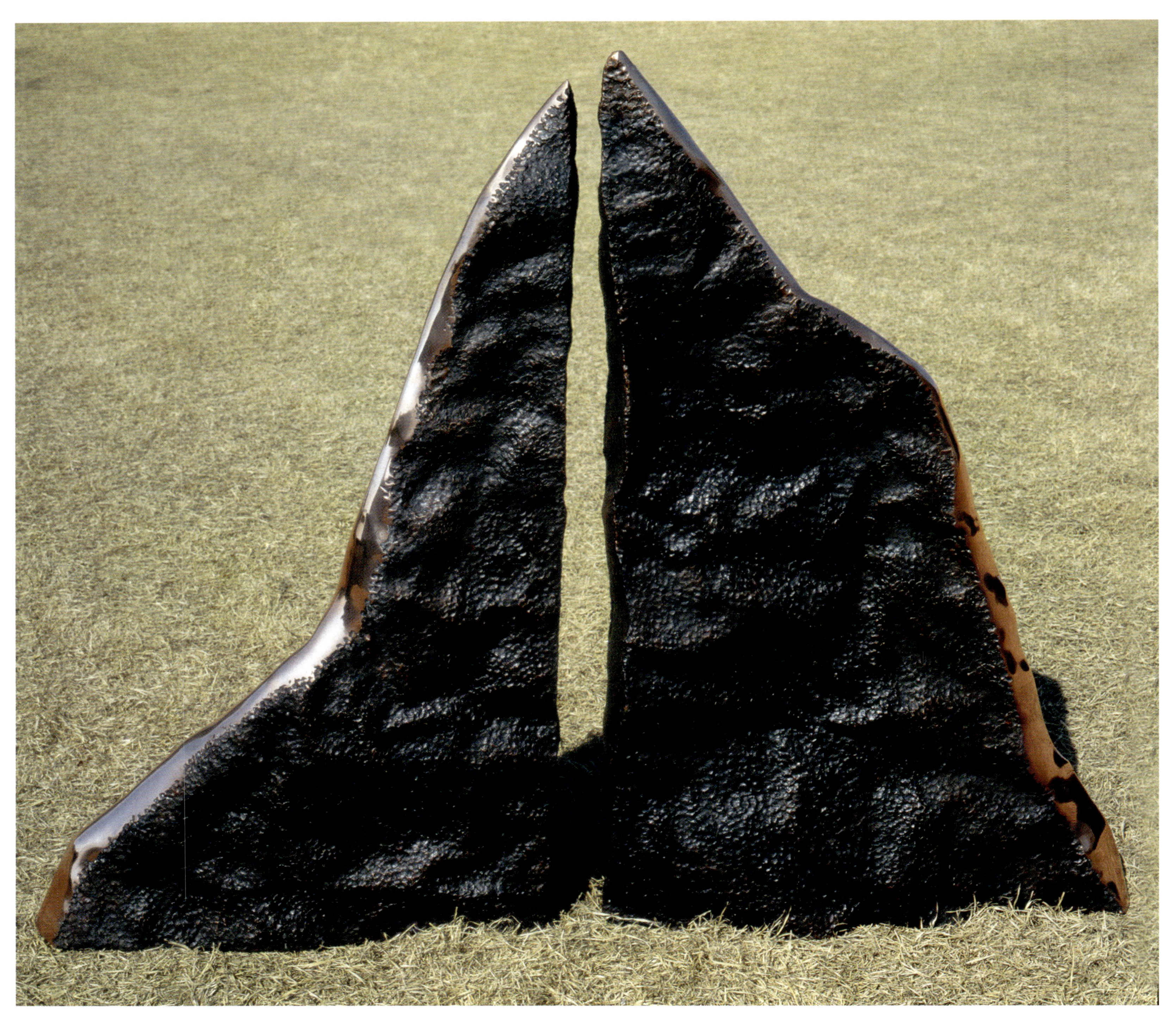

Ridge No. 8 (Hill Path), *1978*
Kupfer
Copper
116 x 184 x 20 cm

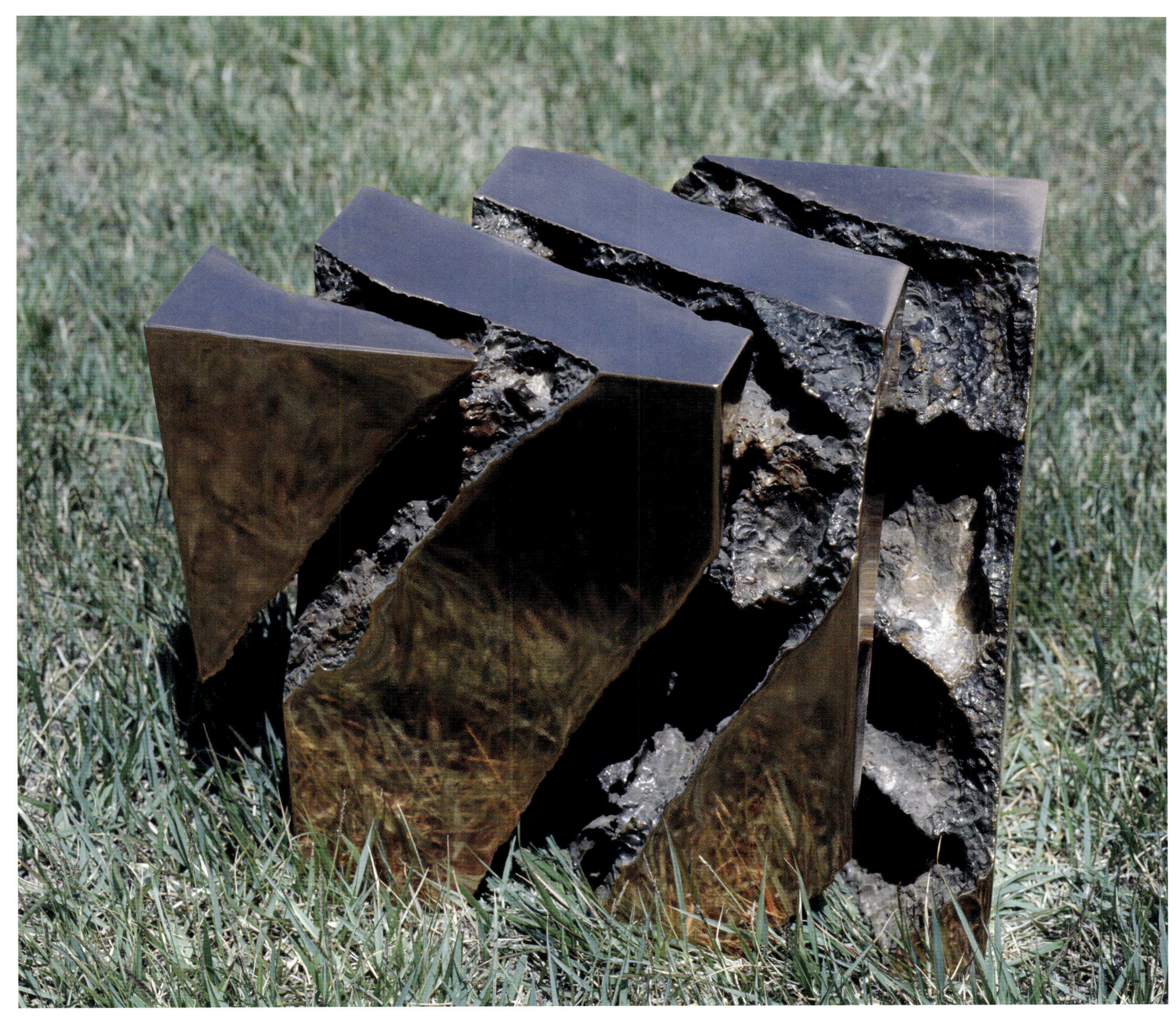

Energy 74 No. 1 (Polar Light), *1974*
Kupfer
Copper
35 x 50 x 30 cm
Museum of Seoul National University, Seoul

149

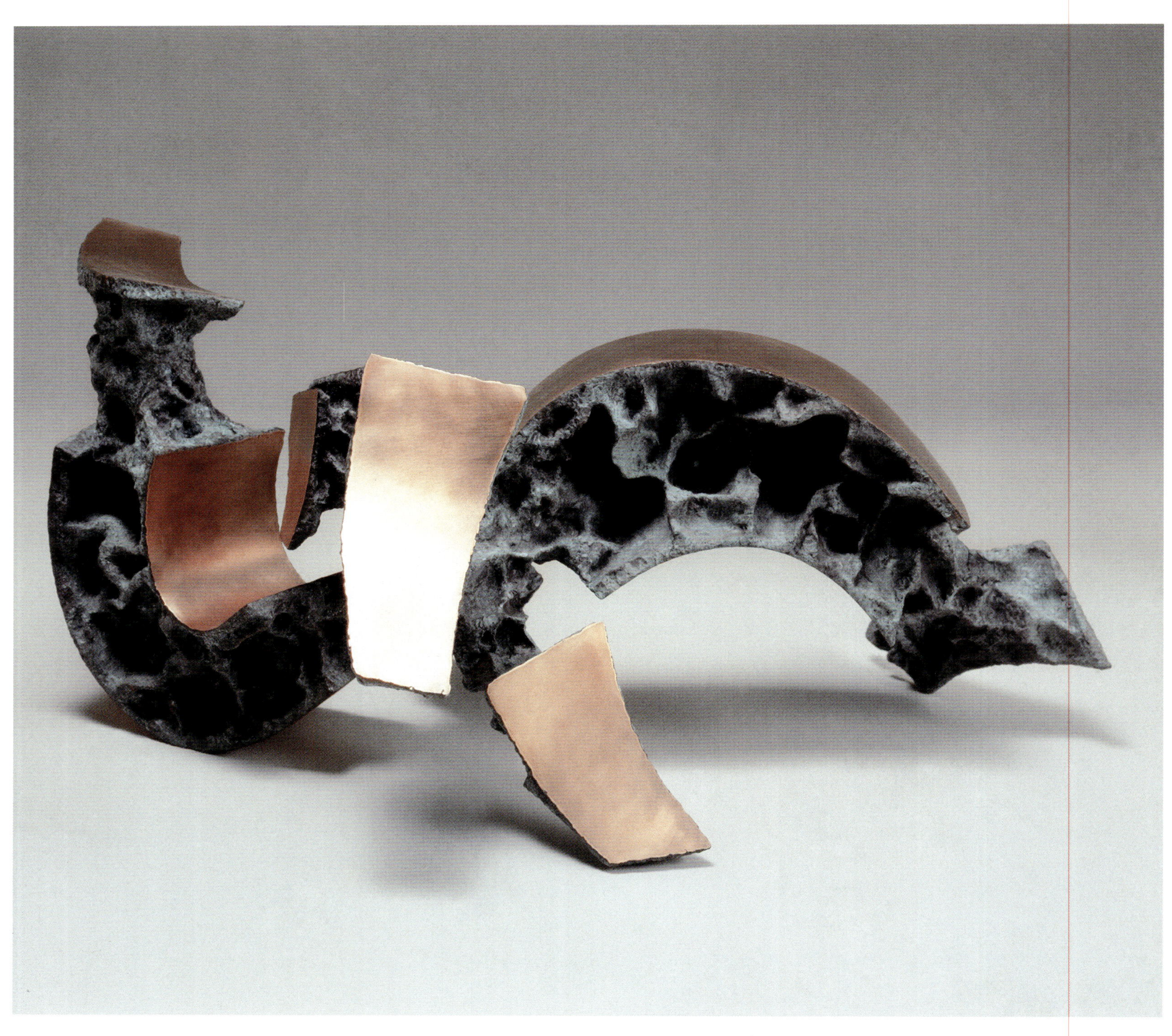

Energy 75 No. 4, *1975*
Kupfer
Copper
51 x 120 x 50 cm

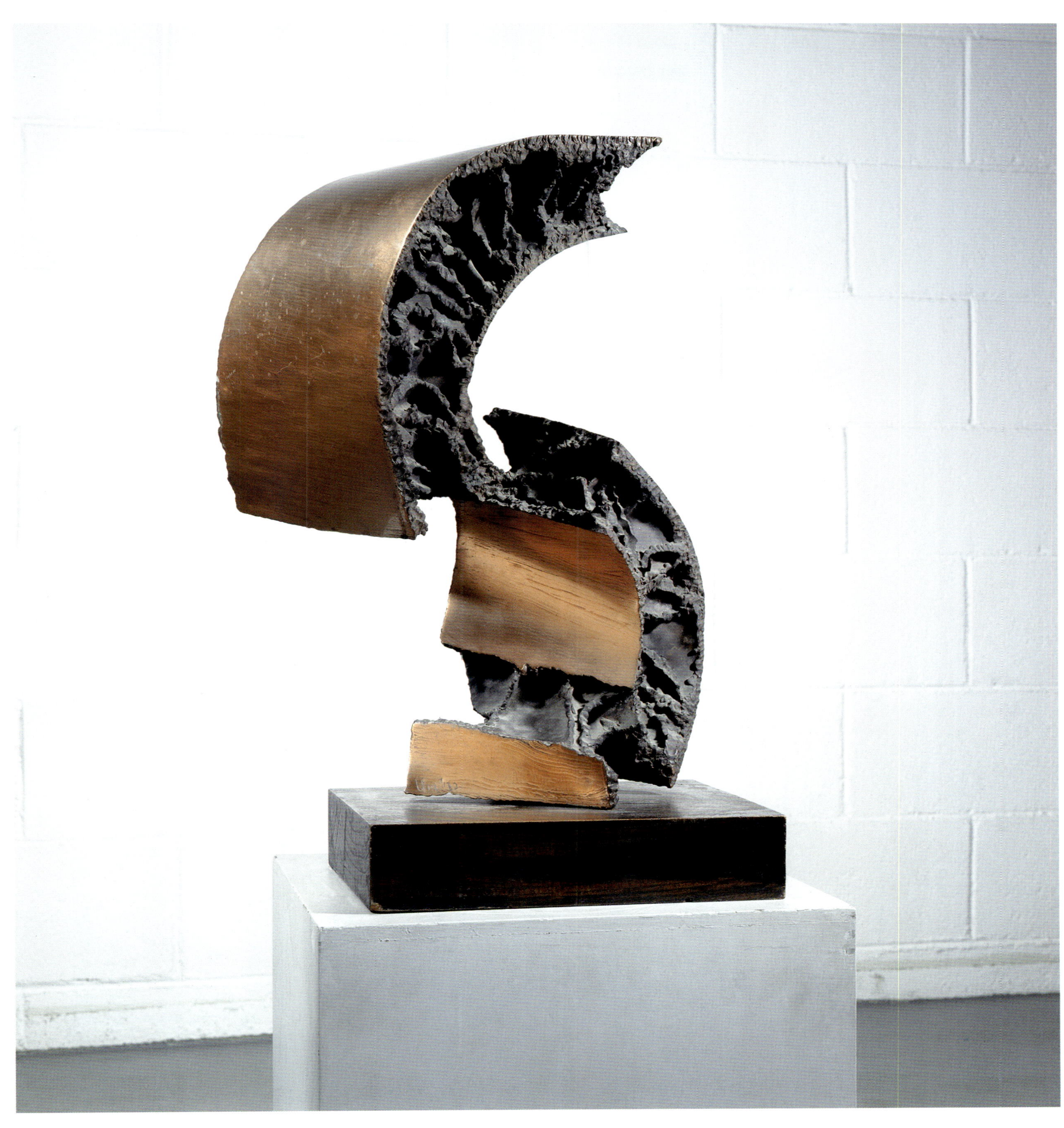

Energy 75 No. 3, ***1975***
Kupfer
Copper
57 x 48 x 35 cm

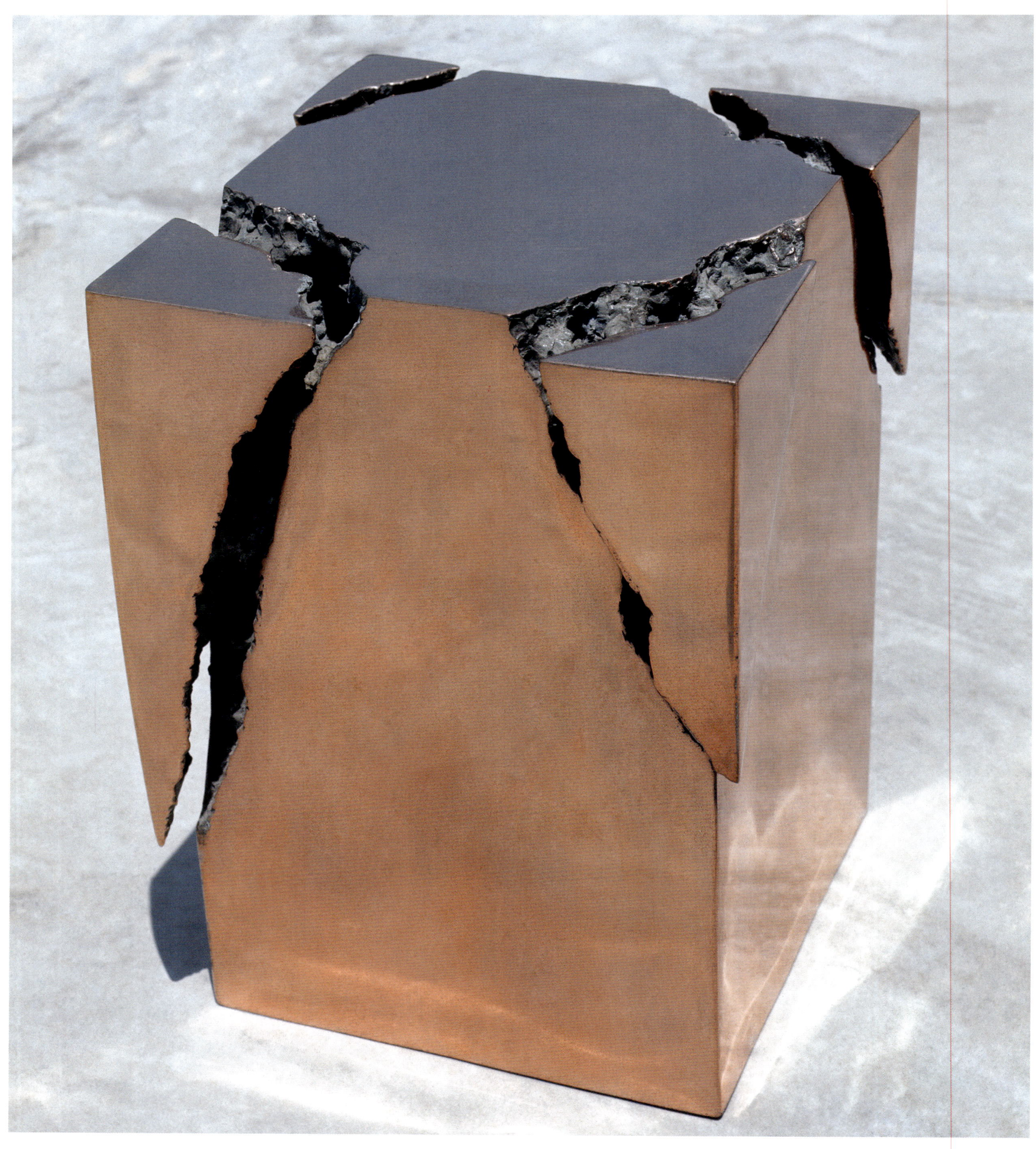

Energy 75 No. 8, *1975*
Kupfer
Copper
50 x 42 x 43 cm

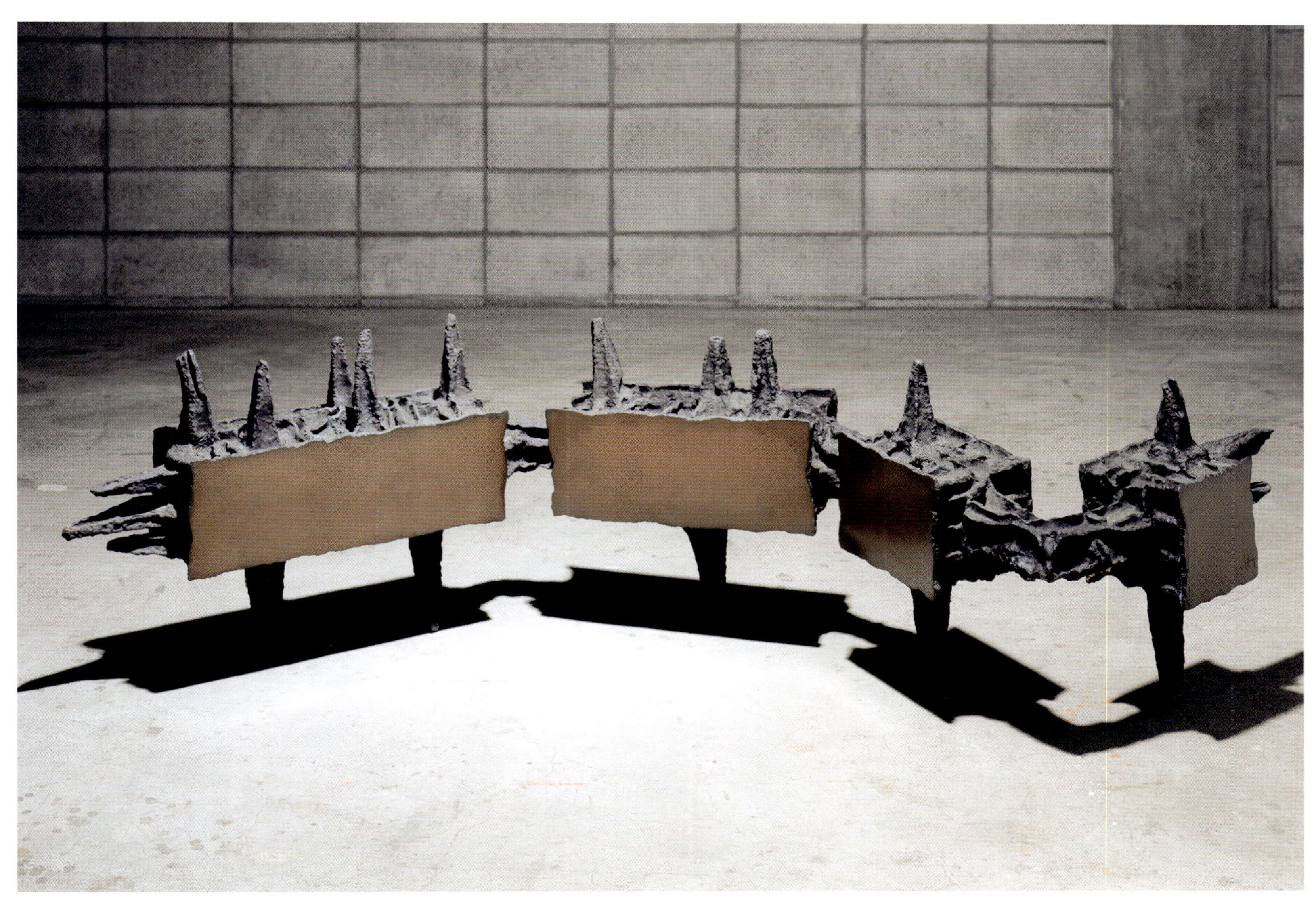

Dragon, *1973*
Kupfer
Copper
60 x 205 x 80 cm

Zeichnu

Drawin

gen

s

Mit flüchtiger Geste

Tai-Jung Ums Tuschezeichnungen vom Anfang der neunziger Jahre weisen nur entfernt Ähnlichkeit mit jenen Papierarbeiten auf, die ab dem Jahr 2000 parallel zu seinen Aluminiumskulpturen entstehen. Während er sich in diesen geduldig Strich um Strich vortastet, bis eine Gestalt sichtbar wird, in der die flirrende Fülle zahlloser Linien sich zu einer Form fügt, konzentriert er sich in dieser Phase darauf, mit flüssiger Geste Setzungen vorzunehmen. Nicht die spitze Feder, sondern der breite Pinsel ist sein Instrument. Getreu gibt der Farbverlauf der chinesischen Tusche darüber Auskunft, wo Tai-Jung Um den Pinsel erstmals auf dem noch unberührten weißen Papier aufsetzte, welche Bewegungen Hand und Körper vollführten und welchen Zustand er schließlich als den letztgültigen akzeptierte.

„In einer Linie ist die Welt verbunden, mit einer Linie ist die Welt zerteilt: Zeichnen ist eine wunderbare und schreckliche Sache", notierte der baskische Bildhauer Eduardo Chillida. Vielleicht liegt das Wunderbare und das Schreckliche, das der spontanen, in einem Zug entstehenden Zeichnung gleichermaßen innewohnt, gerade in ihrer Unabänderlichkeit begründet. Keine der Handlungen, die der Künstler vollzieht, kann zurückgenommen, keine der einmal getroffenen Entscheidungen revidiert werden. Vielmehr resultiert eine Geste aus der vorausgegangenen, antwortet eine Linie der zuvor gezogenen, vollendet eine Pinselspur das, was die vorherige angestoßen hat. Korrekturen lässt diese Art der Produktion nicht zu. Allenfalls kann der Künstler sein Werk als Ganzes verwerfen, was ihn aber nicht davon abhält, das nächste Blatt in Angriff zu nehmen.

Es scheint fast, als habe man es hier mit der Schöpfung eines Kalligraphen zu tun, der all sein Wissen, seine Erfahrung, seine Körperbeherrschung, all die Fähigkeiten, die er im Laufe von Jahrzehnten erworben hat, in einem kurzen Moment zu versammeln imstande ist, um mit einer einzigen Geste das vollendete Schriftzeichen auf das Papier zu werfen. Wie ein Kalligraph, so muss auch Tai-Jung Um eine Beziehung zwischen dem Liniensystem, das er entwickelt, und dem Maßstab, den die Papierfläche vorgibt, herstellen. Und wie ein Kalligraph beherrscht auch er die große Kunst, mit den tuschegetränkten Pinselhaaren so über das Papier zu streifen, dass dessen Bewegung sichtbar bleibt. Die Dynamisierung der Form erfolgt durch gezielt eingesetzte Verwischungen, die als indexikalische Zeichen bezeugen, an welchen Stellen der Pinsel – mal zärtlich, mal energisch – das Papier berührt hat.

All dies verweist mehr in das Reich japanischer Schriftzeichen als in das genuine Arbeitsfeld eines koreanischen Bildhauers und man könnte es daher durchaus als Ergebnis der spezifischen Ausbildungssituation deuten, auf die Tai-Jung Um Ende der fünfziger und Anfang der sechziger Jahre stieß. Als Tai-Jung Um sich entschied, Bildhauerei zu studieren, war der Korea-Krieg gerade einmal seit fünf Jahren beendet – mit fatalen Folgen für die Bevölkerung. Die Nation war geteilt, Abertausende hatten den grausamen Wettstreit zweier politischer Systeme mit ihrem Leben bezahlt, die Wirtschaft lag am Boden, das Land war politisch isoliert und durch die jahrzehntelange Besatzung der Japaner kulturell ausgelaugt. „Zu jener Zeit wurden in Seoul die neuen internationalen Kunstströmungen durch Künstler verbreitet, die im Nachbarland Japan studiert hatten", erinnert sich Tai-Jung Um. „Die behäbige Kunstwelt Koreas kam dadurch allmählich in Schwung. Viele koreanische Künstler wurden erst über den Umweg Japan auf westliche Kunstströmungen wie das Informel aufmerksam."

Japan fungierte also auch in der Zeit nach dem Korea-Krieg noch als Orientierungspunkt und Vermittlerinstanz. Und es wäre nicht verwunderlich, wenn auf diesem Wege bestimmte ästhetische Phänomene und Kulturtechniken wie die Kalligraphie Eingang in die koreanische Kunst gefunden hätten. Doch auch wenn Anklänge an kalligraphische Schreibbewegungen nicht von der Hand zu weisen sind, so überwiegen bei näherer Betrachtung von Tai-Jung Ums Zeichnungen doch die Unterschiede. Zum einen handelt es sich bei den Formen, die Tai-Jung Um entwirft, nicht um Schriftzeichen, die in der Fläche zu entziffern sind, sondern um die Versuche eines Bildhauers, Körper- und Raummodulationen in die Zweidimensionalität zu überführen. Zum anderen geht es ihm weniger um den Selbstausdruck des Subjekts, das bestrebt ist, im gestischen Vollzug der kalligraphischen Übung seinen Körper und seine Sinne uneingeschränkt zu erleben. Vielmehr ist ihm die Zeichnung Experimentierfeld und Versuchsanordnung zugleich – und somit unverzichtbare Grundlage seines plastischen Oeuvres. Hier kann er, ohne auf Gewicht und Materialverhalten Rücksicht nehmen zu müssen, die skulpturalen Durchdringungen des Raumes modellhaft vor Augen führen und erproben, wo sich die Achsen der in verschiedene Richtungen strebenden Elemente überschneiden, sich Neigungen, Ballungen und Gewichtsverlagerungen ergeben. Ebenso lassen sich die Effekte simulieren, die aus der Mehransichtigkeit einer Skulptur resultieren: Das Verhältnis der statischen und der dynamischen Elemente, der Diagonalen, Horizontalen und Vertikalen verändert sich, je nach Standpunkt, grundlegend.

Mitunter lassen sich die Zeichnungen eindeutig bestimmten Skulpturen zuordnen. So kehrt das Formenrepertoire, das die Werkgruppe „A Prophecy of a Lucky Bird", „An Altar" und „Asceticism" aus dem Jahr 1991 charakterisiert, in manchen Tuschezeichnungen wieder, die im gleichen Jahr entstanden sind. Nicht nur die an das Organische angelehnte Kurvatur, auch die leicht identifizierbare zickzackförmige Säule, die sich als Hommage an Brancusis „Unendliche Säule" zu erkennen gibt, sind in der Welt der Linien wie der skulpturalen Konstruktionen gleichermaßen zuhause. Den Reiz dieser Zeichnungen aber macht vor allem aus, dass sie nicht, wie Konstruktionszeichnungen, um Realisierbarkeit und Präzision ringen, sondern allein der Vorstellungskraft des Bildhauers entspringen. In ihrer faszinierenden Mischung aus vorsichtigem Tasten und erreichter Prägnanz ist Tai-Jung Ums Entwurfsprozess der Arbeitsweise Eduardo Chillidas verwandt, der einmal sagte: „Ich habe eine Vorstellung vom Werk, bevor ich es ausführe. Aber ich weiß nicht, noch will ich es wissen, wie es sein wird."

With a Fleeting Touch

Tai-Jung Um's ink drawings from the early nineties only remotely resemble the works on paper which arise as of 2000 simultaneously to his aluminium sculptures. While in the latter he patiently feels his way forward one line after the other until a shape emerges in which the shimmering wealth of innumerable lines merges to reveal a form, in the early phase he concentrated on creating impressions with fluid gestures. Consequently, it was not the sharp quill but the broad brush was his preferred instrument, and the run of the Chinese ink reflects where Tai-Jung Um first applied the brush to the otherwise virgin white paper, what movements his hand and body made, and what state he eventually accepted as the final one.

"In each line, the world is connected, and with each line the world is divided: Drawing is a wonderful and awful matter," Basque sculptor Eduardo Chillida once noted. Perhaps the wonderful and the awful innate in like measure in the spontaneous drawing formed from a single stroke stem from the fact that the drawing once made is immutable. None of the artist's actions can be reversed; none of the decisions once taken can be revised. Instead, each gesture results from the one that preceded it, each line responds to the one that went before, and each brushstroke completes what the brushstroke before had done. This type of production does not allow for corrections. At best, the artist can reject the finished product and crumple it up, which will probably not stop him from taking out the next sheet of paper and starting over.

It would almost appear as if we are confronted here by the creation of a calligrapher who is able to bring all the knowledge and experience and physical control, all the skills he has acquired down through the decades to bear in one brief moment – and with a single gesture to inscribe that perfect character on paper. Like a calligrapher, Tai-Jung Um also has to forge a relationship between the system of lines that he develops and the scale set by the surface of the paper. And like a calligrapher, he also masters the great art of stroking the ink-steeped hairs of the brush across the paper such that the movement remains apparent. The dynamic nature of the resulting form is the product of deliberate blurrings that attest as indexical signs where the brush touched the paper, be it tenderly or energetically.

All of this points more to the realm of Japanese characters than it does to the genuine working domain of a Korean sculptor, and one could indeed interpret this as the upshot of the specific educational setting in which Tai-Jung Um found himself at the end of the fifties and the early sixties. Tai-Jung Um resolved to study sculpture only five years after the end of the Korean War – that had had such fatal consequences for the population. The nation was divided, thousands and thousands had paid with their lives for the cruel struggle between two political systems, the economy was ruined, the country politically isolated, and its culture leached by the decades of the Japanese occupation. "At that time, in Seoul the new international currents in art were being disseminated by artists who had studied in neighbouring Japan," remembers Tai-Jung Um. "This gradually set Korea's ponderous art world in motion. Many Korean artists first learned of Western movements in art, such as art informel, via Japan."

In other words, in the period after the Korea War Japan functioned as a point of orientation and as a mediator. And it would not be surprising if certain aesthetic phenomena and cultural techniques such as calligraphy found their way into Korean art by the same route. Yet even if we can discern allusions to calligraphic writing, on closer inspection these do not predominate in Tai-Jung Um's drawings. Firstly, they present shapes that Tai-Jung Um creates. These are not two-dimensional characters that need to be identified, but attempts by a sculptor to transfer physical and spatial modulations in two dimensions. Secondly, he is less interested in personal self-expression in an effort to fully experience his body and senses through the gestural completion of the calligraphic exercise. Instead, for him the drawing is a field of experimentation and an experiment – and thus an indispensable basis for his sculptural oeuvre. Here, without having to take heed of weights and the characteristics of the particular materials, Um can present the sculptural permeation of space as a model and explore where the axes of the elements that aspire in different directions intersect, resulting in inclinations, concentrations and shifts in weight. Likewise, effects can be simulated that result from the multi-sectional views of the sculpture: The ratio of static to dynamic elements, the diagonals, horizontals and verticals change fundamentally depending on your viewpoint.

At times, the drawings can be clearly related to specific sculptures. For example, the repertoire of shapes characteristic of the group of works entitled "A Prophecy of a Lucky Bird", "An Altar" and "Asceticism" dating from 1991 is to be discerned in some of the ink drawings made that same year. Not only the curvature, reminiscent of the organic, but also the easily identifiable zigzag column, an evident homage to Brancusi's "Endless Column", are just as at home in the world of lines as they are in the sculptural structures. What is so exciting about these drawings is, however, above all the fact that they do not resemble construction plans and struggle to establish feasibility and precision, but are solely the product of the sculptor's imagination. In its fascinating mixture of cautious exploration and clear poignancy Tai-Jung Um's approach to sculpture bears an affinity to that of Eduardo Chillida, who once said: "I have an idea of the work before I make it. But at that stage I do not know and I do not want to know what it will be."

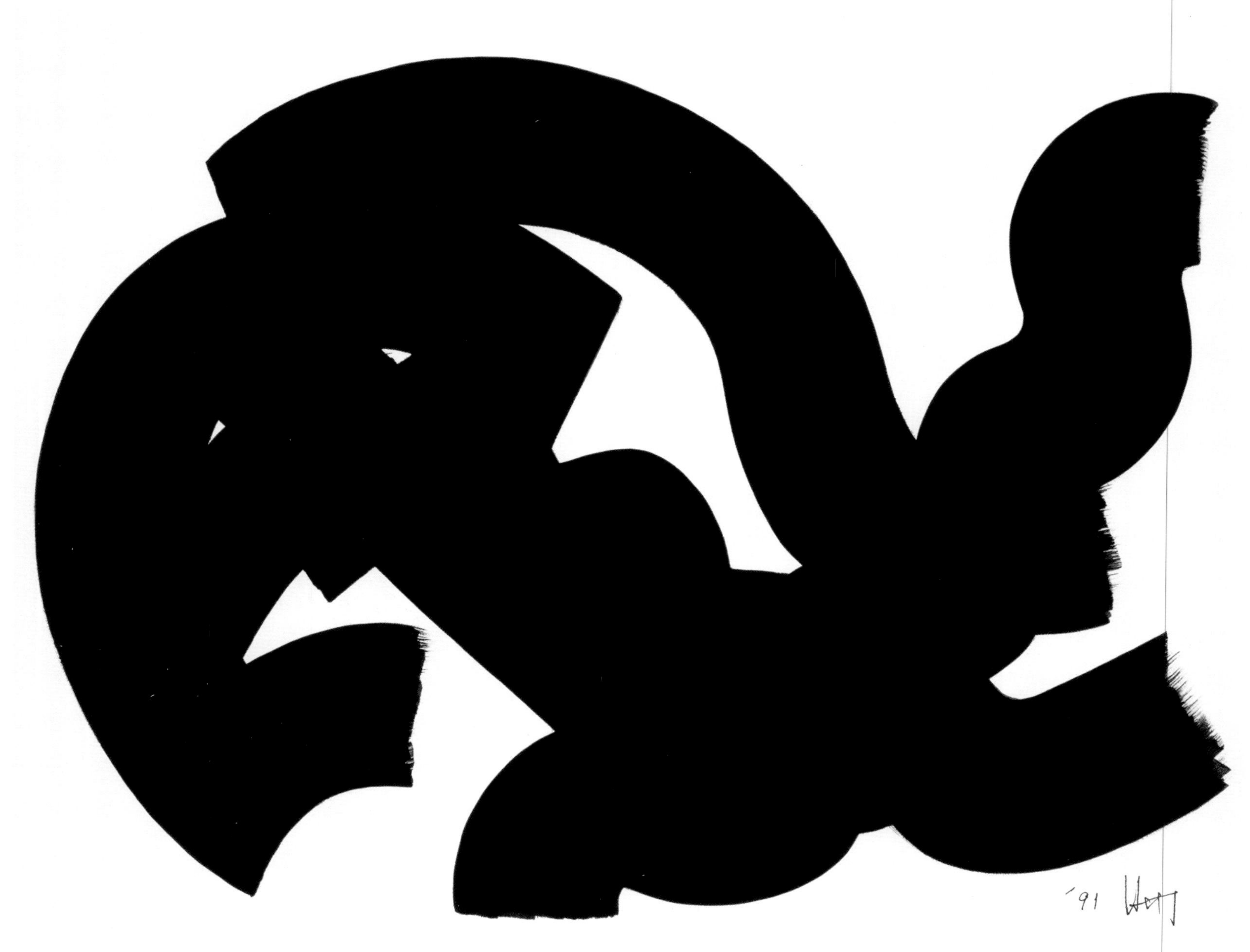

Untitled, *1991*
Chinesische Tusche auf Papier
Chinese Ink on Paper
63,7 x 75,5 cm

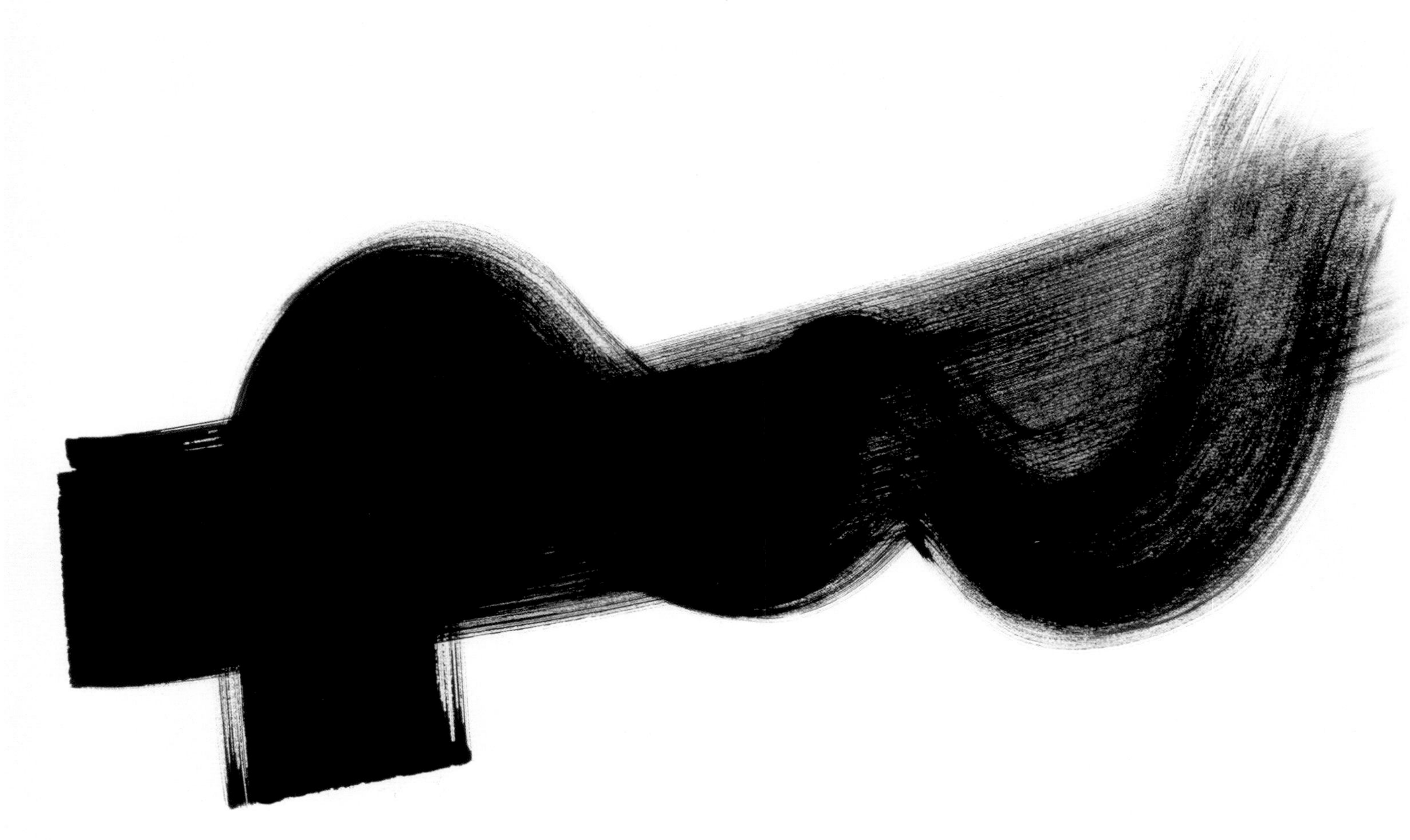

Untitled, *1991*
Chinesische Tusche auf Papier
Chinese Ink on Paper
63,7 x 75,5 cm

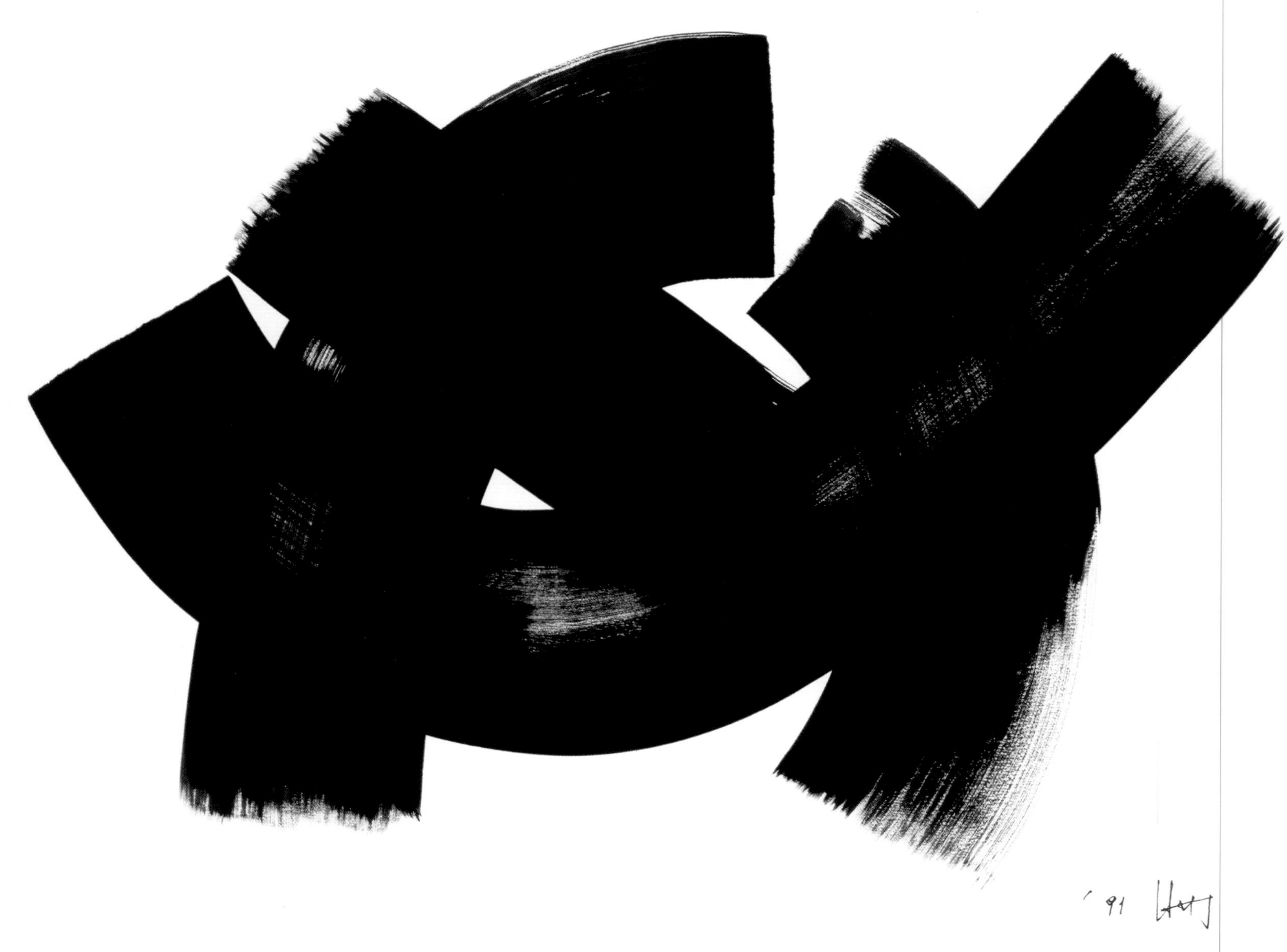

Untitled, ***1991***
Chinesische Tusche auf Papier
Chinese Ink on Paper
63,7 x 75,5 cm

Untitled, *1991*
Chinesische Tusche auf Papier
Chinese Ink on Paper
63,7 x 75,5 cm

Untitled, *1991*
Chinesische Tusche auf Papier
Chinese Ink on Paper
63,7 x 75,5 cm

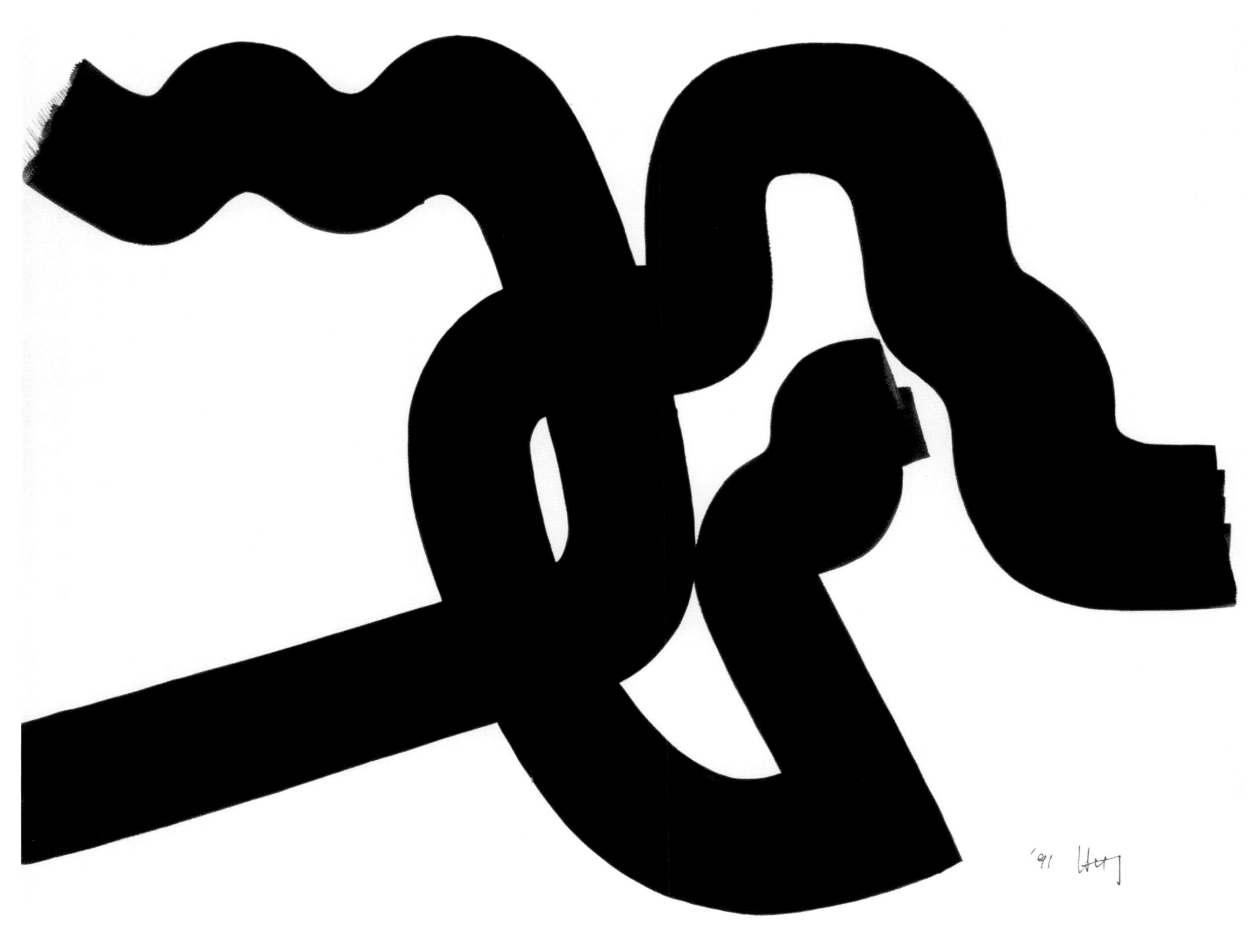

Untitled, *1991*
Chinesische Tusche auf Papier
Chinese Ink on Paper
63,7 x 75,5 cm

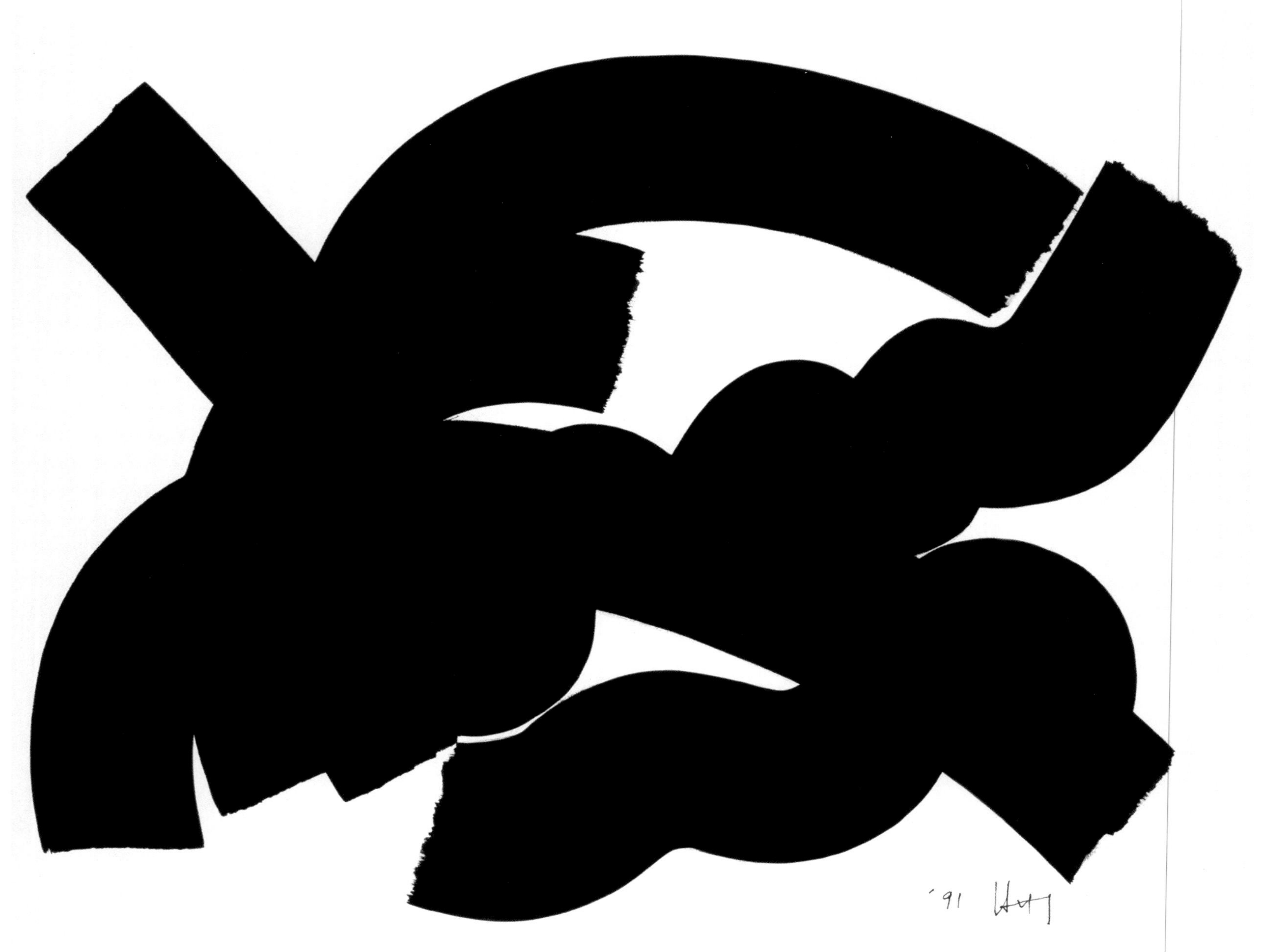

Untitled, *1991*
Chinesische Tusche auf Papier
Chinese Ink on Paper
63,7 x 75,5 cm

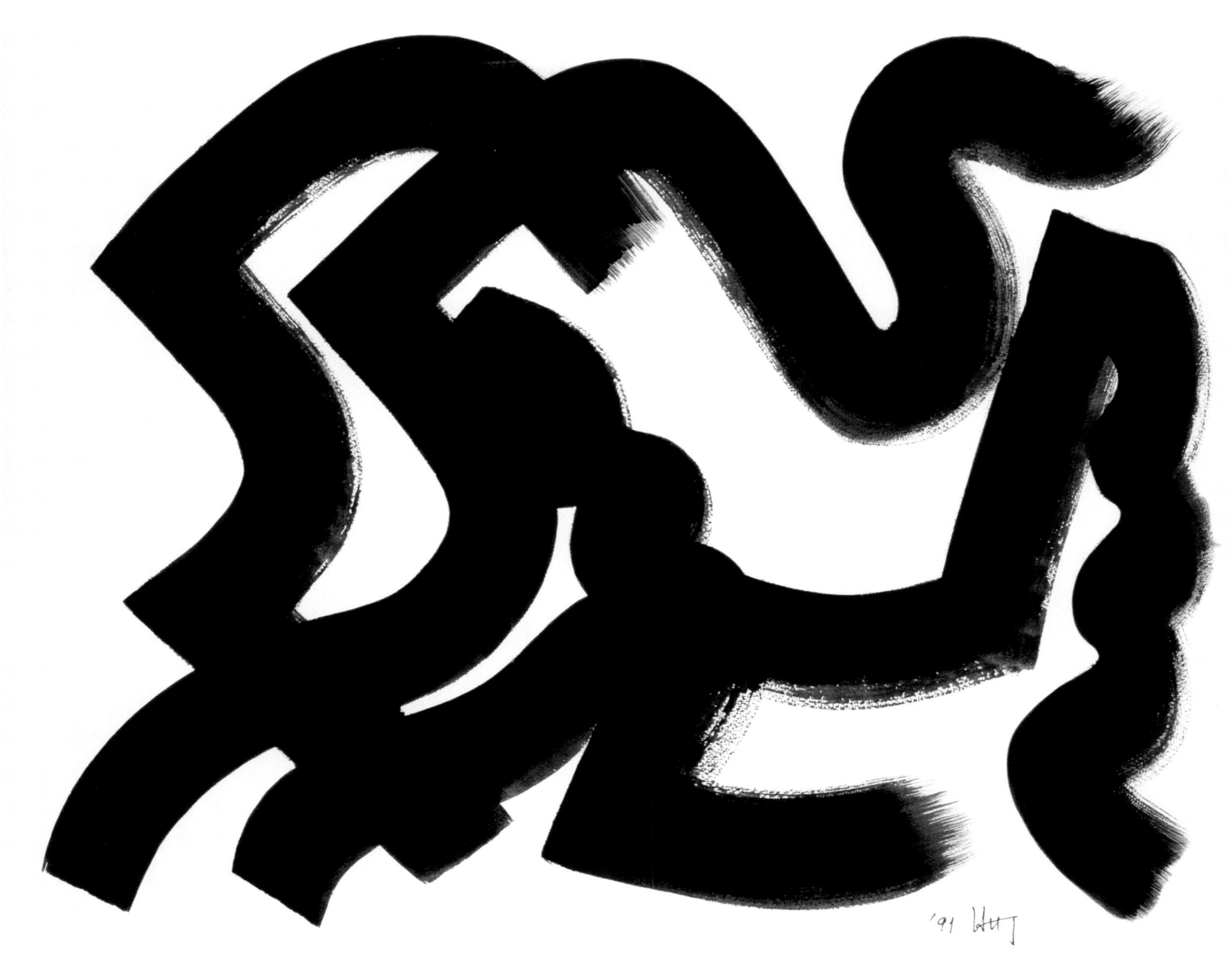

Untitled, *1991*
Chinesische Tusche auf Papier
Chinese Ink on Paper
63,7 x 75,5 cm

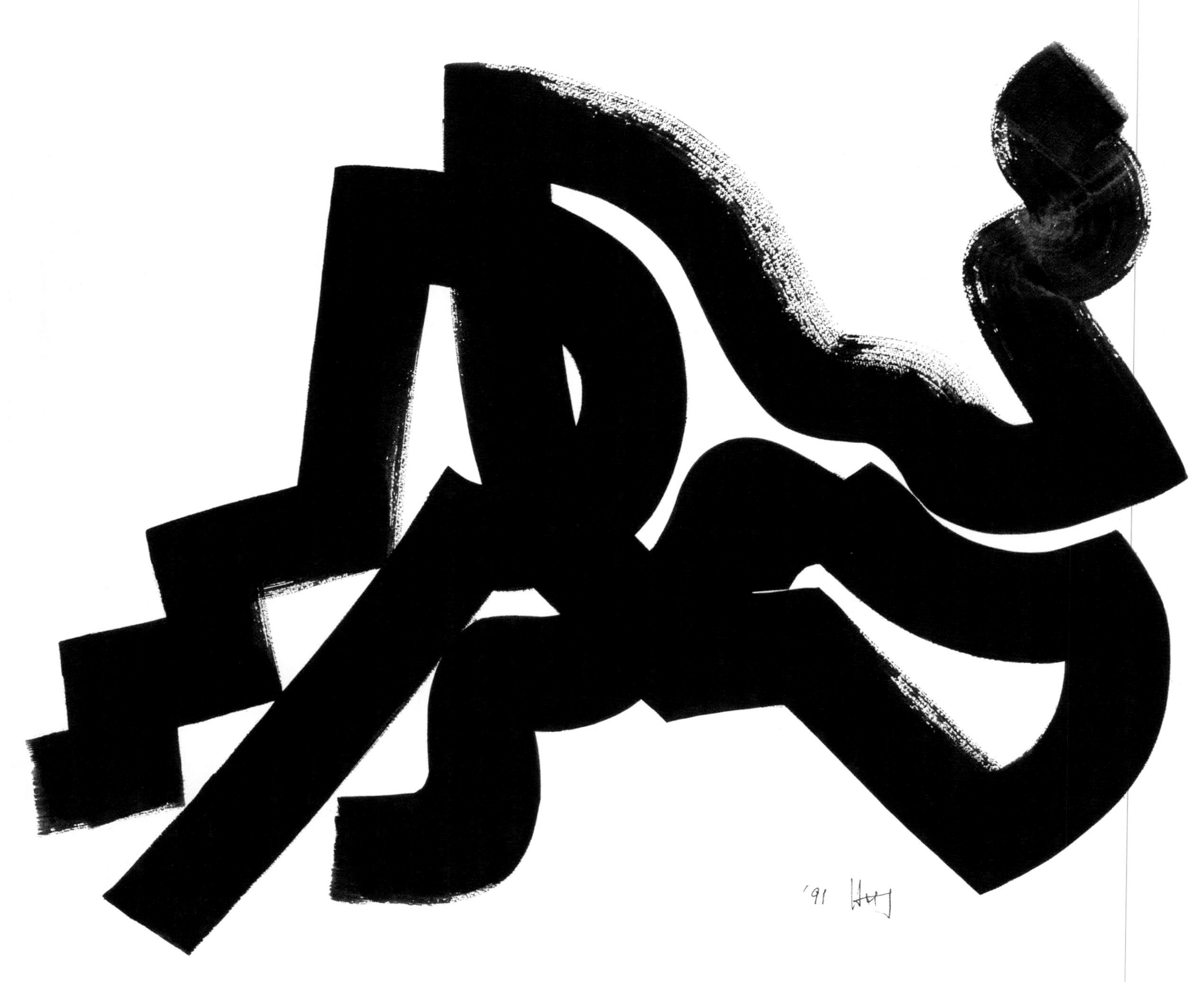

Untitled, ***1991***
Chinesische Tusche auf Papier
Chinese Ink on Paper
63,7 x 75,5 cm

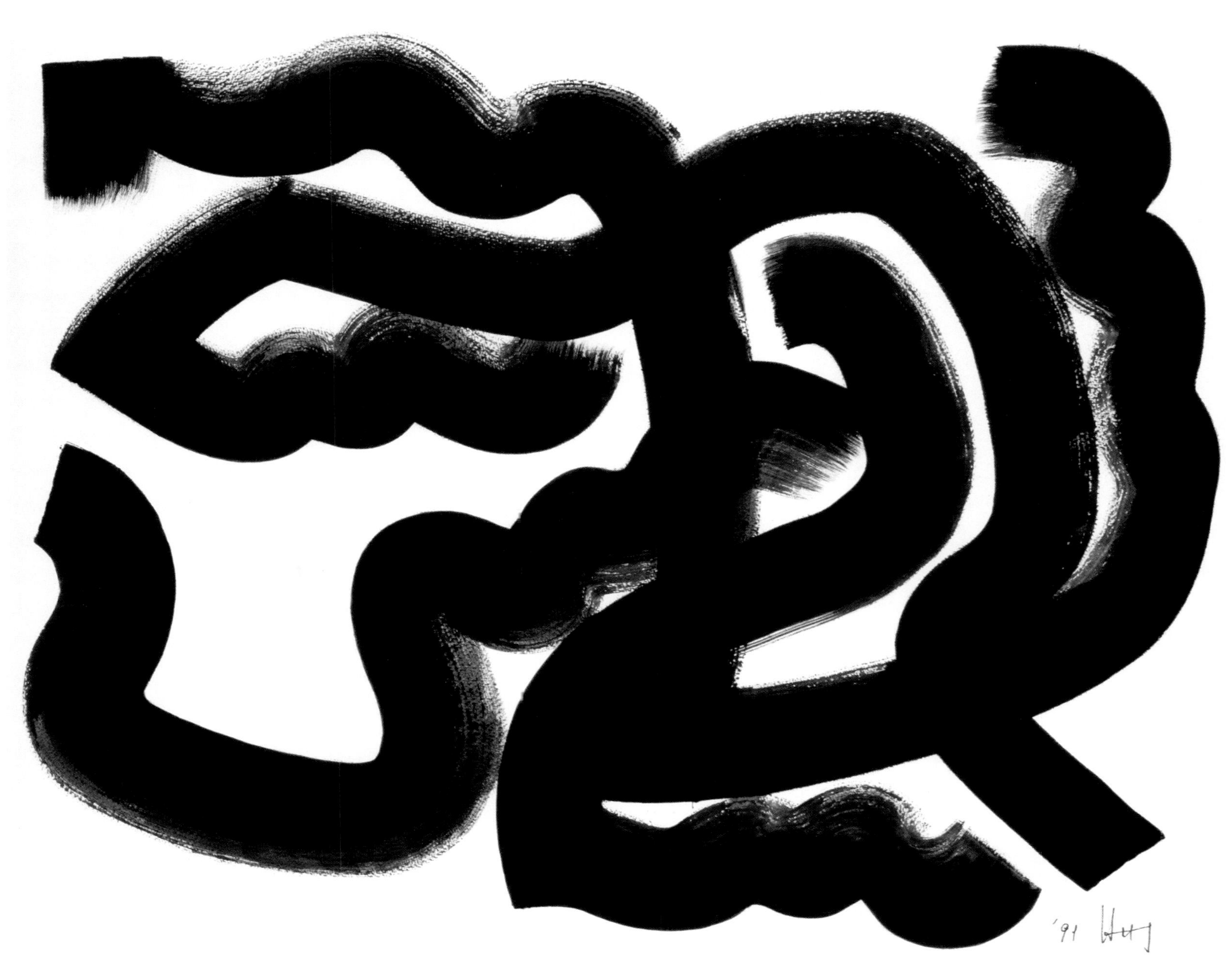

Untitled, ***1991***
Chinesische Tusche auf Papier
Chinese Ink on Paper
63,7 x 75,5 cm

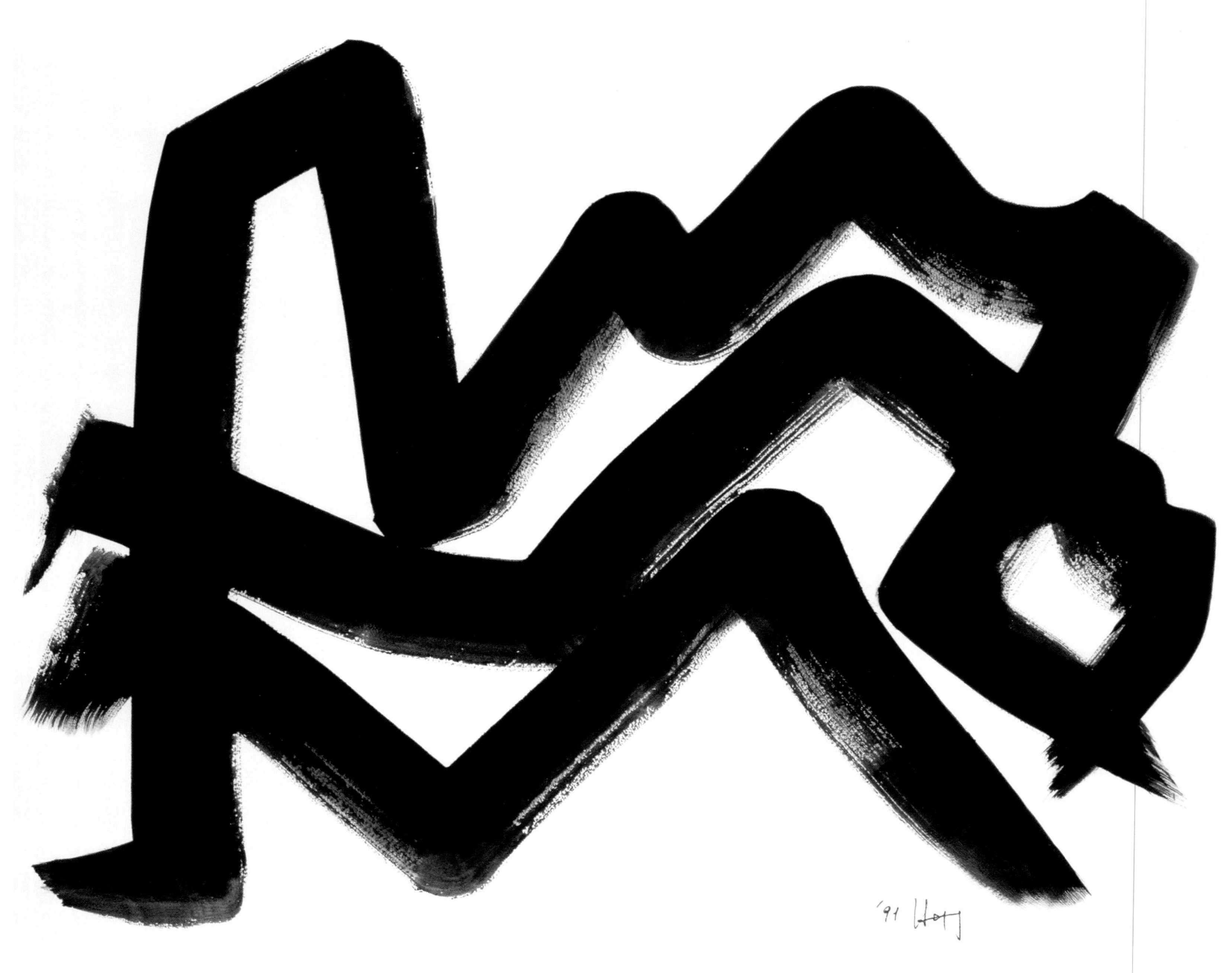

Untitled, *1991*
Chinesische Tusche auf Papier
Chinese Ink on Paper
51,5 x 71,8 cm

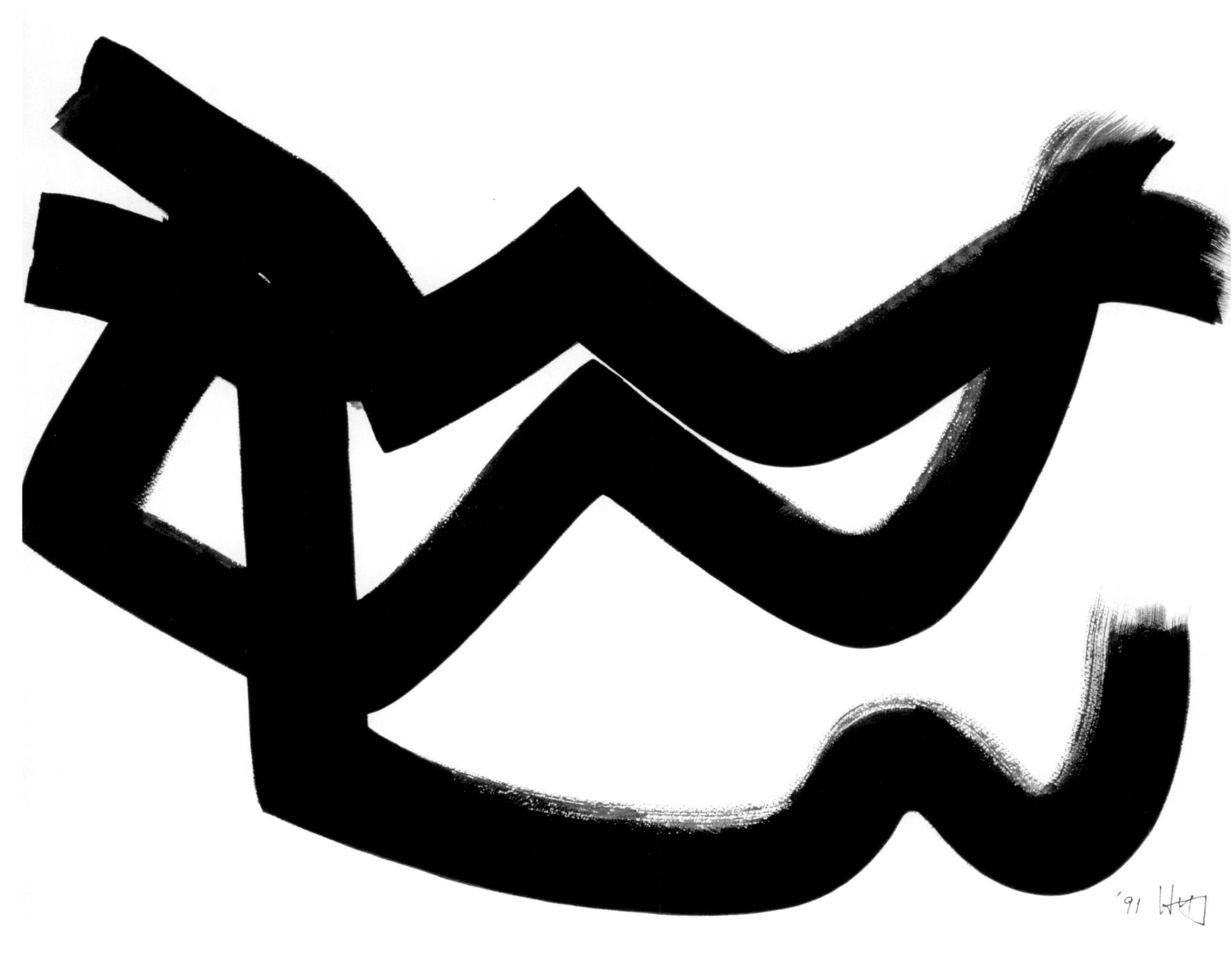

Untitled, *1991*
Chinesische Tusche auf Papier
Chinese Ink on Paper
51,5 x 71,8 cm

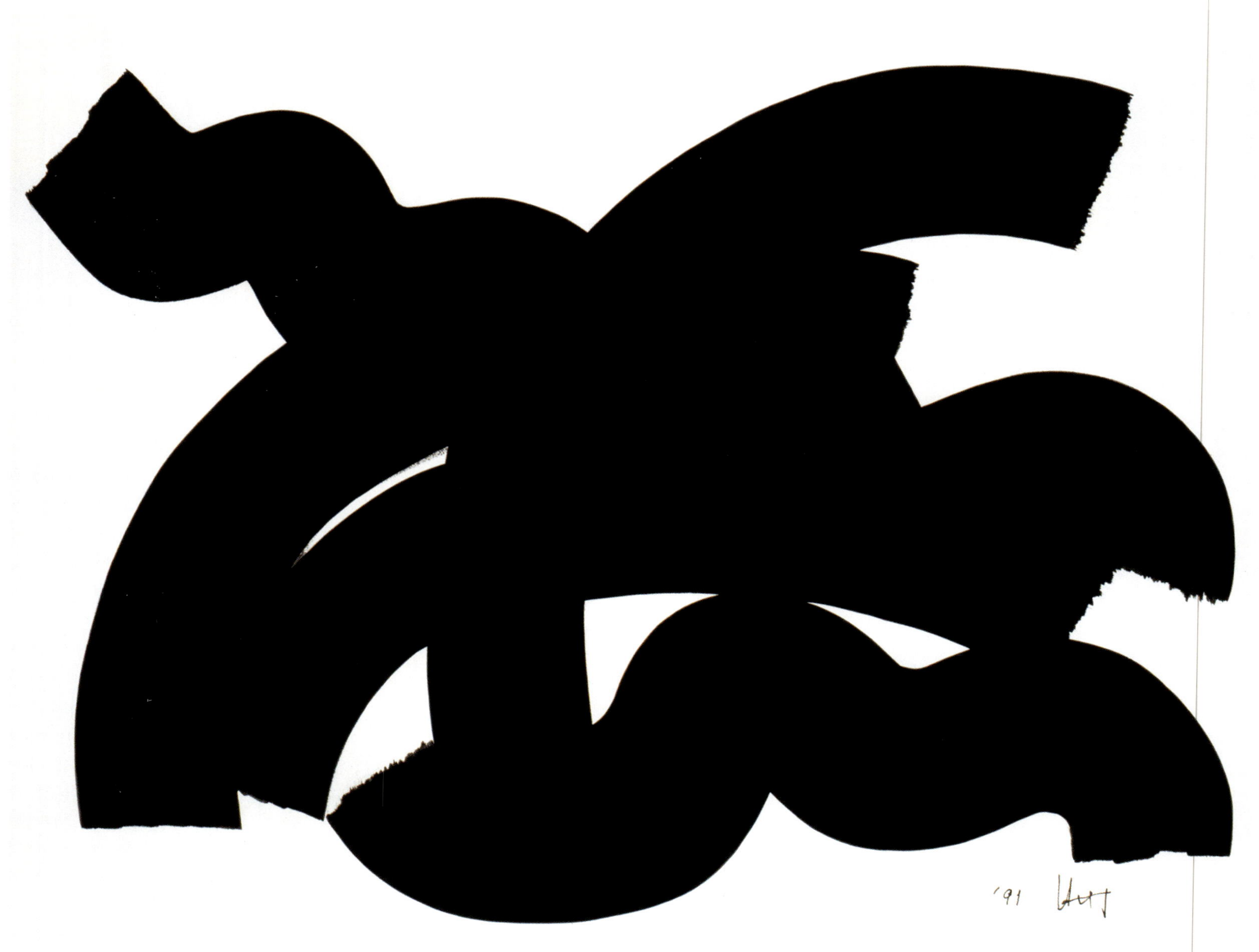

Untitled, *1991*
Chinesische Tusche auf Papier
Chinese Ink on Paper
51,5 x 71,8 cm

Untitled, *1991*
Chinesische Tusche auf Papier
Chinese ink on paper
51,5 x 71,8 cm

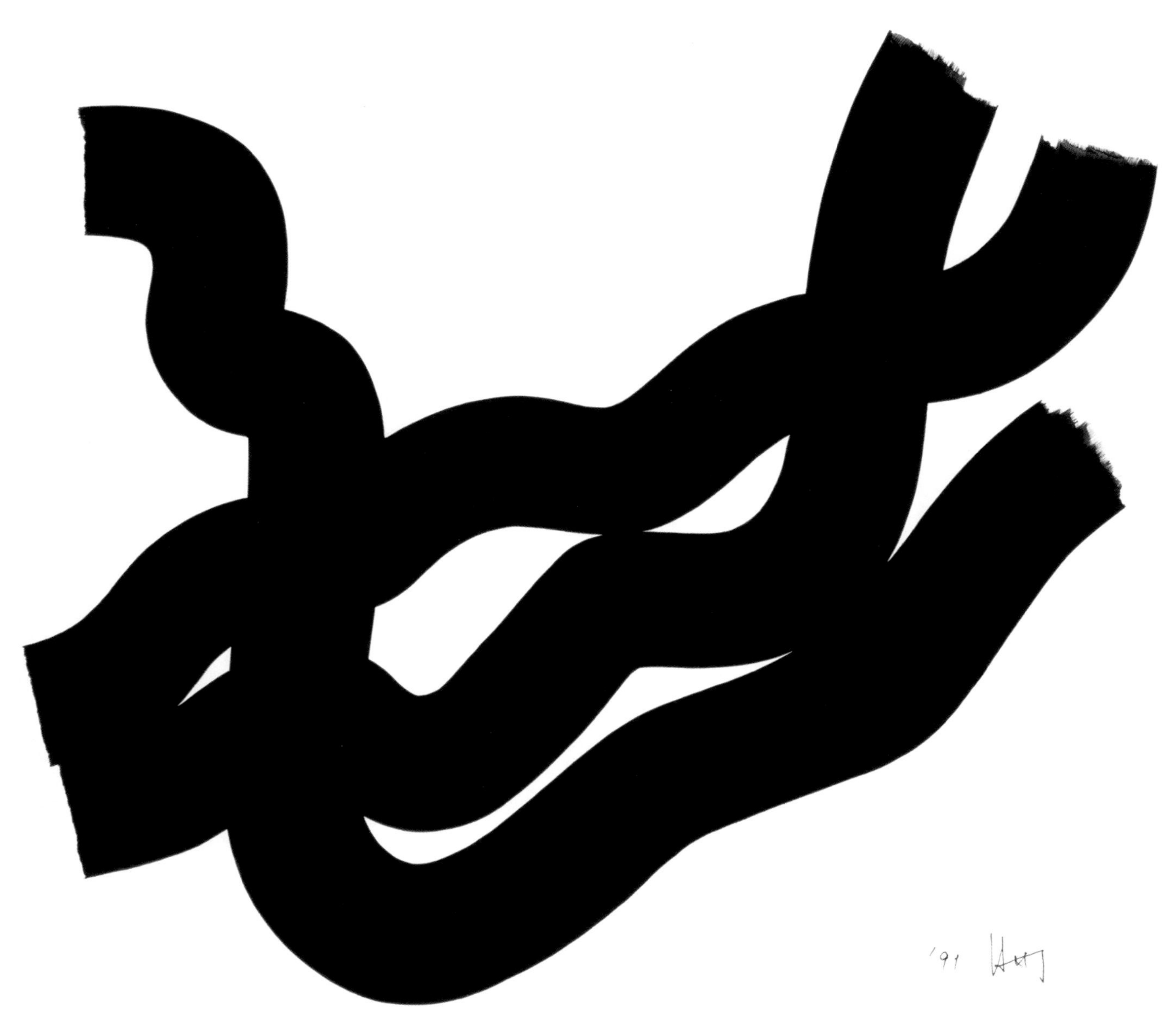

Untitled, *1991*
Chinesische Tusche auf Papier
Chinese Ink on Paper
51,5 x 71,8 cm

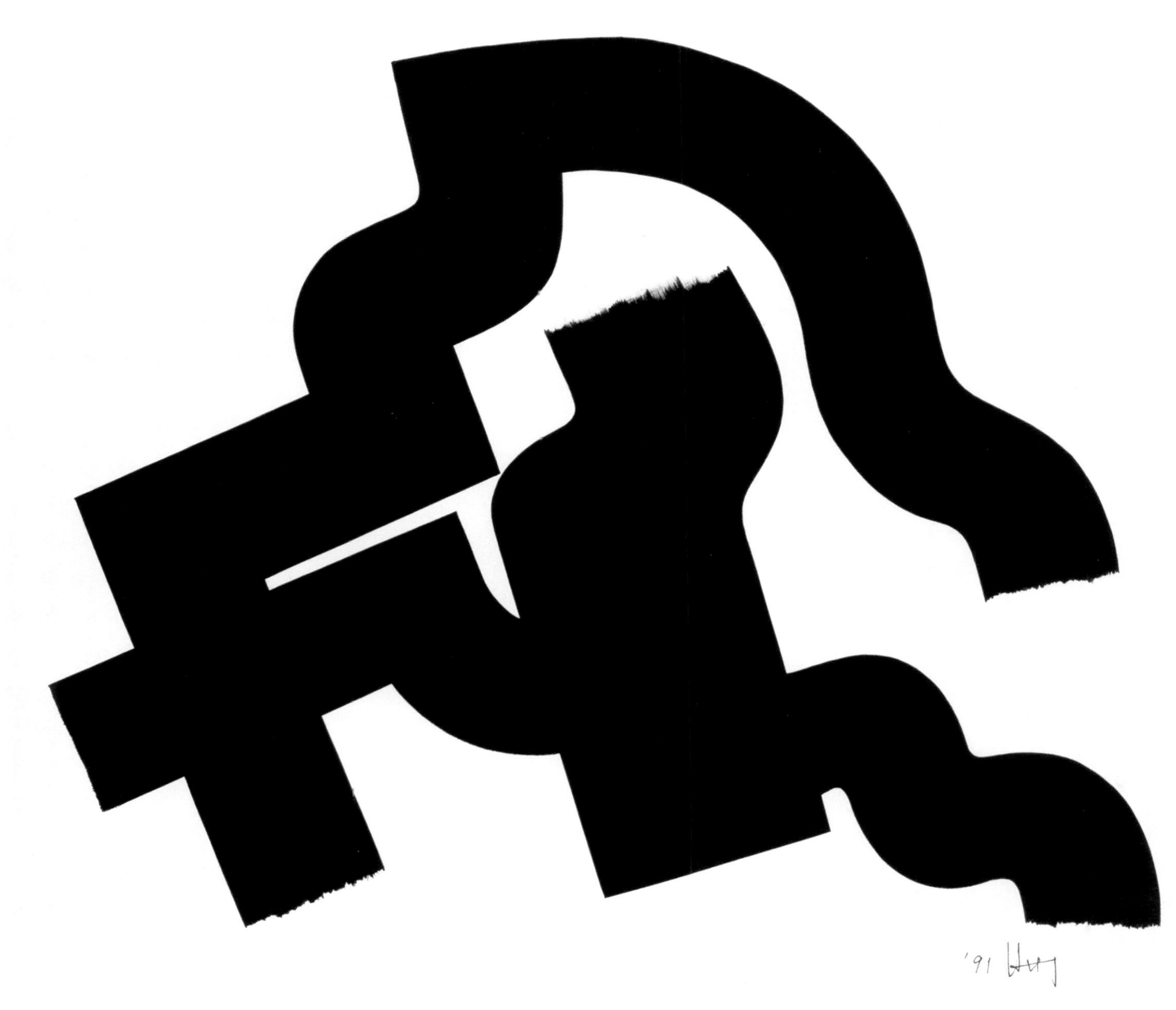

Untitled, *1991*
Chinesische Tusche auf Papier
Chinese Ink on Paper
51,5 x 71,8 cm

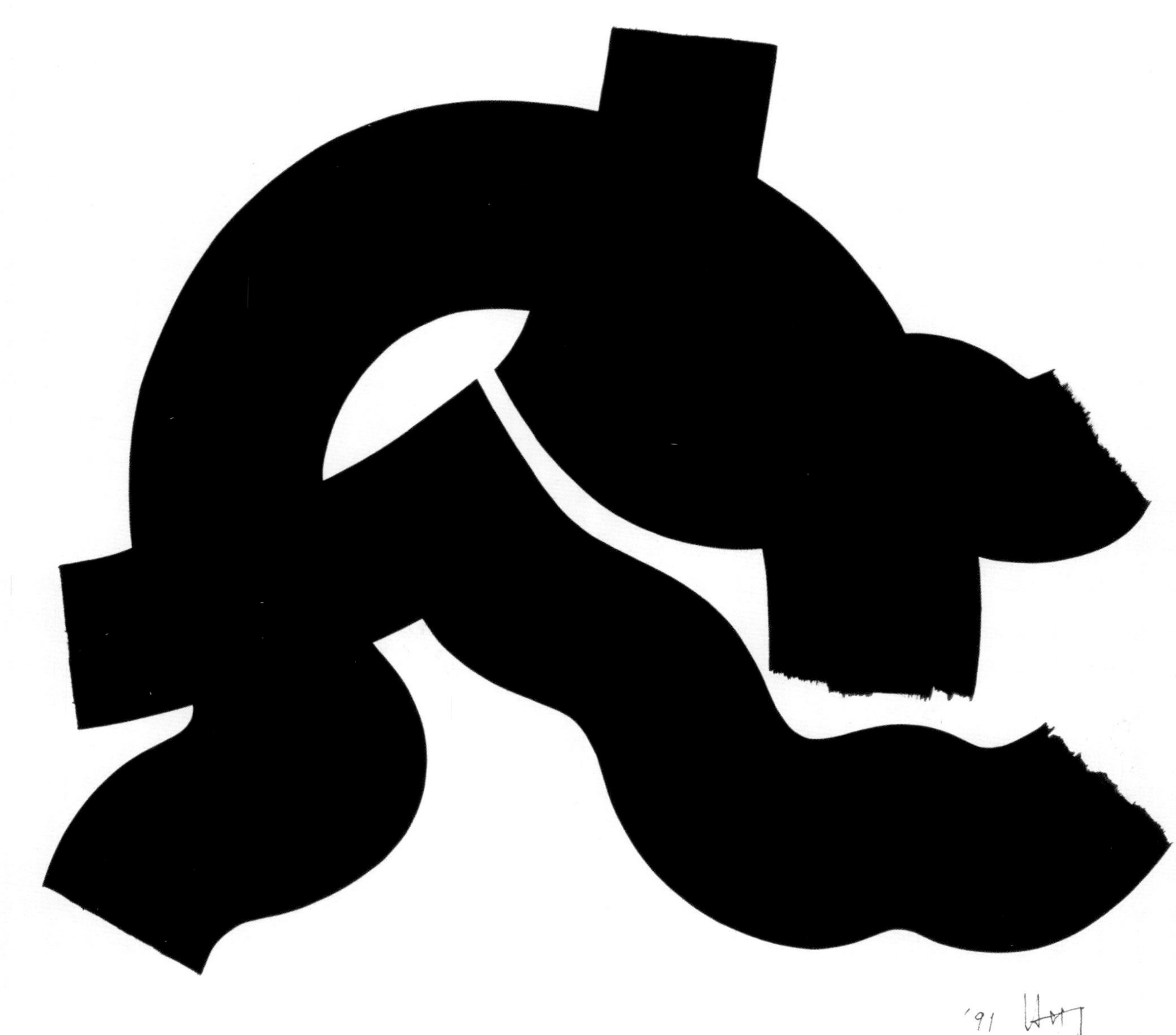

Untitled, *1991*
Chinesische Tusche auf Papier
Chinese Ink on Paper
51,5 x 71,8 cm

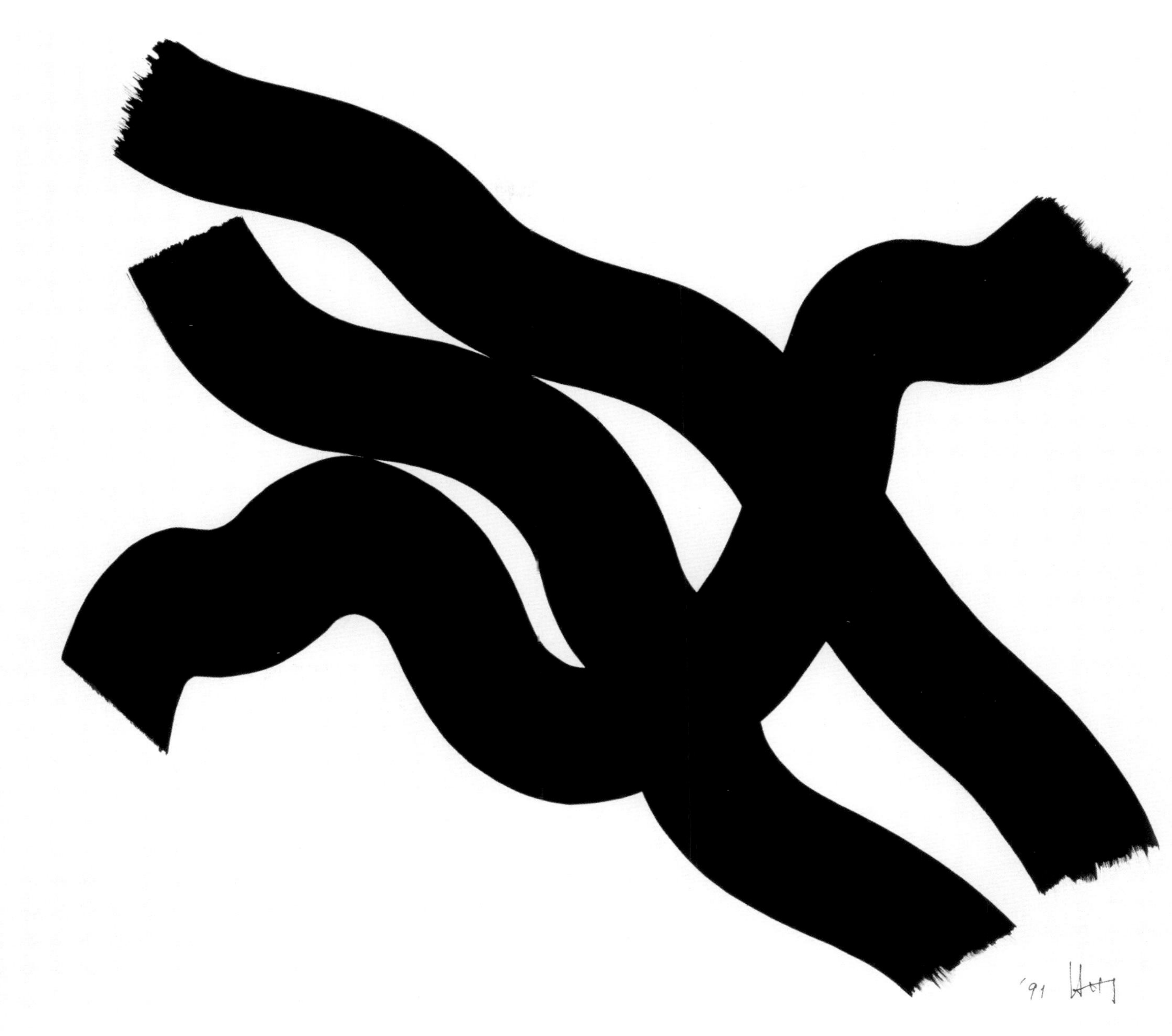

Untitled, *1991*
Chinesische Tusche auf Papier
Chinese Ink on Paper
51,5 x 71,8 cm

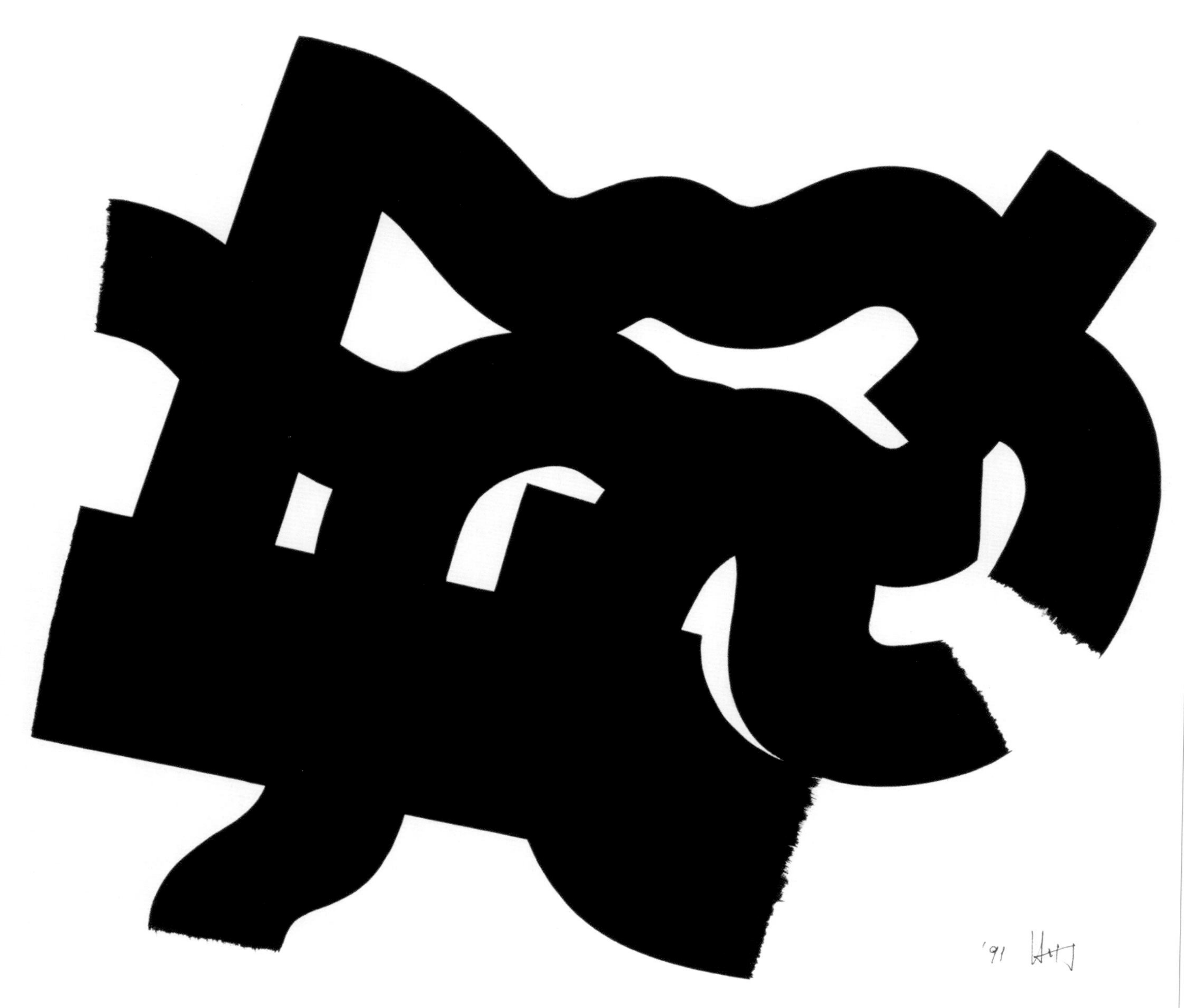

Untitled, ***1991***
Chinesische Tusche auf Papier
Chinese Ink on Paper
55,5 x 75 cm

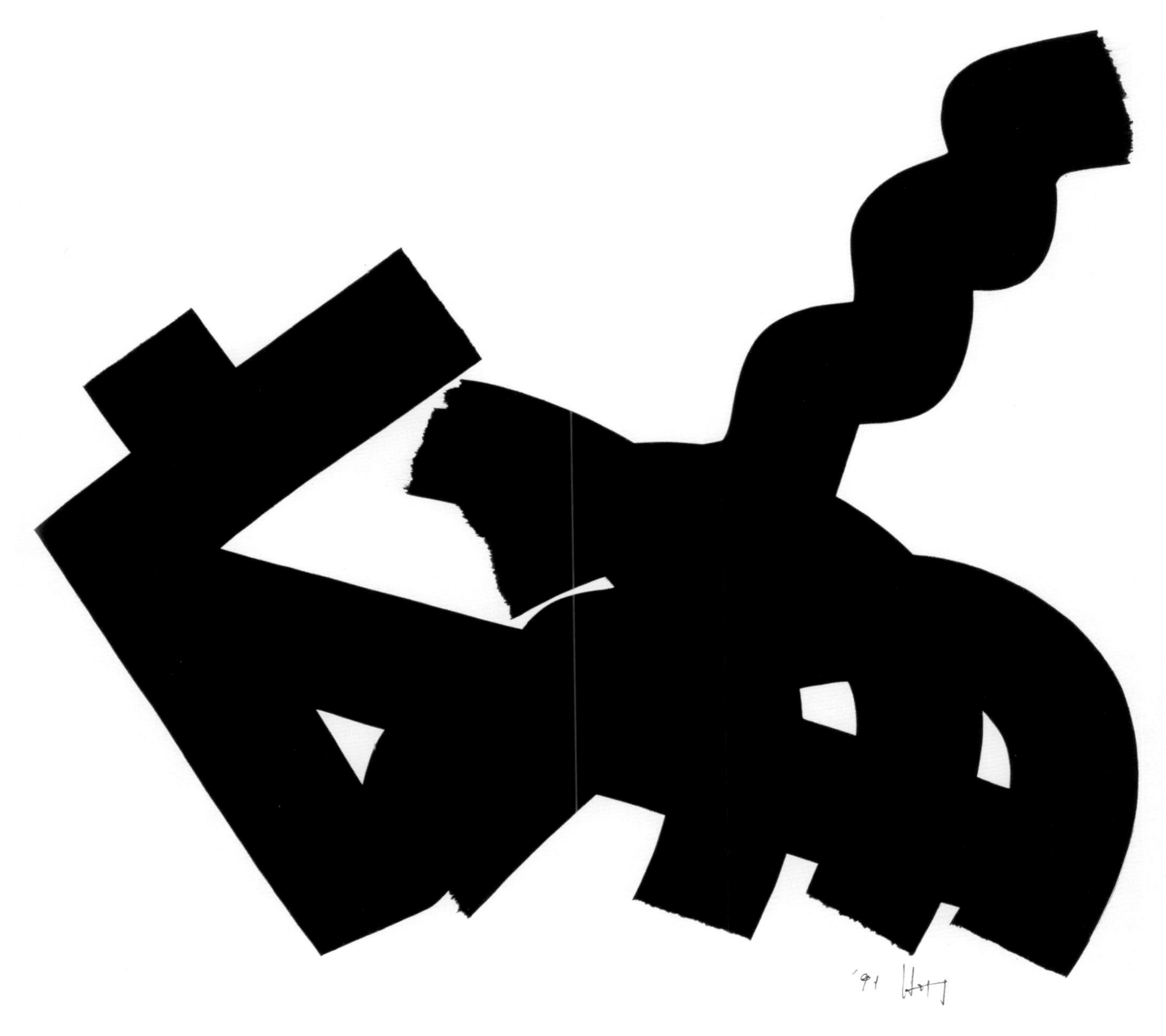

Untitled, *1991*
Chinesische Tusche auf Papier
Chinese Ink on Paper
55,5 x 75 cm

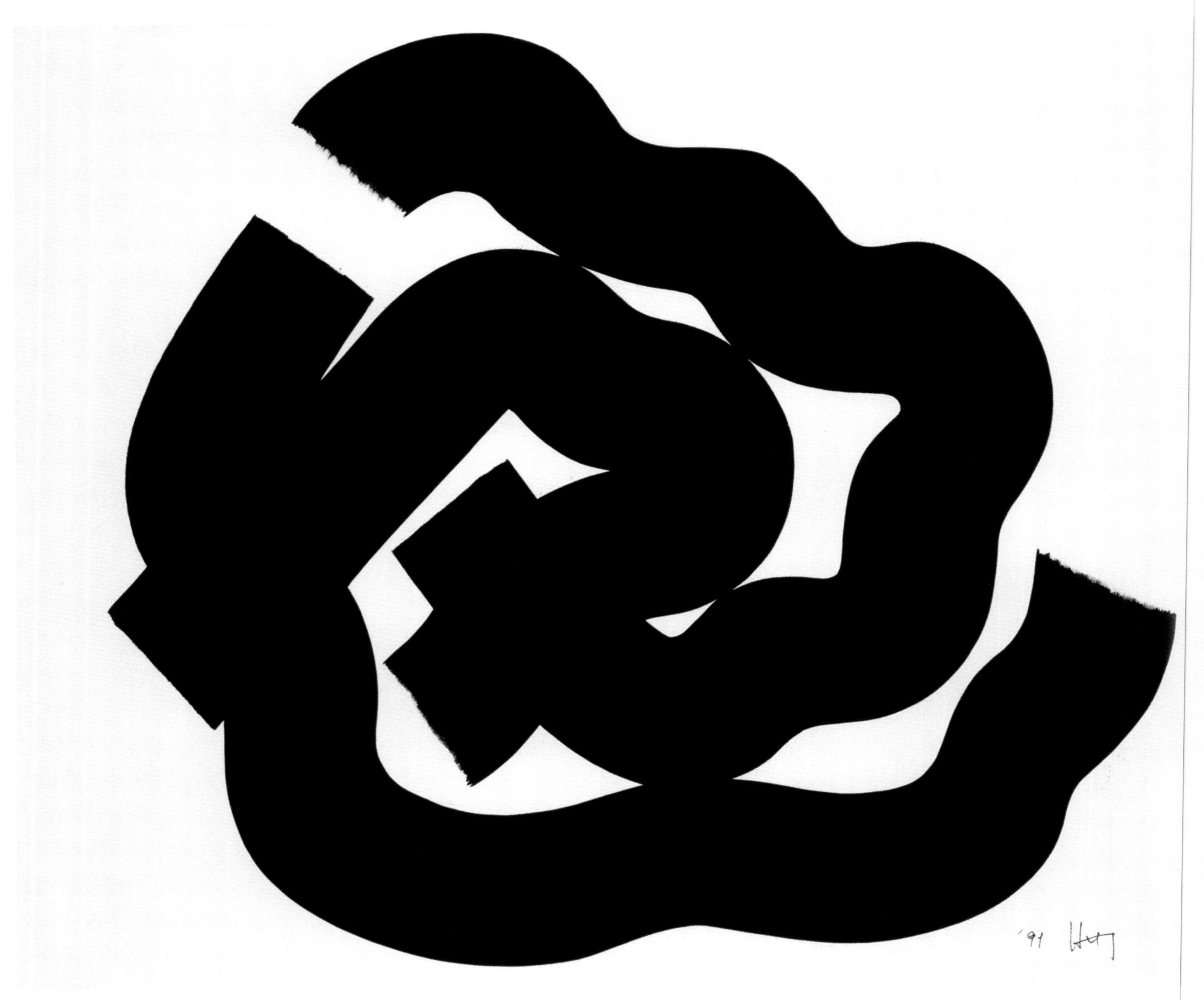

Untitled, *1991*
Chinesische Tusche auf Papier
Chinese Ink on Paper
55,5 x 75 cm

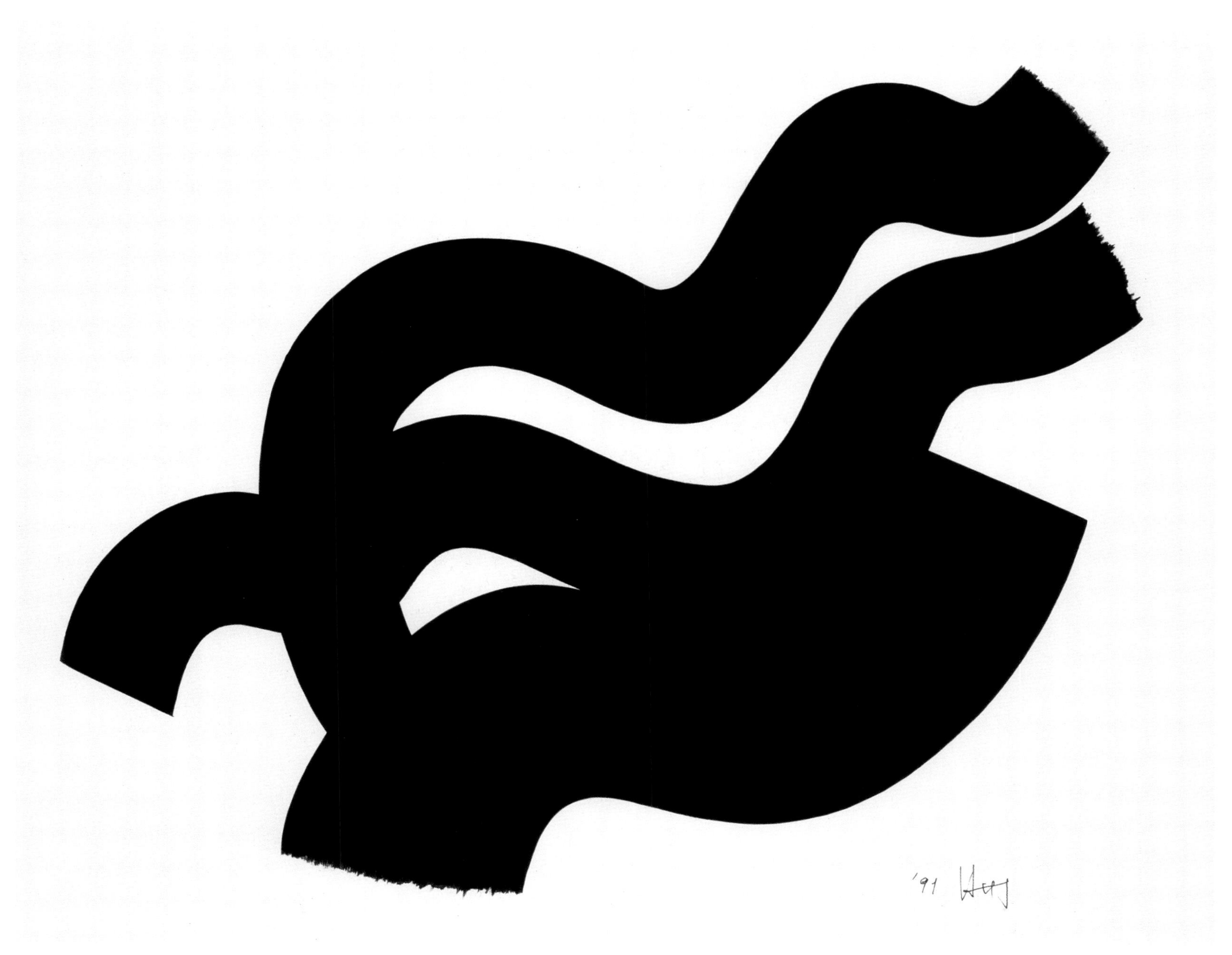

Untitled, *1991*
Chinesische Tusche auf Papier
Chinese Ink on Paper
55,5 x 75 cm

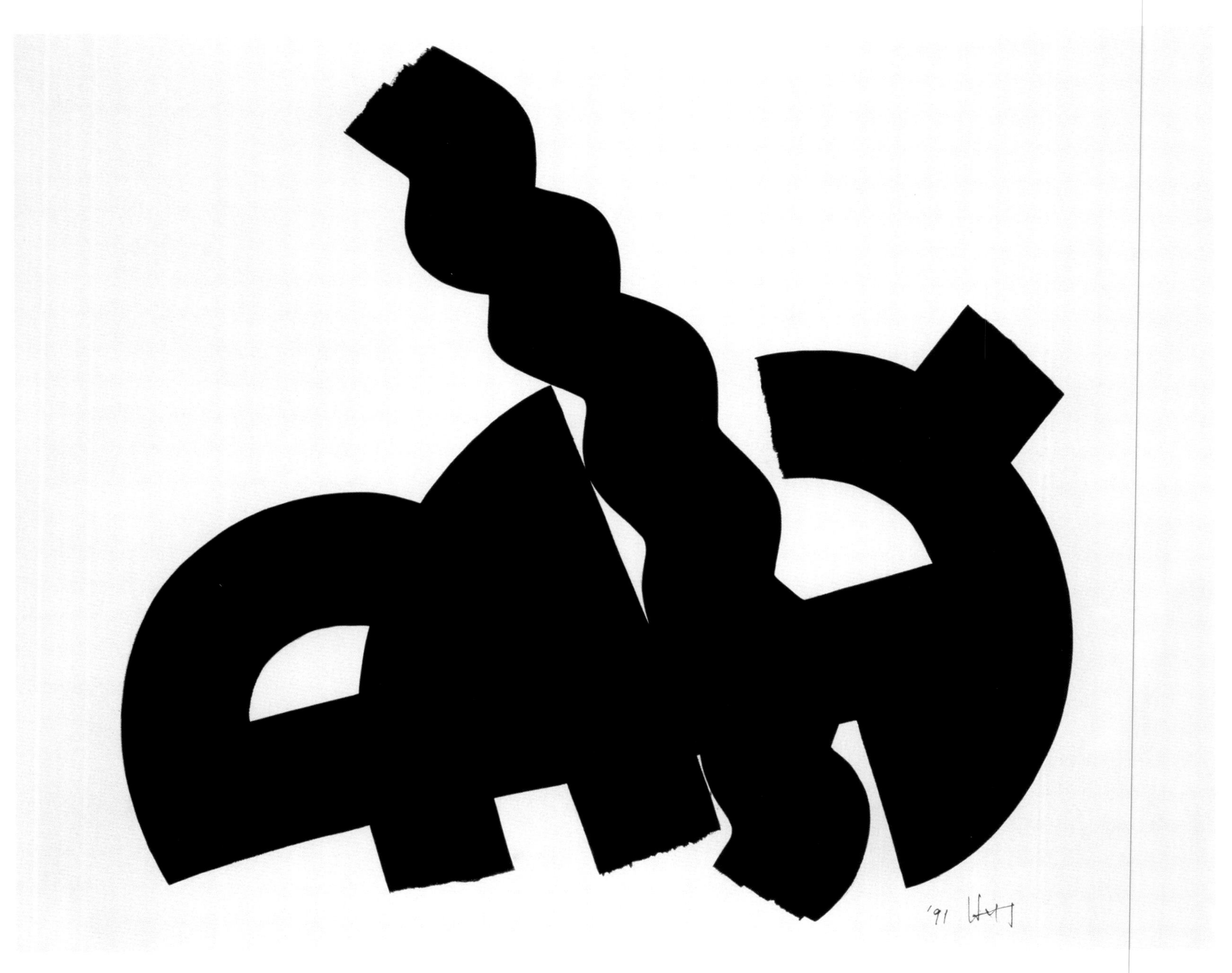

Untitled, ***1991***
Chinesische Tusche auf Papier
Chinese Ink on Paper
55,5 x 75 cm

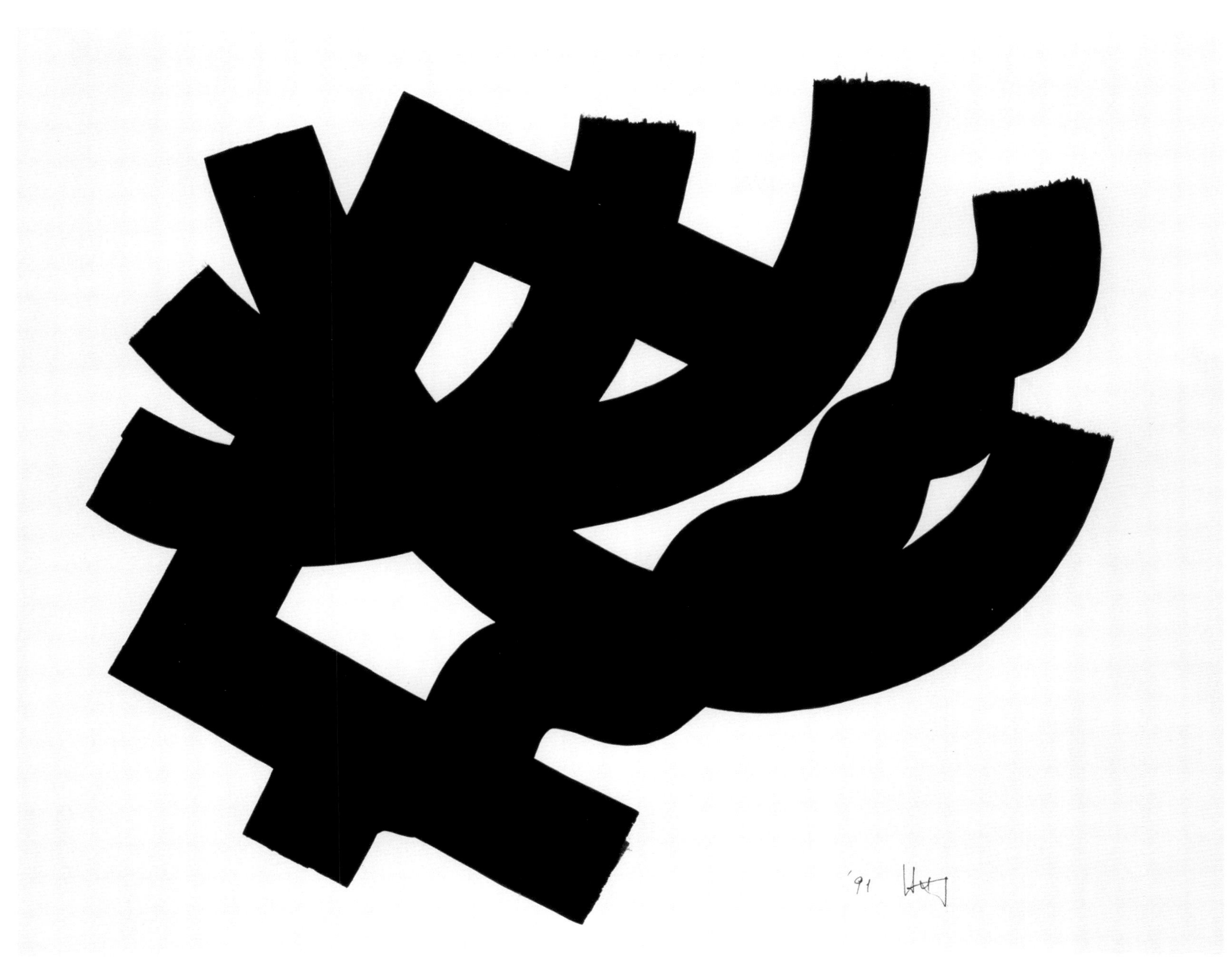

Untitled, *1991*
Chinesische Tusche auf Papier
Chinese Ink on Paper
55,5 x 75 cm

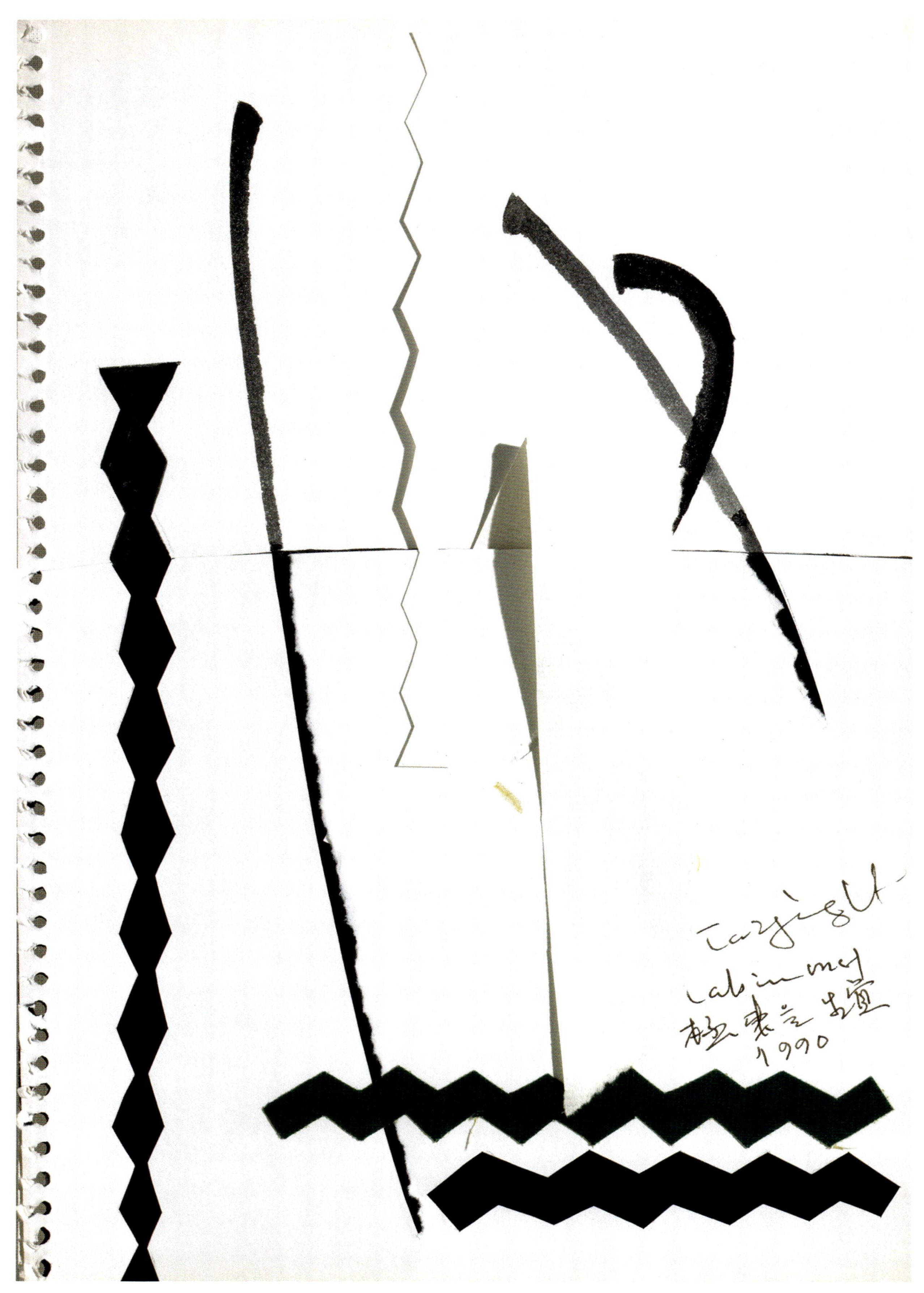

Untitled, *1990*
Chinesische Tusche, Collage auf Papier
Chinese Ink, Collage on Paper
26,5 x 19 cm

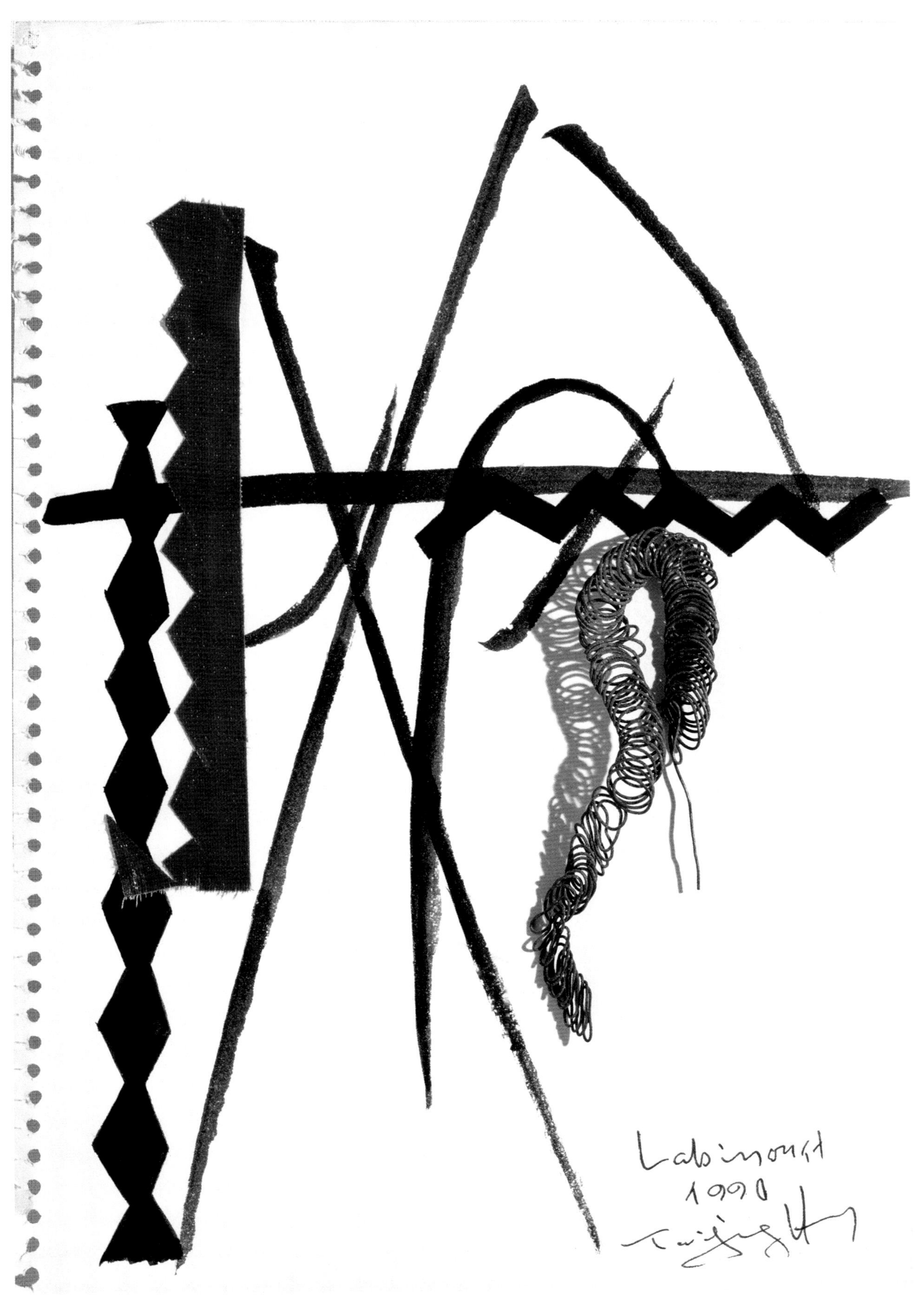

Untitled, *1990*
Chinesische Tusche, Collage auf Papier
Chinese Ink, Collage on Paper
26,5 x 19 cm

Eisen un
Iron an

d Stahl

Steel

Faltung und Entfaltung

In den sechziger und siebziger Jahren entdeckt Tai-Jung Um das künstlerische Potenzial von Eisen und Stahl. Diese Werkstoffe haben in der Kunstgeschichte noch keinen festen Platz errungen, ihnen wird keine Symbolkraft zugeschrieben, und sie spielten in der Wertehierarchie der Materialien über Jahrhunderte kaum eine Rolle. Als kunstferne Materialien scheinen sie eher der Architektur zugehörig, wo sie seit dem 19. Jahrhundert – man denke nur an den Londoner Kristallpalast oder den Pariser Eiffelturm – als Trägerkonstruktion ihre Haltbarkeit und relative Leichtigkeit unter Beweis stellten. Wie viele namhafte Bildhauer des 20. Jahrhunderts, darunter Anthony Caro, Eduardo Chillida und David Smith, sucht Tai-Jung Um darüber hinaus bewusst die Nähe zu Werkstoffen, die in der industriellen Produktion Verwendung finden und daher nicht vorrangig mit der individuellen Schöpferkraft des Künstlers assoziiert werden. Skulpturen aus der Mitte der sechziger Jahren wie etwa „A Scream" zeigen, dass Tai-Jung Um zu Beginn seiner Auseinandersetzung mit den Materialien Eisen und Stahl den Versuch unternimmt, Gefühlen, Stimmungen und inneren Zuständen Ausdruck zu verleihen, indem er das Auseinanderstreben und Zerbrechen von geschlossenen Einheiten zelebriert. Die Form ist das sichtbare Resultat einer Reihe von Transformationen, aber auch von Widerständen, wie sie dem Material immanent sind. Ihre Spannung erhalten die Skulpturen vor allem dadurch, dass expressiver Gehalt und maschinenhaft metallische Härte aneinander gekoppelt sind und sich wechselseitig steigern.

Der Beschleunigung, die alle Lebensbereiche erfasst, der Loslösung von Tradition und Religion, der Konfrontation zweier politischer Systeme, wie sie zu Zeiten des Kalten Krieges in Korea Tag für Tag spürbar ist, begegnet Tai-Jung Um mit Skulpturen, die als multivalente Zeichen von Umwälzung wie von Widerstand zu interpretieren sind. Diese frühen Arbeiten sind Ausdruck eines in seine Facetten aufgespaltenen Individuums, das lediglich durch seinen Willen zusammengehalten wird. Wie die Vortizisten, die sich in der Zeit des Ersten Weltkriegs um Wyndham Lewis und den Dichter Ezra Pound versammelten, strebt auch Tai-Jun Um nach einer paradoxen Vereinigung von futuristischer Dynamik und klassizistischer Stabilität, so als sei er auf einer fieberhaften Suche nach einem ruhenden Pol im Zentrum einer sich rasend schnell verändernden Welt. Und wie es Ezra Pound einst forderte, so nähert sich Tai-Jung Um dabei „einem Punkt maximaler Schwungkraft", verlässt sich aber zugleich auf einen „primären Werkstoff". Das Ergebnis ist ein in den Raum ausstrahlendes Schwingungszentrum, ein dynamisches Konstrukt, eine Zusammenballung einander widerstrebender Kräfte. Die Wucht des Fortschritts scheint sich in diesen Raumknoten gegen sich selbst gekehrt zu haben.

Für die siebziger Jahren lässt sich ein Wandel im Umgang mit den Materialien konstatieren. Ums Skulpturen sind weniger Ausdruck von Befindlichkeiten als vielmehr greifbare Manifestationen von Eisen und Stahl. Ihre Monumentalität verdanken sie nicht nur ihren Ausmaßen, sondern auch der Widerstandsfähigkeit und Strenge der Materialien. Die Herkunft der Werkstoffe aus dem industriellen Zusammenhang wird, wie bei den Protagonisten der amerikanischen Minimal Art, durch die serielle Reihung, die Wiederholung einer elementaren Form betont. So dekliniert die Bodenarbeit „⧈ Project" die Form des Rechtecks in unterschiedlichen Größen durch und konfrontiert den Betrachter mit einem überraschenden Ergebnis: einer labyrinthischen Struktur, die durch ihr komplexes Verhältnis von Innen und Außen den Boden jedes Ausstellungsraums, in dem sie installiert wird, zu einem Teil des künstlerischen Werks macht. Überdies streben die einzelnen Teile auseinander, bleiben aber dennoch unverkennbar miteinander verbunden und definieren so eine Konstruktion, die zwischen Bodenrelief und Raumverspannung pendelt.

Wenn Tai-Jung Ums Skulpturen in dieser Phase auch nicht mehr vorgeben, transzendente Erfahrungen vermitteln zu können, so eröffnen sie doch eine Fülle von Allusionen. Mit dem „W Project" etwa reflektiert der Künstler das Verhältnis von Sprache und plastischem Werk, während er mit dem „W M Project" zusätzlich die Korrespondenzen zwischen Farbe und Raumkörper untersucht. In dieser Werkphase legt Tai-Jung Um offen, in welchem diskursiven Feld er sich als Bildhauer verortet. Denn seine Arbeiten sind mehr als das Ergebnis einer Aneinanderreihung des immer gleichen Grundelements. Ihre Mehrschichtigkeit resultiert nicht zuletzt aus der Entfaltung eines kunstinternen Verweissystems. So lässt das „W Project" unschwer erkennen, dass hier Constantin Brancusis „Unendliche Säule" gestanden hat. Wie der „Unendlichen Säule", so ist auch dem „W Project" die Erfahrung potenziell unbegrenzter Ausdehnung eingeschrieben. Denn die Skulptur fordert den wahrnehmenden Betrachter dazu heraus, den real begonnenen Additionsprozess in seiner Vorstellung fortzusetzen. Zugleich erweckt Tai-Jung Ums „W Project" den Eindruck von proportionaler Stimmigkeit und Vollständigkeit. Das „W Project" wird vom Betrachter vor allem deshalb als Ganzheit akzeptiert, weil Höhe wie Länge des zickzackförmigen Bandes der durchschnittlichen Körpergröße des Menschen entsprechen. Hinzu kommt das ausgewogene Verhältnis von ruhendem Verharren und aufsteigender Bewegung. So wird der im Knoten eingeschlossene Raum abgelöst von einer Faltung, die sich in der Horizontalen wie in der Vertikalen erstreckt, um in ihre Umgebung auszustrahlen.

Das „M W Project", das sich in seiner Oberflächenbehandlung von allen anderen Werken dieser Phase unterscheidet, zeugt von Tai-Jung Ums intensiver Beschäftigung mit der Wirkung der Primärfarben. Während er sich ansonsten auf den spiegelnden Glanz des Eisens, die tiefe Schwärze des Stahls oder den Erosionsprozess verlässt, den er nicht beeinflussen kann und der seine Skulpturen – darunter „Energy 69 No. 1"– im Laufe der Zeit in ein rostiges Rot taucht, lässt er das Material nun unter dem schillernden Kleid der Farbe verschwinden. Die Farbkontraste lenken das Augenmerk auf das Verhältnis von Kante und Fläche, und das intensive Gelb sorgt dafür, dass die Kante aktiviert und als Linie im Raum wahrnehmbar wird.

Folding and Unfolding

In the sixties and seventies Tai-Jung Um discovered the artistic potential of iron and steel. These materials have no firm place in the history of art, they are not ascribed any special symbolism, and for centuries they occupied an insignificant position in the hierarchy of materials. Materials with little affinity to art they would seem to have a greater connection to architecture, and indeed, since the 19th century – you need only think of London's Crystal Palace or the Eiffel Tower in Paris – they have proven their durability and relative lightness as support structures. Along with many reputable 20th century sculptors such as Anthony Caro, Eduardo Chillida and David Smith, Tai-Jung Um consciously seeks out materials typically employed in industrial production that are consequently not primarily associated with the individual creativity of artists.

Sculptures from the mid sixties such as "A Scream" show that when he first began to explore iron and steel in his art, Um attempted to lend expression to feelings, moods and inner states by celebrating the way closed units endeavoured to move apart and break open. The finished shape is not only the visible result of a number of transformations but also of the resistances inherent to the material. The sculptures' tension largely derives from the fusion of expressive content and machine-produced metallic hardness, properties that mutually reinforce each other.

Tai-Jung Um responded to the acceleration that encompasses all areas of life, the move away from tradition and religion, the confrontation of two political systems as was palpable in Korea on a daily basis during the Cold War with sculptures that can be interpreted as multivalent symbols of upheaval and resistance. These early works are an expression of an individual divided into his separate facets, and who is only held together by sheer will. Like the Vorticists, who gathered around Wyndham Lewis and poet Ezra Pound at the time of World War I, Tai-Jung Um is also striving for a paradox union of futuristic dynamism and classicist stability, as if he were searching frantically for a stabilizing element at the centre of the rapidly changing world. And for Tai-Jung Um – as for Ezra Pound – the search involves "a point of maximum momentum", while simultaneously relying on a "primary material". The result is a vortex of oscillation, which radiates out into the room, a dynamic structure, a concentration of antagonistic forces. The force of progress seems to have turned against itself in this three-dimensional knot.

In the seventies, the artist's approach to his materials altered noticeably. Tai-Jung Um's sculptures were now less the expression of states and instead tangible manifestations of iron and steel. They owed their monumental quality not to their dimensions but to the resistance and severity of the materials employed. As was the case with the protagonists of Minimal Art in the US, here the materials' industrial origin is emphasized through serial geometry, the repetition of an elementary shape. For instance the free-standing installation "⧈ Project" is a declination of the rectangle in various sizes and confronts the viewer with a startling outcome, namely a labyrinth-like structure which thanks to its complex relationship between inside and outside transforms the floor of every exhibition room in which it is installed into an integral part of the artistic work. Furthermore, though the individual parts pull apart, they remain unmistakably connected to each other and as such define a structure that fluctuates between floor installation and spatial tension.

Even though Tai-Jung Um's sculptures in this phase no longer claimed to be able to convey transcendent experience they did open up a wealth of allusions. For instance, in the "W Project" he explored the relationship between language and sculptural work, while the "W M Project" also addressed the correspondences between colour and spatial volume. In this phase, Tai-Jung Um highlighted the discursive fields in which he moves as a sculptor. After all, his works are more than a series relying on the self-same basic element. Their complexity results not least of all from the unfolding of an intrinsic system of artistic references. For example, it is not difficult to see that Constantin Brancusi's "Endless Column" provided the inspiration for "W Project": Both works share the experience of potentially unlimited expansion. The "W Project" installation calls on the observer to continue this real process of addition in his imagination. Simultaneously, Um's "W Project" creates the impression of proportional harmony and completion. A major reason why the observer accepts "W Project" as a whole is that both the length and height of the zig-zag shaped band correspond to an average person's proportions. Another factor is the balanced relationship between inert persistence and soaring movement. Specifically, the space enclosed by the knot is relieved by a fold that extends out to the horizontal and vertical.

The "M W Project", which differs from all other works produced during this phase by virtue of its surface treatment, testifies to Tai-Jung Um's intense preoccupation with the impact of primary colours. Although he otherwise relies on the reflecting shine of iron, the deep black of steel or the erosion process (which he cannot influence and which in the course of time lends his sculptures – amongst them "Energy 69 No. 1"– a rusty red), in the former instance he allowed the material to disappear beneath a shimmering coat of paint. The colour contrasts direct our attention to the relationship between edge and surface, and the intensive yellow serves to highlight the edge and make it stand out as a line in space.

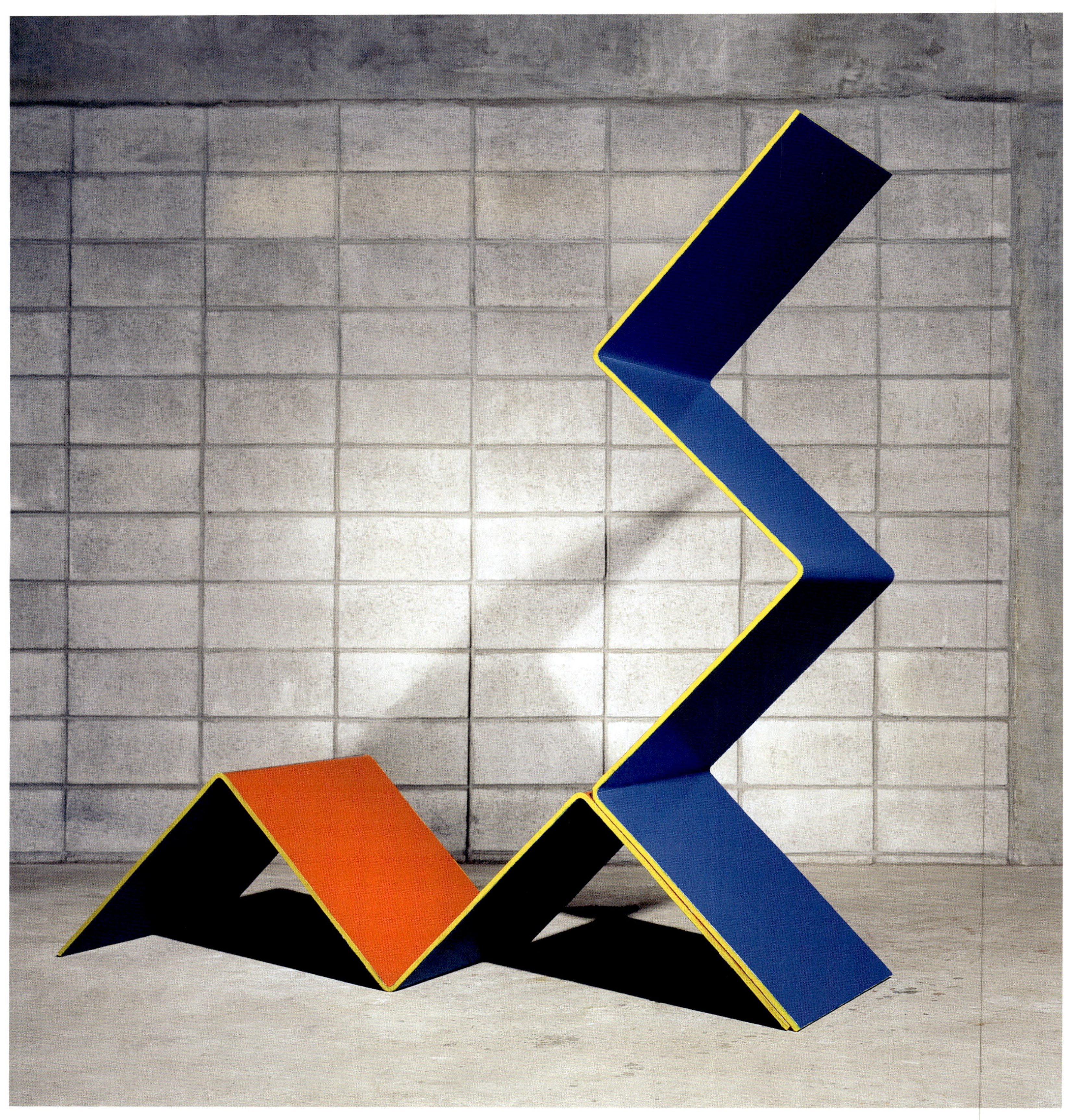

M W Project, *1972*
Farbe auf Stahl
Colour on Steel
170 x 172 x 60 cm

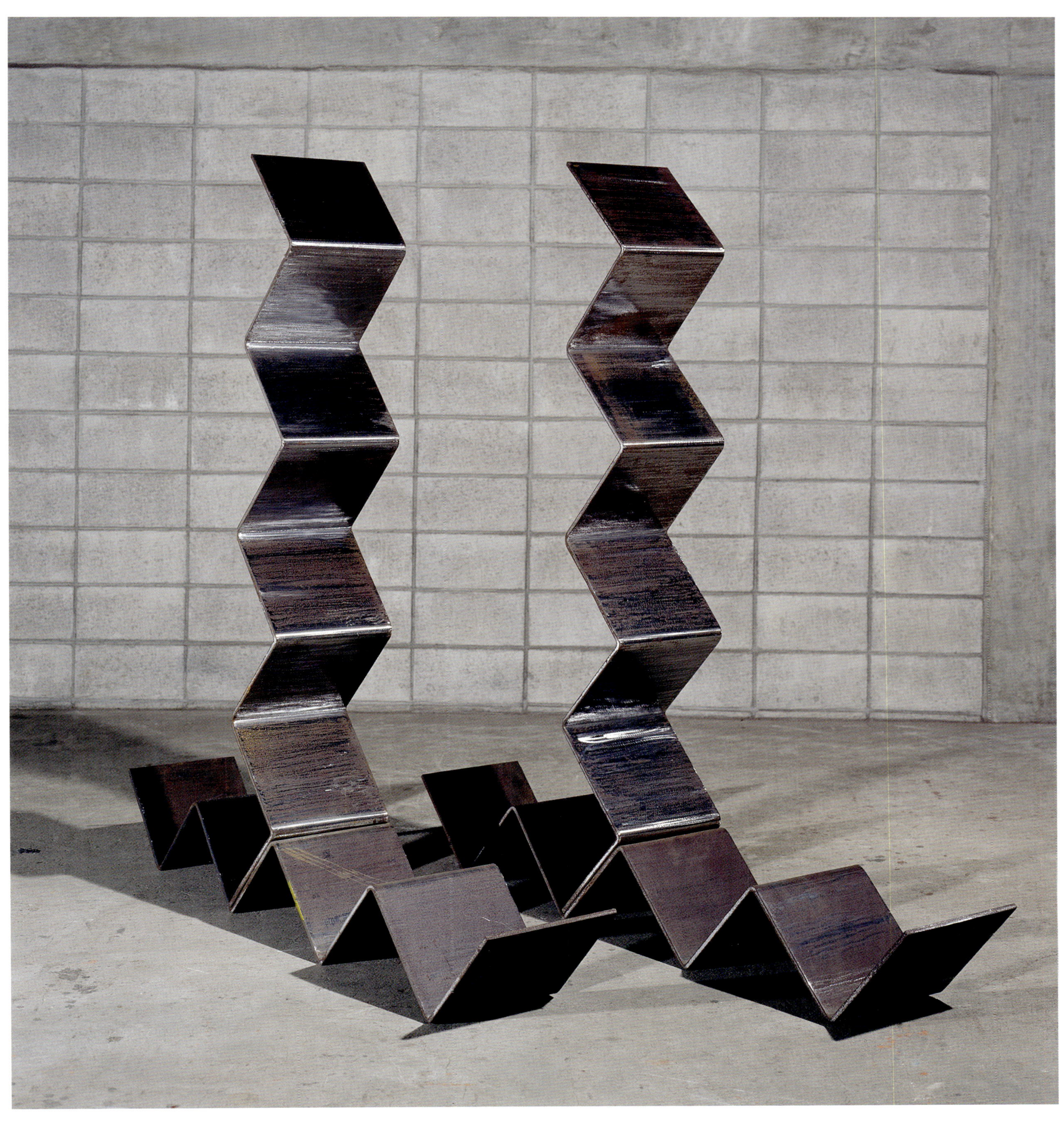

W Project, *1972*
Eisen
Iron
176 x 176 x 60 cm

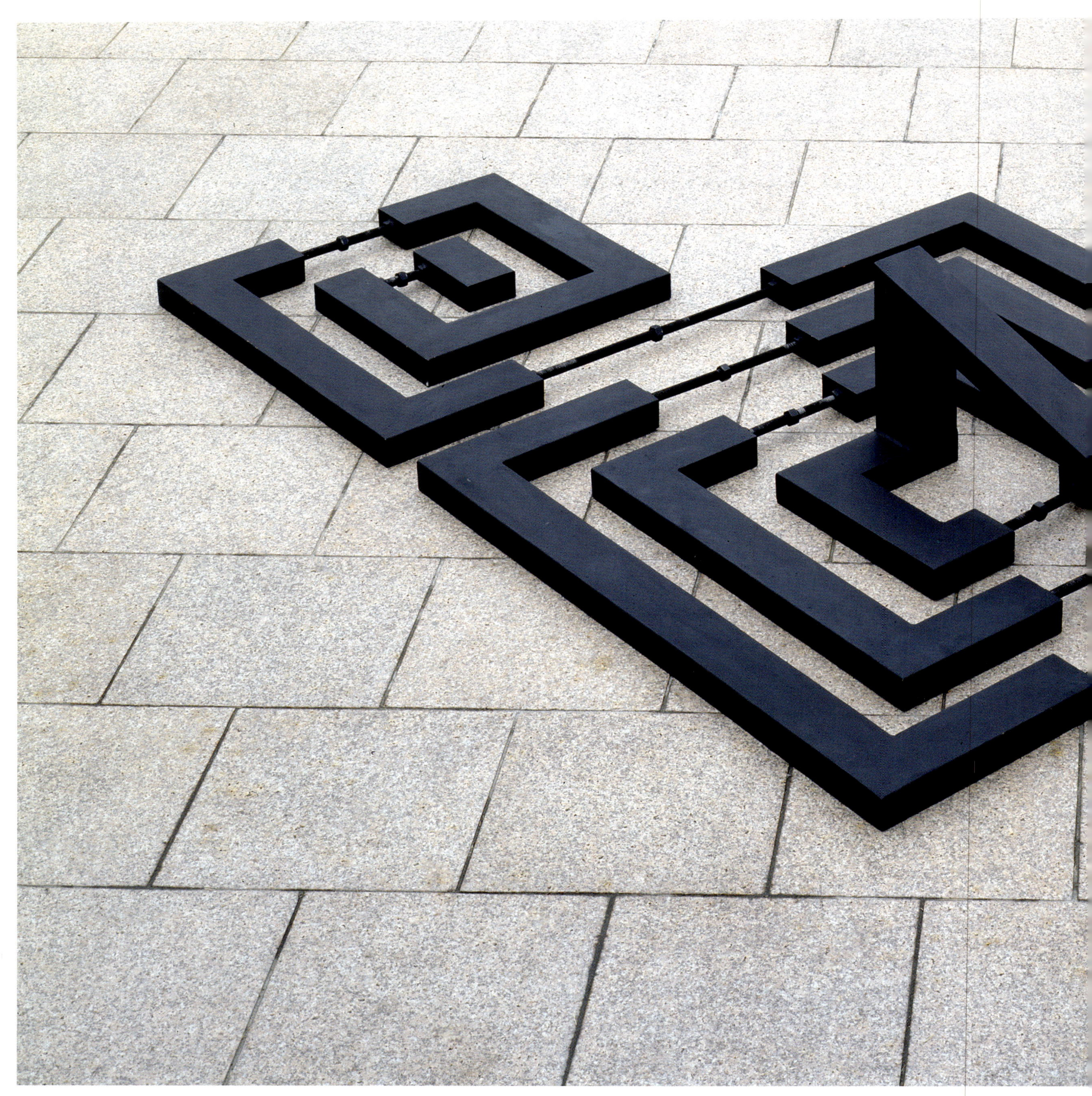

□ **Project**, *1972*
Stahl
Steel
43 x 376 x 162 cm
National Museum of Contemporary Art, Seoul

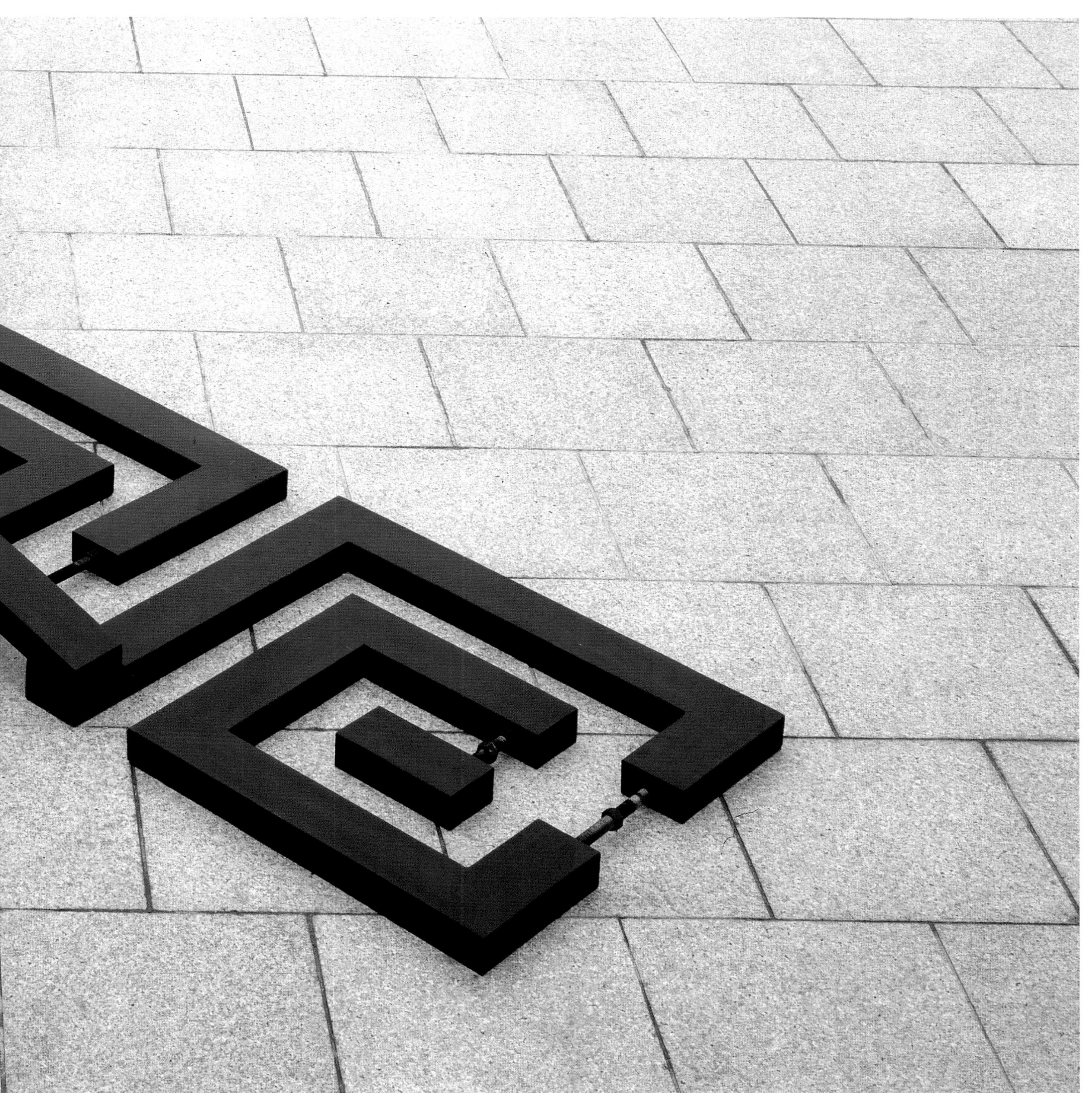

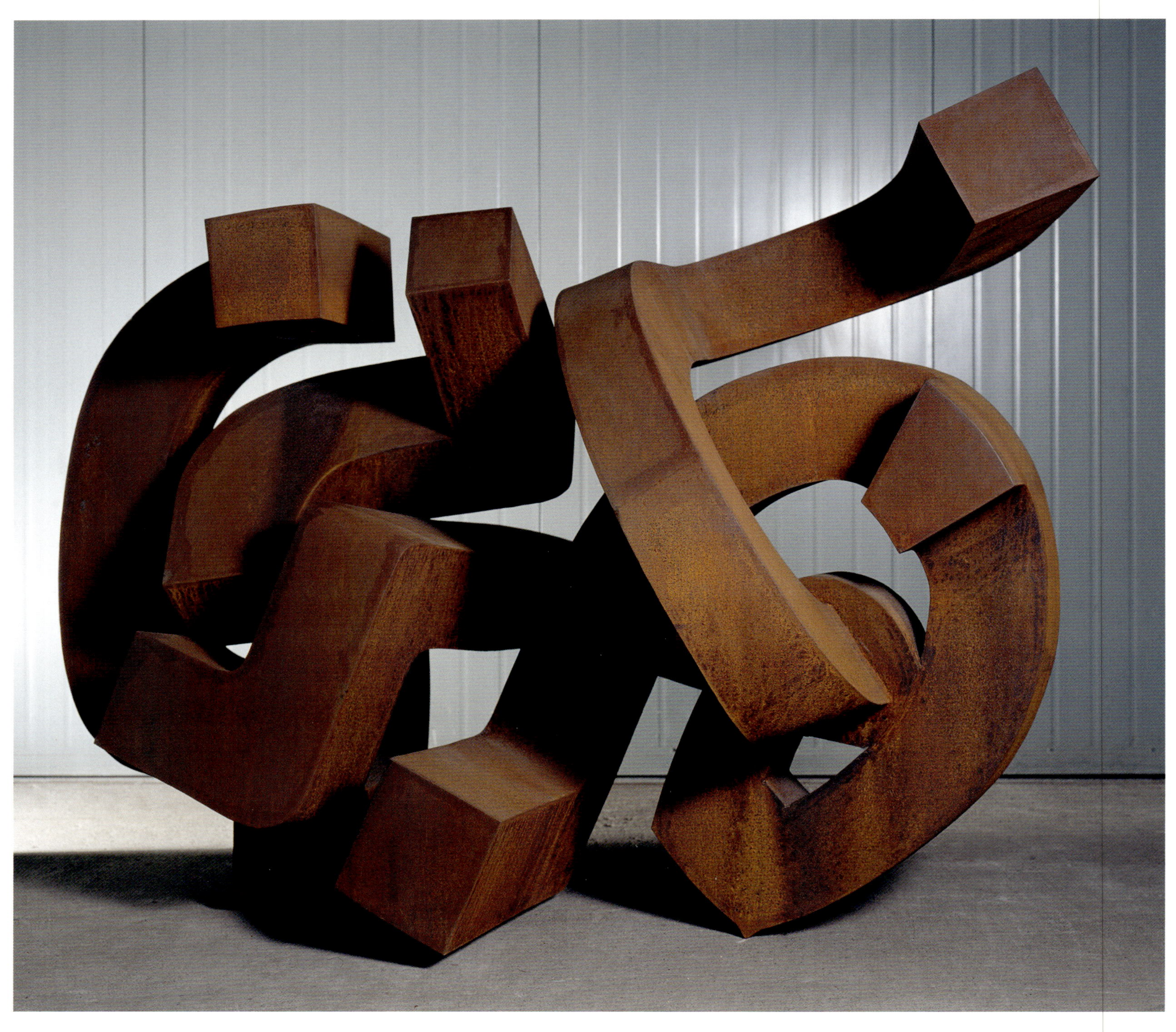

Energy 69 No. 1, *1969*
Stahl
Steel
147 x 200 x 105 cm

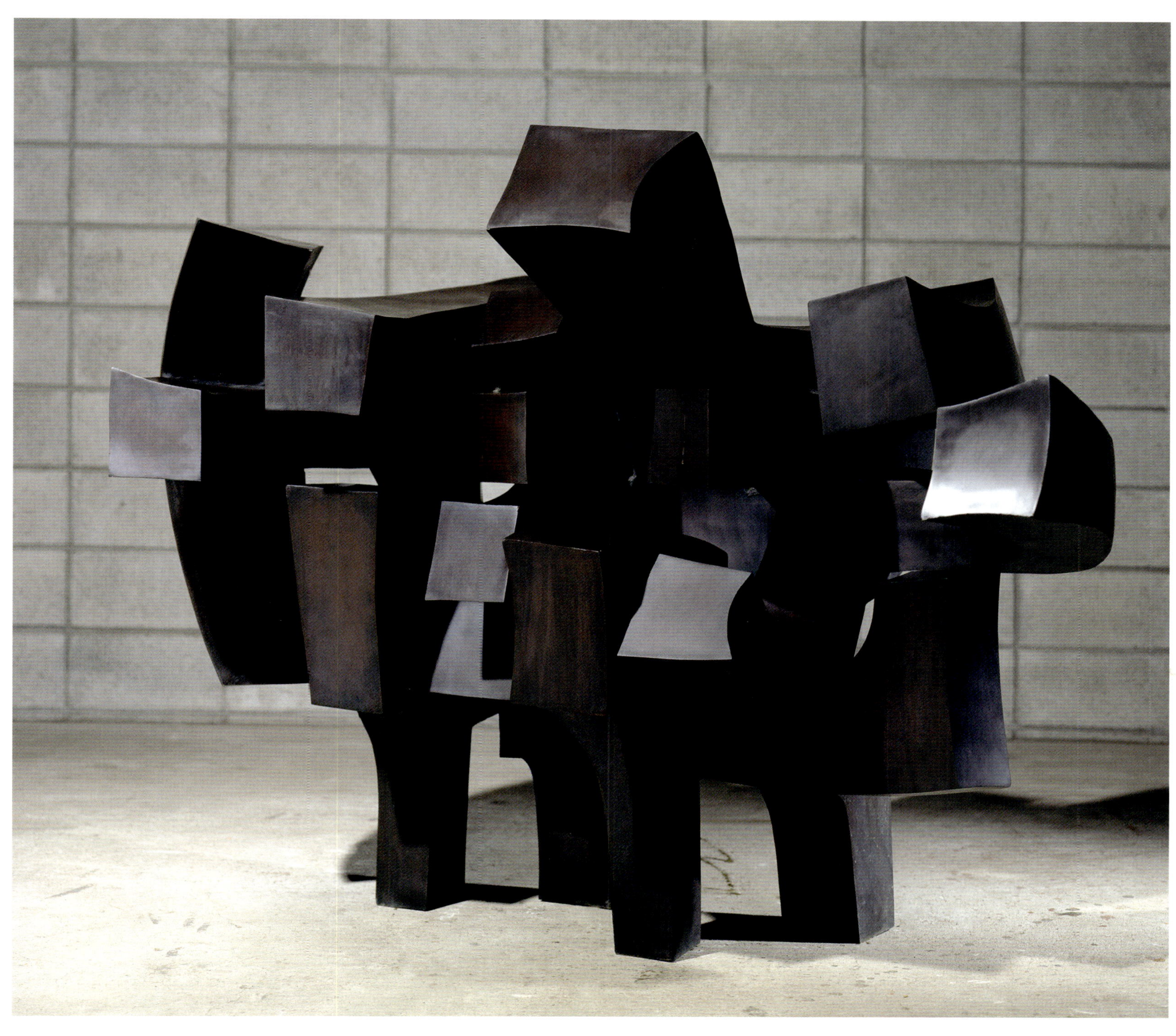

An Attitude, ***1968***
Stahl
Steel
135 x 165 x 100 cm

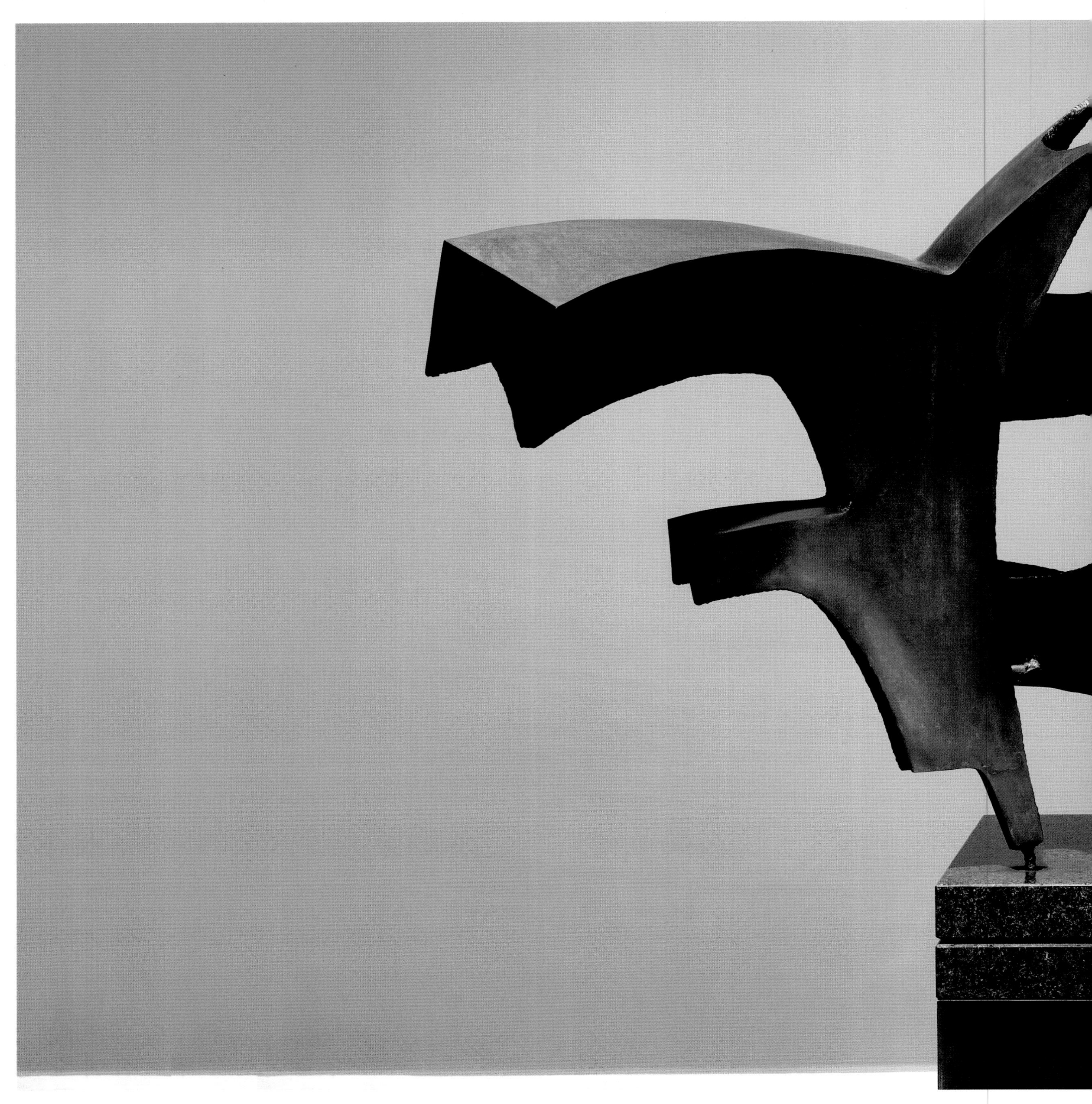

A Screen, *1967*
Stahl
Steel
94 x 136 x 8 cm
National Museum of Contemporary Art, Seoul

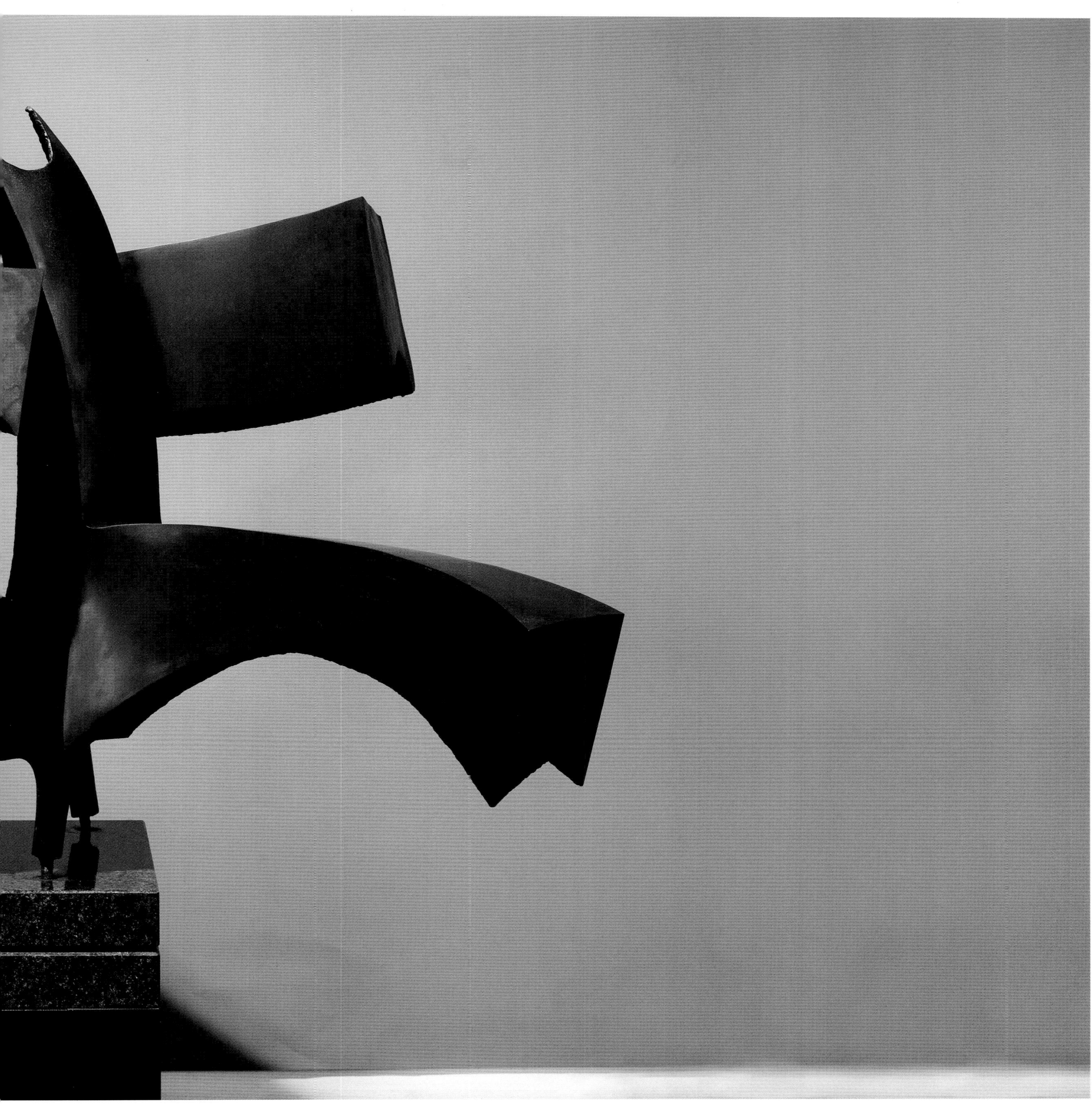

Werke i
Außenra
Monum

n

um

nts

Der Maßstab des Menschen

Seit den achtziger Jahren nimmt Tai-Jung Um die Gelegenheit wahr, an verschiedenen Orten in der Stadt zu erproben, ob seine Skulpturen, denen ein architektonisches Prinzip, ein an der Konstruktion orientierter Gestaltungswille zugrunde liegt, sich auch dann behaupten können, wenn sie die musealen Räume, den klinisch reinen White Cube hinter sich lassen und in das bunte Leben von Seoul eintauchen. Mit dem Wirtschaftsaufschwung ging in Südkorea ein Bauboom einher, Hochhäuser wuchsen wie Pilze aus dem Boden, neue Plätze, ja ganze Viertel entstanden, und die Metropole veränderte innerhalb kürzester Zeit ihr Gesicht. In einem solchen Kontext übernehmen Tai-Jung Ums Skulpturen wichtige Aufgaben. Aufgrund ihrer spezifischen Situierung fungieren sie als Orientierungspunkte: Sie geben Richtungsverläufe vor, sie beeinflussen Wahrnehmungsvorgänge, sie leiten den Blick und sie provozieren körperliche Bewegung. Nicht zuletzt aber erinnern sie daran, dass es jenseits des ökonomischen Prinzips ein wertvolles Gut zu verteidigen gilt: ästhetische Kompetenz. Um den Blick für die untrennbare Einheit von Körper und Raum, von Funktion und ästhetischer Dimension zu schärfen, führen Tai-Jung Ums Skulpturen dort, wo Bürotürme in den Himmel wachsen, eine Kategorie ein, die der Architektur verloren gegangen ist: den Maßstab des Menschen.

Dass seine Arbeiten dem urbanen Raum eine zusätzliche Qualität verleihen, stellte Tai-Jung Um unter Beweis, als er anlässlich der Seoul Asian Games, die 1986 stattfanden, die Skulptur „Vigorous Action“ realisierte. Die sechs Meter hohe Bronzefigur vermittelt zwischen dem Stadion und einem städtischen Park, zentriert den Blick und unterbricht das strenge Achsensystem der Wegeführung. Von ihren Dimensionen her korrespondiert die Skulptur dem städtebaulichen Umfeld auf ideale Weise, aber sie trägt dennoch dazu bei, einen öffentlichen Platz für den Menschen zurückzuerobern. Denn sie richtet sich in erster Linie an den in Großstädten selten gewordenen Flaneur – und nicht an den Autofahrer. Durch ihre Mehransichtigkeit lädt die Skulptur dazu ein, sie langsam zu umrunden und sie bei wechselndem Licht vor unterschiedlichem Hintergrund zu betrachten.

Auf einem Piedestal inmitten einer kreisrunden, steinumrandeten Grünanlage erhebt sich, wie ein Phönix aus der Asche, die Gestalt eines Vogels. Diesen Eindruck erwecken zumindest die vier ellipsoiden Formen, die sich – im Zentrum miteinander verbunden – jeweils nach oben hin verjüngen. Die vier annähernd gleich großen Elemente wurden streng achsensymmetrisch angeordnet, wobei zwei von ihnen leicht gestaucht sind. Dadurch entsteht der Eindruck, es handle sich bei den Segmenten um den Körper und die Flügel eines Vogels. Zusätzlich lassen Einkerbungen am äußeren Rand an Gefieder denken. Trotz der Reduktion auf Grundformen und des Verzichts auf Details ist es kaum möglich, die Skulptur als „reine Form“ zu betrachten. Stets stellen sich, wie bei Brancusis „Maïasta“, Assoziationen an organisches Leben ein. „Vigorous Action“ spielt zudem mit Gegensätzen: von gegenständlicher und abstrakter Kunst, von substanzieller Schwere und optischer Leichtigkeit.

Der gewichtige Körper aus Bronze sieht paradoxerweise aus, als könne er sich jeden Moment aufschwingen und in die Lüfte emporheben – zum Beweis eines Triumphs des Willens über die Trägheit der Materie.

Einen ähnlichen Effekt erzielt Tai-Jung Um mit „Double Crane“, einer Skulptur, die im Jahr 1998 auf dem Gelände der Nationaluniversität von Seoul Aufstellung fand. Hier bekennt sich der Bildhauer bereits im Titel zum gestalterischen Prinzip der Verdopplung, zum Spiel mit Symmetrien. Aber im Unterschied zu „Vigorous Action“ nennt er den Vogel, der dem Betrachter in einer reduzierten Formensprache vor Augen steht, diesmal beim Namen. Er spricht vom Kranich, der in Korea wegen seiner ruhigen, kraftvollen Bewegung bewundert wird und allgemein als Sinnbild für langes Leben, Weisheit und Glück gilt. Somit verleiht Tai-Jung Um hier nicht zuletzt seiner Hoffnung Ausdruck, die Begegnung mit Kunst möge selbst auf all jene einen positiven Einfluss haben, die achtlos an ihr vorübergehen: Studierende, Dozenten und Professoren, die schnellen Schrittes den Campus durchqueren.

Auf die magische Wirkung einfacher Grundformen vertraute Tai-Jung Um auch, als er die Gelegenheit erhielt, beim Neubau des Obersten Gerichtshofs in Seoul den Vorplatz zu gestalten. Die „Statue of Law and Right“ aus dem Jahr 1995 symbolisiert, dem Ort durchaus angemessen, einen perfekten Ausgleich widerstreitender Kräfte. So sorgfältig wie Justitias Waage scheinen die beiden bogenförmigen Segmente austariert zu sein, aus denen die Skulptur besteht, wobei eine Form in der anderen ruht. Auch hier schafft Tai-Jung Um eine Synthese aus Schwere und Leichtigkeit. Ein Bogenende schert aus dem Gleichgewicht aus. Fast aggressiv strebt es ins Zentrum, denn nicht selbstverständlich halten Recht und Gesetz einander die Waage. Und wiederum erweist sich die Form, die Um wählt, als notwendiges Gegenüber der Architektur. So nimmt die Skulptur subtil eine Rundung auf, die von einer Mauer im Eingangsbereich vorgegeben wird und die die „Statue of Law and Right“ – in der Frontalen gesehen – hinterfängt.

In welchem Maße Skulpturen die Macht haben, verändernd in das städtische Umfeld einzugreifen und eine physische Erfahrung von Materie und Raum zu evozieren, lässt sich an „Unity I+II“ ablesen. Die symmetrisch platzierten Skulpturen aus dem Jahr 2000 flankieren den Zugang zum Asem Tower. In ihrer kompakten, archaisch anmutenden Form und ihrem Beharren auf der von der Patina gesteigerten Eigengesetzlichkeit des Materials Kupfer behaupten sie sich souverän gegenüber dem Prinzip der seriellen Produktion, dem die Glas-und-Stahl-Architektur huldigt. Dies liegt wohl nicht zuletzt darin begründet, dass die Skulpturen selbst nicht nur geometrische Körper, sondern auch buchstäbliche Reflexionen von Raum sind: Eingefaltet und in sich gekehrt wenden sie das Aufstrebende um, ohne dass diese Richtungsänderung in einem amorphen oder chaotischen Zustand enden würde. Das auf sich selbst zurückgeworfene Streben bildet seinen eigenen Raum: eine umschlossene, geborgene Leere. So entsteht ein Ort der Möglichkeiten.

The Human Scale

Since the 1980s Tai-Jung Um has availed himself of the opportunity in various city locations to test whether his sculptures, which are based on an architectural principle, the artistic creation of shape and form, can also assert themselves when they leave the walls of museums behind them, exit the clinically pure White Cube, and enter the colourful life of Seoul. South Korea's economic revival brought a construction boom with it, high-rises sprang up like mushrooms, new squares, indeed entire quarters emerged, and within a very short space of time the metropolis took on a new face. In such a context Tai-Jung Um's sculptures assume an important task. Thanks to their specific location they act as landmarks, indicate directions, influence perceptual processes, direct the gaze and encourage physical activity. But not least of all they remind people that there are valuable assets to be protected beyond the economic principle, namely aesthetic competence. In order to hone our senses for the indivisible unity of body and space, function and aesthetic dimension, at the very point where office towers soar into the sky Tai-Jung Um's sculptures reintroduce an aspect architecture has since lost: the human scale.

Tai-Jung Um proved that his works lend urban spaces an additional quality when in 1986 he created the sculpture "Vigorous Action" to mark the staging of the Seoul Asian Games. The six-meter-high bronze figure is an intermediary between the stadium and a city park, focuses the gaze and interrupts the strict axes of the street lines. Though in terms of dimensioning, the sculpture corresponds ideally with the urban environment it nonetheless plays a key role in recapturing public space for people. After all, it primarily addresses a rarity in today's cities, namely the pedestrian rather than motorist. Conceived to be seen from various aspects the sculpture invites passers-by to walk around it slowly and view it in changing lighting against diverse backgrounds.

Like a phoenix rising from the ashes, the figure of a bird soars up from a pedestal at the centre of a circular green space bordered with stones. At least this is the impression conveyed by the four upward tapering ellipsoid shapes joined at the center. The four elements of almost identical size were arranged according to a strict axial symmetry; two of them are slightly shortened. The result is to create the impression that the segments depict a bird's body and wings. Furthermore, notches on the outer edge are reminiscent of feathers. Despite the reduction to simple basic shapes and the renunciation of all detail it is hardly possible to view the sculpture as "pure shape". As with Brancusi's "Maïasta", there is any number of associations here to organic life. What is more, "Vigorous Action" plays with the opposite poles of representative and abstract art, substantial weight and visual lightness. Paradoxically, the weighty figure of bronze looks as if it might rise up and take off at any moment – evidence of the triumph of the mind over the lethargy of matter. Tai-Jung Um achieves a similar effect with "Double Crane", a sculpture exhibited on the campus of Seoul National University in 1998. In this instance the sculptor already admits in the title to the artistic principle of doubling, his experimentation with symmetries. And he goes further: in direct contrast to "Vigorous Action" he makes a specific reference to the bird, which presents itself to the viewer in reduced formal language. He refers to the crane, which is admired in Korea owing to its calm, powerful movements and is generally viewed as a symbol for long life, wisdom and happiness. As such this is also not least of all an expression of hope on Tai-Jung Um's part that the encounter with art might have a positive influence on all those people who walk past it without paying it much attention: students, lecturers and professors, who cross the campus in rapid strides.

Similarly, Tai-Jung Um relied on the unique impact of simple basic shapes when he had the opportunity to design the forecourt to the new Supreme Court building in Seoul. Fully in keeping with its location the "Statue of Law and Right" dating from 1995, symbolises a perfect balance between conflicting forces. The two arched segments comprising the sculpture seem to be as carefully balanced out as Justice's scales, with one segment resting within the other. One wing outbalances, aims for the centre, almost aggressively in correspondance with law and justice that are not naturally in balance. Once again Tai-Jung Um creates a synthesis of heaviness and lightness. And once again the shape he selects proves to be an appropriate counterpart to the architecture. Essentially, the sculpture subtly reflects the curve formed by a wall in the entrance area and that acts as a backdrop to the "Statue of Law and Right".

The extent to which sculptures are capable of intervening and modifying the urban environment and evoking a direct physical experience of material and space can be read clearly in "Unity 1" and "Unity 2". The symmetrically placed sculptures from the year 2000 flank the entrance to the Asem Tower and act as a guidance system. In their compact, archaic looking form and their insistence in the autonomy of the material copper, further heightened by the aura of patina they assert themselves majestically against the principle of serial production to which glass and steel architecture are subject. Presumably a not insignificant reason for this is that the sculptures themselves are not only geometrical figures but also quite literally reflections of space: Folded over and turned inwards they reverse the soaring aspect but without this change of direction producing an amorphous or chaotic state. This soaring motion thrown back upon itself forms its own space: an enclosed, protected empty space. The outcome is an open place, a place of opportunities.

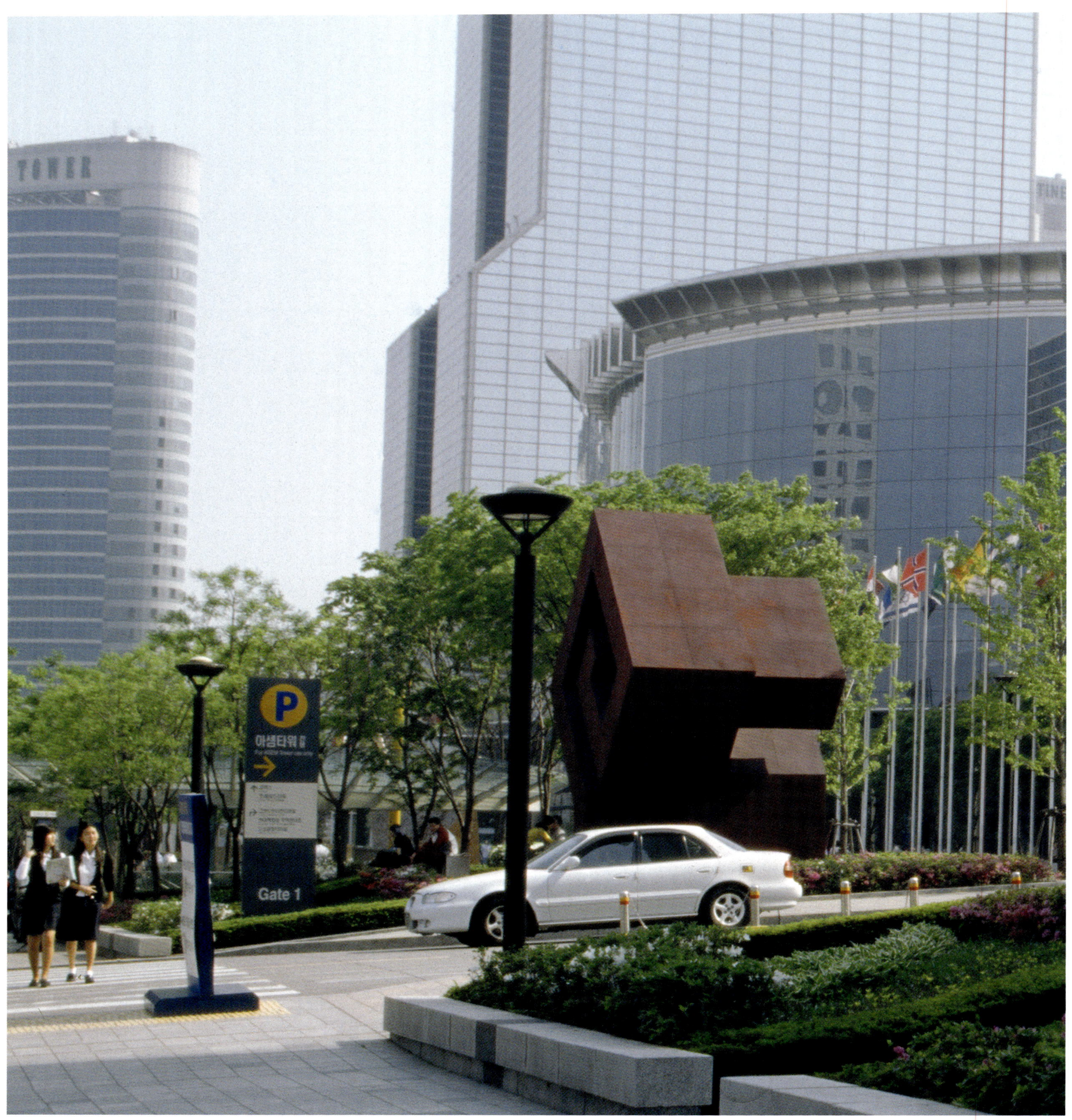

Unity I+II, *2000*
Kupfer
Copper
500 x 500 x 700 cm
Asem, Seoul

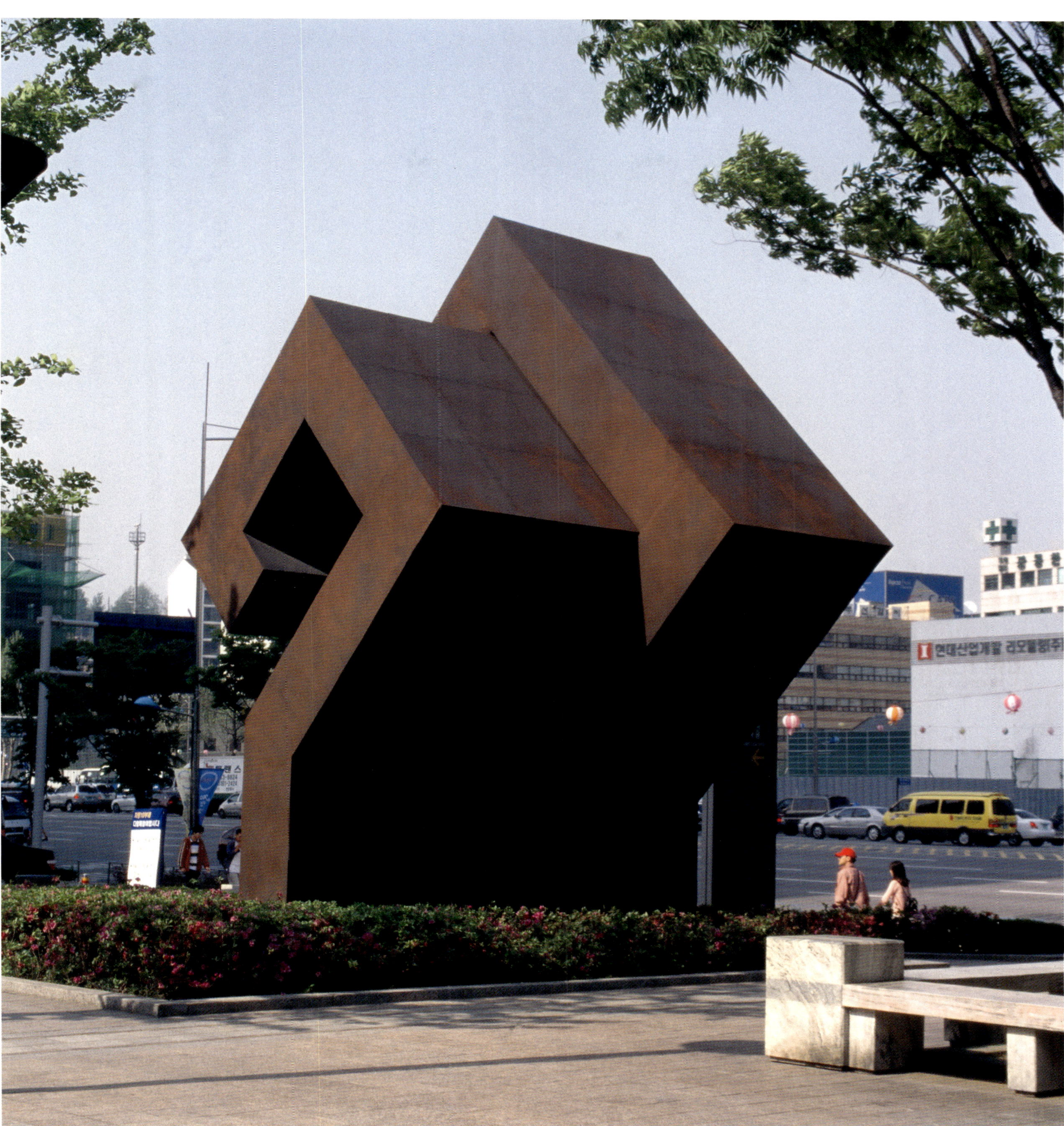

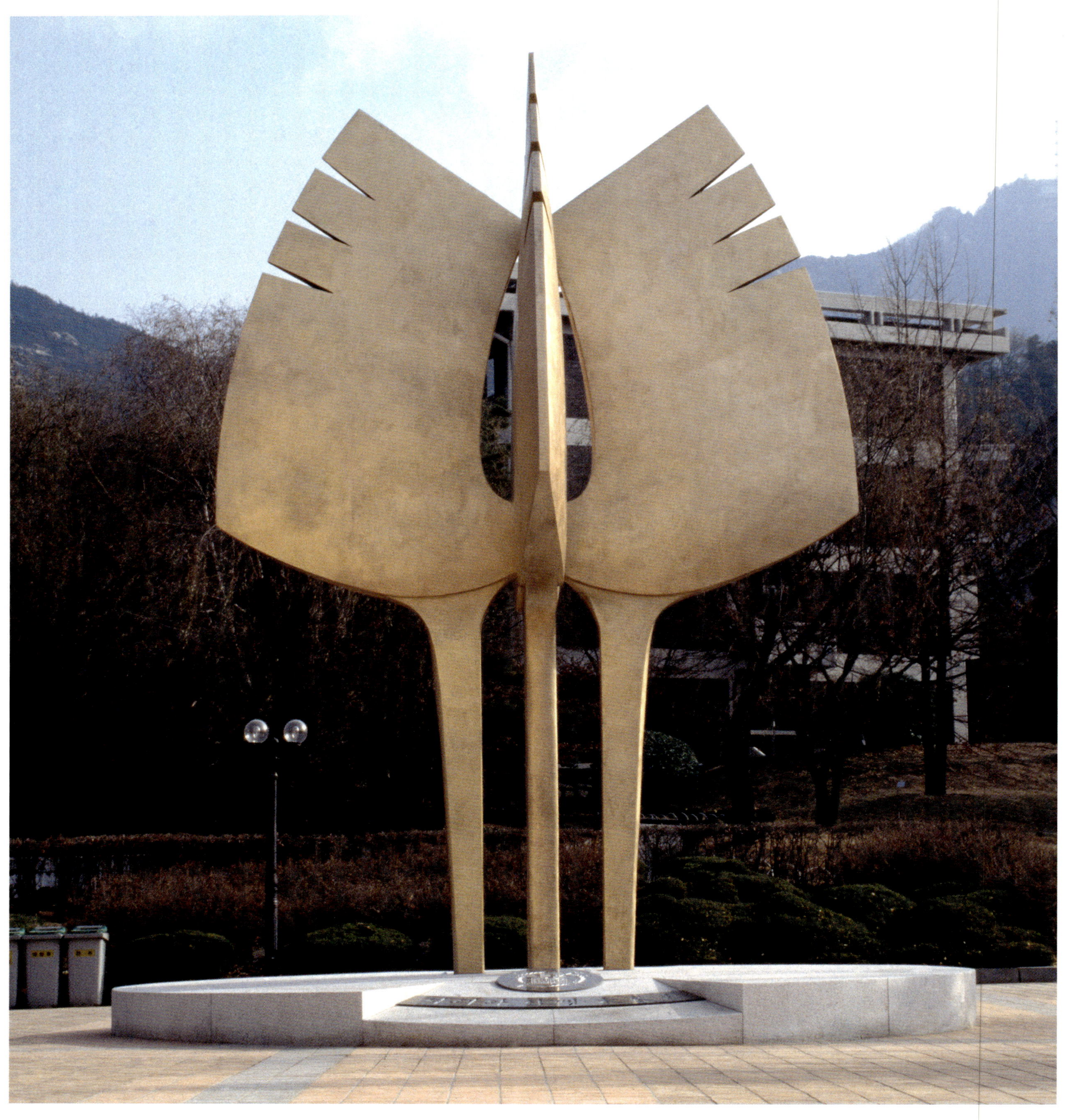

Double Crane, ***1998***
Bronze
Bronze
700 x 500 x 500 cm
Seoul National University, Seoul

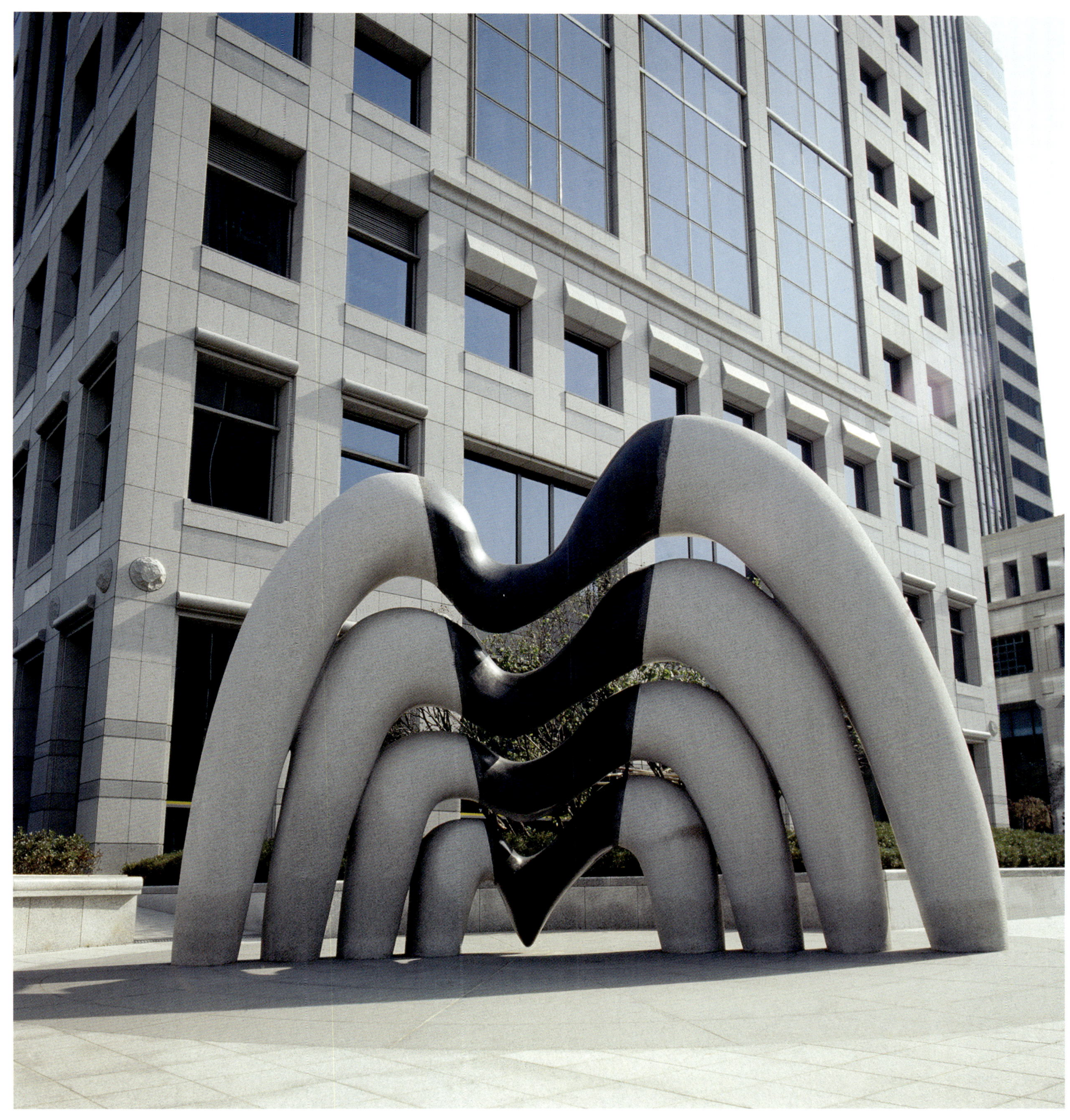

Four Elements, *1993*
Stein, Granit
Black Stone, Granite
700 x 700 x 120 cm
Financial Supervisory Service Yeoueido, Seoul

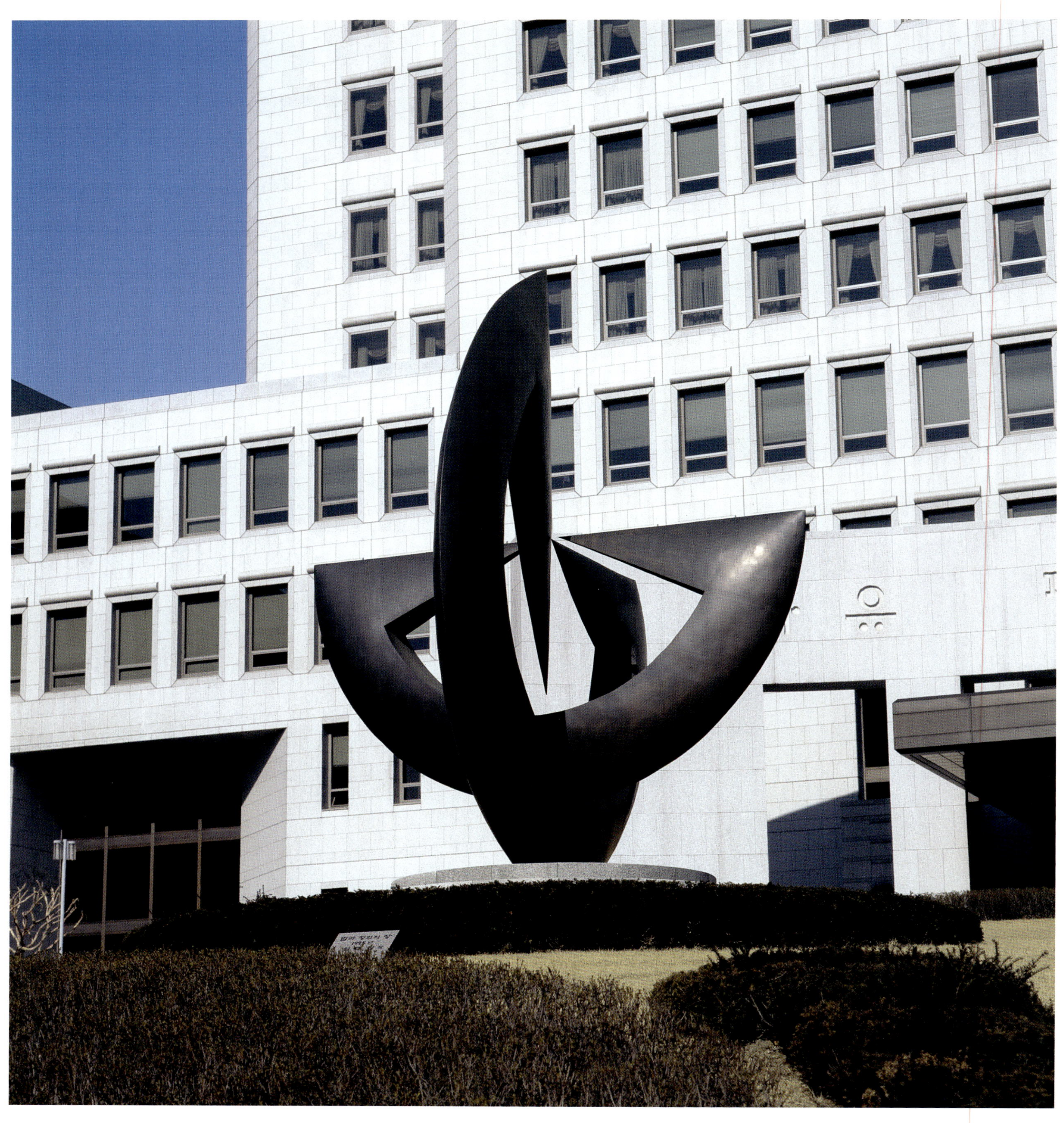

Statue of Law and Right, *1995*
Bronze
Bronze
700 x 600 x 600 cm
Supreme Court, Seoul

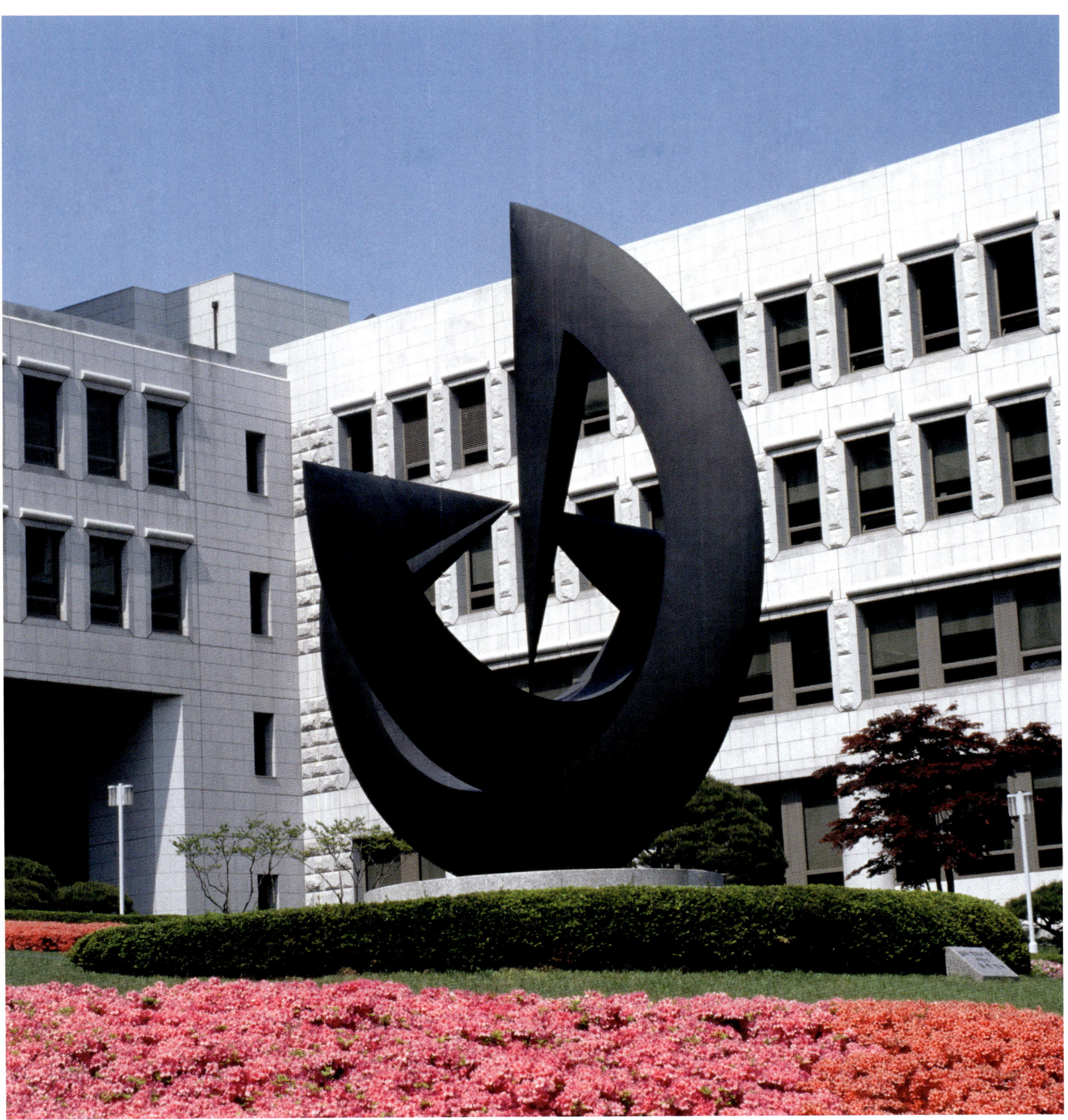

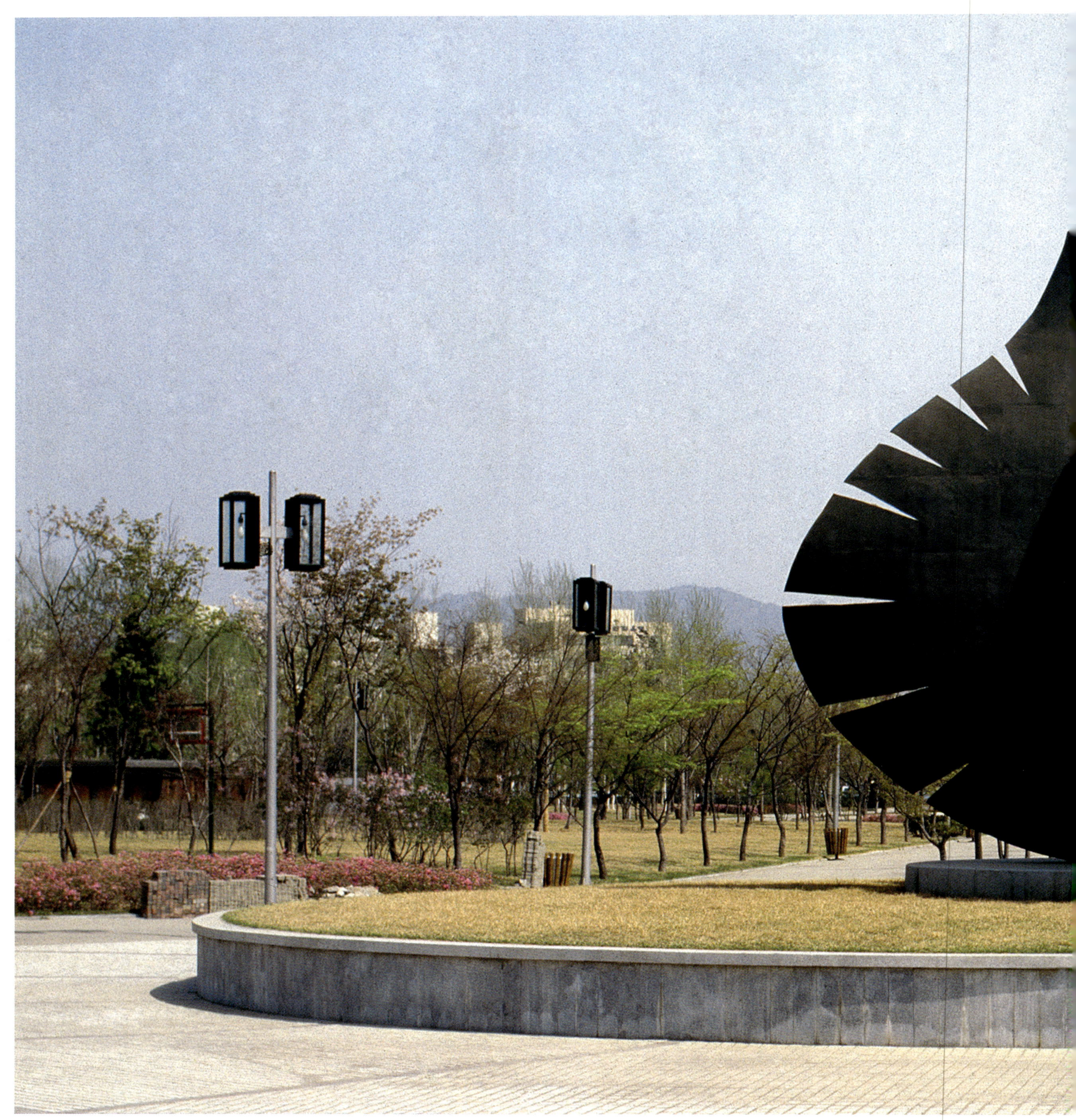

Vigorous Action, *1986*
Bronze
Bronze
700 x 600 x 600 cm
Seoul Metropolitan Jamsil Main Stadium, Seoul

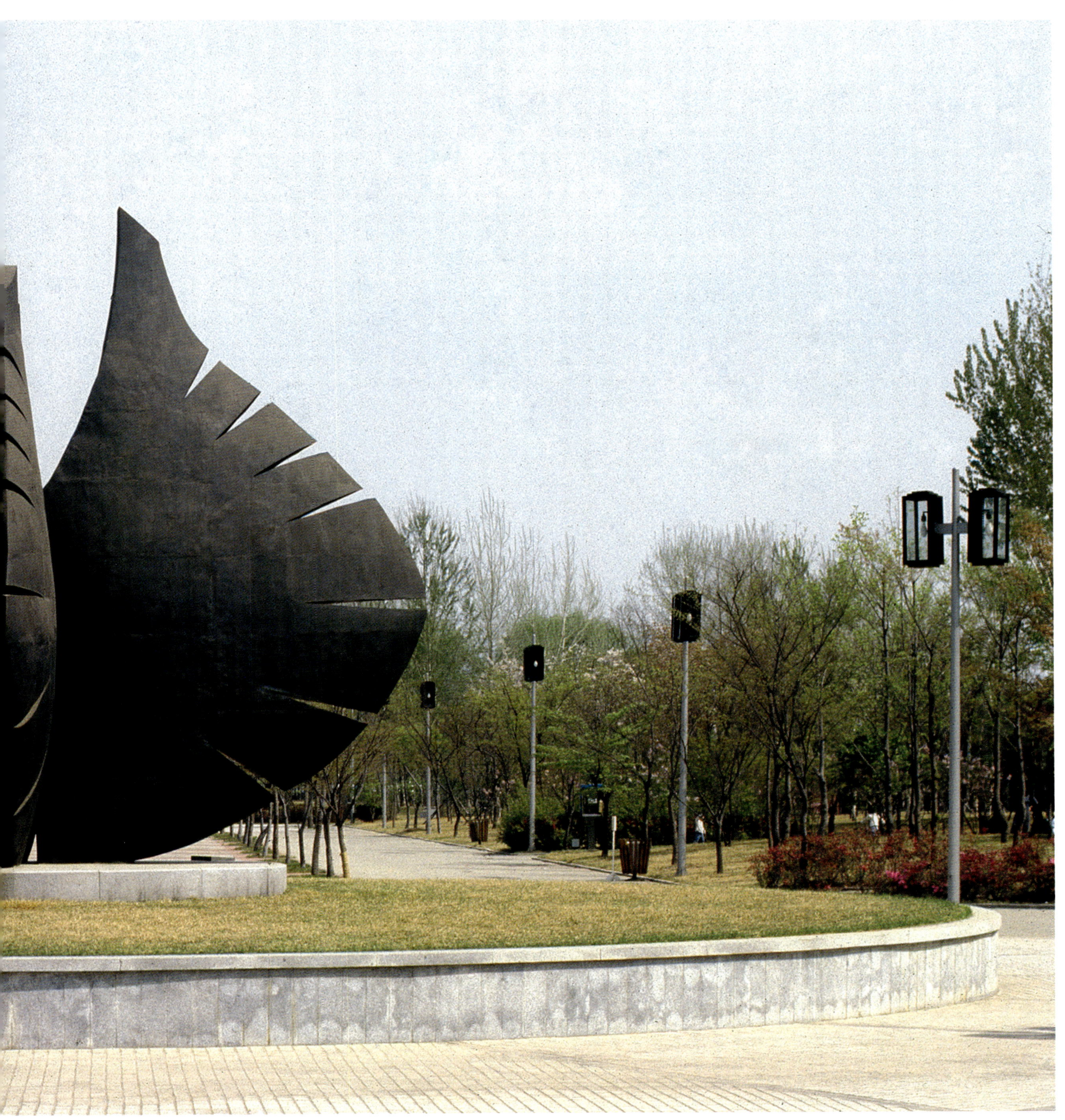

Biografi
Bibliogr
Biograp
Bibliogr

und
.fie
ay and
uphy

Tai-Jung Um
Biografie

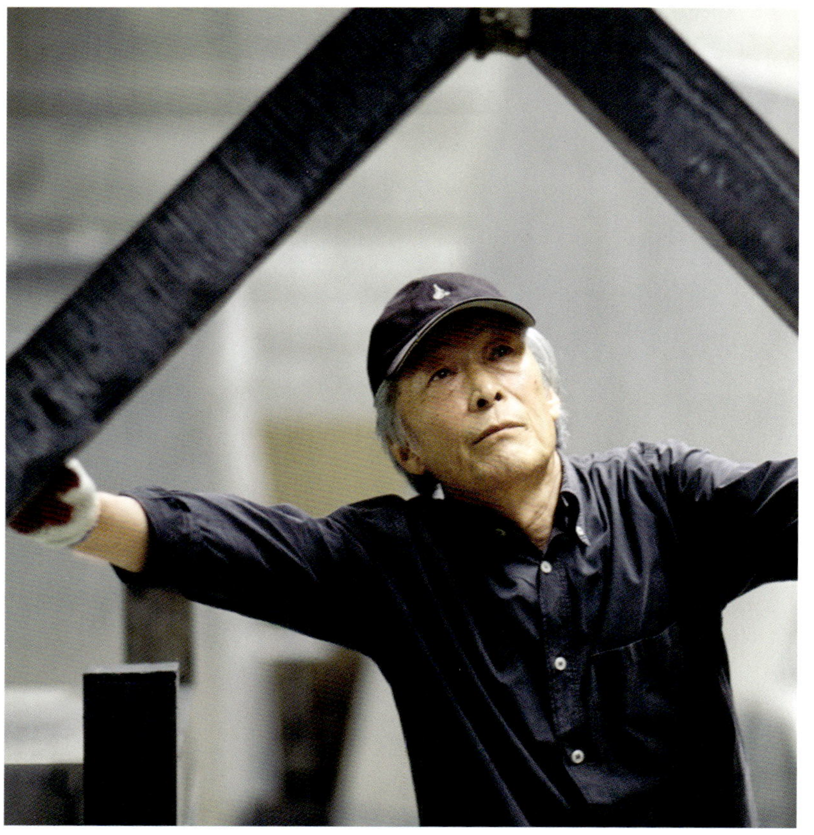

1938 geboren in Moon-Kyung
1958–64 Studium der Bildhauerei an der Kunstakademie der Seoul Nationaluniversität
Erwerb des Masters of Fine Arts
1964-66 Studium der Erziehungswissenschaften an der Seoul Nationaluniversität
Erwerb des Staatsexamens
1979-80 Aufbaustudium an der Saint Martin's School of Art, London
1981-2003 Professor für Bildhauerei an der Kunstakademie der Seoul Nationaluniversität
1992 Gastprofessor an der Hochschule der Künste Berlin
Seit 2004 Honorarprofessor für Bildhauerei an der Kunstakademie der Seoul Nationaluniversität

Einzelausstellungen

1972 Kawang Joo Galerie, Kawang Joo
1975 Maramatsu Galerie, Tokio
1979 Galerie Hyun Dae, Seoul
1980 Woodstock Gallery, London
1984 Duson Galerie, Seoul
1991 Duson Galerie, Seoul
1997 Galerie Hyundai, Seoul
2005 Georg-Kolbe-Museum, Berlin

Ausstellungsbeteiligungen (Auswahl)

1970 Ausstellung zum Großen Preis von Korea, Hankuk Ilbo Tageszeitung, Seoul
Expo '70, Sonderausstellung im Koreanischen Pavillon, Osaka

1971 Ausstellung zum Nationalpreis, Seoul
Indien-Triennale
Ausstellung zum Großen Preis von Korea, Seoul

1972 Dritte Koreanische Bildhauer-Ausstellung, Goethe-Institut, Seoul

1973 Zeitgenössische koreanische Kunst 1957–1972, Myung-dong Galerie, Seoul
Biennale von São Paulo

1974 Ausgewählte koreanische Kunst, Shinsegye Galerie, Seoul

1975 Biennale von São Paulo

1978 Zwanzig Jahre koreanische Kunst, Nationalgalerie für moderne Kunst, Seoul
Ausstellung zum Joong Ang-Preis, Seoul
Environmental Sculpture, Space Galerie, Seoul

1979 Methods of Today, Korean Art Center, Seoul

1981 Ausstellung zum Künstleraustausch Korea-Deutschland, Seoul

1982 Zeitgenössische koreanische Skulptur, Nationalgalerie für moderne Kunst, Seoul

1983 Zeitgenössische koreanische Kunst, Mailand

1984 Koreanische Kunst der siebziger Jahre, Taipei

1985 Seoul Art Show, Städtisches Museum, Seoul
Vierzig Jahre Seoul Nationaluniversität, Seoul

1986 Seoul Contemporary Asien Art Show, Seoul Asian Games Organisationskomitee
Now and Past, Nationalgalerie für moderne Kunst, Seoul
Modern Korean Art Festival, Seoul

1987 Seoul Art Show, Städtisches Museum, Seoul

1988 Exhibition of International Open Air Sculpture, Seoul
Olympic Open Air Skulpturenpark, Organisationskomitee der Olympischen Spiele Seoul

1989 Asian International Art Exhibition, Seoul

1990 Galerie Hyun Dae, Seoul
New Spirit, Keum Ho Museum, Seoul

1990 Internationales Skulpturensymposium, Lavin, Kroatien

1991 Galerie Mook, Seoul
Hanwon Galerie, Seoul

1993 Seoul Art Exhibition, Städtisches Kunstmuseum, Seoul
Kleinkunsttriennale, Wakerhill Museum, Seoul

1994 Seoul Art Exhibition, Städtisches Kunstmuseum, Seoul
Zeitgenössische koreanische Kunst, Seo-Nam Museum, Seoul

1995 Home and Abroad, Galerie Hyundai, Seoul
Art Contemporain Coréen, Couvent des Cordeliers, Paris
Seoul Art Exhibition, Städtisches Kunstmuseum, Seoul
Manif Seoul, Seoul Art Center, Seoul

1996 Manif Seoul, Seoul Art Center, Seoul
Seoul Art Exhibition, Städtisches Kunstmuseum, Seoul
Fiac, Paris

1998 Skulpturengarten Asadal

2000 Manif Seoul, Seoul Art Center, Seoul
Zeitgenössische koreanische Kunst von Mitte der fünfziger bis Mitte der siebziger Jahre (A Decade of Transition and Dynamic), Nationalgalerie für zeitgenössische Kunst, Seoul

2001 Korean Contemporary Exhibition, Se Jong Cultural Center, Seoul
Tradition und Innovation, Korea Cultural Center Deutschland, Berlin
Internationales Bildhauersymposium, Santo Tirso, Portugal
Art Paris, Paris

2002 Tradition und Innovation, Museum Zollverein, Essen
Korea – Japan, Takashimaya Galerie, Yokohama
Grands et jeunes d'aujourdhui Seoul, Se Jong Cultural Center, Seoul

2003 Insa Art Center, Seoul
New Horizons, Nationalgalerie für zeitgenössische Kunst, Seoul
Tradition und Innovation, Museum für Ostasiatische Kunst, Berlin

2004 Seoul Museum of Art, Seoul
Japan – Korea, Takashimaya Galerie, Tokio
Sculpture Now, Moran Museum of Art, Seoul

2005 Korea – Japan, Fukuoka Asien Art Museum, Fukuoka

Werke in ständigen Sammlungen sowie im Außenraum

Bundesgericht, Seoul
Citizens Investment Trust Management Co, Ltd., Seoul
Dubrova Skulpturenpark, Lavin
Hoam Museum, Seoul
Kanzleramt, Berlin
Independent Memorial Hall, Chunan, Seoul
Jam Sil Olympiastadium, Seoul
Kunstakademie (College of Fine Arts), Seoul
Nationaluniversität, Seoul
Nationalgalerie für zeitgenössische Kunst, Seoul
Olympiastadion, Open-Air-Park, Seoul
Se-Jong Kulturzentrum, Seoul
Skulpturenpark, Santo Tirso
Städtisches Kunstmuseum, Seoul

Auszeichnungen

1962 Preis für junge Künstler, verliehen vom Kultur- und Informationsministerium, Seoul

1967 Auszeichnung bei der Nationalen Kunstausstellung, verliehen vom Ministerpräsidenten, Seoul

1971 Auszeichnung beim Großen Preis von Korea, verliehen von der Hankuk Ilbo Tageszeitung, Seoul

1989 Se-Joong-Kim-Skulpturenpreis, verliehen von der Se-Joong-Kim-Kulturstiftung, Seoul

Bibliografie

Tai-Jung Um. Sculpture, hrsg. v. der Hyun-Dai Gallery, mit einem Text von Joon Yoo Keun, Seoul 1979

Tai-Jung Um. Sculptures, hrsg. v. der Duson Gallery, mit einem Text von Kai Hong, Korea 1984

Tai-Jung Um. Heaven – Earth – Human, hrsg. v. der Duson Gallery, mit einem Text von Yon Woo Lee, Seoul 1991

Tai-Jung Um. Sculptures (Recent Works), Bronze – Object – Age, hrsg v. der Gallery Hyundai, mit Texten von Kwang-Su Oh und Jong Soong Rhee, Seoul 1997

Tai-Jung Um, hrsg. vom Soul Arts Center, Seoul 2000

An Aspect of Korean Contemporary Art in the 1950's to the 1960s, hrsg. vom National Museum of Contemporary Art, Korea, Seoul 2001, S. 195

Korean Contemporary Art from mid-1960s to mid-1970s: A Decade of Transition and Dynamics, hrsg. vom National Museum of Contemporary Art, Korea, Seoul 2001, S. 82/83

Tai-Jung Um
Biography

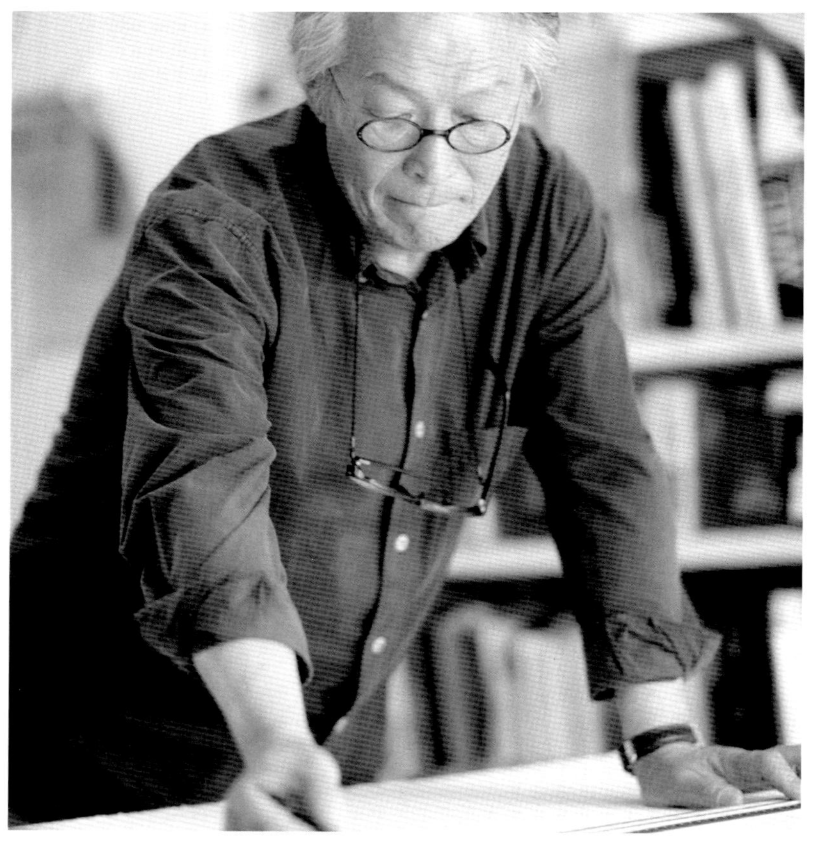

1938 born in Moon-Kyung, Korea
1958–64 studied at Department of Sculpture, College of Fine Arts, Seoul National University, Korea (M.F.A)
1964–66 studied at Graduate School of Education, Seoul National University, Korea (M.E.D)
1979–80 Advance Course at Saint Martin's School of Art, London
1981–2004 Professor, College of Fine Arts, Seoul National University, Korea
1992 Visiting Professor HdK Berlin
Since 2004 Honory Professor of Seoul National University, Korea

Solo Exhibition

1972 Kawang Joo Gallery, Kawang Joo
1975 Maramatsu Gallery, Tokyo
1979 Gallery Hyun Dae, Seoul
1980 Woodstock Gallery, London
1984 Duson Gallery, Seoul
1991 Duson Gallery, Seoul
1997 Gallery Hyundai, Seoul
2005 Georg-Kolbe-Museum, Berlin

Selected Group Exhibition

1970 Korean Grand Prix Art Exhibition, Hankuk Ilbo Daily Newspaper, Seoul
Expo '70, Special Exhibition, Korean Pavilion, Osaka

1971 National Art Exhibition, Seoul
India Triennale
Korean Grand Prix Art Exhibition, Seoul

1972 Three Contemporary Korean Sculptors, Goethe Institute, Seoul

1973 Contemporary Korean Art Show 1957–1972, Myung-dong Gallery, Seoul
Biennale de São Paulo

1974 Excellent Korean Artworks, Shinsegye Gallery, Seoul

1975 Biennale de São Paulo

1978 Twenty Years of Contemporary Korean Art Exhibition, National Museum of Modern Art, Seoul
Environmental Sculpture Exhibition, Space Gallery, Seoul

1979 Methods of Today, Korean Art Center, Seoul

1981 Art Exchange Exhibition between Korea and Germany, Seoul

1982 Contemporary Korean Sculpture, National Museum of Modern Art, Seoul

1983 Contemporary Korean Art, Milano
Environment and Sculpture, Seoul

1984 Korean Art of the 70's, Taipei

1985 Seoul Art, Seoul Metropolitan Government, Seoul
40th Anniversary Seoul National University, Seoul

1986 Seoul Contemporary Asian Art Show, Seoul
Asian Games Organizing Committee
Now and Past, National Museum of Modern Art, Seoul
Modern Korean Art Festival, Seoul Asian Games Organizing Committee

1987 Seoul Art Show, Seoul Metropolitan Museum
International Open Air Sculpture, Seoul Olympic Open Air Sculpture Park, Seoul
Olympic Game Organizing Committee, Seoul

1989 Asian International Art Exhibition, Seoul

1990 Gallery Hyun Dae, Seoul
New Spirit, Keum Ho Museum, Seoul

1990 Mediterranean International Sculpture Symposium, Lavin, Croatia

1991 Gallery Mook, Seoul
Hanwon Gallery, Seoul

1993 Seoul Art Exhibition, Metropolitan Museum of Art, Seoul
Triennale of Small Sculpture, Wakerhill Museum, Seoul

1994 Seoul Art Exhibition, Metropolitan Museum of Art, Seoul
Contemporary Korean Art, Seo-Nam Museum, Seoul

1995 Home and Abroad, Gallery Hyundai, Seoul
Art Contemporain Coréen, Couvent des Cordeliers, Paris
Seoul Art Exhibition, Metropolitan Museum of Art, Seoul
Manif Seoul, Seoul Art Center

1996 Manif Seoul, Seoul Art Center
Seoul Art Exhibition, Metropolitan Museum of Art, Seoul
Fiac, Paris

1998 Open Air Sculpture Garden, Asadal

2000 Manif, Seoul Art Center
Korean Contemporary Art from mid-1960 to mid-1970's (A Decade of Transition and Dynamic), National Museum of Contemporary Art, Korea

2001 Korean Contemporary Exhibition, Se Jong Cultural Center, Seoul
Tradition and Innovation, Korea Cultural Center, Berlin

2001 International Sculpture Symposium, Santo Tirso, Portugal
Art Paris, Paris

2002 Tradition and Innovation , Museum Zollverein, Essen
Korea – Japan, Takashimaya Gallery, Yokohama
Grands et jeunes d'aujourd'hui Seoul, Se-Jong Cultural Center, Seoul

2003 Insa Art Center, Seoul
New Horizons, National Museum of Contemporary Art, Seoul
Traditional and Innovation, Museum of East Asia Art, Berlin

2004 Seoul Museum of Art, Seoul
Japan – Korea, Takashimaya Gallery, Tokyo, Japan
Sculpture Now, Moran Museum of Art, Seoul

2005 Korea – Japan, Asian Art Museum, Fukuoka

Permanent Collections and Outdoor Pieces

Citizens Investment Trust Management Co, Ltd., Seoul
College of Fine Arts, Seoul National University, Seoul
Dubrova Sculpture Park, Lavin
Hoam Museum, Seoul
Independent Memorial Hall, Chunan
Jam Sil Olympic Main Stadium, Seoul
Metropolitan Museum of Art, Seoul
National Contemporary Art Museum, Seoul
Open Air Sculpture Park in Olympic Main Stadium, Seoul
Outdoor Sculpture, Santo Tirso
Prime Minister Public Hall, Berlin
Se-Jong Cultural Center, Seoul
Supreme Court, Seoul

Awards

1962 Prize for Young Artists, awarded by the Ministry of Culture and Information

1967 Prime Minister Prize, National Art Exhibition

1971 Korean Art Grand Prix, awarded by Hankuk Ilbo Newspaper, Seoul

1989 Se-Joong-Kim Sculpture Prize, awarded by Se-Joong-Kim Cultural Foundation

Bibliography

Tai-Jung Um. Sculpture, edited by Hyun-Dai Gallery, with a text by Joon Yoo Keun, Seoul 1979

Tai-Jung Um. Sculptures, edited by Duson Gallery, with a text by Kai Hong, Korea 1984

Tai-Jung Um. Heaven – Earth – Human, edited by Duson Gallery, with a text by Yon Woo Lee, Seoul 1991

Tai-Jung Um. Sculptures (Recent Works), Bronze – Object – Age, with textes by Kwang-Su Oh and Jong Soong Rhee, edited by Gallery Hyundai, Seoul 1997

Tai-Jung Um, edited by Soul Arts Center, Seoul 2000

An Aspect of Korean Contemporary Art in the 1950's to the 1960s, edited by National Museum of Contemporary Art, Korea, Seoul 2001, p. 195

Korean Contemporary Art from mid-1960s to mid-1970s: A Decade of Transition and Dynamics, edited by National Museum of Contemporary Art, Korea, Seoul 2001, p. 82/83

Dank

Dieses Buch wäre ohne die Unterstützung vieler engagierter und hilfreicher Personen niemals zustande gekommen. Danken möchte ich zuallererst dem Künstler selbst, der mir während eines Aufenthalts in Korea sein Atelier und seine Archive öffnete, mich durch die Museen führte und mich trotz des tägliches Staus kreuz und quer durch die Straßen Seouls kutschierte, um mir seine Werke im Außenraum zu zeigen. Trotz aller Sprachprobleme blieb Tai-Jung Um stets geduldig, erläuterte mir ausführlich den kulturellen Kontext und nahm sich viel Zeit, um all meine Fragen zu beantworten. Ohne das Organisationstalent seiner Frau Heesook Chin, die ebenfalls Bildhauerei studiert hat und heute als erfolgreiche Geschäftsfrau in Seoul tätig ist, wäre ein solches Buch niemals zu verwirklichen gewesen. Sie war ständige Ratgeberin, treibende Kraft und engagierte Unterstützerin. Auch der Sohn der beiden, der Pianist Yong-Won Um, hat erheblich zum Gelingen dieses Buches beigetragen. Da er in Berlin Musik studiert und im Deutschen ebenso zuhause ist wie im Koreanischen, haben wir ihn oft wie selbstverständlich als Übersetzer eingespannt und seine Zeit mitunter über Gebühr in Anspruch genommen. Ihm gilt daher ein ganz besonderer Dank. Danken möchte ich auch dem Fotografen Yong Kuk Chun für die hervorragenden Aufnahmen, die er eigens für dieses Buch gemacht hat, sowie der Crew von Tai-Jung Um, die ihn bei der Realisierung seiner Skulpturen tatkräftig unterstützt: Prof. Yong Duk Lee, Joon Rho, Jung Yoon Lee und Min Ae Kim.

Bei Dr. Ursel Berger möchte ich mich sehr herzlich dafür bedanken, dass sie spontan zugesagt hat, als ich ihr den Vorschlag unterbreitete, die Werke Tai-Jung Ums im Georg-Kolbe-Museum, Berlin, erstmals einem deutschen Publikum vorzustellen. Sie hat immer zu ihrem Wort gestanden und nie daran gezweifelt, dass Ausstellung und Buch zustande kommen werden. Mit ihr zusammenzuarbeiten, war ein großes Vergnügen.

Danken möchte ich auch Young-Jae Lee, Künstlerin und Leiterin der Keramischen Werkstatt Margarethenhöhe in Essen, die mich vor einigen Jahren mit Tai-Jung Um bekannt gemacht hat und die mir auf unserer gemeinsamen Korea-Reise die faszinierenden Seiten dieses Landes näher gebracht hat. Keineswegs unerwähnt bleiben darf die hilfreiche Unterstützung von Dr. Britta Schmitz, Oberkustodin am Hamburger Bahnhof – Museum für Gegenwart in Berlin. Sie hat mir immer beratend zur Seite gestanden, wenn das Projekt zu scheitern drohte, und sie hat den Kontakt zum Georg-Kolbe-Museum sowie zum Haus der Kulturen der Welt hergestellt. Im Haus der Kulturen der Welt möchte ich Dr. Annette Hulek und Dina Koschorreck danken, die sich dafür eingesetzt haben, dass die Ausstellung „Tai-Jung Um. Skulpturen und Zeichnungen“ im Georg-Kolbe-Museum im Rahmen der Asien-Pazifik-Wochen stattfinden konnte.

Mein Dank gilt darüber hinaus Annette Kulenkampff, Geschäftsführerin von Hatje Cantz, dafür, dass sie sofort und ohne Umschweife bereit war, dieses Buch in ihr Verlagsprogramm aufzunehmen, aber auch der Herstellungsleiterin Christine Müller für die professionelle Produktion. Danken möchte ich nicht zuletzt Dr. Jeremy Gaines, der mir wie immer kompetent, schnell und souverän dazu verholfen hat, Texte in englischer Sprache veröffentlichen zu können. Ein herzlicher Dank geht an Antonia Henschel, Grafikerin und Geschäftsführerin von Sign Kommunikation, die nicht nur das wunderbare Layout dieses Buchs entwickelt, sondern auch viel Zeit und Mühe darauf verwendet hat, das Unmögliche, das wir uns gemeinsam vorgenommen hatten, möglich zu machen. Mein tiefster Dank gilt meinem Mann Thomas Wagner, Kunstkritiker und Redakteur der Frankfurter Allgemeinen Zeitung, dafür, dass er nie die Geduld mit mir verloren, klaglos auf erholsame Stunden verzichtet und mir stets als kompetenter Gesprächspartner zur Seite gestanden hat.

Dr. Annette Tietenberg, im August 2005

Acknowledgements

This book would not have come about without the support of many dedicated and helpful individuals. First and foremost I would like to thank the artist himself, who opened up his studio and archives for me during my stay in Korea, took me around the museums and negotiated the daily traffic jams on the streets of Seoul in order to show me his works at various outdoor locations. Despite the language problems Tai-Jung Um never lost his patience, giving me detailed information on matters of cultural background and taking a lot of time to answer all my questions. Without the organisational talent of his wife Heesook Chin, who also studied sculpture and is now a successful business woman, it would never have been possible to complete such a book. She was a source of advice, motivation and great support at all times. The couple's son, pianist Yong-Won Um, also made an important contribution to this book's success. As he studied music in Berlin and is as fluent in German as he is in Korean, we often simply "commandeered" him as interpreter, taking up a great deal of his time in the process. Special thanks go to him. I would also like to thank the photographer Yong Kuk Chun for the excellent images he produced specifically for this book, not to mention Tai-Jung Um's crew, who actively supported him in realising the sculptures: Prof. Yong Duk Lee, Joon Rho, Jung Yoon Lee and Min Ae Kim.

Many thanks go to Dr. Ursel Berger for immediately agreeing to my proposal to show Tai-Jung Um's work in the Georg-Kolbe-Museum in Berlin, the first ever presentation to a German public. She always kept her word and never doubted that the exhibition and book would be completed. It was a great pleasure to work with her.

I would also like to thank Young-Jae Lee, artist and director of the Margarethenhöhe Ceramics Workshop in Essen, for introducing me to Tai-Jung Um a few years ago, and for helping me better appreciate the fascinating aspects of the country on our joint trip to Korea. Nor must I fail to mention the excellent support of Dr. Britta Schmitz, senior curator at Hamburger Bahnhof – Museum für Gegenwart in Berlin. Not only could I always rely on her support and advice when the project was threatened, it was she that also set up the contacts to the Georg-Kolbe-Museum and the Haus der Kulturen der Welt, respectively. In the Haus der Kulturen der Welt I would most like to thank Dr. Annette Hulek and Dina Koschorreck for their efforts to ensure the exhibition "Tai-Jung Um. Sculptures and Drawings" could be showcased in the Georg-Kolbe-Museum as part of the Asia Pacific Weeks.

My thanks also go to Annette Kulenkampff, managing director of Hatje Cantz, for immediately and without any further ado agreeing to include this book in her programme, not to mention production director Christine Müller for her professional work. Not least of all I would like to thank Dr. Jeremy Gaines, who once again produced excellent English versions of my texts with his usual competence and speed. Warm thanks go to Antonia Henschel, graphic designer and managing director of Sign Kommunikation, who not only developed the wonderful layout of this book but also devoted a great deal of time and effort to making the impossible possible. Finally, my greatest thanks go to my husband Thomas Wagner, art critic and co-editor of the Frankfurter Allgemeine Zeitung newspaper, who never lost his patience with me, forewent leisure time without complaint, and was always there to offer sound advice when I needed him.

Dr. Annette Tietenberg, August 2005

Impressum
Colophon

Annette Tietenberg
Tai-Jung Um
Skulpturen und Zeichnungen/Sculptures and Drawings

Redaktion/*Editing:* Annette Tietenberg

Übersetzungen/*Translations:* Jeremy Gaines

Grafische Gestaltung/*Graphic Design:* Antonia Henschel, Sign Kommunikation GmbH, Frankfurt am Main

Satz/*Typesetting:* Antonia Henschel, Christoph Stolberg, Sign Kommunikation GmbH

Schrift/*Typeface:* Linotype Centennial 75 bold, Linotype Centennial 76 bold italic

Reproduktion/*Reproduction:* Daniel Henschel, Christoph Liening, Sign Kommunikation GmbH

Papier/*Paper:* Lumisilk 170 g/m^2

Gesamtherstellung/*Printed by:* Dr. Cantz'sche Druckerei, Ostfildern-Ruit

Diese Publikation erscheint anlässlich der Ausstellung/*This catalogue is published in conjunction with the exhibition*
Tai-Jung Um
Skulpturen und Zeichnungen/*Sculptures and Drawings*
Georg-Kolbe-Museum, Berlin
20. September – 30. Oktober 2005

Erschienen im/*Published by:*
Hatje Cantz Verlag
Senefelderstraße 12
73760 Ostfildern-Ruit
Deutschland/Germany
Tel. +49 711 4405-0
Fax +49 711 4405-220
www.hatjecantz.com

Hatje Cantz books are available internationally at selected bookstores and from the following distribution partners:

USA/North America – D.A.P., Distributed Art Publishers, New York, www.artbook.com
UK – Art Books International, London, sales@art-bks.com
Australia – Tower Books, Frenchs Forest (Sydney), towerbks@zipworld.com.au
France – Interart, Paris, commercial@interart.fr
Belgium – Exhibitions International, Leuven, www.exhibitionsinternational.be
Switzerland – Scheidegger, Affoltern am Albis, scheidegger@ava.ch

For Asia, Japan, South America, and Africa, as well as for general questions, please contact Hatje Cantz directly at sales@hatjecantz.de, or visit our homepage www.hatjecantz.com for further information.

ISBN 3-7757-1706-4
Printed in Germany

Umschlagabbildung/*Cover illustration:*
Tai-Jung Um
Untitled, 2004
Aluminium, Stahl
Aluminium, Steel
200 x 264 x 100 cm